香港基本法概論

陳弘毅

主編

策劃編輯　　顧　瑜
責任編輯　　蘇健偉
書籍設計　　吳冠曼
書籍排版　　楊　錄

書　　名　　香港基本法概論
主　　編　　陳弘毅
出　　版　　三聯書店(香港)有限公司
　　　　　　香港北角英皇道499號北角工業大廈20樓
　　　　　　Joint Publishing (H.K.) Co., Ltd.
　　　　　　20/F., North Point Industrial Building,
　　　　　　499 King's Road, North Point, Hong Kong
香港發行　　香港聯合書刊物流有限公司
　　　　　　香港新界荃灣德士古道 220-248 號 16 樓
印　　刷　　美雅印刷製本有限公司
　　　　　　香港九龍觀塘榮業街 6 號 4 樓 A 室
版　　次　　2024 年 7 月香港第 1 版第 1 次印刷
規　　格　　16 開（170 × 240 mm）368 面
國際書號　　ISBN 978-962-04-5522-3
　　　　　　© 2024 Joint Publishing (H.K.) Co., Ltd.
　　　　　　Published & Printed in Hong Kong, China

目錄

序言

　　"一國兩制"這個創新性構想形成於上世紀七十年代末八十年代初期，至今已有接近半個世紀。在八十年代的《中英聯合聲明》和《中葡聯合聲明》中，"一國兩制"的具體安排已經顯現，1990年全國人大制定的《香港特別行政區基本法》和1993年全國人大制定的《澳門特別行政區基本法》，更把"一國兩制"方針政策轉化為莊嚴的法律承諾和正式的憲制安排。1997年和1999年，港澳相繼回歸祖國，"一國兩制"的偉大事業順利開展。

　　但是，人類歷史告訴我們，任何偉大的事業都沒有可能是一帆風順、路途完全平坦的。我們在香港生活的市民都親身經歷過，一些因為"一國兩制"的內在張力而產生的政治和社會衝突。"一國兩制"在香港的路，可謂崎嶇曲折，危機迭起。從2014年的非法"佔中"，到2016年立法會改選後的"辱華宣誓風波"，再到2019年的"修例風波"，"一國兩制"在香港的實施波折不斷，甚至讓人有"每況愈下，前路茫茫"之感。個別人士不禁懷疑，"一國兩制"是否染上了疾病？那麼怎樣才能予以治療，讓它康復？

　　2020年的《香港國安法》和2021年的"完善選舉制度"這兩項中央部署的重大舉措，被稱為一套"組合拳"，它們針對"一國兩制"實踐過程中出現的偏差，給香港的亂局動了大手術，讓"一國兩制"在香港的實踐重新出發，再次上路。

　　對於這些舉措，社會上以至國際上有不同的看法和評價。個別人士認為原來的"一國兩制"和原來的香港已不復存在，他們對香港前途的信心全失，甚至選擇移民他鄉。但更多的人相信，中央的果斷措施使香港得以由亂到治，以後便可以由治及興；香港應可在"一國兩制"的憲制框架下，發揮其特長和優勢，為我國正在進行的"中國式現代化"事業作出重要貢獻；因此港人不應妄自菲薄，必須珍惜我們現有的各種得來不易的社會、經濟、文化和科技等各方面的條件，努力奮進，讓東方之珠再顯光芒。

　　在這方面，中央的政策是明確的，就是堅持"一國兩制"方針政策不變，並且全面準確地、堅定不移地予以貫徹實施。2022 年以來，中央已經發出明確信息，指出"一國兩制"在現在和未來都是最佳的制度安排，"一國兩制"既有利於港澳，也符合國家的發展策略，看不到有什麼理由需要改變，值得長期予以堅持。意思也就是說，2047 年不再是一個大限。另外，就在香港長期實施的普通法制度來說，中央的訊息也是明確的，那就是普通法制度有利於香港，有利於其發揮自身的特長和優勢，值得長期堅持。所以我相信，目前在香港各個大學法學院唸法律的同學們無須擔心他們的普通法訓練和知識在 2047 年之後便沒有用處。

　　"一國兩制"可長期堅持，意味著作為"一國兩制"的法律載體——在法律層面承載著和體現著"一國兩制"——的《香港特別行政區基本法》（以至《澳門特別行政區基本法》）也可長期有效，沒有五十年的大限。其實整部香港基本法裏沒有任何條文說[1]，基本法在 2047 年便失效，只要全國人大不對這部基本法作出修改或不對其中"一國兩制"的制度設計予以修改，基本法和它所規定的"一國兩制"便可長期實施。從這個角度來看，我們今天仍須重視和珍惜這部在 34 年前制定的《香港特別行政區基本法》。雖然"一國兩制"的實施過程有一些波折和風雨，但基本法已被證明是經得起考驗的，它

1　香港基本法第 5 條規定："香港特別行政區不實行社會主義制度和政策，保持原有的資本主義制度和生活方式，五十年不變。""五十年不變"這個詞語來自《中英聯合聲明》第 3 條第 12 項，是中方向英方的一個承諾，即英國交還香港、中國恢復對香港行使主權後，"一國兩制"不是短暫的安排，最少會維持五十年。但這並不是說，五十年後便一定不再實行"一國兩制"。

直到今天仍是有強大生命力和活力的一份法律文獻，它的各方面的條文仍然為 "一國兩制" 框架和香港的不少特長和優勢提供著制度性的保障和守護。

　　我們組織香港和內地的優秀學者共同編寫這本書，目的便是在香港回歸 27 週年之際，對經歷了《香港國安法》、選舉制度改革以至基本法第 23 條立法等法律變遷之後仍然充滿強大生命力、仍然在全面發揮其作用的這部香港基本法，作全面的介紹和較深入的分析，讓讀者能夠瞭解到基本法怎樣體現、保障和守護 "一國兩制" 的理念和精神。我們把這本書獻給所有關心香港前途的人士，特別是生於斯、長於斯的青年人，因為未來是屬於你們的。

陳弘毅

香港大學法律學院

2024 年 3 月 17 日

導論

"一國兩制"的理論與實踐

陳弘毅

香港大學法律學院鄭陳蘭如基金憲法學講座教授

　　"一國兩制"的偉大構想形成於上世紀七十年代末期和八十年代初期。我國在 1982 年 12 月 4 日制定的新憲法的第 31 條，為"一國兩制"和特別行政區的設立奠定了其憲制基礎。1984 年和 1987 年，《中英聯合聲明》和《中葡聯合聲明》相繼簽定，"一國兩制"在香港和澳門實施的具體方針政策，載入了這兩份聯合聲明及其附件。1990 年和 1993 年，全國人民代表大會先後制定了《中華人民共和國香港特別行政區基本法》和《中華人民共和國澳門特別行政區基本法》，"一國兩制"的方針政策轉化為中國特色社會主義法制的一部分。1997 年和 1999 年，香港和澳門相繼回歸祖國，"一國兩制"正式全面實施，至今已超過四分之一個世紀。

　　中國共產黨提出"一國兩制"的重要方針政策，目的乃在於以和平方法解決歷史遺留下來的台灣、香港和澳門問題。1997 年 7 月 1 日及 1999 年 12 月 20 日香港和澳門的相繼回歸，象徵著殖民主義時代徹底告終，也是中華民族偉大復興的標誌之一。從憲法學的角度看，《香港特別行政區基本法》和《澳門特別行政區基本法》的制定和兩個特別行政區的成立，不失為"我國憲法史上的一項創舉"。[1] 作為本書的導論，本章將從宏觀層面向讀者介紹《香港特別

1　　許崇德主編：《港澳基本法教程》，北京：中國人民大學出版社 1994 年版，第 48 頁。

行政區基本法》（以下簡稱香港基本法或基本法）的制定和實施的總體情況。

一、"一國兩制" 的提出和實施

（一）香港和澳門問題的歷史由來

英國在香港的殖民主義統治是十九世紀西方帝國主義與大清皇朝的首次大規模武裝衝突的結果。鴉片戰爭後，中英兩國在 1842 年簽訂《南京條約》，條文之一便是香港島永久割讓予英國。後來又有第二次鴉片戰爭，英法聯軍於 1860 年攻入北京並火燒圓明園，中英兩國在同年簽訂《北京條約》，九龍半島據此永久割讓予英國。1898 年，列強在中國各地區各自確立其勢力範圍之際，英國逼使清政府簽訂中英《展拓香港界址專條》，把 "新界" 地區租借給英國，為期 99 年，於 1997 年 6 月 30 日屆滿。因此香港成為英國所稱的 "殖民地"（Colony），由港島、九龍半島及 "新界" 地區組成，面積 1,100 平方公里。

葡萄牙人到澳門的時間比英國人到香港早了三個世紀。1557 年，來華通商的葡人開始在澳門定居。1574 年，明朝政府在澳門和內地之間設立關閘，並開始向葡人徵收地租。鴉片戰爭後，葡萄牙企圖把澳門變為殖民地，[2] 於 1845 年單方面宣佈澳門為 "自由港"，並任命 "澳門總督"。1849 年，葡兵驅逐中國駐澳門的海關官員，正式佔領澳門半島。1851 年和 1864 年，葡人再佔領冰仔島和路環島，此三地區均接受葡國殖民統治，面積約 20 平方公里。1887 年，中葡簽訂《北京條約》，規定 "葡國永駐管理澳門"[3]。此條約在 1928 年期滿作廢，國民黨政府與葡國另訂《中葡友好通商條約》，但後者並沒有處理澳門主權問題，葡國仍繼續管治澳門。

2　　黃鴻釗：《澳門史》，香港：商務印書館（香港）有限公司 1987 年版，第 166 頁。

3　　黃鴻釗：《澳門史》，香港：商務印書館（香港）有限公司 1987 年版，第 178 頁。

（二）"一國兩制"方針政策的形成和發展

"一國兩制"的構想、方針和政策是在我國實行改革開放的時代的初期逐步形成的，首先是為了海峽兩岸的和平統一而提出，然後應用到香港和澳門回歸的問題。

1949 年 9 月 29 日，中華人民共和國即將宣告成立，中國人民政治協商會議第一屆全體會議通過了作為臨時憲法的《中國人民政治協商會議共同綱領》，其中第 2 條規定："中華人民共和國中央人民政府必須負責將人民解放戰爭進行到底，解放中國全部領土，完成統一中國的事業。"在新中國成立後的很長時間內，"解放台灣"的口號屢見不鮮。"解放台灣"蘊含了以武力解放的意味，亦預示台灣應像中國大陸一樣實行社會主義制度。但到了二十世紀七十年代末期，我國領導人對台灣問題的想法有了重大轉變。

1978 年 12 月，中共十一屆三中全會公報中提到："隨著中美關係正常化，我國神聖領土台灣回到祖國懷抱、實現統一大業的前景，已經進一步擺在我們的面前。"1979 年元旦，全國人大常委會發表《告台灣同胞書》，呼籲兩岸就結束軍事對峙狀態進行商談，並承諾"在解決統一問題時尊重台灣現狀和台灣各界人士的意見，採取合情合理的政策和辦法，不使台灣人民蒙受損失"。1979 年 1 月 30 日，鄧小平訪問美國時指出："我們不再用'解放台灣'這個提法了，只要實現祖國統一，我們將尊重那裏的現實和現行制度。"由此可見，與台灣和平統一及在統一後維持原有制度的構想，在七十年代末期已逐漸形成。

1981 年 9 月 30 日，全國人大常委會委員長葉劍英向新華社記者發表重要談話，題為"關於實現祖國和平統一的九條方針政策"，首次對中國政府就和平解決台灣問題的構想作出全面的闡述，其中包括以下內容："國家實現統一後，台灣可作為特別行政區，享有高度的自治權，並可保留軍隊。中央政府不干預台灣地方事務。"（第 3 條）"台灣現行社會、經濟制度不變，生活方式不變，同外國的經濟、文化關係不變。私人財產、房屋、土地、企業所有權、合法繼承權和外國投資不受侵犯。"（第 4 條）1982 年 1 月 10 日，鄧小平在接見一位海外朋友時説，"九條方針" 實際上就是 "一個國家，兩種制度"，在實現國家統一的前提下，國家的主體實行社會主義制度，台灣實行資本主義制度。"一國兩制" 的用語由此誕生。

　　"一國兩制" 是一個嶄新的政治概念，也是對中國憲法學的一個挑戰：怎樣從法理的角度説明 "一國兩制" 的構想？1982 年 12 月 4 日，五屆全國人大五次會議通過了新的憲法，為 "一國兩制" 日後的實施提供了明確的法律依據。憲法第 31 條規定："國家在必要時得設立特別行政區。在特別行政區內實行的制度按照具體情況由全國人民代表大會以法律規定。" 當時的憲法修改委員會副主任委員彭真曾指出，第 31 條是將葉劍英委員長宣佈的 "九條方針政策的基本內容法律化，為祖國的和平統一確立了法律依據"[4]。

（三）香港和澳門問題的解決

　　上面提到，1887 年中葡《北京條約》雖就澳門問題作出規定，但已經在 1928 年期滿作廢，而英國在香港的管治則建基於三個條約，其中兩個涉及的是 "永久割讓"，一個是年期 99 年的租借。但是，新中國的一貫立場是這些條約都是不平等條約，中國不承認它們的效力，認為它們在國際法上對中國沒有約束力。中國政府在 1971 年 10 月恢復了在聯合國的合法席位後，1972 年 3 月 8 日（即中英兩國正式建交前五天），中國常駐聯合國代表黃華致函聯合國非殖民化特別委員會主席，重申中國政府對香港和澳門問題的立場，指出 "香港、澳門是屬於歷史遺留下來的帝國主義強加於中國的一系列不平等條約的結果。香港和澳門是被英國和葡萄牙當局佔領的中國領土的一部分，解決香港、澳門問題完全是屬於中國主權範圍內的問題，根本不屬於通常的所謂 '殖民地' 範疇。因此，不應列入反殖宣言中適用的殖民地地區的名單之內。" 1972

4　　許崇德主編：《港澳基本法教程》，北京：中國人民大學出版社 1994 年版，第 46 頁。

年 6 月 15 日，非殖民化特別委員會通過決議，向聯合國大會建議從上述的殖民地名單中刪去香港和澳門。這個建議在 1972 年 11 月 8 日獲得第 27 屆聯合國大會的接受。由於香港和澳門不是一般的殖民地，所以殖民地人民行使自決權以至獨立而成主權國家的非殖民化的一般模式並不適用於港澳。

　　1982 年 9 月，英國首相戴卓爾夫人訪問北京，提出了香港前途的問題，中英雙方同意就此問題展開外交談判。談判於 1982 年 10 月開始，在談判期間，英方曾一度堅持 "條約有效論" 或主張 "主權治權分開論"，但為中方堅決拒絕，最後英方終於接受 "一國兩制" 的方案，於是雙方達成協議，即兩國代表在 1984 年 9 月 26 日草簽的中英兩國《關於香港問題的聯合聲明》，該聯合聲明於同年 12 月 19 日在北京由中國總理和英國首相正式簽署。《中英聯合聲明》規定，中國政府於 1997 年 7 月 1 日對香港恢復行使主權，並根據憲法第 31 條的規定設立香港特別行政區。香港特別行政區享有高度的自治權，其政府由當地人組成。香港現行法律基本不變，現行社會、經濟制度不變，生活方式不變，各種人權和自由將獲保障。香港特別行政區保持財政獨立，中央不向香港徵稅。香港特別行政區可以 "中國香港" 的名義與外國和有關國際組織保持和發展經濟、文化關係及簽訂協定。以上只是《中英聯合聲明》其中的一些要點，聯合聲明的內容廣泛，其附件一對香港特別行政區成立後的各種制度和政策，作出了十分詳盡的規劃。可見，"一國兩制" 的方針和 "特別行政區" 的構想，在《中英聯合聲明》公佈時已發展成熟，雖然還有一些尚未完全解決的問題，留待下述的基本法起草階段處理。

　　隨著香港問題通過談判順利解決，澳門問題也很快迎刃而解。1979 年中葡兩國建交時，雙方曾就澳門問題達成諒解，葡方承認澳門是中國領土，雙方在適當時候將通過談判解決澳門前途問題。[5]1985 年 5 月，葡國總統訪華，雙方同意在 1986 年展開關於澳門前途的談判。談判在 1986 年 6 月至 1987 年 3 月進行，1987 年 4 月 13 日，雙方在北京簽署了中葡《關於澳門問題的聯合聲

<hr>

5　　許崇德主編：《港澳基本法教程》，北京：中國人民大學出版社 1994 年版，第 34 頁。

明》，規定中國政府於 1999 年 12 月 20 日對澳門恢復行使主權，成立澳門特別行政區。《中葡聯合聲明》的結構和內容與《中英聯合聲明》十分相似，由此可見，我國政府對香港和澳門回歸的基本方針政策是一致的，就是成立特別行政區，實行"一國兩制"，特別行政區享有高度自治權，由"港人治港"、"澳人治澳"，香港和澳門的原有法律基本不變，原有社會、經濟制度和生活方式不變。兩個聯合聲明都提到，全國人大將制定《香港特別行政區基本法》和《澳門特別行政區基本法》，就聯合聲明所載的方針政策作出規定，並在五十年內不變。

（四）港澳基本法的制定和實施

兩個聯合聲明是在國際法上對當事國有約束力的條約，但港澳特別行政區的籌建，仍需國內法的基礎。根據中國憲法第 31 條和第 62 條第 13 項，特別行政區的設立由全國人大決定，在特別行政區內實行的制度由全國人大以法律規定，這裏提到的"法律"，便是特別行政區基本法。雖然香港和澳門特別行政區在 1997 年和 1999 年才成立，但兩部特別行政區基本法的起草工作，在有關聯合聲明簽訂後便積極展開。

1985 年 4 月 10 日，六屆全國人大三次會議正式批准了《中英聯合聲明》，並通過了《關於成立中華人民共和國香港特別行政區基本法起草委員會的決定》。1985 年 6 月，全國人大常委會通過了香港基本法起草委員會名單，共有委員 59 人，其中內地委員 36 人，香港委員 23 人。委員會開始工作後，成立了五個專題小組。同時在香港成立了香港特別行政區基本法諮詢委員會，由 180 名來自香港各界人士組成，負責香港居民與基本法起草委員會之間的溝通和聯繫，並收集港人對基本法的意見。

香港基本法的起草工作歷時四年零八個月。1988 年 4 月，香港特別行政區基本法（草案）徵求意見稿公佈，進行為期五個月的諮詢。徵求意見稿就具爭議性的行政長官產生辦法列出了五個不同方案，就立法會的產生辦法也列出了四個方案。此外，徵求意見稿又列出了部分委員對草案中其他具爭議性的條文的不同意見和建議。1989 年 2 月，基本法（草案）公佈，進行為期八個月的諮詢。1990 年 4 月 4 日，七屆人大三次會議終於通過了《中華人民共和國香港特別行政區基本法》。1997 年 7 月 1 日，香港特別行政區成立，香港基本法正式實施。

澳門基本法制定的過程與香港基本法相似。1988 年 4 月 13 日，七屆全國人大一次會議決定成立澳門基本法起草委員會。同年 9 月，人大常委會通過起草委員會名單，委員共 48 人，其中內地委員 26 人，澳門委員 22 人。委員會成立了五個專題小組，並在澳門成立 90 人的澳門特別行政區基本法諮詢委員會。澳門基本法的起草工作歷時四年零四個月，1991 年 7 月，澳門特別行政區基本法（草案）徵求意見稿公佈，作四個月的諮詢。1992 年 3 月，基本法（草案）公佈，再作四個月的諮詢。1993 年 3 月 31 日，八屆全國人大一次會議終於通過了《中華人民共和國澳門特別行政區基本法》。1999 年 12 月 20 日，澳門特別行政區成立，澳門基本法付諸實施。

香港和澳門基本法是兩個特別行政區的 "根本大法"。從上面可以看到，兩部基本法的制定程序甚為嚴謹，在最後定稿之前，每部基本法都先後以徵求意見稿和草案的形式公佈，進行廣泛的諮詢，然後進行修改，務求最終通過的條文能盡善盡美。港澳基本法在其內容上的創新性及其制定過程的民主性和透明度，為我國憲制史寫出了新的一頁。

二、香港基本法的結構和內容

《香港特別行政區基本法》取代了香港殖民時代的《英皇制誥》（Letters Patent）和《皇室訓令》（Royal Instructions），成為了 1997 年後香港的憲制性文件。《英皇制誥》和《皇室訓令》是英皇運用其皇室特權（royal prerogative）而制定的殖民性質的憲法，基本法則是人大根據《中華人民共和國憲法》第 31 條制定的法律。如果應用德國法學家凱爾森（Hans Kelsen）關於法律秩序的“根本規範”（Grundnorm）的理論（“根本規範”是賦予一個法制中所有不同層次或等級的法律規範其法律效力和統一性的終極基礎和淵源），那麼 1997 年香港回歸中國時，其法制所經歷的便是一次根本規範的移轉，亦即凱爾森意義上的法律革命：香港法制的根本規範從原有的、肯定英國憲法秩序的效力的（包括英皇特權立法和英國國會立法的不可置疑的效力）規範，改變為一個肯定《中華人民共和國憲法》的權威和效力的新的根本規範。

基本法是中華人民共和國最高立法機關制定的法律，它不單是一部香港法律（同時是香港特別行政區的憲制性文件），它也是一部“全國性法律”，其約束力遍及全國。基本法在香港的實施，是中國對香港行使主權的象徵和保證。同時，根據基本法設立的“一國兩制”安排，中華人民共和國絕大部分的法律不在香港實施。香港回歸以後，它的法制背後的根本規範改變了，但絕大部分的香港法律並沒有改變，它們仍然照舊運作，原有的法官、律師和參與法制運作的官員基本上全部留任，他們仍操故業，毋須經過任何的“再培訓”。

這為什麼是可能的？其取決於基本法的性質、內容和立法宗旨。基本法與中國一般的立法有很大的不同，它吸收了不少香港原有的英式法制的元素。基本法的不少條文都可以追溯自《中英聯合聲明》，而這份聯合聲明是中英兩國的專家共同起草的產物。《中英聯合聲明》中那些關於 1997 年後的香港法制的條文，反映了香港原有英式法制的特點。同時，基本法的內容中不少反映了現代憲法性文件的共通原理和價值觀念，例如人權的保障、司法的獨立、憲法性條文高於一般立法的理念、分權制衡的原則、民主的價值等。而基本法的立法宗旨，可以理解為在中華人民共和國對香港享有主權的大原則下，賦予香港“高度自治”的權力（基本法第 2 條），使它得以保留其原有經濟、社會和法律制度及生活方式，至少“五十年不變”（基本法第 5 條）。

基本法除序言外，分為九章。序言說明了《中英聯合聲明》和《中華人民共和國憲法》第 31 條是制定基本法的背景和依據，並開宗明義地確立了“一個國家，兩種制度”的方針。第一章是總則，規定“香港特別行政區是中華人

民共和國不可分離的部分"（基本法第 1 條），全國人大授權香港特別行政區
"實行高度自治"（基本法第 2 條），"保持原有的資本主義制度"（基本法第
5 條）。香港特別行政區須 "保護私有財產權"（基本法第 6 條）和 "居民和
其他人的權利和自由"（基本法第 4 條）；香港原有法律，"除同本法相抵觸
或經香港特別行政區的立法機關作出修改外，予以保留"（基本法第 8 條）；
"香港特別行政區立法機關制定的任何法律，均不得同本法相抵觸"（基本法
第 11 條）。

　　基本法第二章題為 "中央和香港特別行政區的關係"，它把香港特別行政
區的地位界定為一個 "直轄於中央人民政府" 的 "享有高度自治權的地方行
政區域"（基本法第 12 條），並規定了中央政府和香港特別行政區政府就涉
及香港的事務的管治權的範圍。大致來說，中央 "負責管理與香港特別行政
區有關的外交事務"（基本法第 13 條）和 "防務"（基本法第 14 條）等涉
及主權的事務，香港特區則享有自治範圍內的 "行政管理權"（基本法第 16
條）、"立法權"（基本法第 17 條）和 "獨立的司法權和終審權"（基本法
第 19 條）。中央立法機關制定的法律，"除列於本法附件三者外，不在香港
特別行政區實施"（基本法第 18 條）。列入附件三的法律 "限於有關國防、
外交和其他按本法規定不屬於香港特別行政區自治範圍的法律"（基本法第
18 條）。現時附件三內共有十四項法律，包括《國籍法》、《國旗法》、《國歌
法》、《香港特別行政區駐軍法》、《香港特別行政區維護國家安全法》、《外交
特權與豁免條例》等。除此六項外，其餘的八項為《關於中華人民共和國國
都、紀年、國歌、國旗的決議》、《關於中華人民共和國國慶日的決議》、《國
徽法》、《中華人民共和國政府關於領海的聲明》、《領海及毗連區法》、《專屬
經濟區和大陸架法》、《領事特權與豁免條例》和《外國中央銀行財產司法強
制措施豁免法》。

　　基本法第三章規定的是 "居民的基本權利和義務"。它對 "香港特別行政
區居民" 和 "香港特別行政區永久性居民" 作出定義（基本法第 24 條），並
列出了香港居民和其他人的各種權利和自由（基本法第 25 至 41 條）。在基本

法實施後的司法實踐中被證明為最重要的是第 39 條："《公民權利和政治權利國際公約》……適用於香港的有關規定繼續有效,通過香港特別行政區的法律予以實施。"(第 1 款)"香港居民享有的權利和自由,除依法規定外不得限制,此種限制不得與本條第一款規定抵觸。"(第 2 款)

基本法第四章題為"政治體制"。它為香港特別行政區建構了一套政治制度,其主要特徵可歸納為行政主導、行政立法互相配合和制衡,循序漸進的民主化和司法獨立。關於民主進程方面,值得留意的是,第一屆行政長官由 400 人的推選委員會產生(然後由中央政府任命,下同),第二屆行政長官由 800 人的選舉委員會產生。立法會方面,60 個議席中由全民分區普選產生的議席,在首三屆立法會中分別為 20、24 和 30 個,其他議席則由主要以職業界別為基礎而組成的功能組別和選舉委員會選舉產生。但基本法也明文表示,香港特別行政區政制發展的最終目標是全民普選產生行政長官(基本法第 45 條)和立法會的全部議員(基本法第 68 條)。

基本法的第五、六章分別題為"經濟"和"教育、科學、文化、體育、宗教、勞工和社會事務",規定的主要是保留香港在這些方面原有的各種制度和政策,並授權香港自行管理這些方面的事務。在一定程度上,這些規定要求香港必須維持某種原有制度或繼續奉行某種政策的條文(在這裏可簡稱為政策性條文),與那些賦予香港廣泛的自治權的條文似乎是有些矛盾的:真正的自治應理解為在處理有關自治事務時的無拘束的權力,包括改變原有制度和政策的權力。但基本法中政策性條文的用意,並不是要限制香港的自治,而是在政治和心理的層面,保證中央政府不會要求香港改變其原有制度和政策,或實行中國內地的制度和政策。至於這些政策性條文是否具有"可審判性"(justiciable)、是否可由法院在訴訟中強制執行,還是只是對行政和立法機關的一般性的、參考性的指引,目前仍未有定論。

基本法第七章規定的是香港特別行政區的"對外事務",它賦予香港特別行政區一定意義上的"國際人格",去參加那些並非局限於主權國家的國際活動。例如,香港可在經濟、文化、體育等領域以"中國香港"的名義與外國和國際組織發展關係和簽訂協定（基本法第 151 條），或以"中國香港"的名義"參加不以國家為單位參加的國際組織和國際會議"（基本法第 152 條）。

基本法第八章對基本法的解釋和修改作出規定。正如其他中華人民共和國法律一樣，基本法的解釋權理論上屬於全國人大常務委員會（基本法第 158 條第 1 款）。但是，在一般案件的審判中，如涉及基本法的應用，香港法院可自行解釋（基本法第 158 條第 2、3 款）。如果一件案件涉及基本法中"關於中央人民政府管理的事務或中央和香港特別行政區關係的條款"的解釋，而該條款的解釋又影響到案件的判決，那麼終審法院則必須在作出終局判決前，提請人大常委會對有關條款進行解釋（基本法第 158 條第 3 款）。在作出解釋前，人大常委會須徵詢一個由內地和香港人士（包括法律界人士）組成的基本法委員會的意見（基本法第 158 條第 4 款）。全國人大在 1990 年 4 月 4 日通過基本法時同時通過了關於設立基本法委員會的決定，規定基本法委員會的組織和功能。該委員會在 1997 年 7 月正式成立。

第 159 條則規定了修改基本法的程序。大致上，中央方面和特區方面都有修改的提案權，但只有全國人大才有權作出修改。值得留意的是，"本法的任何修改，均不得同中華人民共和國對香港既定的基本方針政策相抵觸"（基本法第 159 條第 4 款），而正如基本法的序言所說明，這些"基本方針政策"詳細載於《中英聯合聲明》之中。

基本法第九章是"附則"，只有一條，主要規定了香港回歸時原有法律除由全國人大常委會宣佈為與基本法抵觸者外，將採用為香港特別行政區法律。全國人大常委會在 1997 年 2 月 23 日根據此條通過了關於處理香港原有法律的決定。

此外，基本法還有三個附件，"附件一"規定行政長官的產生辦法（尤其是第二、三屆），"附件二"規定立法會的產生辦法和表決程序，"附件三"則列出在香港特別行政區實施的全國性法律。

從以上關於基本法的簡介裏，我們可以看到，雖然基本法不是一個主權國家的憲法，但它的確是一份"憲法性文件"，並具有憲法性文件的一些典型特徵。它既規劃了香港特別行政區內部的政治體制，包括其立法、司法和行政架構的產生、權力和相互關係，又規範了香港特別行政區和中央政府的關係，包括兩者各自行使其權力的範圍。此外，它設定了人權保障的制度，在基本法生效實施後不久，香港特別行政區法院便迅速確立了以基本法為基礎的"違憲審查"的權力（即香港法院審查和推翻違反基本法的香港法律的權力）。

雖然基本法所體現的"一國兩制"模式與外國的"聯邦制"有異，但基本法所處理的自治權範圍問題、憲法性文件的解釋和糾紛爭議的解決的問題，以至對賦予自治權的憲法性文件的修改的限制問題等，正是聯邦制中的關鍵問題。或許可以這樣說：基本法和聯邦國家憲法所處理的問題是類似的，但它們所提供的解決問題的方案卻有所不同。

聯邦制國家的憲法裏設定了聯邦政府和州政府（這裏說的"政府"是廣義的，包括立法、行政和司法機關）之間的分權安排，即就與州的人民的管治有關的事務而言，管理某些事務的權力屬於聯邦政府，管理另一些事務的權力屬於州政府。這樣，聯邦政府和州政府各自的管轄權的範圍，便在憲法中得到明確的劃分。州政府有權管理的事務越多，它的管轄權的範圍便越大，亦即是說，它的自治權的範圍便越大。聯邦政府不能單方面削減州的自治權，因為聯邦國家的憲法的修改，通常必須得到絕大部分的州的同意。至於就憲法中關於管轄權的劃分的條文的實施和解釋，如果出現爭議，則由獨立公正的法院根據法治和憲治原則予以裁決，最終可上訴至聯邦最高法院，如著名的美國最高法院、加拿大最高法院和澳大利亞高等法院。這些法院都是聲譽超著的，得到人民的信任和認同。

比較起來，我們可以看到，和聯邦制一樣，基本法所設立的也是一種涉及中央政府和地方政府的管轄權分配的安排。如果我們把香港特別行政區的自治權的範圍與美國、加拿大或澳大利亞的成員州的自治權的範圍予以比較，我們甚至會發覺，香港特區的自治權的範圍在很多方面是比這些聯邦制國家中的州的自治權更為廣泛的（例如在立法權上、稅務上、貨幣上、關稅上、出入境管制上或國際參與上）。但是，從另一個角度看，香港特區的自治權在憲制層次上獲得保障的鞏固（entrenchment）程度，卻不如聯邦制國家的州，因為基本法不是國家憲法，基本法的修改（至少在理論上）也毋須事先取得香港方面的同意，而關於中央和特區管轄權的爭議的最終裁決者，不是類似聯邦最高法院的司法機關，而是全國人大常委會。同時也應當指出，由於基本法所設立的中央和特區的管轄權的分配安排是十分簡單的，而特區的管轄權是相當廣泛的，所以香港似乎可倖免於像聯邦制國家中那些關於聯邦政府和州政府的管轄權範圍的頻密爭議。此外，在實踐中，中央政府和香港特別行政區政府都嚴格按照基本法辦事，中央實行高度的自我約束，不干預特別行政區的自治事務，也有助於減少或避免這類爭議。

三、特別行政區與中央國家機關的關係

（一）特別行政區與我國國家結構形式

香港和澳門特別行政區的成立和兩部基本法的實施，是我國國家結構形式的重大發展。中國仍然是單一制（而非聯邦制）國家，但在這個國家之內自治和多元的成分比以前增加了，一個國家之內不但有兩種制度——社會主義和資本主義制度，還有三個不同的法域（這裏說是"區際法律衝突"意義上的法域），分別屬於三個不同的法系——社會主義法系、歐洲大陸法系和英倫普通法系。

特別行政區是一種全新類型的地方行政區域，與中國原有的地方行政區域——無論是省、直轄市或民族自治地方——和經濟特區有明顯的不同：一方面是特別行政區的自治權遠遠超越其他省級地方行政區、民族自治地方和經濟特區，另一方面是特別行政區不實行中國其他地區所實行的人民代表大會制度、社會主義經濟制度等制度，並保留其原有的資本主義制度、社會制度、法律制度和生活方式，實行"港人治港"、"澳人治澳"。

　　"一國兩制"方針和特別行政區的概念是因應香港和澳門（以至台灣）的特殊歷史和現實情況而設計的，目的是在促進國家統一的同時，維持港澳（台）的繁榮和穩定。以這種方法解決歷史遺留的香港和澳門問題，被譽為以和平方式解決國際爭端的典範，並為最終解決台灣問題的和實現祖國完全統一鋪路，可謂意義深遠。

　　有學者指出，[6] 兩部特別行政區基本法的理論基礎是建設中國特色社會主義的理論。按照該理論，中國當前處於社會主義初級階段，在"一國兩制"的框架下，中國的主體實行社會主義，在港澳這些小的地域容許資本主義制度繼續存在，這不但有利於當地的繁榮安定，還有利於中國的社會主義現代化建設。

（二）體現"一國"、橫跨"兩制"的特別行政區基本法

　　特別行政區基本法既是中國社會主義法律體系的重要組成部分，又是兩個特別行政區的資本主義法律體系的基礎。特別行政區基本法是全國人大根據憲法第 31 條制定的，港澳基本法在港澳的實施，是中國恢復對港澳兩地行使主權在法制層次的表現。因此，我們可以這樣說：特別行政區基本法是體現"一國"、橫跨"兩制"的。

　　在香港基本法的起草階段，曾有香港人士提出基本法與中國憲法的關係的問題。首先，如果基本法在香港設立或維持有異於憲法為全國規定的政治、經濟和社會制度，基本法是否會有違憲之嫌？其次，中國憲法在什麼程度上適用於香港特別行政區？

　　關於第一個問題，我們應留意到，1990 年 4 月 4 日，就是七屆人大三次會議通過香港基本法當天，全國人大同時通過了《關於〈中華人民共和國香港特別行政區基本法〉的決定》，其中提到："香港特別行政區基本法是根據《中華人民共和國憲法》按照香港的具體情況制定的，是符合憲法的。"這便是香

6　許崇德主編：《港澳基本法教程》，北京：中國人民大學出版社 1994 年版，第 8 頁。

港基本法的合憲性的最權威論述。1993 年 3 月 31 日，八屆人大一次會議通過澳門基本法時，也作出了類似的決定，肯定澳門基本法的合憲性。

關於第二個問題，雖然中國憲法的某些條文不直接在港澳特別行政區實施——因為港澳不實行內地的社會主義制度，但這並不表示憲法不適用於特別行政區。憲法的適用是國家主權的體現，憲法——而非特別行政區基本法——是特別行政區法制的終極基礎。正如有學者指出：憲法和基本法 "是母法與子法的關係"，"憲法正是透過基本法而在特別行政區得到實施"。[7]

作為全國人大制定的、憲法第 62 條第 3 款意義上的 "基本法律"，特別行政區基本法是全國性的、而非地區性的法律，不但適用於並約束港澳兩個特別行政區，也在全國範圍內適用和具有約束力。當然，港澳基本法中大部分條文只涉及港澳的內部事務，這些條文在特別行政區以外的地方的實際作用確實不大。但是，基本法中確有部分條文要求特別行政區以外的人予以遵守，如中央政府在對港澳行使其法定權力時須按照基本法的規定，又如各省、直轄市和自治區在與港澳交往時須遵守基本法的規定（見兩部基本法的第 22 條）。

在特別行政區法制中，基本法是位階最高的法律，"特別行政區的制度和政策"，"均以本法（基本法）的規定為依據"，"香港特別行政區立法機關制定的任何法律，均不得同本法相抵觸"（香港基本法第 11 條）。這裏出現的問題是，由誰負責對被懷疑為與基本法相抵觸的特別行政區法律進行審查？在這方面，基本法第 17 條規定，全國人大常委會在徵詢其所屬的香港基本法委員會後，如認為特區立法機關制定的任何法律不符合基本法中關於中央管理的事務及中央和特區的關係的條款，可將有關法律發回，發回的法律立即失效。到目前為止，人大常委會並沒有把任何香港（或澳門）法律發回。除了人大常委會對特區立法進行審查外，特區法院是否有權就特區立法是否違反基本法進行司法審查？在回歸後，香港特別行政區法院在一系列案例中已明確地宣稱它們有這樣的審查權，並在一些案例中就特區立法行使了司法審查權。因此，香港

7　許崇德主編：《港澳基本法教程》，北京：中國人民大學出版社 1994 年版，第 262-263 頁。

基本法實際上已經"司法化"。

如果要找尋貫穿特別行政區基本法的原則，以下兩個原則應算是最重要和最明顯的：一是國家主權原則，二是特別行政區高度自治原則。前者體現的是"一國"，後者體現的是"兩制"。正如香港基本法起草委員會主任委員姬鵬飛在 1990 年 3 月 28 日向全國人大説明香港基本法（草案）時指出：

> 香港特別行政區是中華人民共和國不可分離的部分，是中央人民政府直轄的地方行政區域，同時又是一個實行與內地不同的制度和政策、享有高度自治權的特別行政區。因此，在基本法中既要規定體現國家統一和主權的內容，又要照顧到香港的特殊情況，賦予特別行政區高度的自治權。

正如有學者評論道：

> 維護國家主權與保障特別行政區高度自治權相結合是中央與特別行政區關係的精髓。只有在思想認識上樹立了這一原則觀念，才能在碰到涉及特別行政區與中央關係的實際問題時，抓住要領，把握好政策、法律界限。[8]

在本節的以下部分，我們將分別探討特別行政區基本法下中央國家機關的權力和特別行政區的高度自治權。

（三）國家主權原則：中央國家機關的權力

特別行政區不是獨立或半獨立的政治實體，它是中央國家機關設立的地

8　許崇德主編：《港澳基本法教程》，北京：中國人民大學出版社 1994 年版，第 92 頁。

方行政區域，直轄於中央人民政府（見基本法第 12 條），"是我國地方制度的有機組成部分"[9]。和某些聯邦國家的成員州或省的情況不同，香港和澳門特別行政區的政治權力並不是其固有的，[10] 而是由中央所授予的；特別行政區政權的組織形式並非只由特區居民自己決定，而是由全國人大通過特別行政區基本法來決定。因此，中國內地憲法學學者在討論特別行政區與中央的關係時，強調特別行政區的高度自治權的"派生性"及特別行政區對中央政府的"直接從屬性"，並認為中央與特別行政區的關係是一種"授權"而非"分權"的關係。[11]

根據主權原則和中國的單一制國家的性質，中央政府對香港特別行政區享有"全面管治權"，同時，全國人大"授權香港特別行政區依照本法的規定實行高度自治"[12]，"香港特別行政區是中華人民共和國的一個享有高度自治權的地方行政區域"[13]。香港特別行政區"直轄於中央人民政府"[14]，其行政長官在香港通過選舉產生後由中央任命，[15] 須"對中央人民政府和香港特別行政區負責"[16]。學者指出，中央的"全面管治權"和特區的"高度自治權"同時存在，並行不悖，是"有機的結合"[17]。

基本法明文規定了中央國家機關就香港管治的重要權力，因此有"香港特別行政區享有的高度自治權不是完全自治"的提法。[18] 基本法中體現中央國家機關的權力的條文包括基本法第 13 條（管理外交事務）、第 14 條（管理國

9　許崇德主編：憲法，北京：中國人民大學出版社 1999 年版，第 127 頁。

10　許崇德主編：《港澳基本法教程》，北京：中國人民大學出版社 1994 年版，第 52 頁。

11　許崇德主編：《港澳基本法教程》，北京：中國人民大學出版社 1994 年版，第 48、53、71 頁。

12　基本法第 2 條。至於"全面管治權"的概念和用語，首先見於中華人民共和國國務院新聞辦公室於 2014 年 6 月 10 日所發佈的《"一國兩制"在香港特別行政區的實踐》白皮書（北京：人民出版社 2014 年版），後來時常被中央政府引用。

13　基本法第 12 條。

14　基本法第 12 條。

15　基本法第 15、45 條。

16　基本法第 43 條。

17　參見駱偉建：〈論中央全面管治權與特區高度自治權〉，《港澳研究》2018 年第 1 期，第 14-24 頁；陳欣新：〈維護中央全面管治權和保障香港高度自治權有機結合是"一國兩制"的落實關鍵〉，2018 年 1 月 9 日，環球網，https://baijiahao.baidu.com/s?id=1589092205439143103&wfr=spider&for=pc（最後訪問時間：2024 年 3 月 16 日）。

18　《"一國兩制"在香港特別行政區的實踐》白皮書，北京：人民出版社 2014 年版，第 31 頁。

防事務)、第 15 條 (任命行政長官和主要官員)、第 17 條 (發回香港的立法)、第 18 條 (將全國性法律列入基本法附件三以適用於香港,以及在戰爭狀態或香港進入緊急狀態時將全國性法律適用於香港)、第 158 條 (解釋基本法) 和第 159 條 (修改基本法) 等。在實踐中,除任命行政長官和主要官員外,全國人大常委會解釋基本法及作出相關決定,是中央比較常用的權力。此外,正如下文指出,全國人大也在 2020 年和 2021 年兩度作出涉港重要決定。

根據基本法第 158 條,如果有關案件符合一定的條件 (即如果案件涉及對基本法中"關於中央人民政府管理的事務或中央和香港特別行政區關係的條款"的解釋),終審法院在審理該案件時須根據基本法第 158 條第 3 款的規定提請全國人大常委會就有關條文作出解釋。1999 年以來確立的實踐是,即便終審法院沒有向全國人大常委會提請釋法,全國人大常委會也可以根據基本法第 158 條第 1 款主動或者應特別行政區行政長官的請求 (通過國務院提請) 對基本法作出解釋。

到目前 (2024 年 6 月) 為止,全國人大常委會對基本法一共作出了五次解釋。第一次是 1999 年,針對的是基本法第 22 條第 3 款和第 24 條第 2 款第 3 項,關係到香港永久性居民在中國內地所生子女的居港權問題。之所以要進行這次解釋,是因為香港終審法院於 1999 年初就吳嘉玲案[19]和陳錦雅案[20]作出判決後,特別行政區政府向中央政府提出向人大提請釋法的請求。終審法院認為,香港永久性居民在內地出生的子女享有居港權,不論後者出生時其父母是否已經是香港永久性居民。特區政府估計,終審法院對基本法有關條文的解釋,將導致未來十年內有 167 萬內地居民有權移民香港。於是,全國人大常委會於 1999 年 6 月首次對基本法作出解釋,該解釋與終審法院的解釋不同,即否定了終審法院對有關條文的解釋。

根據基本法第 158 條第 3 款,全國人大常委會的解釋不能改變終審法院在這次釋法前已經就吳嘉玲案和陳錦雅案所作的判決對有關當事人的效力,即

19　(1999) 2 HKCFAR 4.

20　(1999) 2 HKCFAR 82.

人大釋法只意味著香港法院在未來審理案件時，如涉及基本法有關條文的適用，必須跟從全國人大常委會對該條文的解釋，而不溯及終審法院以前對該條文的解釋。在 1999 年底的劉港榕案 [21]，終審法院審視了全國人大常委會解釋基本法的權力，並承認 1999 年 6 月的釋法的約束力。終審法院同時也接受全國人大常委會解釋基本法的權力是可以隨時行使的，也就是說，全國人大常委會可以在香港法院沒有提出請求人大釋法的情況下，自行、主動地行使這項權力。

1999 年之後，全國人大常委會四次行使了解釋基本法的權力。2004 年，全國人大常委會自行（而不是基於特別行政區行政長官或終審法院的請求）對基本法關於選舉制度改革的程序的規定進行解釋。2005 年，應特別行政區署理行政長官的請求，全國人大常委會就在完成其任期前辭職的行政長官的繼任者的任期問題進行釋法。2011 年，終審法院在剛果（金）案 [22] 中首次根據基本法第 158 條第 3 款規定的程序，提請全國人大常委會就基本法關於外交事務和"國家行為"的條款進行解釋。"剛果（金）案"涉及的法律問題主要是，香港特別行政區關於外國政府及其財產在民事訴訟中享有多少豁免權的法律原則，是否要與國家的有關原則保持一致。

2016 年 11 月，全國人大常委會進行了第五次釋法，這是它再次自行主動對基本法作出解釋。該條乃關於政府官員、法官、立法會議員和行政會議成員的就職宣誓要求。該釋法是在香港高等法院原訟庭就一宗與兩名主張"港獨"的立法會候任議員的就職宣誓有關的案件進行聆訊後第三天作出的，當時法院還沒有就該案頒佈判決。在這宗訴訟裏 [23]，特區政府主張，該兩名候任議員因為不符合基本法第 104 條和香港其他法律規定的宣誓要求，已經喪失其議員資

21　(1999) 2 HKCFAR 300.

22　(2011) 14 HKCFAR 95, p. 395.

23　*Chief Executive of the HKSAR v. President of the Legislative Council and Leung Chung Hang Sixtus*, HCAL 185/2016, [2017] 1 HKLRD 460, (2017) 20 HKCFAR 390. 本案導致兩位涉案議員被取消其議員資格。在這次人大釋法後，特區政府再提起訴訟，請求法院以其未能符合宣誓要求為由取消另外四位立法會議員的資格，政府在案件中勝訴，見 *Nathan Law Kwun Chung*, [2017] 4 HKLRD 115 (CFI); *Leung Kwok Hung*, [2019] HKCA 173. 可參見朱含、陳弘毅：〈2016 年香港立法會選舉及宣誓風波法律評析：歷史和比較法的視角〉，《法學評論》2017 年第 4 期，第 24-37 頁。

格。在全國人大常委會作出釋法後，法院根據香港原有法律和人大的釋法判政府勝訴。

全國人大常委會除了可以解釋基本法外，還享有其他可就特別行政區行使的重要權力。如上所述，根據第 17 條，全國人大常委會可以發回香港特別行政區立法機關制定的法律；但自從 1997 年香港特別行政區成立以來，中央還沒有行使過這項權力。根據第 18 條，列於基本法附件三的全國性法律可以在香港特別行政區實施；目前來說，附件三列有 14 部全國性法律，包括在 1997 年 7 月 1 日或以前已經放進附件三的 10 部全國性法律，以及在此以後加進附件三的 4 部全國性法律。此外，正如下文所述，全國人大在 2020 年作出《關於建立健全香港特別行政區維護國家安全的法律制度和執行機制的決定》，根據此決定的授權，全國人大常委會為香港制定了《香港國安法》。之後，全國人大又在 2021 年作出《關於完善香港特別行政區選舉制度的決定》，根據此決定的授權，全國人大常委會修改了基本法的附件一和附件二。[24]

（四）高度自治原則：特別行政區的權力

根據基本法，香港特別行政區的政權機關（包括行政長官、行政機關、立法機關和司法機關）的自治範圍（即其有權管理的事務）相當廣泛，這自治範圍比一般聯邦制國家裏的州所享有的自治範圍還要大得多。以下我們舉例說明特別行政區有權管理的自治事務的廣泛性：

1. 特別行政區實行"港人治港"原則，特別行政區政治體制中的職位和議席全在本地產生，由本地人士出任，不由中央派人擔任。

2. 絕大部分"全國性法律"（即全國人大及其常委會制定的法律）都不在香港實施，基本上香港保留其原有的普通法制度和原有立法機關制定的成文法。適用於香港特別行政區的全國性法律僅限於列在基本法附件三中的法律。

---

24 基本法第 159 條規範了基本法的修改程序。基本法附件一和附件二的修改程序在該兩附件中有專門的規定，該兩附件在 2010 年曾作出修改，在 2021 年再作修改。

3. 在香港法院提起訴訟的案件全都在香港的法院系統內處理。香港終審法院是香港特別行政區最高層級的上訴法院，香港的案件不能上訴到中國內地的法院或者機構，當然也不能像在回歸前上訴到英國法院。如上所述，根據基本法第 158 條，香港終審法院在某些情況下必須就基本法的有關規定的解釋問題，提請全國人大常委會解釋。但是，全國人大常委會作出的解釋不能推翻此前香港法院已作出的判決，例如，終審法院已經判決的案件的當事人根據該判決所獲得的權益，不會受到全國人大常委會日後所作解釋的影響。

4. 香港居民無須向中央政府交稅，他們向特別行政區政府交的稅也完全用於特別行政區，即，"香港特別行政區政府的財政收入全部用於自身需要，不上繳中央人民政府"（基本法第 106 條）。

5. 香港特別行政區可以繼續發行港幣。

6. 香港特別行政區對進出特別行政區的人士自行實行出入境管制。

7. 香港特別行政區是有別於中國其他地方的 "單獨的關稅地區"。

8. 香港特別行政區可以 "中國香港" 的名義 "參加不以國家為單位參加的國際組織和國際會議"（比如世界貿易組織），並在若干領域以 "中國香港" 的名義，"單獨地同世界各國、各地區及有關國際組織保持和發展關係，簽訂和履行有關協議"。基本法第 7 章授權香港特別行政區政府處理部分 "對外事務"，儘管一般而言涉及香港的 "外交事務" 屬於中央政府的事權。

9. 香港特別行政區有權力和義務自行立法（基本法的用語是 "應自行立法"）禁止叛國、分裂國家、煽動叛亂，顛覆中央人民政府及竊取國家機密的行為，禁止外國政治性組織或團體在特別行政區進行政治活動，禁止特別行政區的政治性組織或團體與外國的政治性組織或團體建立聯繫（第 23 條）。[25]

10. 香港特別行政區選出該區的全國人大代表，參加最高國家權力機關的工作（第 21 條）。在實踐中 ，香港特別行政區的全國人大代表由選舉會議選舉產生，選舉會議的成員包括負責選舉特別行政區行政長官的選舉委員會

25　關於香港就基本法第 23 條的立法，見下文。

委員。

大致來説，比起英國殖民統治時期，在基本法之下，香港特別行政區享有廣泛的高度自治權。事實上，香港在英國管治時期享有的"自治"大部分是不成文的實踐和憲法性慣例的產物，基本法則以明文方式在許多領域賦予和保障了香港特別行政區的高度自治權。

四、特別行政區的政治體制

（一）特別行政區政治體制的設計的基本原則

有參與過香港基本法起草工作的學者指出，[26] 在設計香港特別行政區政治體制時，起草委員會採納了以下三項指導原則。第一，要按照"一國兩制"的方針和《中英聯合聲明》中關於香港特別行政區政治體制的規定，從香港的實際情況出發，有關政制要既有利於維護國家的主權、統一和領土完整，又能保證香港特別行政區實行高度自治。第二，香港政制要有利於香港的經濟繁榮與社會穩定，有助於香港的資本主義經濟的發展，同時兼顧各社會階層的利益。第三，既要保持香港原有政制的一些優點，又要逐步發展適合於香港情況的民主參與。

在殖民統治時代，香港的政治體制是"行政主導"並帶有專制主義色彩的，但在其後期也開始了"民主化"的過程。香港政制的民主化起步於二十世紀八十年代，作為地方行政組織的十八個區議會在 1982 年成立，其部分議席由直接選舉產生。《中英聯合聲明》在 1984 年簽訂後，香港立法局在 1985 年首次有了由選舉（而非港督委任）的部分議席，這些議席由功能組別（如商

26　蕭蔚雲主編：《一國兩制與香港基本法律制度》，北京：北京大學出版社 1990 年版，第 189-199 頁；
　　王叔文主編：《香港特別行政區基本法導論（修訂本）》，北京：中共中央黨校出版社 1997 年第 2 版，
　　第 206-207 頁。

會、工會、醫生、律師等）和選舉團間接選舉產生。1991年起，香港立法局開始有部分議席由分區普選（直接選舉）產生，香港並出現了多黨競爭的政黨政治，持不同政見人士可自由組合為政黨或不參加任何政黨而以個人身份參選。九十年代在香港政壇崛起的最大政黨是民主黨、民主建港聯盟（2005年易名為民主建港協進聯盟）（簡稱民建聯）和自由黨，它們在1997年後香港特別行政區的選舉和議會政治中仍然十分活躍。此外，公民黨在2006年成立，曾經是香港主要政黨之一；該黨在2023年決定解散。

基本法在其第四章規劃了特別行政區的政治體制，並就政制的以下各構成部分設有專節：行政長官、行政機關、立法機關、司法機關、區域組織、公務人員。特別行政區的政制，既不同於中國內地的以人大為權力機關並實行中國共產黨領導的多黨合作和政治協商的制度，也不同於西方國家一般採用的政制，又不同於香港殖民時代的政制。大致來說，香港特別行政區政治體制的特點，可總括為行政主導[27]、行政和立法機關機既互相配合又互相制衡、司法獨立。

"行政主導"是中央和內地學者十分強調和重視的概念。"行政主導"有至少兩方面的含義，一是指行政長官在香港政治體制中佔有獨特的地位，二是指行政機關相對於其他政權機關扮演特別重要的角色。

就行政長官的地位來說，有所謂"雙首長制"和"雙負責制"的特點。行政長官有雙重的身份或法律地位，他既是香港特別行政區的首長（基本法第43條），又是特別行政區行政機關（即特區政府）的首長（基本法第60條）。行政長官以前者身份代表香港與中央或對外交往，在這方面其憲制地位是高於特區的行政、立法和司法三種機關的。另一方面，行政長官作為行政機關的首長，負責領導特區政府。以上便是所謂"雙首長制"。至於"雙負責制"，是指行政長官須同時向中央和香港特別行政區負責（第43條）。

"行政主導"的另一層次意義，是指行政機關在香港的管治上扮演特別重

27　王叔文主編：《香港特別行政區基本法導論（修訂本）》，北京：中共中央黨校出版社1997年第2版，第207頁。

要和關鍵的角色。例如，行政機關負責制定和執行公共政策，所有關於徵稅和
涉及動用公幣的財政預算案和開支建議，都是由行政機關向立法機關提出的；
絕大部分法律草案，也是由行政機關起草然後提交立法機關審議的。此外，在
緊急情況下，行政長官會同行政會議可根據《緊急規例條例》行使立法權。就
司法機關（即法院）來說，各級法院的法官也都是由行政長官任命的。當然，
行政長官不能隨意挑選法官，因為根據基本法（第 88 條）和香港法例，行政
長官必須根據獨立的司法人員推薦委員會的推薦去任命法官。

　　就行政機關和立法機關的關係來說，1990 年全國人大審議通過基本法
時，基本法起草委員會主任委員姬鵬飛指出："行政機關和立法機關之間的關
係應該是既互相制衡又互相配合；為了保持香港的穩定和行政效率，行政長官
應有實權，但同時也要受到制約。"根據基本法的規定，香港特區立法會具有
立法、審批財政預算、批准稅收、聽取施政報告、質詢政府、彈劾行政長官等
權力；根據基本法第 64 條，行政機關對立法會負責。由此可見，二者有相互
制衡的作用。但與西方國家的立法機關相比，香港特區立法會的權力又相對有
所限制，以保證"行政主導"能夠順利實施。例如，立法會議員的提案權，受
到基本法第 74 條的限制；議員的提案，須經基本法附件二規定的"分組投票"
機制通過才有效。另一方面，基本法對香港特區的制度設計又促進行政機關和
立法機關的相互配合。例如第 54 和 55 條規定，行政會議是協助行政長官決策
的機構，其成員可包括立法會議員。行政和立法兩機關的配合主要體現於立法
機關經審議後通過行政機關提出的法律草案、財政預算案和其他撥款建議。

　　司法獨立是基本法（第 2 條、第 85 條）規定的重大憲制原則。在香港的
政治體制中，行政機關的活動不但受到立法會的監察，而且法院也可在司法覆
核的案件中對行政機關和立法機關發揮監察作用。司法覆核包括法院對於行政
機關的行為是否合法的司法審查；除此以外，法院也可在司法覆核案件中審查
立法機關的立法是否有違基本法。

（二）行政長官和立法會的產生辦法

香港特別行政區的政治體制中其中一個關鍵設計，便是行政長官和立法會的產生辦法或選舉制度。我們在這裏先簡要說明基本法及其附件的原有規定以及 2010 年對附件一和附件二的有關修改；至於基本法附件一和附件二在2021 年的修改，將在本章第五部分探討。

根據全國人大在 1990 年通過的《關於香港特別行政區第一屆政府和立法會產生辦法的決定》，第一任行政長官由 400 人組成的推選委員會選舉產生，推選委員會的成員則由香港特別行政區籌備委員會從工商界、專業界、政界和其他社會界別和團體中選任。根據基本法附件一的規定，第二和第三任行政長官由 800 人組成的選舉委員會選舉產生，選舉委員會由工商界、專業界、政界和其他社會界別選舉產生，這 "四大界別" 的每一界別的代表佔委員會成員的四分之一。2010 年基本法附件一修改後，在 2012 年和 2017 年，行政長官由 1,200 人組成的選舉委員會選舉產生，委員會的成員也是來自四大界別的代表，每個界別仍佔委員會的四分之一。每一次選舉結束後，當選者必須根據基本法第 15 條和第 45 條獲得中央人民政府任命，才能成為行政長官。

根據基本法，中央不僅有權任命行政長官，特區政府主要官員也是由中央根據行政長官的提名任命的。[28] 基本法的這個制度設計的背景是鄧小平上世紀八十年代提出的 "港人治港"（而不是內地官員治港）即 "愛國者治港" 的想法：[29] 在香港政制中佔關鍵位置的港人，必須是中央認為可以接受和值得信任的愛國愛港人士。根據基本法第 12 條，香港特別行政區是 "享有高度自治權的地方行政區域，直轄於中央人民政府"，基本法第 43 條則規定，行政長官 "依照本法的規定對中央人民政府和香港特別行政區負責"，因此，中央對行政長官的任命權是實質性的，而不只是形式性或者儀式性的。時任國務院港澳辦主任王光亞在 2017 年 3 月行政長官選舉前的幾個月公開表示，行政長官

28　基本法第 15 條及第 48 條第 5 項。

29　參見《鄧小平論 "一國兩制"》，香港：三聯書店（香港）有限公司 2004 年版。

要符合四個條件：愛國愛港；中央信任；有管治能力；港人擁護。[30]

除行政長官和主要官員外，香港特別行政區立法會在香港政制中也扮演關鍵角色，因為它享有立法權、財政權、監督權等重要權力。根據基本法附件二的原有規定，香港特別行政區立法機關通過混合式的選舉方法產生，即有不同的選舉方式同時存在。立法會部分議員由分區直接選舉（即普選）產生，部分議員由工商界、專業界和其他社會界別構成的"功能界別"（又稱"功能組別"或"功能團體"，英文是 functional constituencies）選舉產生。在第一和第二屆立法會，還有少數成員由選舉委員會選舉產生，但根據基本法附件二，從第三屆立法會（2004 年選舉產生）開始便不再採用這種選舉方式。2021 年全國人大對基本法附件二的修改，恢復了由選舉委員會選舉產生部分立法會議員的制度，本章較後部分將予以討論。

根據 2010 年通過的對基本法附件二的修改，從 2012 年起，立法會議員的人數從 60 人增加到 70 人，其中一半由分區直接選舉產生，另一半由功能界別選舉產生，其中包括由所謂"超級區議會"功能界別選出的 5 名區議會的民選議員。由於這個新增功能界別的選民由超過三百萬不屬於任何其他原有功能界別的香港永久性居民組成，所以這個功能界別的選舉可以說是一種"準普選"。如下文所述，2021 年基本法附件二修改後，"超級區議會"議席不復存在。

基本法第 45 條和第 68 條規定，行政長官和立法會的選舉辦法根據特區的"實際情況和循序漸進的原則而規定"，最終達到普選的目標。就這些選舉辦法的改革來說，基本法附件一和附件二（在 2021 年修訂之前）規定，香港和中央的政府機構有其各自的角色。根據附件一，"2007 年以後各任行政長官的產生辦法如需修改，須經立法會全體議員三分之二多數通過，行政長官同意，並報全國人民代表大會常務委員會批准"。而根據全國人大常委會在 2004 年對基本法的解釋，香港特別行政區政府如果要啟動有關選舉辦法的修改（即

30　　見於 2017 年 2 月 17 日香港各大報章。

所謂"政制改革"），必須先由行政長官向全國人大常委會提交報告，如全國人大常委會在考慮了這份報告後同意確有需要修改有關選舉辦法，行政長官才能向立法會提出政制改革的方案。在實踐中，全國人大常委會還在回應行政長官的報告的決定中，規定其允許的政制改革的範圍，以至政制改革的時間表。[31]

如上所述，基本法規定了香港特別行政區的政制改革的最終目標。就立法會來說，第 68 條規定最終目標是"全部議員由普選產生"。就行政長官來說，第 45 條規定最終目標是"由一個有廣泛代表性的提名委員會按民主程序提名後普選產生"行政長官。2007 年，全國人大常委會就時任香港特別行政區行政長官曾蔭權提交的政改報告作出決定，表明在 2017 年特首可以由普選產生。

2014 年 8 月 31 日，全國人大常委會就時任行政長官梁振英提交的政改報告作出決定（即所謂"8·31"決定），規定有關行政長官普選的提名程序，包括由（類似於原有的負責選舉行政長官的選舉委員會的組成方式組成的）提名委員會按民主程序提名二至三名候選人，每名候選人須獲得提名委員會半數以上成員的支持。這個較高的提名門檻的目的，似乎是保證最後被提名的候選人都是"愛國愛港"的、可以被中央接受的人士，如果這樣的候選人在普選中勝出，中央會願意任命他（她）成為行政長官。這樣，該提名制度便可避免有當選人不被中央任命所可能導致的憲制危機。

但是，上述提名機制被反對派（或稱"泛民主派"）批評為對於候選人的政治"篩選"，不是"真普選"。2014 年 9 月，以爭取"真普選"為目標的非法"佔領中環"運動爆發，持續至 12 月。行政長官普選的政改方案終於在 2015 年 6 月在立法會被否決：根據基本法附件一，政改方案必須得到立法會中三分之二的議員的支持才能通過，但當時反對派在立法會中佔超過三分之一的議席，所以政改方案無法通過。

31　全國人大常委會在 2004 年、2007 年及 2014 年作出了有關決定。

　　總的來看，我們可以說 1990 年制定的基本法所確立的政治制度是一種具有相當民主成分的"混合政體"，既有"普選"的成分（主要在立法會），也有代表工商界、專業界和其他社會界別的"功能團體"參政的成分，也有中央在一定程度上的參與（尤其是在行政長官和主要官員的任命方面）。由於香港目前仍沒有由普選產生的行政長官和立法會，但基本法對各種人權和自由有相當的保障，故著名政治社會學學者劉兆佳教授曾把香港特別行政區的"獨特政治形態"描述為"一個自由威權政體的特殊個案"[32]。

（三）香港政制的運作（1997—2020）

　　以上介紹了基本法關於香港特別行政區政治制度的設計，現在我們進一步探討這個政治制度的具體運作。在 1997 年到 2020 年的政治實踐中（2021 年的選舉制度改革後的情況應作別論），香港的參政力量大致可以分為"建制派"（或稱為"愛國愛港"陣營）和"非建制派"（或稱為"反對派"，包括"泛民主派"和在 2016 年的立法會選舉中爭取到一些議席的新興的"本土派"）。"建制派"陣營支持中央對香港的政策，包括中央對香港的政制改革持有的謹慎態度，即改革必須符合香港的實際情況，循序漸進，並保證"愛國者治港"。此外，"建制派"陣營也認同和支持中國內地實行中國特色社會主義制度。另一方面，"反對派"主張在香港發展西方式的民主政治，包括行政長官和立法會所有議席的"真普選"，他們並對中國內地的政治體制持批判態度。

　　"泛民主派"（最初稱為"民主派"）自從上世紀八十年代登上政治舞台以來，一直得到相當數目的香港選民的支持。自從 1991 年香港立法局部分議席實行由分區直接選舉產生的"普選"制度以來，直至 2016 年的立法會選舉，"民主派"或"泛民主派"的候選人一直在地區直接選舉中獲得 55% 左右的選民支持。但是，由於"建制派"陣營在歷屆功能界別議席選舉中取得多數席

32　劉兆佳：《回歸後香港的獨特政治形態》，香港：商務印書館（香港）有限公司 2017 年版。

位,再加上"建制派"在地區直接選舉中取得的相當數目的席位,"建制派"仍能長期在立法會佔多數議席,讓特區的"行政主導"政治體制能夠運作。

"建制派"陣營中各位議員的聯盟是比較鬆散的,議員的立場會隨著不同的議題和環境而不斷變化。香港特別行政區從來沒有出現任何"執政黨"。沒有任何單一政黨曾通過選舉取得立法會的多數或接近半數的議席。負責選舉產生行政長官的選舉委員會是獨立於立法會的,沒有任何政黨曾在選舉委員會中取得多數或接近半數的席位,在實踐中該委員會也不受任何政黨支配,雖然多數成員屬於"建制派"或持有親"建制派"的立場。在實踐中,立法會內"建制派"陣營的議員基本上會支持行政長官及其管治團隊,不過這種支持不能完全落實到每一項政策、法案或者財政撥款,因為這些議員畢竟是由選舉產生的,還需要對他們的選民負責。

五、"一國兩制" 政策的演進

(一) 從 23 條立法事件到 "修例風波"

"一國兩制"的制度設計,基本上是一種務實或實用主義的安排,目的是實現在港英統治之下的香港和平回歸祖國,維持香港的繁榮和安定,並保障國家的主權、安全和發展利益。它允許香港作為中國的一個特別行政區,繼續保持原有的西方式的資本主義制度、英倫普通法、符合國際人權公約的人權保障,以及具有西方民主政治元素的立法機關部分議席的普選和多黨競爭。"一國兩制"的制度保障來自基本法。基本法第 159 條規定,對香港基本法的任何修改,"均不得同中華人民共和國對香港既定的基本方針政策相抵觸"。而基本法在其序言中也指出,"國家對香港的基本方針政策,已由中國政府在中英聯合聲明中予闡明"。

1997 年以來,"一國兩制"方針政策的實踐屢次面臨重大挑戰和考驗,比如 2003 年反對基本法第 23 條立法的 "七一" 50 萬人大遊行、2012 年的 "反國民教育" 運動、2014 年的非法 "佔領中環" 運動、2016 年的旺角騷亂，以至 2019 年持續數月暴動的 "反修例" 運動（"修例風波"）。這一連串事件和事態的發展，都是設計 "一國兩制" 和起草基本法時未能預測得到的。因此，中央政府因應香港局勢的發展而逐步調整其治港方略。

1997 年後中央對香港特別行政區政策的演變的第一個分水嶺，是 2003 年 7 月 1 日反對實施基本法第 23 條的《國家安全（立法條文）條例草案》的大遊行。在那之前，中央政府一直認為，香港事務基本上可以完全交由特區行政長官及政府處理，中央應盡量不予介入。2003 年的動盪及之後 "泛民主派" 發起的爭取 "雙普選" 運動，使中央調整了之前的不干預政策或所謂 "井水不犯河水" 政策，而改為較積極參與和介入香港的管治，尤其是香港政制發展的問題。因此，後來有分析認為，香港存在兩支 "管治隊伍"——香港特別行政區政府，以及中央授權處理香港事務的官員（包括國務院港澳事務辦公室、中央人民政府駐港聯絡辦公室等）。[33]

基本法的序言提到 "一國兩制" 的目的是 "維護國家的統一和領土完整，保持香港的繁榮和穩定"。在 "一國兩制" 的實踐過程中，中央一再強調，在 "一國兩制" 下，中國的 "主權、安全和發展利益" 必須得到保障。2014 年香港社會就行政長官普選辦法進行辯論期間，國務院新聞辦公室就 "一國兩制" 在香港的實踐發表白皮書，[34] 提出了中央對香港擁有 "全面管治權" 的概念。其後，習近平主席 2017 年的兩篇講話，對 "一國兩制" 方針政策作出了簡要和清晰的闡述。

在 2017 年 7 月 1 日慶祝香港特別行政區成立 20 週年大會上的講話中，習主席指出：[35]

33　曹二寶：〈"一國兩制" 條件下香港的管治力量〉，《學習時報》第 422 期（2008 年 1 月 29 日），http://www.legco.gov.hk/yr08-09/chinese/panels/ca/papers/ca0420cb2-1389-2-c.pdf（最後訪問時間：2024 年 3 月 16 日）。曹二寶乃時任中央人民政府駐港聯絡辦公室研究部部長。

34　《"一國兩制" 在香港特別行政區的實踐》白皮書，北京：人民出版社 2014 年版。

35　習主席的講話見於 http://www.locpg.hk/2017-07/01/c_129645318.htm（最後訪問時間：2024 年 3 月 16 日）。

始終準確把握 "一國" 和 "兩制" 的關係。"一國" 是根，……香港回歸後，我們更要堅定維護國家主權、安全、發展利益。……任何危害國家主權安全、挑戰中央權力和香港特別行政區基本法權威、利用香港對內地進行滲透破壞的活動，都是對底線的觸碰，都是絕不能允許的。與此同時，在 "一國" 的基礎之上，"兩制" 的關係應該也完全可以做到和諧相處、相互促進。要把堅持 "一國" 原則和尊重 "兩制" 差異、維護中央權力和保障香港特別行政區高度自治權、發揮祖國內地堅強後盾作用和提高香港自身競爭力有機結合起來，任何時候都不能偏廢。只有這樣，"一國兩制" 這艘航船才能劈波斬浪、行穩致遠。

在 2017 年 10 月 18 日中國共產黨第十九次全國代表大會的報告中，習主席說道 [36]：

必須把維護中央對香港、澳門特別行政區全面管治權和保障特別行政區高度自治權有機結合起來，確保 "一國兩制" 方針不會變、不動搖，確保 "一國兩制" 實踐不變形、不走樣。

以上講話強調中國的 "主權、安全和發展利益"，強調 "一國" 原則是 "兩制" 的基礎，強調中央對特別行政區的全面管治權和特別行政區的高度自治權 "有機結合"，反映出中央政府對香港的政治趨勢的關注和警惕。

2014 年的非法 "佔領中環" 運動構成對中央管治香港的權威的挑戰，之後主張 "港獨" 或 "自決" 的 "反中亂港" 勢力的冒起，更反映了一種令中央擔心的政治趨勢。從中央的角度看，這種趨勢構成對 "一國兩制" 政策在香港特別行政區的準確和有效實施的重大威脅。如果不能扭轉這一負面趨勢，香港將變成我國日後穩定發展以至中華民族偉大復興的 "負資產"。

36　見 http://www.gov.cn/zhuanti/2017-10/27/content_5234876.htm（最後訪問時間：2024 年 3 月 16 日）。

　　根據一項研究，[37] 在 2012 年立法會選舉中，"反中國內地"的情緒滋長已很明顯，到了 2016 年的立法會選舉，這種情況變本加厲。在這幾年間，香港政治出現了一種邁向"本土主義"的轉向，[38] 一批不滿傳統"泛民主派"的想法和策略的"本土主義者"異軍突起。有些"本土主義者"主張港人"自決"香港前途甚至"香港獨立"，從而挑戰中央對香港特別行政區高度自治的容忍極限。雖然有些"本土主義"人士被禁止參加 2016 年的立法會選舉，[39] 最後還是有六名"本土主義者"在這次選舉中被選進了立法會，他們在分區直接選舉中總共得到了 19% 的選票。[40]

　　這次選舉後，一些獲選為議員的"本土主義者"，在特區政府提起的訴訟中，被法院以他們在就職宣誓時的言行不符合香港基本法和其它法律中關於就職宣誓的要求而被逐出立法會，全國人大常委會也在 2016 年 11 月對香港基本法第 104 條關於就職宣誓的要求進行了解釋。[41] 在 2016 年立法會選舉中被取消參選資格的陳浩天 [42] 所建立的主張"港獨"的"香港民族黨"，也於 2018 年 9 月 24 日被保安局局長根據《社團條例》禁止其運作。該黨向行政長官會同行政會議提出的上訴，於 2019 年 2 月 19 日被駁回。2 月 26 日，中央人民政府向行政長官發出一封"公函"，表達了對特區政府取締"香港民族黨"這項決定的支持，強調"依法維護國家安全"是香港特別行政區的憲制責任，並要求行政長官就"香港民族黨"事件提交報告。[43]

　　"本土主義"的興起可以追溯至 2014 年的非法"佔領中環"運動。這個運

37　See Ngok Ma, "The Rise of 'Anti-China' Sentiments in Hong Kong and the 2012 Legislative Council Elections", (2015) *China Review* 39(15).

38　See Joseph Y. S. Cheng (ed.), *New Trends of Political Participation in Hong Kong* (Hong Kong: City University of Hong Kong Press, 2014).

39　這些人士包括陳浩天，參見後文注釋 40。

40　參見蔡子強、陳雋文：〈立法會選舉結果初步評析〉，《明報》2016 年 9 月 6 日，A28 版。

41　參見本章第"三"部分。

42　陳浩天曾以選舉呈請方式提起訴訟，對選舉主任取消他參選資格的決定提出質疑，但並不成功。See *Chan Ho Tin v. Lo Ying Ki Alan*, [2018] 2 HKLRD 7.

43　有關公函是：中華人民共和國中央人民政府國務院，國函 [2019]19 號，2019 年 2 月 26 日；行政長官其後提交的報告見於〈關於香港特別行政區政府依法禁止"香港民族黨"運作等有關情況的報告〉，2019 年 4 月 18 日，http://gia.info.gov.hk/general/201904/18/P2019041800415_308614_1_15555721 99159.pdf（最後訪問時間：2024 年 3 月 16 日）。

動要求在香港實行所謂 "真普選"。運動的發起人對 "普選" 的理解是,根據所謂 "國際標準",通過多黨競爭,在全民普選中產生行政長官和所有立法會議員。在他們看來,任何得到相當數量選民支持的候選人或者政黨,都不應因為香港基本法規定的行政長官候選人提名機制而不能參選。然而,這不同於中央對香港特別行政區選舉制度發展的看法,也不符合香港基本法的制度設計。在香港基本法制定的時候,關於提名委員會的制度設計就明文寫進了第45 條。全國人大常委會 2014 年 8 月 31 日的決定把第 45 條設立的提名安排細化,這個方案與鄧小平最初的 "愛國者治港" 設想是一致的,是對這一設想的具體運用。

"泛民主派" 一向認為,所謂民主普選,應該是 "一國兩制" 之下香港政治體制自行發展的事項,屬於特區高度自治權的組成部分。2015 年 "政改" 失敗後,新一代的 "本土主義" 人士則採取更激進的立場,不再認同港人應該在中華人民共和國境內、作為其特別行政區的居民而實現民主普選的這個目標,主張與傳統 "泛民主派" 分道揚鑣。[44] 對他們而言,問題不再簡單是一個 "民主" 問題,而是一個更加根本的、更深層次的 "身份認同" 問題。從追求 "民主" 到追求 "身份認同",或者說從 "爭取民主的政治" 轉化為 "爭取自決的政治",把 "一國兩制" 這個憲制設計中固有的張力和矛盾帶到了前所未有的高度。於是,在 "一國兩制" 能否繼續有效實施的問題上,出現了一個根本性的、而且嚴重程度前所未有的挑戰。

主張 "獨立" 或 "自決" 的政治勢力的出現,是任何允許在一國之內有部分區域實行相當程度自治的憲制安排都可能遇到的問題,它反映出地方自治和國家主權的內在張力,同時也反映出地方自治的政治運作確實有可能產生國家分裂的風險。從維持國家領土完整和確保國民對國家的忠誠考慮看,在一國之內部分地區實行高度自治的實踐,可能是一把 "雙刃劍"。一方面,它可以在地區的多元發展和促進國家統一之間取得較好的平衡,讓自治地區民眾和全

44　See Sonny Shiu-hing Lo, "Ideologies and Factionalism in Beijing-Hong Kong Relations", (2018) *Asian Survey* 392(58).

體國民都能從中受益。另一方面，高度自治的制度設計，也可能助長或加強自治地區民眾的集體身份認同，這種身份認同與"一國"原則之間有可能形成張力：因為根據"一國"原則，國家領土的完整是神聖而不可侵犯的，一國之內所有人民只能具有單一的國民身份和單一的效忠對象，就是這個主權國家和作為國家的共同體。從主權國家的中央政府的角度看，最壞的情況是自治地區的人民認為"高度自治"並不足夠，轉而爭取"獨立"，這便是在"一國兩制"下的香港出現的國家安全問題。

（二）《香港國安法》的制訂

基本法的起草者認識到，香港特別行政區作為中華人民共和國的一部分，必須具備保障中華人民共和國國家安全的立法。世界各國都有保障國家安全的立法，在有地方自治安排的國家，無論是聯邦制國家（如美、加、澳洲），還是單一制國家（如英國，蘇格蘭在英國境內享有高度的自治權），關於國家安全問題的立法權都是掌握在中央政府或聯邦政府手中的，通常不會授予地方政府。但是基本法卻在這方面作出了特殊的安排，其第 23 條規定：

> 香港特別行政區應自行立法禁止任何叛國、分裂國家、煽動叛亂、顛覆中央人民政府及竊取國家機密的行為，禁止外國的政治性組織或團體在香港特別行政區進行政治活動，禁止香港特別行政區的政治性組織或團體與外國的政治性組織或團體建立聯繫。

第 23 條之所以這樣規定，是因為基本法起草於上世紀八十年代後期，當時中國還未有關於"危害國家安全罪"的法律。當時的中國《刑法》只有關於"反革命罪"的規定，這相當於其他國家的危害國家安全罪。根據"一國兩制"原則，香港是資本主義社會，社會主義法制下的"反革命罪"不適宜適用於香港，因此便有了第 23 條的特殊安排，規定由特別行政區自行立法處理有關的危害國家安全的罪行。

第 23 條規定香港特別行政區應自行立法禁止有關行為，這不只是賦予特區制定有關法例的權力，也同時要求特區承擔一種法律上的義務和憲制責任，去完成有關立法。第 23 條設立的制度安排是，首先由特別行政區承擔國家安全立法的義務及行使有關立法權，特區應在成立後一段合理時間內履行此基本憲制責任。如特區長時期未履行此基本憲制責任，而在特區出現了嚴重危害國家安全的情況或其風險，那麼中央可根據基本法行使其固有權力，去制定有關的國家安全立法。

2019 年，因港人陳同佳涉嫌在台灣殺人而導致特區政府提出 "修例" 建議，即修改現行法律，以容許香港和中國內地、澳門或台灣之間進行相互的逃犯移交。反對修例者反對香港和中國內地之間的逃犯移交，使香港出現了史無前例的政治風暴，即使在行政長官宣佈無限期擱置、並在後來撤回修例草案的情況下，社會動亂仍越演越烈，出現了各種挑戰中央政府的底線的言行，包括 "黑暴"、"攬炒"、"港獨"、主張 "光復香港、時代革命" 等。[45] "一國兩制" 下的香港遂陷入前所未有的危機。

中央政府分析情勢後，認為香港出現了外國勢力介入的類似 "顏色革命" 的情況，[46] 恐怕香港成為美國發起 "新冷戰" 制約中國崛起的一隻棋子，甚至成為西方勢力顛覆中國社會主義政體的基地。鑑於中國的國家安全已經因為香港問題而面臨重大威脅，而在超過半年來飽受社會上 "反修例" 運動困擾的特區政府已經沒有推行基本法第 23 條立法的政治能量，[47] 所以中央決定採取行

45　參見中央港澳工作領導小組辦公室、國務院港澳事務辦公室：〈完善香港選舉制度，落實 "愛國者治港"，確保 "一國兩制" 實踐行穩致遠〉，《求是》2021 年第 8 期，求是網，www.qstheory.cn/dukan/qs/2021-04/16/c_1127330765.htm（最後訪問時間：2024 年 3 月 17 日）。

46　參見中國外交部發表的文件〈美國干預香港事務，支持反中亂港勢力事實清單〉，2021 年 9 月 24 日，百家號 "人民網"，https://baijiahao.baidu.com/s?id=1711819675883362723&wfr=spider&for=pc（最後訪問時間：2024 年 3 月 17 日）。

47　時任香港行政長官林鄭月娥在 2020 年 5 月 22 日表示："香港回歸祖國將近 23 年，特區在基本法第二十三條下應自行立法禁止危害國家安全行為的工作，因為種種原因並無寸進。這是令人十分失望的。鑑於目前的政治形勢，部分激進示威者採取的 '攬炒' 手段和議會內非建制派企圖癱瘓政府的行徑，再加上反對力量多年來把二十三條立法污名化，特區政府無論是行政機關或是立法機關將難以在一段可見時間內自行完成維護國家安全有關的立法，這是香港社會不得不承認的現實。" 見香港特區政府新聞公報，https://www.info.gov.hk/gia/general/202005/22/P2020052200858.htm（最後訪問時間：2024 年 3 月 17 日）。

動，針對當時的緊急情勢，行使其關於國家安全問題的事權，一定程度上堵塞特區長期未能完成的第 23 條立法的法律漏洞。[48] 於是在 2020 年 5 月 28 日，全國人民代表大會通過了《關於建立健全香港特別行政區維護國家安全的法律制度和執行機制的決定》（以下簡稱 "5·28 決定"）。

中央政府官員表示，[49] "5·28 決定" 的目的，不是改變或減損 "一國兩制"，而是要保證 "一國兩制" 的順利和準確的實施，使它能夠 "行穩致遠"。制定《香港國安法》的目的，在於遏止分裂國家和顛覆國家政權的行為、恐怖活動和外國勢力對於香港事務的干預，如能達到這些目的，"一國兩制" 便能順利地繼續推行，香港的繁榮和安定以至國際投資者在香港的利益才能得以保障。

2020 年 6 月 30 日，全國人大常委會根據 "5·28 決定" 的授權，通過了《中華人民共和國香港特別行政區維護國家安全法》（以下簡稱《香港國安法》），並根據基本法第 18 條，把《香港國安法》列入基本法附件三，在香港公佈實施。《香港國安法》設立了分裂國家、顛覆國家政權、恐怖活動和勾結外國勢力以作出危害國家安全的行為等四類刑事罪行。在規定這些刑事罪行的同時，《香港國安法》也強調了法治和人權保障的原則。[50] 和其他刑事立法一樣，《香港國安法》沒有追溯力，《香港國安法》不能用於檢控在《香港國安法》生效以前的行為或活動。[51]

從中央政府的角度看，《香港國安法》為 "一國兩制" 下的 "一國" 原則以法律方式劃出明確的底線。只要香港市民日後的言行不再跨越這條底線，"一國兩制" 的事業便可重回正軌、重新上路，香港作為 "兩制" 中的其中一制仍有很大的發展空間。這是中央政府制定《香港國安法》背後的構想和目標。

48　參見〈王晨作關於《全國人民代表大會關於建立健全香港特別行政區維護國家安全的法律制度和執行機制的決定（草案）》的説明〉，2020 年 5 月 22 日，新華網，www.xinhuanet.com/politics/2020-05/22/c_1126019468.htm（最後訪問時間：2024 年 3 月 17 日）。

49　同上。

50　見《香港國安法》第 4、5 條。根據香港終審法院在黎智英 "保釋案" 的判決（*HKSAR v. Lai Chee Ying*, [2021] HKCFA 3），香港法院無權審查《香港國安法》的個別條文是否因違反基本法規定的人權保障標準而無效。

51　見《香港國安法》第 39 條。

　　《香港國安法》的制度設計的特點之一，便是依靠香港原有香港法律制度，由原有的執法和司法機關去處理有關案件和涉案人士的逮捕、調查、檢控和審判工作，即，由警方負責行使逮捕權和進行調查，然後把證據移交律政司，由律政司司長根據基本法獨立行使檢控權，然後由法院根據司法獨立原則和應當適用的法律進行審理。被告人原則上享有基本法、《香港人權法案條例》和國際人權公約所保障的各種基本權利，案件在初審後可按正常程序上訴至較高級法院。[52]

　　《香港國安法》設立了一些組織架構和職位，去訂立與保障國家安全有關的政策和措施，並保證《香港國安法》的規定能得以落實。這些組織架構包括香港特別行政區維護國家安全委員會，以及警務處、律政司和法院內專門負責處理國安法案件的部門、官員或法官。此外，《香港國安法》還設立了維護國家安全委員會的國家安全事務顧問的職位，由中央政府任命。[53]

　　關於法官方面，《香港國安法》授權行政長官從現任法官中挑選若干人士，列在這名單上的法官才有資格審理《香港國安法》案件。[54] 根據現行制度，香港各級法官由行政長官根據獨立的司法人員推薦委員會的推薦而任命，[55] 該委員會的主席是終審法院首席法官。[56]《香港國安法》規定，在訂出可審理國安法案件的法官名單時，行政長官可徵詢終審法院首席法官和維護國家安全委員會的意見。[57] 一般估計，作出法官挑選時考慮的因素和標準，可能包括有關法官的國籍以及其以往審理案件的專長和經驗等。

52　《香港國安法》中有些規定有別於適用於其他刑事案件的原有規定。《香港國安法》第 42 條第 2 款就被捕的被告人申請保釋候審的門檻訂下了高於其他刑事案件的標準〔參見 HKSAR v. Lai Chee Ying（黎智英），[2021] HKCFA 3〕；《香港國安法》第 46 條規定，律政司司長可發出指示，要求高等法院原訟法庭在審判國安法案件時，由三位高院法官組成合議庭審訊（而非像一般刑事案件由一位高院法官會同市民組成的陪審團審訊）〔參見 Tong Ying Kit（唐英傑）v. Secretary for Justice, CACV 293/2021, [2021] HKCA 912〕。

53　見《香港國安法》第 15 條。首兩任國家安全事務顧問都是時任中央人民政府駐港聯絡辦公室主任。

54　見《香港國安法》第 44 條。在唐英傑案（Tong Ying Kit v. HKSAR, [2020] HKCFI 2133）中，高等法院原訟法庭認為這種 "指定法官" 的制度並不違反司法獨立原則。

55　見基本法第 88 條。

56　見《司法人員推薦委員會條例》第 3 條。

57　見《香港國安法》第 44 條。關於香港終審法院時任首席法官馬道立對此的立場，見於〈終審法院首席法官聲明〉，2020 年 7 月 2 日，香港特區政府新聞公報，https://www.info.gov.hk/gia/general/202007/02/P2020070200412.htm?fontSize=1（最後訪問時間：2024 年 3 月 17 日）。

　　在對香港的執法和司法機構作出授權以處理涉及《香港國安法》的案件的同時，《香港國安法》也保留了中央在必要時直接處理案件的權力。中央政府根據《香港國安法》在香港設立維護國家安全公署，其職權包括就維護國家安全的戰略和政策提出意見和建議，"監督、指導、協調、支持香港特別行政區履行維護國家安全的職責"等。[58] 國安公署在香港的法律地位，類似於原有的中央駐港的三個機構，即中央政府駐港聯絡辦公室、外交部駐港特派員公署和解放軍駐港部隊。根據《香港國安法》的規定，除非是該法第 55 條規定的非常特殊、罕有或極端的三種特定情況，否則駐港國安公署將不會行使執法權或檢控權。

　　《香港國安法》頒佈以來，直至 2023 年底，因涉嫌觸犯危害國家安全的罪行（包括《香港國安法》設立的罪行和原有法律《刑事罪行條例》的煽動罪）而被香港警方國安處拘捕的總共有 290 人，其中約六成後來被檢控，包括在 14 宗《香港國安法》案件中被檢控的 91 人。[59] 此外，《香港國安法》的制定及其執行也產生相當的社會效應，例如《蘋果日報》、立場新聞和眾新聞相繼結業；在公民社會裏，有一些可能被懷疑觸犯《香港國安法》的民間社團先後自行解散，包括香港教育專業人員協會（教協）、香港民間人權陣線（民陣）、香港市民支援愛國民主運動聯合會（支聯會）、香港職工會聯盟（職工盟）等。

58　見《香港國安法》第 49 條。

59　參見 https://thecollectivehk.com/%E6%B2%BB%E5%AE%89%E5%9B%9E%E9%A1%A7%EF%BD%9C%E9%A8%99%E6%A1%88%E5%8E%BB%E5%B9%B4%E5%91%83%E6%B8%E4%BA%BA-90-%E5%84%84%E3%80%80%E7%BD%AA%E6%A1%88%E6%94%80%E5%8D%87%E7%A0%0%B4%E6%A1%88%E7%8E%87/（最後訪問時間：2024 年 3 月 17 日）；https://thewitnesshk.com/%E5%9C%8B%E5%AE%89%E6%B3%95%E4%B8%89%E5%B9%B4%E5%8D%8A%E6%A1%88%E4%BB%B6%E4%B8%80%E8%A6%BD91%E5%80%8B%E8%A2%AB%E6%8C%87%E6%8E%A7%E5%8D%B1%E5%AE%B3%E5%9C%8B%E5%AE%89%E7%9A%84%E4%BA%BA-%E5%9C%A8/（最後訪問時間：2024 年 3 月 17 日）。香港終審法院認為，煽動叛亂罪也屬於危害國家安全的罪行，故《香港國安法》的一些程序性條款（如關於保釋候審和指定法官的規定）也適用於煽動叛亂罪的案件：*HKSAR v. Ng Hau Yi Sidney*（伍巧怡）, DCCC 854/2021, FAMC 32/2021, [2021] HKCFA 42; *HKSAR v. Lai Man Ling*（黎雯齡）, DCCC 854/2021, [2022] HKDC 355, 981, 1004。

（三）選舉制度的改革

2019 年的 "修例風波" 運動促使中央政府全面檢討 1990 年制定的基本法對 "一國兩制" 下香港某些具體制度的設計，結果是中央方面認為，香港特別行政區不但在法制上存在漏洞，未能維護國家安全，而且香港的政治體制、尤其是其選舉制度，也存在漏洞和缺陷，未能為 "愛國者治港"、"行政主導" 等原則和特區的有效管治提供足夠的制度保障。於是，繼 2020 年制定《香港國安法》後，中央政府在 2021 年對香港特別行政區的選舉制度進行了大幅度的完善。《香港國安法》的制定和選舉制度的改革被中央官員稱為一套 "組合拳" 的兩個構成部分：[60]《香港國安法》的功能在於阻嚇和懲治危害國家安全的行為；而選舉制度改革的目的，則在於改變香港的政治格局和政治生態，為 "愛國者治港" 原則提供穩固的制度保障，以及防止反對派通過選舉奪取特別行政區的管治權，或在特別行政區的政權機構取得能發揮關鍵作用的議席數量。[61]

2021 年 3 月 11 日，全國人大通過了《關於完善香港特別行政區選舉制度的決定》，為香港的選舉制度改革訂出基本原則和方向，並授權全國人大常委會修改基本法附件一和附件二中關於行政長官和立法會的產生辦法的規定。2021 年 3 月 30 日，全國人大常委會完成了對於基本法附件一和附件二的修訂。2021 年 4 月 13 日，香港特別行政區政府啟動了《完善選舉制度（綜合修訂）條例》草案的立法程序，為實施修訂後的基本法附件一和附件二進行相關的本地立法，把有關選舉制度的改革具體化，並在操作層面提供相關法律規範和細則。該條例在 2021 年 5 月 27 日由立法會通過，以用於 2021 年 9 月舉行的選舉委員會選舉、2021 年 12 月舉行的立法會選舉和 2022 年的行政長官選舉，以及日後的同類選舉。這次選舉制度改革的重點可綜合如下。

60　關於以 "組合拳" 來形容這兩項措施，參見〈改港選舉，栗戰書：打出法律組合拳〉，《明報》2021 年 3 月 9 日；〈港澳辦："循序漸進" 非次次擴直選〉，《明報》2021 年 3 月 13 日。

61　參見時任全國人大常委會副委員長王晨：〈關於《全國人民代表大會關於完善香港特別行政區選舉制度的決定（草案）》的說明〉，2021 年 3 月 5 日，百家號 "全國人大"，https://baijiahao.baidu.com/s?id=1693377522727659127&wfr=spider&for=pc（最後訪問時間：2024 年 3 月 17 日）。

　　首先是香港立法會組成的改變。在這次選舉制度改革之前，立法會的組成由在 2010 年修訂的基本法附件二規定，立法會有 70 議席，其中 35 席由分區直接選舉（採用比例代表制的普選）產生，30 席由"傳統"功能組別（所謂"傳統"是指在 2010 年的政改前已存在的功能組別）選舉產生，5 席為 2010 年的政改所設立的"超級區議會"議席，由全港選民（已在"傳統"功能組別享有投票權者除外）從區議員中選舉產生（各區議會的議員本身則由分區直接選舉產生）。2021 年的選舉制度改革，則把立法會議席的總數增加至 90 席，其中 20 席由分區直接選舉產生（在每區採用"雙議席單票"制），30 席由功能組別選舉產生（選舉制度改革對部分"傳統"功能組別的選民資格有所調整），另外 40 席由重新構建的選舉委員會選舉產生。

　　選舉委員會的重構是這次選舉制度改革的核心設計。根據原有的基本法附件一，選舉委員會由社會中四大界別的代表組成，四大界別為工商、金融等界、專業界、勞工、宗教和社會服務等界以及政界，絕大部分代表由有關界別的"子界別"選舉產生，各"子界別"的選民資格大致上類似於立法會"傳統"功能組別的選民資格。

　　根據基本法原有的附件一和附件二，行政長官由選舉委員會選舉產生，另外，選舉委員會也負責選出第一屆立法會的 60 個議席中的其中 10 席，以及第二屆立法會 60 個議席中的 6 席。而從第三屆立法會開始，選舉委員會便不再選舉任何立法會議員，立法會議員一半由分區直選產生，另一半由功能組別選舉產生。

　　2021 年的選舉改革恢復了選舉委員會選舉立法會部分議席的功能（選委會選舉行政長官的職權則維持不變），而且由它負責選舉較大比例的立法會議員，這是這次選舉改革的重點之一。根據此改革，選舉委員會不但負責選舉部分立法會議員，而且選舉委員會的每位成員也享有對循不同途徑參選立法會的候選人的提名權，每名參選的候選人（包括循分區直選、功能組別選舉和選委會選舉途徑參選者），必須獲得這個新的選舉委員會的五大界別中每個界別裏至少兩名選委會成員的提名，才能參選。此外，選舉制度改革還規定設立候選人資格審查委員會。此委員會可以決定候選人是否符合參選資格,在作出決定時,可考慮警務處的國家安全處對候選人是否擁護基本法和效忠香港特別行政區的審查意見。[62] 並且,修改後的基本法附件一和附件二明文規定,就此委員會的決定不得提起訴訟。

至於選舉委員會的重構,根據這次選舉制度的改革,原有的由四大界別組成、每界別佔 300 人、總數為 1,200 人的選舉委員會,改為由五大界別的 1,500 人組成,每個界別產生的選委會成員人數為 300 人。五大界別包括原有的工商、金融界(第一界別)、專業界(第二界別),原有的第三界別(即"勞工、社會服務、宗教等界")改組為"基層、勞工和宗教等界"(其中"基層"主要由基層社團和同鄉社團組成),新的第四界別則由立法會議員和"地區組織"的代表擔任選委會成員(其中,"地區組織"主要是由政府任命的地區性諮詢組織,也包括中國內地的港人團體,原有的第四界別中由區議員互選的選委會席位則被取消),新的第五界別則由港區全國人大代表、港區全國政協委員和指定的全國性團體的香港成員的代表擔任選委會成員。此外,對於原有第一、第二和第三界別的選民資格也有所調整,基本上是取消原有的"子界別"中個人的投票權,只有被指定的團體或機構才有投票權或有權委派其代表作為選委會的成員。

當時在中央政府負責領導港澳工作的韓正副總理在 2021 年全國人大會議期間曾說,[63] 這次選舉制度改革涉及的不是"民主與不民主的問題",而是"顛覆與反顛覆的鬥爭",意思是說,此次選舉制度改革的目的,在於防止香港社會中的"反中亂港"勢力通過選舉奪取香港特別行政區的管治權,或在選舉委

62　擁護基本法和效忠中華人民共和國香港特別行政區的要求源於基本法第 104 條,其進一步闡釋見於上述全國人大常委會 2016 年通過的對基本法第 104 條的解釋以及其在 2020 年通過的《關於香港特別行政區立法會議員資格問題的決定》,和香港特別行政區立法會在 2021 年 5 月 12 日通過的《公職(參選及任職)(雜項修訂)條例》。此《公職條例》同時要求區議會議員作類似於基本法第 104 條規定的就職宣誓,這條例的執行最終導致 49 名在 2019 年的區議會選舉中當選的區議員因被裁定宣誓無效(因其言行與其誓言不一致)而喪失其議員資格。見〈區議員剩 151,四成泛民,原 479 席佔八成〉,《明報》2021 年 10 月 22 日。全港共有 18 個區議會,區議員原來有 479 人,在大批區議員辭職以及上述部分區議員被裁定喪失議員資格後,只剩下 151 人。

63　見於〈韓正:完善香港選舉制度是保衛戰〉,《信報》2021 年 3 月 8 日;〈韓正:改制是顛覆反顛覆問題,非民主問題〉,《明報》2021 年 3 月 8 日。

員會和立法會取得相當數目的議席。[64]

　　從這次選舉制度改革的內容來看，中央政府在重新評估"一國兩制"及香港特區政治體制和選舉制度的運作情況後，已經斷定 1990 年制定的基本法的附件一和附件二所設計的選舉制度存在漏洞或缺陷，不能適應當時香港愈趨惡劣的政治情況，尤其是不能保證"愛國者治港"、"行政主導"和特區的有效管治。從 2014 年的非法"佔中"到 2019 年的"修例風波"，香港特別行政區的政治發展，已經出現了嚴重失控的局面，必須動大的"手術"[65]，實現一種管治上的"範式轉移"[66]，才能使"一國兩制"重回正軌。

　　根據 2021 年選舉制度改革的思路，中央評估認為，由選舉委員會產生較大比例的立法會議員，有利於保障特區的"整體利益"，並為"愛國者治港"、"行政主導"等原則提供更有效的制度保障。[67]西方式的民主並不適用於"一國兩制"下的香港特別行政區，"一國兩制"下的香港必須發展適合香港特別行政區情況的"具有香港特色的民主制度"[68]，從而保障香港的"長期繁榮穩定"以及"國家主權、安全、發展利益"[69]。

64　中央港澳工作領導小組辦公室和國務院港澳事務辦公室在其共同發表的一篇文章中指出，必須"切斷反中亂港勢力奪取香港管治權的制度通道"，並"為確保'愛國者治港'提供……堅實的制度保障"（見〈完善香港選舉制度，落實"愛國者治港"，確保"一國兩制"實踐行穩致遠〉，《求是》2021 年第 8 期）；另外，權威性官方刊物《求是》雜誌評論員指出，"這一次，全國人大及其常委會修改完善香港選舉制度，最直接、最重要的目的，就是要有效彌補香港特別行政區選舉制度中存在的漏洞和缺陷，確保行政長官必須由中央信任的堅定的愛國者擔任，確保愛國愛港力量在選舉委員會和立法會中穩定地佔據壓倒性優勢"，見〈確保"一國兩制"實踐行穩致遠〉，《求是》2021 年第 9 期，求是網，www.qstheory.cn/dukan/qs/2021-04/30/c_1127389822.htm（最後訪問時間：2024 年 3 月 17 日）。值得留意的是，在"修例風波"期間舉行的 2019 年 11 月 24 日的區議會選舉，支持"反修例"的"反對派"（包括"泛民主派"、"本土派"等）候選人在以往由"建制派"佔多數議席的全港 18 個區議會中，贏得 85% 的議席（包括在 17 個區議會中的絕大多數議席），令中央政府大為震驚。以得票率來說，"反對派"在這次選舉中取得約 57% 的選票，而在這次選舉中投票率和投票總人數都遠超以往的選舉。見 2019 年 11 月 25 日至 26 日的香港報章，如《明報》、South China Morning Post 等。

65　引述自時任國務院港澳辦副主任張曉明的發言，見於〈港澳辦："循序漸進"非次次擴直選〉，《明報》2021 年 3 月 13 日。

66　參見〈中央把關從嚴從緊，香港政治範式轉變〉，《明報》社評，2021 年 3 月 31 日。

67　參見王晨：〈關於《全國人民代表大會關於完善香港特別行政區選舉制度的決定（草案）》的說明〉，2021 年 3 月 5 日，百家號"全國人大"，https://baijiahao.baidu.com/s?id=1693377522727659127&wfr=spider&for=pc（最後訪問時間：2024 年 3 月 17 日）。

68　引自〈完善香港選舉制度，落實"愛國者治港"，確保"一國兩制"實踐行穩致遠〉，《求是》2021 年第 8 期。另可參見中華人民共和國國務院新聞辦公室：《"一國兩制"下香港的民主發展》白皮書，2021 年 12 月 20 日，人民網，http://hm.people.com.cn/n1/2021/1221/c42272-32312866.html（最後訪問時間：2024 年 3 月 17 日）。

69　見於《全國人民代表大會關於完善香港特別行政區選舉制度的決定》，2021 年 3 月 11 日通過。

　　行政長官和立法會的選舉制度在 2021 年改革後，香港的地方治理和區議會選舉的制度在 2023 年也作出了重大改革。[70] 改革的指導原則有三：第一是維護國家安全，確保區議會的選舉和運作符合基本法第 97 條對區議會的定位（即 "非政權性區域諮詢組織"）；第二是全面落實 "愛國者治港" 原則；第三是要充分體現 "行政主導" 原則。[71]

　　在改革前，全港有 18 個區議會，共 479 個議席，其中 452 個議席由分區直接選舉產生，每選區選出一名議員；另外有 27 名當然議員，由新界的鄉事委員會主席出任。在改革後，全港仍有 18 個區議會，議席總數為 470 個，其中 27 席仍為當然議員（即鄉事委員會主席）；179 席為行政長官委任的議員；另外，有 88 個由地方選區居民直接選舉產生的議席，全港十八個地方行政區劃分為 44 個地方選區，每選區選出兩名區議員；最後，還有 176 席是新設的 "地區委員會界別" 議員（或稱為 "間接選舉" 產生的議員），由每區的地區委員會——即分區委員會、地區撲滅罪行委員會和地區防火委員會（簡稱三會）——的委員選出。地方選區的候選人和 "地區委員會界別" 的候選人，每名必須獲得該區的三會中每會各最少三名委員的提名才可參選。

（四）基本法第 23 條立法

　　如上所述，根據基本法第 23 條，香港特別行政區有憲制上的義務，就叛國、顛覆、分裂國家、煽動叛亂等七種危害國家安全的行為立法。但是，2003 年特區政府提出的用以實施第 23 條的《國家安全（立法條文）條例草案》，因 "七一大遊行" 半途而廢。

　　2020 年中央為香港特別行政區制定的《香港國安法》，處理了基本法第 23 條提到的七種危害國家安全的行為的其中兩種（即分裂國家和顛覆），另外

70　參見《2023 年區議會（修訂）條例》。

71　參見《立法會內務委員會研究完善地區治理建議方案及相關事宜小組委員會：完善地區治理工作》，CB(2)425/2023(01)，2023 年 5 月 12 日，見於 www.legco.gov.hk。

也設立了恐怖活動罪和勾結外國危害國家安全罪。但這並不表示香港特別行政區便沒有需要和責任就基本法第 23 條進行立法：全國人大在 2020 年的 "5·28 決定" 的第 3 條和《香港國安法》第 7 條都明確規定，"香港特別行政區應當盡早完成香港特別行政區基本法規定的維護國家安全立法"。

在此背景下，特區政府在 2024 年 1 月 30 展開了基本法第 23 條立法的公眾諮詢，諮詢文件題為《維護國家安全：〈基本法〉第二十三條立法》。該諮詢文件的建議和 2003 年特區政府提出的實施基本法第 23 條的立法建議比較，這次的建議的立法範圍較為全面和深入，規管的力度較大。這是可以理解的，因為情況與 2003 年有了很大的不同：一方面，和 2003 年時不同，香港的確曾出現了危害國家安全的活動（包括 2019 年類似 "顏色革命" 的情況），而且外部勢力對中國的國家安全威脅確實大為增加；另一方面，中國內地和外國在這二十年來關於國家安全的立法也有了很多新的發展，可供香港參考和借鑒。

這次諮詢文件的部分建議，大致上保留了香港原有的《刑事罪行條例》、《官方機密條例》、《社團條例》的相關規定，並作修改和增補，以應付當前和未來的需要。此外，諮詢文件也建議設立一些新的刑事罪名，主要是破壞活動罪（如破壞公共基礎設施）、就電腦和電子系統危害國家安全罪，和境外干預罪。關於這些方面，歐美國家最新的國安法都有處理相關課題，所以諮詢文件就這些方面的建議，基本上是符合國際上的國安立法的趨勢的。

諮詢文件設定的諮詢期為一個月，在 2 月 28 日結束，社會上和立法會議員都大致支持諮詢文件的建議。在 3 月 8 日，特區政府向立法會提交《維護國家安全條例》草案，進行首讀和開始二讀程序。其後，立法會的法案委員會全速審議草案的條文及提出修改意見，並在 3 月 14 日完成審議。《維護國家安全條例》終於在 3 月 19 日在立法會三讀通過，經行政長官簽署後於同月 23 日刊憲生效。

自此，香港特區完成了基本法第 23 條規定的憲制責任。《維護國家安全條例》與已經實施的《香港國安法》有機銜接，共同構築起香港特區維護國家安全的法治屏障，並為香港的 "由治及興" 奠定更穩固的法律基礎。

六、小結

　　"一國兩制"是一項前所未有的鴻圖偉業。"一國"之內的"兩制"原來存在不少差異，"兩制"在"一國"裏如何共存、如何互動，是一個極具創新性的課題。上世紀八十年代初期提出"一國兩制"構想時，"兩制"之間的主要差異似乎更多被認為是經濟制度的不同；也就是說，"兩制"便是內地的社會主義和香港的資本主義。從那時起，我國內地進行的改革開放已經逐步實現了從社會主義計劃經濟向社會主義市場經濟的過渡，內地與香港在經濟上的差距已經大為縮小；現在，新的情況是，"兩制"之間的差異主要體現在政治、法律、社會和文化等方面，而不在於經濟方面。

　　就特區政治體制的發展來說，基本法規定香港特別行政區的選舉制度可以循序漸進地改革，朝"雙普選"的最終目標邁進；但正如上文所述，這反而導致香港政局長期處於不穩定狀態，其突出反映於從 2014 年的非法"佔中"運動到 2019 年的"修例風波"這段期間內愈趨激烈的政治和社會衝突。至於旨在維護國家安全的香港基本法第 23 條，又長期未能實施，直至 2020 年，全國人大的決定和全國人大常委會制定的《香港國安法》才終於填補了這個立法漏洞。2021 年，中央政府更採取了進一步的行動，修改了基本法原本設立的選舉制度，以保證"愛國愛港"人士能長期主導香港特別行政區的選舉委員會和立法會。

　　當前，"一國兩制"在香港實施已有 27 年。《香港國安法》和基本法第 23 條立法以後將怎樣實施，"愛國者治港"的選舉制度和政治體制在實踐中將如何運作，尚待進一步的研究。愚見認為，"一國兩制"仍是極具挑戰性的偉大事業。"一國"和"兩制"之間如何取得適當平衡，中央的全面管治權和香港特區的高度自治權如何"有機結合"，仍需各方進一步努力研究，上下求索，扎實實踐，探求前路。

第一章

香港特別行政區的法律制度

羅沛然

香港執業大律師，香港大學哲學博士（法律）

一、引言

　　《中華人民共和國香港特別行政區基本法》是 1997 年香港回歸中國後香港特別行政區的各種制度的法律基礎。基本法第 18 條訂明，在香港特別行政區實行的法律為基本法以及基本法第 8 條規定的香港原有法律和香港特別行政區立法機關制定的法律，也包括列於基本法附件三的全國性法律。

　　本章對香港特別行政區的法律制度作宏觀、整體的介紹。這裏所説明的法律制度，除了包含在上文已提及的香港特別行政區適用的各樣法律種類，也提述法律制度的系統淵源和特徵及有效運作需要的各個持份者或組成部分（例如：律政司、律師、法律語言、法律援助服務及司法互助）。本章最後點出法律制度的根本、固有和所要顯示的價值，即法治精神。透過對法律制度各個方面的述明，可以得見香港在回歸中國後的法治表現一直居於世界前列，[1]其來有自。

　　基本法第 11 條第 1 款訂明，香港特別行政區的制度和政策均以基本法的

1　參見由 World Justice Project 發表的年度法治指數（Rule of Law Index）。在 2023 年，香港特別行政區在 142 個司法管轄區排名第 23：https://worldjusticeproject.org/rule-of-law-index/country/Hong%20Kong%20SAR%2C%20China（最後訪問時間：2024 年 5 月 31 日）。

規定為依據。雖然基本法第 18 條說明了在香港特別行政區實行的法律，而第
8 條說明了香港原有法律除與基本法相抵觸或香港特別行政區的立法機關作出
修改者外予以保留，但是這些條文並不足以完全說明香港特別行政區的法律
制度。基本法第 19 條就香港特別行政區法院對案件的審判權提述了"繼續保
持香港原有法律制度和原則對法院審判權所作的限制"，卻也不曾總體地說明
"香港原有法律制度和原則"的具體所指。[2] 然而，香港特別行政區政府、香港
的法律實務界及法律學者同聲地指出，香港特別行政區的法律制度與中國內地
不同，香港特別行政區的法律制度的基礎是普通法以及由香港特別行政區立法
機關制定的成文法，[3] 而且香港特別行政區的法律制度屬於普通法法系。[4]

　　本章將首先提出香港特別行政區適用普通法、屬於普通法法系的淵源和
特徵；然後就在香港特別行政區適用的各類法律及其繼受適用和限制適用的分
野說明它們各自的概括特徵和相互關係；再介紹香港特別行政區法律制度的有
效運作所需的持份者或組成部分；最後，本部分按照普通法律制度的傳統，
點明香港特別行政區法律制度的根本、固有和需要彰顯的價值。

二、香港特別行政區的法律制度奉行普通法

　　香港特別行政區的法律制度奉行普通法，屬於普通法法系，即是指中華
人民共和國香港特別行政區和英格蘭及威爾斯、澳大利亞、加拿大、新西蘭、
印度、新加坡、馬來西亞、美國，以及在南亞、非洲、中美洲、加勒比海及南
太平洋的多個之前曾被英國統治或受到英國的政治影響的司法領域一樣，沿用
或採用源自英國的普通法。就此提法，可利用廣義的"普通法法系"和狹義的

2　基本法第 84 條只是規定：香港特別行政區法院依照基本法第 18 條所規定的適用於香港特別行政區的
　　法律審判案件，其他普通法適用地區的司法判例可作參考。

3　參見香港特別行政區律政司網站，https://www.doj.gov.hk/tc/our_legal_system/index.html（最後訪問
　　時間：2024 年 5 月 31 日）。

4　參見陳弘毅、張增平、陳文敏及李雪菁合編：《香港法概論（第三版）（修訂版）》，香港：三聯書店（香
　　港）有限公司 2022 年版，第 17-19、22-24 頁。

"普通法法則"的區分以作討論。

"普通法法則"為英格蘭的法院自十一世紀起經處理案件而累積的判決而形成的適用全國的普遍性法律。普通法法則也可以包括衡平法這種自十五世紀起由衡平法法院開始引用，到了十九世紀英國經司法改革後與之前英皇法院發展的普通法規範合併應用的法律原則。上文所述的判決繼而經由法官、律師及法律學者的解釋和著書立說形成判例，發展成部門法律的原則和規則，如合同法、侵權法、信託法等。

"普通法法系"固然可以指稱那些沿用或採用源自英國的普通法法則的地方或司法管轄區的法律制度，然而，進一步來說，作為一種"法律制度的系統"，普通法法系有若干可以把它與其他法系（譬如歐陸的"民法法系"及社會主義國家的"社會主義法系"）區分的特徵。首先，普通法法系很多概念和規則來自法院的判決。法庭的判案書常常詳盡分析案情和作出事實和法律判斷。判案的理據具有其特別的嚴謹理性，之後被塑造成具原則性的判例，而這些判例更在其後的訴訟中得到適用，務實地得到澄清、演化和完善。其二，法院的運行採取"遵循先例"（doctrine of precedent）的原則，上級法院的判決約束下級法院，而同級法院一般會跟從其之前在同類事項的判決。[5] 其三，法院被認為及認同是獨立機構，不從屬於行政機關和立法機關。法庭獨立審判案件，不受任何方面（包括其他法官）的干預。其四，訴訟制度圍繞審判（trial）而構建，採用對抗式訴訟（adversarial system）的方式進行審判。審理案件的法庭除了確保訴訟能公平及便捷地推展至審訊或和解外，一般不參與或監督有關案件的調查取證。[6] 審訊有與訟各方，控辯雙方好像是對等的參與者般有相當

5　一個日漸普遍的現象是普通法的法院在審判案件時，會參考域外的普通法法院對某議題的判決，集思廣益。

6　民事訴訟程序與刑事訴訟程序的目的和關注有所不同。民事訴訟的目的是提供一個按照各方的實質權利而公正地解決爭議的場所和機制，同時為了提高成本效益、確保案件在合理切實可行範圍內盡速有效處理、確保在訴訟各方達致公平、利便解決爭議及確保法庭資源分配公平，法庭會積極管理甚至監督案件進度，以及早識別爭論點、從速決定哪些爭論點需要全面調查和審訊，及幫助各方全面或局部和解案件或採用譬如調解等另類排解糾紛程序〔參見《高等法院規則》（香港法例第 4A 章）第 1A 號命令〕。刑事審判的目的是去準確地判斷某人是否犯下某項罪行及在公平的情況下作出這項判斷，當中除了要求法庭獨立和公平審判，也奉行"寧縱毋枉"的價值取向或選擇，透過要求控方履行高標準的舉證責任貫徹。

的自由度決定向法庭提出什麼的證據，亦有權質疑對方的證據應否呈堂，以及是否可信和可靠，過程儼如辯論。法庭採取一個相對被動的態勢，除確保審判有效率進行和與案關鍵問題得到全面探討外，對審判的流程通常不多加干預或插手詢問，而是充當一個公正的第三者或仲裁人（umpire）的角色。其五，對抗式訴訟要求與訟各方擔當較為主動的角色，因而與訟各方的法律代表（即律師）就要具備知識、能力和道德以全力肩負對法庭和有關的訴訟人都重要的要求和責任。其六，非司法人員〔即陪審團（jury）〕參與決定事實裁斷和裁決，代表民眾把各人的社會經驗和對事物的不同看法帶進審判。這源自英格蘭，本是讓受審人士得到由與他一樣社會階級的人士判斷他是否犯罪犯錯（即所謂 trial by peers），現在，特別是在刑事方面，被譽為司法制度的基石、法律的良知、自由的保障。[7] 其七，普通法法系的地區的法律傳統重視權利保護，特別是個人自由與私有財產的保護，以及為了公平審判而發展出來的訴訟權利的程序保障，其中尤為根本的是"向法院申訴的權利"、"無罪推定"、"公開審訊"及"律師與其客戶間的專業保密權"。[8] 其八，普通法法域的法律人將上文述及的普通法法系的特徵和信念表述為顯現"法治精神"（rule of law）的組成部分。[9]

三、香港特別行政區適用的法律

基本法第 18 條明確了香港特別行政區適用的法律：

> 在香港特別行政區實行的法律為本法以及本法第八條規定的香港原

7　就基本法對原有陪審制度的保留，參見本書第六章第"二（九）"部分。

8　普通法的法院亦認同，依據普通法，法院有義務保障普通法下的權利和價值。這些權利和價值包括生命權、平等權、人性尊嚴、禁止酷刑、免於自證其罪、個人隱私秘密、宗教自由、言論自由，及結社自由。

9　就"法治精神"，參見本章第"五"部分。

有法律和香港特別行政區立法機關制定的法律。

全國性法律除列於本法附件三者外，不在香港特別行政區實施。凡列於本法附件三之法律，由香港特別行政區在當地公佈或立法實施。

全國人民代表大會常務委員會在徵詢其所屬的香港特別行政區基本法委員會和香港特別行政區政府的意見後，可對列於本法附件三的法律作出增減，任何列入附件三的法律，限於有關國防、外交和其他按本法規定不屬於香港特別行政區自治範圍的法律。

全國人民代表大會常務委員會決定宣佈戰爭狀態或因香港特別行政區內發生香港特別行政區政府不能控制的危及國家統一或安全的動亂而決定香港特別行政區進入緊急狀態，中央人民政府可發佈命令將有關全國性法律在香港特別行政區實施。

基本法第 18 條第 1 款說明了在香港特別行政區一般適用的法律，即基本法、基本法第 8 條規定的香港原有法律和香港特別行政區立法機關制定的法律。基本法第 18 條第 2 至 4 款說明了在香港特別行政區受限制適用的法律，即經列於基本法附件三而在香港特別行政區實施的全國性法律，以及經全國人民代表大會常務委員會決定宣佈戰爭狀態或決定香港特別行政區進入緊急狀態時，由中央人民政府命令在香港特別行政區實施的有關全國性法律。

（一）基本法

基本法是 1990 年由全國人民代表大會通過的國家基本法律，[10] 根據《中華

人民共和國憲法》第 31 條規定香港特別行政區實行的制度，[11] 以國內法的形式把中英兩國在 1984 年簽署的《關於香港問題的聯合聲明》裏面中華人民共和國政府聲明的對香港的基本方針政策及對這些基本方針政策的具體說明轉化為中華人民共和國的法律。[12] 基本法第 11 條規定，香港特別行政區的制度和政策，包括社會、經濟制度，有關保障居民的基本權利和自由的制度，行政管理、立法和司法方面的制度，以及有關政策，均以基本法的規定為依據，更說明香港特別行政區立法機關制定的任何法律，均不得同基本法相抵觸。基本法第 8 條說明，香港原有法律在沒有同基本法相抵觸的條件下，予以保留。以上文字說明了基本法兼具三個特徵："基本法不單是聯合聲明這國際條約締造的成品，亦是中華人民共和國的全國性法律和香港特別行政區的憲法性文件。"[13]

　　基本法第一章列明治理香港的總則，開端的第 1 條訂明香港特別行政區是中華人民共和國不可分離的部分；緊接的第 2 條訂明香港特別行政區享有"高度自治"權，包括行政權，立法權，獨立的司法權和終審權；第 5 條訂明香港特別行政區不實行社會主義制度和政策，保持原有的資本主義制度和生活方式，五十年不變。基本法第二章說明中央和香港特別行政區的關係，開端的第 12 條訂明香港特別行政區是中華人民共和國的一個享有高度自治權的地方行政區域，直轄於中央人民政府。基本法第 1 條及第 12 條是香港特別行政區基本法的根本性條款。香港特別行政區任何機構、組織和個人行使權利和自由，不得違背基本法第 1 條和第 12 條的規定。[14]

　　基本法的解釋權，按照基本法第 158 條，屬於全國人民代表大會常務委

11　參見《全國人民代表大會關於〈中華人民共和國香港特別行政區基本法〉的決定》（1990 年 4 月 4 日第七屆全國人民代表大會第 3 次會議通過）。該決定強調，基本法是根據中國憲法、按照香港的具體情況制定的，是符合憲法的。

12　參見蕭蔚雲主編：《一國兩制與香港基本法律制度》，北京：北京大學出版社 1990 年版；王叔文主編：《香港特別行政區基本法導論（第三版）》，北京：中國民主法制出版社、中共中央黨校出版社 2005 年版。

13　參見 HKSAR v. Ma Wai Kwan David, [1997] HKLRD 761（上訴法庭）。關於制訂基本法採用的概念和基本方針政策，以及有關歷史，見本書導論。

14　參見《中華人民共和國香港特別行政區維護國家安全法》，2020 年 6 月 30 日第十三屆全國人民代表大會常務委員會第 20 次會議通過，2020 年 6 月 30 日由香港特別行政區行政長官公佈，第 2 條。

員會。[15] 全國人民代表大會常務委員會授權香港特別行政區法院在審理案件時對基本法關於香港特別行政區自治範圍內的條款自行解釋。香港特別行政區法院在審理案件時對基本法的其他條款也可解釋。可是，如香港特別行政區法院在審理案件時需要對基本法關於中央人民政府管理的事務或中央和香港特別行政區關係的條款進行解釋，而該條款的解釋又影響到案件的判決，在對該案件作出不可上訴的終局判決前，應由香港特別行政區終審法院請全國人民代表大會常務委員會對有關條款作出解釋。[16] 如全國人民代表大會常務委員會作出解釋，[17] 香港特別行政區法院在引用該條款時，應以全國人民代表大會常務委員會的解釋為準。[18] 但在此以前作出的判決不受影響。[19]

　　基本法的修改權，按照基本法第 159 條，屬於全國人民代表大會。基本法的修改議案，可由全國人民代表大會常務委員會、國務院和香港特別行政區提出。修改議案在列入全國人民代表大會的議程前，先由香港特別行政區基本

15　全國人民代表大會常務委員會在 1997 年至 2023 年期間，有五次行使了基本法第 158 條的程序，對基本法的條文進行解釋，分別是：（1）《全國人民代表大會常務委員會關於〈中華人民共和國香港特別行政區基本法〉第二十二條第四款和第二十四條第二款第（三）項的解釋》（1999 年 6 月 26 日第九屆全國人民代表大會常務委員會第 10 次會議通過）；（2）《全國人民代表大會常務委員會關於〈中華人民共和國香港特別行政區基本法〉附件一第七條和附件二第三條的解釋》（2004 年 4 月 6 日第十屆全國人民代表大會常務委員會第 8 次會議通過）；（3）《全國人民代表大會常務委員會關於《中華人民共和國香港特別行政區基本法》第五十三條第二款的解釋》（2005 年 4 月 27 日第十屆全國人民代表大會常務委員會第 15 次會議通過）；（4）《全國人民代表大會常務委員會關於〈中華人民共和國香港特別行政區基本法〉第十三條第一款和第十九條的解釋》（2011 年 8 月 26 日第十一屆全國人民代表大會常務委員會第 22 次會議通過）；及（5）《全國人民代表大會常務委員會關於〈中華人民共和國香港特別行政區基本法〉第一百零四條的解釋》（2016 年 11 月 7 日第十二屆全國人民代表大會常務委員會第 24 次會議通過）。

16　就香港特別行政區終審法院決定是否在審理案件作終局判決前，提請全國人民代表大會常務委員會對基本法某條文作出解釋的考慮因素，參見 Democratic Republic of the Congo v. FG Hemisphere Associates LLC, (2011) 14 HKCFAR 95（終審法院）及 Vallejos v. Commissioner of Registration, (2013) 16 HKCFAR 45（終審法院）。

17　全國人民代表大會常務委員會在對基本法進行解釋前，徵詢其所屬的香港特別行政區基本法委員會的意見。就香港特別行政區基本法委員會，參見《全國人民代表大會關於批准香港特別行政區基本法起草委員會關於設立全國人民代表大會常務委員會香港特別行政區基本法委員會的建議的決定》（1990 年 4 月 4 日第七屆全國人民代表大會第 3 次會議通過）。

18　全國人民代表大會常務委員會可在沒有香港特別行政區終審法院提請解釋的情況下自行或因國務院提請下解釋基本法。香港特別行政區終審法院認為，當全國人民代表大會常務委員會就某一基本法條文作出解釋，則香港特別行政區法院在引用該條款時，不單應以全國人民代表大會常務委員會的解釋為準，更加應將全國人民代表大會常務委員會的解釋認定為自 1997 年 7 月 1 日基本法在香港特別行政區實施當日起適用的解釋。參見 Lau Kong Yung v. Director of Immigration, (1999) 2 HKCFAR 300（終審法院）及 Yau Wai Ching v. Chief Executive of the Hong Kong Special Administrative Region, (2017) 20 HKCFAR 390（終審法院）。

19　參見本書第十章。

法委員會研究並提出意見。基本法的任何修改,均不得同中華人民共和國對香港既定的基本方針政策相抵觸。[20]

在香港特別行政區的法律制度內,基本法是高位階法律,按照基本法第 8 條,香港原有法律不得抵觸基本法,而按照基本法第 11 條,香港特別行政區立法機關制定的法律不得抵觸基本法。香港特別行政區法院依據基本法第 158 條有權解釋基本法,在審判案件適用法律時,要在有需要時處理某香港原有法律或香港特別行政區立法機關制定的法律是否抵觸基本法的問題,而如有抵觸基本法的時候,則該香港原有法律或香港特別行政區立法機關制定的法律就不是應予適用的法律,因而不具法律效力。這可以說是香港特別行政區法院的所謂 "基本法賦予香港特別行政區法院的司法管轄權" 的一個表述方式。[21]

(二) 香港原有法律

香港原有法律,依據基本法第 8 條及第 18 條第 1 款,指普通法、衡平法、條例、附屬立法和習慣法。它們經過基本法第 160 條的程序,在香港特別行政區成立時,除由全國人民代表大會常務委員會宣佈為同基本法抵觸者外,[22] 採用為香港特別行政區法律,[23] 繼受適用,[24] 但是它們其中的某些名稱或詞

20　參見本書第十章。

21　參見 *Ng Ka Ling v. Director of Immigration*, (1999) 2 HKCFAR 4(終審法院)。

22　就全國人民代表大會常務委員會宣佈為同基本法抵觸而不採用為香港特別行政區法律的香港原有法律,參見《全國人民代表大會常務委員會關於根據〈中華人民共和國香港特別行政區基本法〉第一百六十條處理香港原有法律的決定》(1997 年 2 月 23 日第八屆全國人民代表大會常務委員會第 24 次會議通過)附件一及附件二。

23　《全國人民代表大會常務委員會關於根據基本法第一百六十條處理香港原有法律的決定》第 4 條要求採用為香港特別行政區法律的香港原有法律,自 1997 年 7 月 1 日起,在適用時,應作出必要的變更、適應、限制或例外,以符合中華人民共和國對香港恢復行使主權後香港的地位和基本法的有關規定;同時在個別範疇(如外交事務和在港駐軍),要與中央人民政府享有的國際權利和承擔的國際義務,以及相關的適用香港的全國性法律相符;等等。

24　香港原有法律,經過《全國人民代表大會常務委員會關於根據基本法第一百六十條處理香港原有法律的決定》第 1 條,採用為香港特別行政區法律,並不代表其中個別的香港原有法律由全國人民代表大會常務委員會判定符合基本法,引致其後香港特別行政區法院不得在審判案件適用法律時審查該香港原有法是否抵觸基本法:參見 *HKSAR v. Hung Chan Wa*, (2006) 9 HKCFAR 614(終審法院)及 *Leung Kwok Hung v. Secretary for Justice*, [2020] 2 HKLRD 771(上訴法庭)。

句的解釋或適用，須遵循規定的替換原則。[25]

香港原有法律中的"普通法和衡平法"，廣義上指的是上文所指的普通法法則，[26] 也可稍為狹義地理解為香港原來採用的普通法和衡平法規則。然而，即使是這種狹義的理解，也只是指述香港法院在 1997 年 7 月 1 日以前從繼受的英國普通法的基礎上一直發展的屬於香港的普通法（common law of Hong Kong）[27]。1997 年 7 月 1 日以後，英國樞密院不再是香港的最終上訴機關，而香港特別行政區依據基本法成立終審法院行使基本法賦予的司法終審權。這代表香港特別行政區的終審法院可背離英國樞密院之前對來自香港的上訴案件的裁決以及終審法院本身的先前裁決，而英國的最高級別的法院（即在 2009 年以前的上議院及在 2009 年後的最高法院）的判例亦只是應受到尊重。李國能終審法院首席法官指出：

> 至於此等裁決的實際說服力有多大，須取決於所有相關情況，特別包括涉案爭議點的性質，以及與任何相關法例條文或基本法條文的相似程度。最終來說，香港法院必須自行決定何者適切本司法管轄區。

李首席法官還指出：

> 本港法制乃建基於普通法，以先例原則為其基本特徵。藉此原則，法律得以達致必要程度的確定性，並可以合理地預見且前後一致的方式予以運用。這種確定性、可預見性和一致性奠定了基礎，促進各類活動的進行和各項商貿交易的達成。但與此同時，假如本院一成不變、欠缺彈性地依循先前的判例——即樞密院對於來自香港的上訴案的裁決以及本院本身的裁決，則這可能不適當地抑制法律的正常發展，更可能在

25　參見《全國人民代表大會常務委員會關於根據基本法第一百六十條處理香港原有法律的決定》第 5 條及附件三，以及《釋義及通則條例》（香港法例第 1 章）第 2A 條及附表 8。

26　參見本章第"二"部分。

27　參見 *China Field Ltd v. Appeal Tribunal (Buildings)*, (2009) 12 HKCFAR 342（終審法院）。

個別個案中導致不公。普通法的強大力量，在於其有能力因時制宜地發展，以適應其所屬社會上不斷變化的需要和情況。[28]

普通法法則的生命力體現在判案書中。香港法院的判案書可在香港特別行政區司法機構的網站檢索，[29] 也選載於案例彙編（law reports）中。[30]

香港原有法律中的"條例和附屬立法"，一般而言指的分別是 1997 年 7 月 1 日以前由香港的立法機關（即總督參照立法局意見並得該局同意）訂立，通常稱為"條例"（Ordinance）的立法，[31] 和根據或憑藉任何條例訂立並具有立法效力的任何文告、規則、規例、命令、決議、公告、法院規則、附例或其他文書〔統稱"附屬法例"（subsidiary legislation）或"規例"（regulations）〕的立法。[32] 附屬立法的內容由所屬條例指定，不得超越，也不得抵觸所屬條例，否則有關的附屬立法便屬無效。

香港原有法律中的"習慣法"，一般而言，指適用於新界土地事宜的中國法律（即《大清律例》）及習慣。[33] 另外，就家事和繼承的事宜，對於在 1971 年之前締結的婚姻，也適用有關時間的中國法律與習俗。[34]

28　參見 A Solicitor v. The Law Society of Hong Kong (24/07), (2008) 11 HKCFAR 117（終審法院）。例如，在 HKSAR v. Chan Kam Shing, (2016) 19 HKCFAR 640 一案中，終審法院就香港特別行政區刑法中的共同犯罪計劃法則這一普通法法則因應英國最高法院及澳大利亞高等法院對同一議題的新的判決進行研判，決定繼續應用香港之前一直適用的 Chan Wing Siu 案說明的法則，而不採用英國最高法院新的不贊同 Chan Wing Siu 案而另闢新途的判決。

29　即：https://www.judiciary.hk/en/judgments_legal_reference/index.html（最後訪問時間：2024 年 5 月 31 日）。另外，香港大學也管理一個名為"香港法律資訊中心"的網站，提供香港法院的判案書、條例、附屬法例、憲法文件、國際公約等資料供檢索，即 https://www.hklii.org（最後訪問時間：2024 年 5 月 31 日）。

30　參見《香港案例彙編及撮要》（Hong Kong Law Report and Digest / HKLRD），《香港案例》（Hong Kong Cases / HKC）及《香港終審法院案例彙編》（Hong Kong Court of Final Appeal Report/ HKCFAR）。

31　讀者可在"電子版香港法例"網站檢索 1997 年 6 月 30 日或之前在香港有效的法例：https://www.elegislation.gov.hk（最後訪問時間：2024 年 5 月 31 日）。

32　這包括行政長官會同行政會議依據《緊急情況規例條例》（香港法例第 241 章）訂立的規例，參見 Kwok Wing Hang v. Chief Executive in Council, (2020) 23 HKCFAR 518, [2020] HKCFA 42（終審法院）。

33　參見《新界條例》（香港法例第 97 章）第 13 條。對於受基本法保護的新界原居民的合法傳統權益，可見 Secretary for Justice v. Chan Wah, (2001) 4 HKCFAR 504（終審法院）及 Kwok Cheuk Kin v. Director of Lands, (2021) 24 HKCFAR 349, [2021] HKCFA 38（終審法院）。

34　參見《婚姻制度改革條例》（香港法例第 178 章）。

香港原有法律可經香港特別行政區的立法機關作出修改。

（三）香港特別行政區立法機關制定的法律

香港特別行政區獲賦予立法權，其立法機關是香港特別行政區立法會。[35]
香港特別行政區立法會的職權包括根據基本法規定並依照法定程序制定、修改
和廢除法律。香港特別行政區立法會訂立法律時，可授權行政長官會同行政會
議或其他公職人員依據法律規範制定附屬法規。[36]

（四）列入基本法附件三的全國性法律

基本法對全國性法律採用限制適用的面向。全國性法律除列於基本法附
件三者外，不在香港特別行政區實施。[37] 基本法在制定時，已設有附件三，內
有六項全國性法律。[38] 基本法生效以後，附件三可經由全國人民代表大會常務
委員會在徵詢其所屬的香港特別行政區基本法委員會的意見後增減。香港特別
行政區成立後，全國人民代表大會常務委員會作出了五次增減基本法附件三的

35　讀者可在 "電子版香港法例" 網站檢索現行的香港特別行政區法例：https://www.elegislation.gov.hk（最
　　後訪問時間：2024 年 5 月 31 日）。

36　需指出，對於香港特別行政區的立法權及立法程序，參見本書第五章。

37　中國憲法是國家根本法，不是也不可能是基本法第 18 條意指的 "全國性法律"。

38　即是：（一）《關於中華人民共和國國都、紀年、國歌、國旗的決議》；（二）《關於中華人民共和國國
　　慶日的決議》；（三）《中央人民政府公佈中華人民共和國國徽的命令》（附：國徽圖案、說明、使用辦
　　法）；（四）《中華人民共和國政府關於領海的聲明》；（五）《中華人民共和國國籍法》；及（六）《中華
　　人民共和國外交特權與豁免條例》。此外，《中華人民共和國國籍法》在香港特別行政區的效力，由《全
　　國人民代表大會常務委員會關於〈中華人民共和國國籍法〉在香港特別行政區實施的幾個問題的解釋》
　　（1996 年 5 月 15 日第八屆全國人民代表大會常務委員會第 19 次會議通過）確定。

法律的決定。[39] 列入附件三的全國性法律限於有關國防、外交和其他按基本法規定不屬於香港特別行政區自治範圍的法律。

　　附件三內的法律，由香港特別行政區在當地公佈[40] 或立法[41] 實施。在香港特別行政區實施時，以立法實施的全國性法律應是比較實在和直接，主要原因是有關的立法過程可以及應當處理了該全國性法律在結構、意圖及用語上與香港特別行政區的制定法在相同課題上的做法的差異。相比之，以公佈實施的全國性法律有可能因為其結構、意圖及用語而使得其在香港特別行政區實施時遇到不確定性。部分這類問題在香港特別行政區法院處理關於取得香港特別行政區護照的具有中國國籍的 "中國公民" 條件的訴訟中出現。[42]2020 年 6 月 30 日由香港特別行政區公佈實施的《香港國安法》屬於綜合性法律，內容除了宣示和界定國家安全原則和目的，也包含組織的建立、具體罪行的訂定、管轄權的適用、對執行機構的要求，以至案件的偵查、起訴和審判的程序。[43] 該法一方面在特定範疇應用香港特別行政區現行法律，另一方面規定香港特別行政區本地法律規定與本法不一致的，適用該法規定。[44] 由於《香港國安法》主要是在香港特別行政區內由香港特別行政區的機構（包括香港特別行政區法院）管轄

39　即是：（一）《全國人民代表大會常務委員會關於〈中華人民共和國香港特別行政區基本法〉附件三所列全國性法律增減的決定》（1997 年 7 月 1 日通過），增加《中華人民共和國國旗法》、《中華人民共和國領事特權與豁免條例》、《中華人民共和國國徽法》、《中華人民共和國領海及毗連區法》及《中華人民共和國香港特別行政區駐軍法》，刪去《中央人民政府公佈中華人民共和國國徽的命令》（附：國徽圖案、說明、使用辦法）；（二）《全國人民代表大會常務委員會關於增加〈中華人民共和國香港特別行政區基本法〉附件三所列全國性法律的決定》（1998 年 11 月 4 日通過），增加《中華人民共和國專屬經濟區和大陸架法》；（三）《全國人民代表大會常務委員會關於增加〈中華人民共和國香港特別行政區基本法〉附件三所列全國性法律的決定》（2005 年 10 月 27 日通過），增加《中華人民共和國外國中央銀行財產司法強制措施豁免法》；（四）《全國人民代表大會常務委員會關於增加〈中華人民共和國香港特別行政區基本法〉附件三所列全國性法律的決定》（2017 年 11 月 4 日通過），增加《中華人民共和國歌法》；及（五）《全國人民代表大會常務委員會關於增加〈中華人民共和國香港特別行政區基本法〉附件三所列全國性法律的決定》（2020 年 6 月 30 日通過），增加《中華人民共和國香港特別行政區維護國家安全法》。

40　香港特別行政區行政長官於 1997 年 7 月 1 日、1997 年 7 月 2 日、1998 年 12 月 18 日及 2020 年 6 月 30 以公佈實施列於基本法附件三的法律。

41　《國旗法》及《國徽法》於 1997 年 6 月由立法（即《國旗及國徽條例》）實施。《國歌法》於 2020 年 6 月由立法（即《國歌條例》）實施。

42　參照謝耀漢對香港特別行政區護照上訴委員會及另一人，[2002] 3 HKC 501（上訴法庭）及 *Hudson Timothy George Loh v. Director of Immigration*, [2017] 1 HKLRD 1234（原訟法庭）。

43　參見饒戈平：〈香港特別行政區維護國家安全法：學習與解讀〉，《港澳研究》2020 年第 3 期，第 5-6 頁。

44　參見《香港國安法》第 41、43、45 及 62 條。

和執行，準確掌握這部全國性法律的意圖、要求和用意，以及該否和如何使用本地制定法的解釋原則及本地刑事司法的原則和實務，就顯得尤為必要。[45]

（五）國家進入戰爭狀態或香港特別行政區進入緊急狀態而實施的全國性法律

全國人民代表大會常務委員會決定宣佈戰爭狀態[46]或因香港特別行政區內發生香港特別行政區政府不能控制的危及國家統一或安全的動亂而決定香港特別行政區進入緊急狀態，[47]中央人民政府可發佈命令將有關全國性法律在香港特別行政區實施。[48]基本法第18條這一條文不排除香港特別行政區因應香港內部狀況而制定緊急情況規例。[49]

四、香港特別行政區法律制度的運作

香港特別行政區法律制度不單單包含法律、判例等典章，其有效運作還需要各有關的持份者或組成部分積極履職。香港特別行政區法律制度的有效運作當然離不開司法機關。有關司法機關的情況，本書第六章會作詳細介紹，此處先不展開。本部分要重點介紹和說明的是，司法機關和法律的有效運作有賴履行不同法律責任和提供不同法律服務的各個持份者，這裏包括律政司的人員、律師等法律專業人員，以及提供法律援助服務的人員。香港的法律及爭議

45　參見 *HKSAR v. Lai Chee Ying*, (2021) 24 HKCFAR 33, [2021] HKCFA 3（終審法院）及 *HKSAR v. Lui Sai Yu*, (2023) 26 HKCFAR 332, [2023] HKCFA 26（終審法院）。

46　參照中國憲法第 67 條第 19 項。

47　參照中國憲法第 67 條第 21 項。

48　相關的全國性法律可包括《中華人民共和國戒嚴法》、《中華人民共和國突發事件應對法》、《中華人民共和國國家安全法》、《中華人民共和國國防法》、《中華人民共和國國家情報法》、《中華人民共和國國防交通法》、《中華人民共和國國防動員法》、《中華人民共和國人民防空法》等。

49　參見 *Leung Kwok Hung v. Secretary for Justice*, [2020] 2 HKLRD 771, [2020] HKCA 192（上訴法庭）。

解決服務在本地區內外有一定的知名度、聲譽和影響力，也是依靠上述相關持分者攜手合力，才得以繼續及鞏固香港作為理想交易促成樞紐及主要爭議解決服務中心的地位。

（一）律政司

香港特別行政區律政司是香港特別行政區政府的一個組成部分，其首長為律政司司長。

律政司司長在普通法管轄的地區有其傳統的特別地位。該職位不僅具有與政府相關的職責，更加具有與法律制度相關的責任。作為律政司的首長，律政司司長有職責向政府提供坦誠獨立的專業意見，包括政府的決定是否合法以及符合法例規定。律政司司長有制度上的責任確保透過有力、高效和公平方式處理司法事務以促進司法公義，務求使基本法所明訂的司法獨立受到尊重，不會遭任意攻擊。律政司司長亦有制度上的義務作為公眾利益的維護者，按照法律所授予或施加的權利和義務行事，包括向法庭提起維護司法的藐視法庭或以民事法律協助刑事執行的訴訟、[50] 介入與基本法正確解釋相關的訴訟、[51] 作為代訴人參與婚姻訴訟，[52] 及作為慈善基金和弱小利益的保護人提起或參與訴訟。[53]

律政司有六個專門負責法律工作的科別，分別為：憲制及政策事務科、民事法律科、法律草擬科、刑事檢控科、維護國家安全檢控科及國際法律科。

50　例如 *Secretary for Justice v. Wong Yeung Ng*, [1999] 2 HKLRD 293（上訴法庭）；*Secretary for Justice v. Persons Unlawfully and Wilfully Conducting Themselves in Any of the Acts Prohibited Under Paragraph 1(A), (B) or (C) of the Indosrement of Claim*, [2020] 5 HKLRD 638, [2020] HKCFI 2785（原訟法庭）；*Secretary for Justice v. Yiu Ka Yu*, [2020] HKCFI 3148（原訟法庭）；*Secretary for Justice v. Persons Conducting Themselves in Any of the Acts Prohibited Under Paragraph 1(a), (b), (c) or (d) of the Indorsement of Claim*, [2024] HKCA 442（上訴法庭）。

51　例如 *Democratic Republic of the Congo v. FG Hemisphere Associates LLC*（終審法院）。

52　參見《婚姻訴訟條例》（香港法例第 179 章）第 16 條。

53　例如*釋照月 v. Secretary for Justice*, [2018] 4 HKLRD 194, [2018] HKCA 488（上訴法庭）；*Chinachem Charitable Foundation Ltd v. Secretary for Justice*, (2015) 18 HKCFAR 169（終審法院）。

另外，律政司司長辦公室下設有法治建設辦公室[54]，以及法律改革委員會秘書處[55]。

律政司憲制及政策事務科支援律政司司長執行職責，並就政府的所有法律政策事宜提供意見。該科設有基本法組、[56]政制發展與選舉事務組、人權組及中國法律組，就政府政策提供多方面的意見。

民事法律科負責向政府提供民事法律意見、草擬商業合約及專營權文件，並代表政府進行民事訴訟[57]、仲裁和調解。

法律草擬科負責草擬所有由政府提議的法例（包括條例及附屬法例），在立法過程中向政府各決策局和提出私人條例草案的立法會議員提供專業協助，履行律政司司長確保所有法例均是以淺顯易懂的中英文語言表達的職責。該科也負責更新並發佈經編訂的香港特別行政區法例。

刑事檢控科在律政司內主管刑事檢察工作。律政司這方面的工作受基本法第63條保障，不受任何干涉。[58]律政司檢控與否的決定，必須根據所獲得的證據和相關法律進行客觀和專業的分析，並按照《檢控守則》行事，不得有任何政治考慮。提出檢控後，在法庭的檢控工作由該科的檢控官負責。[59]

維護國家安全檢控科是根據《香港國安法》而設立，負責危害國家安全

54　法治建設辦公室（Legal Enhancement and Development Office）協助律政司司長制訂和高效落實其三大範疇的政策措施，即：加強統籌法治教育和培訓宣講領袖；全方位推廣香港法律及爭議解決服務的優勢和機遇；以及深化粵港澳大灣區內法律實務接軌和推廣區內更廣泛地使用調解。該辦公室支援律政司司長及副律政司司長，並作為律政司加強內外溝通協作的橋樑，策劃、統籌和推動上述的政策措施。

55　法律改革委員會由律政司司長擔任主席，終審法院首席法官和法律草擬專員為當然成員，其他成員來自學界、法律界及社會人士。法律改革委員會的職責是負責研究由律政司司長或終審法院首席法官轉交該會的有關香港法律的課題，以進行改革。

56　該組每年與公務員事務局和政制及內地事務局合作出版《基本法簡訊》。

57　民事法律科除了擁有政府律師團隊代表政府進行民事訴訟，也可在個別案件委聘私人執業的大律師代表政府進行民事訴訟。政府律師獲委任為律政人員，按照《律政人員條例》（香港法例第87章）在任何法庭或審裁處均具有出庭發言權。

58　參見有關梁麗芬的事宜, [2018] 1 HKLRD 523（上訴法庭）及 *Kwok Cheuk Kin v. Director of Public Prosecutions*, [2019] HKCFI 2215（原訟法庭）

59　檢控官獲委任為律政人員，按照《律政人員條例》在任何法庭或審裁處均具有出庭發言權。律政司檢控科也可在個別案件委聘私人執業的大律師代表控方進行檢控，獲委聘的大律師在檢控過程中受該科負責的檢控官節制。

犯罪案件檢控工作和其他相關法律事務。[60]

　　國際法律科由條約法律組和司法互助組組成。該科負責三項主要工作：向香港特別行政區政府提供有關國際公法的法律意見，負責涉及香港特別行政區的國際協議的談判工作或派出法律專業人員在涉及香港特別行政區的雙邊談判中以香港特別行政區代表團成員的身份提供意見或在涉及香港特別行政區的多邊談判中以"中國香港"或中華人民共和國代表團成員的身份出席參與，[61]以及處理香港特別行政區與其他司法管轄區之間的司法合作請求，包括刑事事宜司法合作及國際擄拐兒童民事方面的交還或探視兒童申請。

（二）法律專業及法律服務

　　香港的法律專業由律師（solicitor）、大律師（barrister）、外地律師（foreign lawyer）及公證人（notary public）組成。[62]。李國能終審法院首席法官於 2010 年 1 月強調：

> 　　稱職而獨立的法律專業，對香港社會至為重要，對司法機構的獨立運作，更是不可缺少。業內競爭日趨激烈，維持高效率固屬必需，但法律執業始終不能僅視為商業活動。法律專業是一門崇高的職業，執業者

60　維護國家安全檢控科的負責人員，即維護國家安全檢控專員，由行政長官任命，行政長官任命前須書面徵求中央人民政府駐香港特別行政區維護國家安全公署的意見，而該專員在就職時應當宣誓擁護中華人民共和國香港特別行政區基本法，效忠中華人民共和國香港特別行政區，遵守法律，保守秘密。該專員屬下的檢控官，由律政司長徵得香港特別行政區維護國家安全委員會同意後任命。參見《香港國安法》第 18 條。

61　香港特別行政區是"打擊清洗黑錢財務行動特別組織"（Financial Action Task Force Against Money Laundering）的正式成員，以"中國香港"名義參與該組織的事務。國際法律科的司法互助組就此相關的事宜，向財政司司長及保安局局長提供法律支援。該組的律師出席該組織的國際會議及參與專家工作小組。

62　另外，涉及中國內地的法律文書事宜，由中國司法部委任的委託公證人處理。此類委託公證人一般是委任執業 10 年以上的香港律師。至 2024 年 5 月 31 日，有 474 名中國委託公證人。又另外，就處理訟費單評定事宜，香港律師會認可一類訟費單草擬人員（law costs draftsman），此類人員有權代律師於訟費評定官席前出庭。

必須維持高專業道德操守，並以服務社會為理想。[63]

認識和瞭解香港的法律專業，首先要知道律師（solicitor）和大律師（barrister）之間的關係。香港的法律專業承襲英格蘭，分為律師（solicitor）和大律師（barrister）兩個"分流"。籠統地說，律師（solicitor）提供廣泛的法律服務，有日常的樓宇買賣、家事、遺產等和比較專門的公司上市併購清盤、知識產權、航運等事務性服務，[64]以及有限度的訴訟方面的服務。[65]大律師（barrister）則主要提供全面的訴訟方面的服務，特別是出庭代辯的服務。據說，由於以前香港的 barrister 律師，通常在俗稱"大葛樓"（court）的高等法院出庭代辯，故後來被稱為"大律師"。然而，律師（solicitor）和大律師（barrister）沒有高低從屬的關係，兩邊各自為不同的法律專業，都由高等法院認許，遵守各自的專業守則，由各自的專業團體管治，以各自的經營方式執業。[66]《法律執業者條例》（香港法例第 159 章）授予法庭和兩邊的法律專業團體以訓練、執業認可、專業操守、紀律及其他方面的權力。

香港律師會是香港律師的專業團體，於 1907 年註冊為擔保有限公司。[67]在香港執業的律師必須為香港律師會的會員，每年申領週年執業證書，以及參與強制性專業彌償計劃。在香港執業的律師可以獨自執業、合夥執業及有限法律責任合夥執業。[68]香港律師會有法定權力調查及向律師紀律審裁組陳述有關律師的專業操守事宜，以及如發現律師不誠實、故意延誤個案進度、破產、死亡

63　參見〈終審法院首席法官二○一○年法律年度開啟典禮演辭〉，2010 年 1 月 11 日，https://www.hkcfa.hk/filemanager/speech/tc/upload/98/CJ's%20speech%20at%20Ceremonial%20Opening%20of%20the%20Legal%20Year%202010%2020100111tc.pdf（最後訪問時間：2024 年 5 月 31 日）。

64　律師有資格獲委任為婚姻監禮人。至 2024 年 5 月 31 日，計有 2,124 位律師獲委任為婚姻監禮人。

65　個別具有長時間執業經驗的律師可通過評核而獲高等法院授予訟辯律師（solicitor advocate）的出庭資格。至 2024 年 5 月 31 日，計有 100 位訟辯律師，包括 94 位具有民事程序資格及 6 位具有刑事程序資格的訟辯律師。

66　參見陳弘毅、張增平、陳文敏及李雪菁合編：《香港法概論（第三版）（修訂版）》，第 62 頁。

67　香港律師會由其理事會管理，理事會由 20 名理事組成，理事會每年選舉律師會的會長及副會長。

68　至 2024 年 5 月 31 日，香港擁有執業證書的律師共有 11,521 人。8,097 名為私人執業律師，分別於 922 間香港律師行執業。在 922 間香港律師行中，46% 屬於獨自執業，42% 屬於有 2 至 5 位合夥人的事務所，並且有 61 間律師行屬於有限法律責任合夥。在 2021 年，執業律師中，49% 為男性，51% 為女性。同年，見習律師中，男性佔 35%，而女性則佔 65%。

或遭遇其他意外的時候，介入該律師的律師行之日常運作。律師紀律審裁組是《法律執業者條例》下由終審法院首席法官委任的機構，獨立地審理由香港律師會提交的、針對某香港律師的的專業操守問題的投訴。

香港大律師公會是香港大律師的專業團體，於 1949 年成立，為一個註冊社團。[69] 在香港執業的大律師必須為香港大律師會的會員，每年申領週年執業證書，以及購買專業彌償保險。[70] 所有大律師都是獨資執業。雖然很多大律師會在同一辦公地點執業，但是他們只是分擔辦公地點的費用而不是分享盈利或者互相有任何僱傭關係。在香港執業的大律師如獲終審法院首席法官認為具有作為大律師的足夠能力及聲望和對法律有足夠的認識，使該大律師獲給予資深大律師的地位及具有所需的經驗（即合計不少於十年的執業經驗），則終審法院首席法官可在諮詢大律師公會執行委員會主席及律師會會長後，委任這位大律師為資深大律師。[71] 香港大律師公會有法定權力，調查及將有表面證據的有關大律師的專業操守事宜之投訴提交大律師紀律審裁組，由大律師紀律審裁獨立地審理有關投訴。執業大律師必須就其執業範圍內的案件接受任何委聘及代表當事人出庭，並按案件的類型、性質、需時和困難程度收取他的慣常費用。這一般被稱為"不可拒聘"（cab rank）規則。[72] 一般公眾人士須經律師轉介才可委聘執業大律師。[73] 轉介委聘大律師的制度，容許訴訟或法律事務當事人從任何律師事務所委聘適合處理其案件或事宜的大律師。此外，大律師與案件當事人保持距離，有助於維持大律師的公正無私及獨立性。[74]

69　香港大律師公會由執行委員會管理，執委會由主席、副主席、名譽秘書、11 名由選舉產生的委員及最多 9 名不同資歷的增選委員組成，而主席、副主席、名譽秘書及副名譽秘書，都是由會員週年大會選出。

70　至 2024 年 6 月，香港有 1,688 名執業大律師（1,180 男，508 女），其中有 108 名資深大律師（92 男，16 女）。

71　另外，終審法院首席法官可在諮詢大律師公會執行委員會主席及律師會會長之後，委任曾對香港法律作出傑出貢獻，屬於香港任何大學的法律學院或學系的教學人員或任職法律援助署、破產管理署或知識產權署的高級人員的大律師為名譽身份的資深大律師。又另外，終審法院首席法官可在諮詢大律師公會執行委員會主席及律師會會長之後，委任並非大律師的律政人員為資深大律師。

72　在特殊情況下，例如出現利益衝突時，大律師可以拒絕接受某案件的委聘。

73　律政司、法律援助署、破產管理署及當值律師服務則均可直接委聘執業大律師。

74　大律師在某些情況下可以接受某些特定範疇的專業人士，如會計師、公司秘書、仲裁員、評稅顧問、測量師、申訴專員、法律援助服務局、個人資料私隱專員、地產代理監管局、平等機會委員會、金融糾紛調解中心及建築師註冊管理局的直接委聘。

　　要在香港成為認許執業律師或大律師有兩個主要途徑：第一，在香港完成由香港大學、香港城市大學或香港中文大學法學專業證書課程，然後（如擬成為執業律師）在香港的律師行實習滿兩年或（如擬成為執業大律師）在香港跟隨大律師實習滿一年。第二，以外地律師的身份，投考分別由香港律師會和香港大律師公會主辦的海外律師資格考試，在考試合格後在香港實習一段時間，以及必須符合在香港居留的資格。[75]

　　與香港的全球化的經濟面向相同，香港法律服務市場對涉及香港特別行政區外的法域或管轄區的法律意見或專業服務有一定需求。另外，香港作為區域的促成交易和解決爭議的中心，在交易法律諮詢及爭議調解或仲裁等方面也要開放地容許外地律師及外地律師行參與其中。在香港的外地律師及外地律師行必須向香港律師會註冊，才可以在香港提供其法域或管轄區的法律意見，亦能在具備有關專業能力的情況下，提供與第三個國家司法制度有關的法律意見。[76] 如此註冊的外地律師不能從事香港法律事務或訴訟的執業或提供香港法律意見。可是，香港律師行可與外地律師行建立聯營，以分享費用、利潤、辦公室設施、管理及員工。這些聯營亦必須向律師會登記[77]。

　　香港國際公證人協會是公證人的專業團體。它在 1977 年註冊為擔保有限公司。香港法律授予它在公證人的認許、考試、專業培訓及監管執業方面的權力。香港國際公證人協會負責發出每年的執業證書及調查投訴及專業失當的指控。[78]

　　基本法第 94 條訂明，香港特別行政區政府可參照原在香港實行的辦法，作出有關當地和外來的律師在香港特別行政區工作和執業的規定。

75　此外，也有由大律師轉任律師或由律師轉任大律師的途徑。

76　至 2024 年 5 月 31 日，有來自 32 個司法管轄區的 1,488 位註冊外地律師，也有來自 19 個司法管轄區的 74 間外地律師行。

77　至 2024 年 5 月 31 日，有 29 間香港律師行與外地律師行（包括中國內地律師行）在香港聯營。

78　至 2024 年 5 月 31 日，香港國際公證人協會會有 373 名會員。

（三）法律語言

　　普通法源自英格蘭的判例，它的語言是英文。香港在 1990 年代以前，鮮有以中文進行法庭聆訊，制定法也只是自 1989 年開始以中英文制定。基本法第 9 條訂明，香港特別行政區的行政機關、立法機關和司法機關，除使用中文外，還可使用英文，英文也是正式語文。這表明了香港必須在 1997 年 7 月 1日以前把所有的制定法翻譯成中文，並經審議後公佈與英文文本同樣具有法律效力的中文文本，而法庭也要確定處理關於同一法律英文文本和中文文本可能的歧異的規則。

　　同時，法庭也要開展以中文審訊案件。這涉及法官、法律代表、訴訟人及證人該以哪一語言發言的安排，及書面法律文書及證據應採用哪一語言和是否需要準備譯本的安排。《法定語文條例》（香港法例第 5 章）及其附屬法例對此均有所規定。目前，香港有九成的刑事案件是以中文聆訊，其中包括在高等法院原訟法庭由法官會同陪審團審理的刑事審判。區域法院的民事案件多數也是使用中文。在高等法院，越來越多民事審訊使用中文。

　　香港司法機構亦配置資源，提供審訊時的即時翻譯和判案書的翻譯服務。自 2005 年起，香港特別行政區司法機構安排將有價值的中文判案書翻譯成英文，也將具有判例約束力和會普遍使用的終審判案書翻譯成中文。此外，香港的法律學者自 1990 年代開始，不斷地以中文撰寫香港法律的普及和專門的書籍，讓香港及香港以外的讀者瞭解香港的法律。

（四）法律援助服務

　　“向法院申訴的權利”不得因為訴訟人沒有資源取得專業法律協助而變成一紙空文。法律援助服務為防止這種情況，透過不同機構和方式，幫助香港的公眾人士得到準確的法律知識和就他們面對的法律問題得到必要的協助，包括法律代表。香港的法律援助服務主要來自三方面：一、由香港特別行政區政府

的法律援助署以公帑提供的法律援助；二、由香港律師會和香港大律師公會藉
"當值律師服務"以公帑提供的法律援助；及三、由香港不同的機構或人士義
務提供，主要是法律諮詢或輔導的服務，亦有個別的服務提供者（例如香港大
律師公會的法律義助計劃、香港大學法律學院的港大校園免費法律諮詢計畫及
消費者委員會管理的消費者訴訟基金）可以安排提供法律代表的援助。

　　1996 年香港政府立法成立"法律援助服務局"。這個法人團體監管在香
港由法律援助署提供的法律援助服務，並就法律援助政策向政府提供意見。[79]

　　法律援助署提供的法律援助是為合資格的申請人，在民事或刑事訴訟中
提供代表律師或大律師（如有需要）的服務。民事方面的法律援助包括兩個計
劃：一、普通法律援助計劃。涵蓋在區域法院、原訟法庭、上訴法庭及終審法
院展開的民事訴訟；涉及社會公義的死因裁判研訊；以及向精神健康覆核審裁
處提出申請的案件。申請普通法律援助計劃，必須通過經濟審查及案情審查：
經濟審查是指申請人的財務資源不得超過法定限額，而 2024 年中的限額為港
幣 440,800 元；[80] 案情審查是申請人所涉的案件須具備合理理據提出訴訟或抗
辯 。二、法律援助輔助計劃。其是為財務資源超出普通法律援助計劃規定的
限額，但又不超過另一金額（2024 年中時為港幣 2,204,030 元）的"夾心階層"
人士提供涉及在區域法院或原訟法庭提起的某些範疇訴訟的法律援助。這些範
疇包括：人身傷亡索償；涉及醫療、牙科或法律專業疏忽的申索；涉及執業會
計師、註冊建築師、註冊專業工程師、註冊專業測量師、註冊專業規劃師、
認可土地測量師、註冊園境師，以及地產代理專業疏忽的申索；關於保險人或
其中介人在銷售個人保險產品時涉及疏忽的申索；針對證券交易、期貨合約交
易或提供證券保證金融資的牌照持有人或獲註冊以進行這些活動的金融中介人
的專業疏忽所提出的金錢申索；涉及因詐騙、欺騙或失實陳述而被誘使進行的

79　法律援助服務局於 2006 年出版《法援在香港》，記錄法律援助服務在本港的發展，以及闡述法律援助
　　在捍衛香港作為法治社會的重要性，參見 http://www.lasc.hk/chi/resource/pub_legal-aid.php（最後訪
　　問時間：2024 年 5 月 31 日）。

80　法律援助署署長有權限因為申請人的案件有理據提供法援，及違反《香港人權法案條例》（香港法例第
　　383 章）或《公民權利和政治權利國際公約》適用於香港的範圍是其中的爭論點，而免除財務資源限制
　　的規定。

證券衍生工具、貨幣期貨或其他期貨合約交易所提出的金錢申索；以及就售賣已落成或未落成一手住宅物業向賣方提出的金錢申索。這項計劃亦適用於根據《僱員補償條例》（香港法例第 282 章）提出的申索，以及僱主或僱員就勞資審裁處所作裁決而提出的上訴中，為僱員提供法律代表，不論爭議金額數目。法律援助輔助計劃的一個獨特的要求是如果法援受助人的訴訟勝訴時，法援受助人要繳付分擔費用，而這費用是以在法律程序中為受助人或為其他人收回或保留的財產價值中的一個按照規定得出的百分率計算的金額。[81]

刑事方面由法律援助署提供的法律援助是適用於在區域法院、原訟法庭、上訴法庭及終審法院審理的審判及上訴案件。[82] 此外，亦適用於裁判法院聆訊的交付審判程序。刑事方面的法律援助申請也是要通過經濟審查，而在關乎上訴案件的法律援助申請中，亦要通過案情審查。

"當值律師服務"提供的法律協助分為三方面。第一是"當值律師計劃"，主要是在所有裁判法院及少年法庭為合資格的被告人提供執業律師或大律師出庭辯護。"當值律師服務"在所有裁判法院設有法庭聯絡處。如在案件首度於裁判法院或少年法庭聆訊時，被告人要求"當值律師服務"協助，則"當值律師服務"會在當日安排代表被告人的法律代表，過程不用入息審查。如被告人的案件沒有在第一次聆訊了結，而他擬在其後的聆訊繼續獲得"當值律師服務"協助，安排法律代表替其辯護，則被告人須接受入息審查。通過入息審查後，被告人須一次性繳付港幣 640 元的定額手續費。另外，"當值律師計劃"亦涵蓋為在死因裁判法庭研訊中可能涉及刑責的證人，在引渡聆訊中面臨引渡的人士，及與勞資審裁處、小額錢債審裁處和競爭事務審裁處相關的藐視訴訟的答辯人提供當值律師代表辯護。第二是"免遣返聲請法律支援計劃"，是為提出依據《香港人權法案》第 3 條不得施以酷刑，或予以殘忍、不人道或侮辱之處遇或懲罰的保障或依據參照《1951 年難民地位公約》第 33 條有關"迫害"

81　參見《法律援助（評定資源及分擔費用）規例》（香港法例第 91B 章）附表三，有關的百分率的最高額是 25%。

82　另外，高等法院法官或區域法院法官也有權向被控人給予法律援助證書，即使該被控人的法律援助申請已被法律援助署拒絕；參見《刑事案件法律援助規則》（香港法例第 221D 章）第 8（3）條。

的免遣返保護原則，或根據《入境條例》（香港法例第 115 章）第 VIIC 部的免於酷刑保障的免遣返聲請人士提供法律輔助，包括向聲請者解釋申請免遣返聲請的程序，協助聲請者說明其聲請的表格，陪同聲請者與入境事務處人員的面見，評估被入境事務處拒絕的個案有否合理的上訴／呈請理據，為具有合理呈請理據的個案準備呈請書，以及在有需要的時候，代表聲請人出席呈請聆訊。聲請人在獲得這免費的法律輔助前，須作出法律規定的宣誓，聲明他沒有能力支付法律代表的費用。第三是“免費法律諮詢計劃”。該計劃的目的是讓實際面對法律問題的市民取得初步及正確的法律意見。它提供現時有 9 大類共 81 個法律項目的簡要內容的錄音聲帶及其謄本，可供市民選擇經電話收聽或互聯網瀏覽，聲帶的語音有粵語、普通話及英語選擇，內容會更新。它也提供在九個設於民政事務處的法律諮詢中心，以預約的方式，由義務律師就申請人面對的法律問題一次性地闡釋其在法律上的權利及義務、問題的性質，以及解決問題的可行方法，但不會就個案作全面或深入的分析，或仔細評估爭議勝算或建議解決方案，也不會跟進或委派律師代表處理所接見的個案。

（五）司法互助

經濟和人員交往的全球化使跨地域的糾紛、爭端和犯罪增加，需要不同國家或地區的司法管轄區之間互助來促進有效解決。內地與港澳之間的更緊密的經濟、社會和人員往來同樣也帶來類似的問題，需要有關區域的具有管轄權的機關相互合作。

基本法第 95 條訂明，香港特別行政區可與全國其他地區的司法機關通過協商依法進行司法方面的聯繫和相互提供協助。香港特別行政區成立以後，經最高人民法院代表內地一方與香港特別行政區政府及香港高等法院代表香港一方的協商，達成了有關內地與香港特別行政區相互委託送達民商事司法文書、相互執行仲裁裁決、相互認可和執行當事人協議管轄的民商事案件判決、就民商事案件相互委託提取證據、相互認可和執行婚姻家庭民事案件判決、相互認可和執行民商事案件判決、就仲裁程序相互協助保全、相互認可和協助破產程序等事宜的安排。這些安排的內容在內地由最高人民法院經通知、意見或司法解釋生效施行，而在香港特別行政區通過立法或運用既有司法程序實施。[83]另外，香港特別行政區政府也與澳門特別行政區政府達成了關於移交被判刑人、相互認可和執行仲裁裁決及對民商事案件相互委託送達司法文書等事宜的安排。

　　基本法第 96 條訂明，在中央人民政府協助或授權下，香港特別行政區政府可與外國就司法互助關係作出適當安排。香港特別行政區成立之前，香港已參與個別多邊的司法互助協定，並與個別國家締結雙邊司法互助協定。香港特別行政區成立以後，上述的協定繼續有效，而在中央人民政府協助或授權下，香港特別行政區參加了更多的多邊司法互助協定，以中國香港的身份與個別國家締結了雙邊司法互助協定。這些協定的課題包括承認及執行仲裁判決、遺囑處分、公文認證、送達民事或商事司法文書、調取民事或商事證據、承認離婚和分居、國際擄拐兒童的民事事宜、信託法、跨國收養兒童、刑事司法協助、移交逃犯及移交被判刑人。另外，根據普通法及個別條例，[84] 香港以外的法院或訴訟人可向香港特別行政區法院提出申請，要求法院提供司法協助。[85]

五、香港特別行政區法律制度的精神

　　本部分按照普通法法律制度的傳統，點明香港特別行政區法律制度的根本、固有和所要顯示的價值。此等價值，或可一言貫之，就是 "法治"（rule

---

83　參見《內地判決（交互強制執行）條例》（香港法例第 597 章）、《仲裁條例》（香港法例第 609 章）、《內地婚姻家庭案件判決（相互承認及強制執行）條例》（香港法例第 639 章）、《內地民商事判決（相互強制執行）條例》（香港法例第 645 章）。

84　例如《證據條例》（香港法例第 8 章）、《外地判決（交互強制執行）條例》（香港法例第 319 章）、《仲裁條例》。

85　台灣地區的法院也可利用這個司法互助的途徑，參見 *Chen Li Hung v. Ting Lei Miao*, (2003) 3 HKCFAR 9（終審法院）。

of law）。馬道立終審法院首席法官在其 2021 年的離任演説表示：

> 法治是必要的根基，讓市民大眾得以有尊嚴地生活和工作，並尊重
> 其他人的權益。正因如此，法治被視為香港社會的基石。法治不單關乎
> 營商和投資，也並非只關乎治安與秩序；法治亦涵蓋充分肯定和貫徹落
> 實我們稱為人權和基本自由的種種權利，惟當然亦要時刻意識到尊重社
> 會其他人的權利和應有權益的重要性。[86]

對於 "法治"，法學與政治理論均可各執己見，[87] 而普通法法系的法律人近
來普遍認同英國上議院前首席法官賓漢勳爵（Lord Bingham）提出的八個對立
法、執法和司法都有著墨的要點：[88] 第一，法律的確定性：法律應該是大眾能
理解的，要盡可能易明白、清晰和可預見；第二，依據法律決定權利和責任，
而非由做決定的人運用酌情權解決；第三，法律面前人人平等，除非有客觀的
差異致令要採用不同的處理方法；第四，官員及公職人員行使獲法律賦予的權
力時，要有誠信、公平地，和按照法律賦權的目的而運用權力，決定事項，不
得越權，也不得不合理地用權；第五，法律要充分保護基本人權；第六，當事
人無法解決民事糾紛時，法律要有方法讓他們可以解決糾紛，而這方法不能要
他們花費過高金錢和時間；第七，國家的裁決程序必須公正；以及第八，國家
既要遵守國內法，也要遵守國際法。

在香港，談論法治時，往往會強調要有尊重個人權利及尊嚴的法律，並
要有獨立的司法機關捍衛該等法律和秉持公正，提供一個公開、有系統及高效

86　參見〈終審法院首席法官在 2021 年 1 月 6 日退休前法庭儀式上的致辭〉，2021 年 1 月 6 日，https://
　　www.hkcfa.hk/filemanager/speech/tc/upload/2260/Farewell%20Speech%20by%20CJ%20(Chinese).
　　pdf（最後訪問時間：2024 年 5 月 31 日）。

87　可參考 Brian Z. Tamanaha, *On the Rule of Law: History, Politics, Theory* (Cambridge: Cambridge
　　University Press, 2004)。

88　參見 Tom Bingham, *The Rule of Law* (London: Penguin Books, 2010)。這書的中譯本是〔英〕湯姆・
　　賓漢著，陳雅晴譯：《法治——英國首席大法官如是説》，香港：商務印書館（香港）有限公司 2013
　　年版。

能的機制得當及公正地解決糾紛。[89] 馬道立終審法院首席法官更認定，司法獨立為法治的核心，而其基本含意，是指法庭的職責在於公平公允地，及嚴格根據法律原則和精神，對法律的相關事宜和爭議作出判決。沒有人可以凌駕於法律之上，所有人均須受法律約制，及法律眼中，人人平等。不僅如此，沒有人能夠影響法庭的裁斷，不論是民事或刑事的法律爭議。這一切為公平和公義提供了保證。由此，既不可把司法機構及法院工作政治化，亦不可認為法庭是替市民解決政治、社會或經濟問題。[90]

89　參見〈終審法院首席法官二○一一年法律年度開啟典禮演辭〉，2011 年 1 月 10 日，https://www.hkcfa.hk/filemanager/speech/tc/upload/99/CJ's%20speech%20at%20Ceremonial%20Opening%20of%20the%20Legal%20Year%202011%2020110110tc.pdf（最後訪問時間：2024 年 5 月 31 日）。

90　參見〈終審法院首席法官在 2021 年 1 月 6 日退休前法庭儀式上的致辭〉。

中央和香港特別行政區的關係

黃明濤

武漢大學法學院教授

一、香港特區在國家的憲制地位

中華人民共和國奉行單一制原則，即國家主權歸屬於整體上的"人民"，而人民透過各級人民代表大會來行使其權力。香港地區在 1997 年 7 月 1 日實現回歸，就國家而言，是對香港"恢復行使主權"[1]。因此，香港地區是國家統一主權所轄之下的地方，不論採取何種區域性的政制架構，不論實行何種經濟、社會政策，最終都是國家不可分割的一個組成部分。

香港基本法第二章"中央和香港特別行政區的關係"，最為集中地規定了國家與香港特區的彼此關係。根據本章第一個條文，即第 12 條"香港特別行政區是中華人民共和國的一個享有高度自治權的地方行政區域，直轄於中央人民政府"，這是總括性地為香港特區在國家之中的憲制地位作出了規定，包含幾層具體含義：其一，香港特區是組成國家的一個地方區域。結合基本法第 1 條開宗明義地規定香港特區"是中華人民共和國不可分離的部分"，可知香港特區並無成為獨立政治實體的法律基礎。其二，香港特區享有高度自治

1 　《聯合聲明》第 1 條之中的表述為："中華人民共和國政府決定於 1997 年 7 月 1 日對香港恢復行使主權"。

權。在這一方面，香港與國家其他區域截然不同，這也是"一國兩制"政策的本義，但要留意的是，高度自治權須呈現為基本法上授予特區一系列具體權力的條文，而不止是一個抽象的概念。其三，香港特區直轄於中央人民政府。儘管狹義的"中央人民政府"（the Central People's Government）僅指國務院，但與特區存在法律關係的中央層次的機關不止於國務院，還包含全國人民代表大會、全國人民代表大會常務委員會等。從整部基本法來看，上述中央機關（central authorities）分別擁有一些權力直接處理涉及特區的事務，或者對特區自身行使職權或權利予以監督。所以，"直轄於中央人民政府"這一句條文不可作過於狹隘或片面的理解。

　　其實，基本法上有關中央與特區關係的條文，不止於第二章，也還散見於其他章節。根據王叔文教授的回憶，在基本法起草階段，關於是否設立專門一章集中規定有關中央和香港特別行政區的關係的條款，存在過贊同與否定兩種意見。儘管最終確實安排了如今見到的"第二章"，但其實仍然有不少這一類條款由於各種原因被寫在別處。[2] 例如，有關基本法本身的解釋與修改就是關乎中央與香港關係的重大問題，相關條款位於本法第八章，對此，本書另有專門篇幅進行介紹。總之，立法體例的背後是對於條文的體系性、連貫性、嚴謹性及易讀性的兼顧與平衡，但不論如何，中央與香港特區關係的準確理解必須依靠一種全局性的眼光來解讀基本法各個條文才可以。

二、授權：中央的權力與特區的權力

（一）外交

外交權是國家主權的標誌之一。《中英聯合聲明》對此有清晰地表示，即

2　王叔文主編：《香港特別行政區基本法導論（第三版）》，北京：中共中央黨校出版社、中國民主法制出版社 2006 年版，第 104 頁。

香港特別行政區的外交事務屬於中央人民政府管理，不在高度自治的範圍之內。基本法第 13 條第 1 款規定，"中央人民政府負責管理與香港特別行政區有關的外交事務"；與此呼應，第 19 條有關香港特區司法權的規定中，特別提到了"香港特別行政區法院對國防、外交等國家行為無管轄權"。

在剛果民主共和國訴 FG Hemisphere Associates LLC 案[3]中，香港特區終審法院確認，在與外交事務有關的事宜上，香港特區的機構（包括法院）必須尊重中央政府的決定和遵照其決定行事。在本案中，香港法院需要裁定國家豁免政策的決定是否屬於中央政府處理外交事務的權限，而終審法院多數意見認為，"中央政府把絕對豁免政策決定為中國的國家豁免政策，這屬於基本法第 19（3）條所指的'對國防、外交等國家行為'，因此⋯⋯香港特區的法院在這方面並無司法管轄權"。[4]

為便於中央政府處理與特區有關的外交事務，基本法第 13 條第 2 款規定"中華人民共和國外交部在香港設立機構處理外交事務"，於是，就有了"外交部駐香港特別行政區特派員公署"的設立，在特派員的領導之下運作。

與此同時，第 13 條第 3 款授權香港特區"依照本法自行處理有關的對外事務"（external affairs）。這是一個總括規定。第 48 條第 9 項規定，行政長官可代表特區政府處理中央授權的對外事務。而更具體的相關對外事務以及特區的權力在基本法第七章有詳細規定，本書其他章節會對此作進一步說明。

（二）防務

與外交權類似，防務權或國防權是國家主權的另一項典型標誌，因此，也毫無疑問屬於中央的權力範圍。基本法第 14 條第 1 款首先規定，"中央人民政府負責管理香港特別行政區的防務"。基於這一條，中央人民政府向香港特

3　*Democratic Republic of the Congo and ors v. FG Hemisphere Associates LLC*, [2011] 14 HKCFAR 266.

4　〈基本法簡訊〉，2012 年 12 月，香港特區政府律政司網站，https://www.doj.gov.hk/tc/publications/pub20030002_i14.html（最後訪問時間：2022 年 9 月 17 日）。

區派駐了武裝力量,即第 3 款所稱"中央人民政府派駐香港特別行政區負責防務的軍隊",也稱"中國人民解放軍駐香港部隊",通稱"駐港部隊"。

防務屬於國家事務,由中央統一負責;而特區的社會治安屬於本地事務,所以基本法第 14 條第 2 款也明確規定,"香港特別行政區政府負責維持香港特別行政區的社會治安"。但是,如遇到特殊情況,根據第 3 款,特區政府"可向中央人民政府請求駐軍協助維持社會治安和救助災害"。除此之外,駐港部隊依法不得干預香港特區的"地方事務"。

對於駐軍人員,基本法第 14 條第 4 款要求,其除了須遵守全國性法律以外,還須遵守香港特別行政區的法律。根據基本法第 18 條,《中華人民共和國香港特別行政區駐軍法》在香港特區實施。這是一部專門用於規定駐港部隊職責與權利、與特區及本地居民關係、相關法律管轄權事宜的法律。《駐軍法》第 20 條規定,香港駐軍人員犯罪的案件由軍事司法機關管轄,但非執行職務的行為如"侵犯香港居民、香港駐軍以外的其他人的人身權、財產權以及其他違反香港特別行政區法律構成犯罪的案件,由香港特別行政區法院以及有關的執行機關管轄"。

對於駐軍的費用,《駐軍法》第 14 條第 5 款規定,費用由中央人民政府負擔。

(三) 人事任免

基本法全面建構了特區政制架構,因此也包含了大量的人事任免條文。在這方面,中央的權力主要是任命行政長官和行政機關主要官員的權力。根據基本法第 15 條,中央人民政府"依照本法第四章的規定"任命行政長官,以及任命主要官員。

例如 —— 也是最為重要的一條 —— 本法第四章第 45 條。其第 1 款規定,"香港特別行政區行政長官在當地通過選舉或協商產生,由中央人民政府任命";第 3 款規定,行政長官產生的具體辦法由本法"附件一《香港特別行政區行政長官的產生辦法》規定"。根據目前的規定，行政長官是由選舉委員會選舉產生、再由中央政府予以任命的。對於在選舉委員會的選舉程序中成功當選的行政長官候選人，中央是否有"不予任命的權力"？主流觀點是，任命權是實質性的，因此，中央人民政府有權拒絕作出任命。但是這種情形從未出現過；並且普遍看法是，這種局面將引發重大的"憲制危機"，應該盡最大努力予以避免。

對於行政機關的主要官員的任命，相關條文是基本法第 48 條第 5 項，即根據行政長官的"提名"，中央人民政府任命特區政府各司司長、副司長、各局局長、廉政專員、審計署署長、警務處處長、入境事務處處長、海關關長。與此同時，本條也規定行政長官有權"建議"中央人民政府免除上述官員職務。

基本法第四章其實也包含中央人民政府以外的其他中央機關在人事任免程序中的角色。如第 90 條規定特區終審法院法官和高等法院首席法官的任命或免職，須"由行政長官徵得立法會同意，並報全國人民代表大會常務委員會備案"。換句話說，全國人大常委會有"接受備案"的權力。

在列舉了中央的人事任免權之外，基本法實際上將大量的本地層面的此類權力授予了行政長官，這既是"港人治港"政策的一種體現，也將行政長官塑造成了一個極為重要的職位。對於特區政府，如上所述，行政長官有提名和建議免職主要官員的權力。對於司法機關，行政長官根據"司法人員推薦委員會"的建議名單，對法官予以任命——長久以來的慣例是，行政長官總是接受委員會的建議，這對於維繫香港的司法獨立及法治傳統是很重要的；此外，法官在"無力履行職責或行為不檢的情況下"，行政長官有權根據一個由終審法院首席法官任命的"不少於三名當地法官組成的審議庭的建議，予以免職"。至於行政會議的成員，基本法第 55 條則將任免權完全交給行政長官行使。

（四）行政權

基本法第 2 條概括式地授予香港特區 "高度自治權"，包括 "行政管理權、立法權、獨立的司法權和終審權"。就行政權而言，第 16 條專門規定，特區 "享有行政管理權，依照本法的有關規定自行處理香港特別行政區的行政事務"。與外交、國防等具有顯著中央色彩的權力不同，行政事務不必然要求在全國層面採行統一政策或執行機制，因此，"港人治港、高度自治" 首先在行政管理上得到典型體現。上述基本法條文沒有具體列出中央享有的與特區本地行政事務有關的權力，而是授權給特區 "依照本法的有關規定自行處理"。換句話說，涉及行政的問題，特區將與內地保持區隔，也可以說延續回歸以前的 "本地自成一體" 的行政體制。但是要注意，這種籠而統之的行政權，其法律基礎在於基本法。

實際上，不論是行政、行政事務、行政管理權或者行政權，都是很難作出一個簡單定義的，因為世界各地的政府（即 "行政分支"，administration ／ executive branch）所管轄的事務都是多種多樣、紛繁龐雜的。如果看中國內地，根據憲法第 85 條、第 89 條，國務院是 "最高國家行政機關"，其職權則涵蓋了政策制定、法案提請、行政立法、編制預算、領導國務院轄下各職能部門和各地方行政機關等等。就香港特區而言，基本法第 59 條規定 "香港特別行政區政府是香港特別行政區行政機關"，加上行政長官是政府首長，所以本法授予行政長官的諸多權力和授予政府的權力，都可算是基本法所稱 "行政管理權"（executive power）的組成部分。我們可以作如下大致分類（人事任免權見上文），便於瞭解。但須留意的是，下列類型並不是窮盡一切行政管理權的。行政長官及政府仍可以根據基本法以及本地其他法律的授權而行使行政管理範疇內的權力：

第一，執法。包括執行基本法以及適用於特區的其他法律。

第二，參與立法程序。主要是指政府擬定及向立法會提出法案、議案。行政長官則有權簽署立法會最終通過的法案，使之成為法律並予以公佈。

第三，授權立法。根據立法會的授權，政府可制定附屬法規。基本法對此規定比較零星，實際上是承認了香港原有的附屬法例體系，對此，《釋義及通則條例》、《立法會議事規則》之中有更詳細規定。不論是提出法案，或者授權立法，行政機關在立法過程中扮演一定的角色，已是全世界的普遍現象。

第四，制定及執行政策，發佈行政命令。與執法一樣，這類權力是最經典、最狹義的行政權，即執行權（executive power）。所謂管理行政事務，主要就是通過執行法律、政策而得以實現。

第五，編制及提出財政預算、決算。向立法會提出有關財政收入或支出的動議，都須得到行政長官的批准，而後者還有權簽署立法會最終通過的預算案，並且應當將財政預算、決算報中央人民政府備案。

第六，執行中央政府指令。基本法第 48 條第 8 項對此有專門規定。

第七，行政長官有赦免或減輕刑事罪犯之刑罰的權力；還有處理請願、申訴事項的權力。

（五）立法權

基本法第 17 條第 1 款規定，香港特別行政區享有立法權。在基本法英文版當中，立法權表述為 "legislative power"，因此，這是指專門機關以抽象方式制定規則的活動，所制定出的規則就是制定法（statutory law），不同於判例法（case law）。基本法第 17 條僅規定了立法權的歸屬，即香港特別行政區的立法機關，也就是立法會。結合基本法第 8 條的規定，很清楚的是，制定法只是香港現行法律體系中的一部分，而不是全部。以判例法的形式存在的普通法、衡平法，其存續或發展屬於司法機關的傳統權力範圍。此外，附屬法例可能由行政長官或其他部門（public authorities）根據授權而頒佈，從程序上看，不是由立法機關制定，但可以是基於立法機關制定的法律的授權而頒佈。

就立法程序而言，立法會通過的法律案須交由行政長官簽署並公佈；就立法實質事項而言，根據基本法第 74 條，"不涉及公共開支或政治體制或政府運作者"，可由立法會議員個別或聯名提出，而"涉及政府政策者"，還須行政長官書面同意方可提出法律案。因此，在香港特區立法權行使之中，行政分支擁有重要權力與角色，"行政—立法"關係是否健康順暢將影響到立法工作的效率與實績。

此外，香港特區本地立法在完成全部立法程序之後，須呈報至全國人民代表大會常務委員會備案。但是備案不是法律生效的必要條件。

全國人大常委會對於特區立法的實質制約權力體現為"發回權"。這是指，根據基本法第 17 條第 3 款的規定，全國人大常委會"如認為香港特別行政區立法機關制定的任何法律不符合本法關於中央管理的事務及中央和香港特別行政區的關係的條款，可將有關法律發回，但不作修改"。一旦發回，則該法律立即失效，但是，除本地法律另有規定以外，因發回而導致的法律失效並無溯及力。常委會的發回權有三方面限制：（1）在實體上，可以被發回的法律僅限於在內容上不符合基本法有關中央管理事務或中央與特區關係的規定，因此全國人大常委會對法律的此種審查並非涵蓋所有內容；（2）在程序上，全國人大常委會在作出"不符合"的認定之前，須徵詢香港特別行政區基本法委員會的意見；（3）發回權不包括修改權，即常委會僅能發回法律，而不能直接對法律作出修改或指示香港立法會作出修改。

基本法實施以來，有關全國人大常委會如何對特區法律進行審查，缺少公開資料。到目前為止，並無任何一部特區法例被正式發回過。但近年來，全國人大常委會在正式報告中重申了其備案與審查的角色，表示其"對香港、澳門特別行政區報送備案的法律開展審查，尚未發現需要發回的情形"[5]。

5　參見〈全國人民代表大會常務委員會法制工作委員會關於 2020 年備案審查工作情況的報告〉，2021
年 1 月，中國人大網，http://www.npc.gov.cn/npc/c30834/202101/239178b5d03944c7b453ddc6bd
d7c087.shtml（最後訪問時間：2023 年 3 月 10 日）；〈全國人民代表大會常務委員會法制工作委員會
關於 2021 年備案審查工作情況的報告〉，2021 年 12 月，中國人大網，http://www.npc.gov.cn/npc/
c30834/202112/2606f90a45b1406e9e57ff45b42ceb1c.shtml（最後訪問時間：2023 年 3 月 10 日）。

（六）司法權與終審權

基本法第 19 條第 1 款規定，"香港特別行政區享有獨立的司法權和終審權"。在回歸之前，香港地區並不享有終審權，本地法律爭議的最終上訴機關是位於英國的樞密院司法委員會。根據"一國兩制"的精神，香港特區享有的高度自治權當中，包含了由本地司法機關行使的終審權，這是香港司法制度史上的巨大改變。正因如此，基本法第 81 條、82 條亦授權在香港本地設立終審法院，行使"終審權"。

在司法管轄權方面，香港特區各級法院的管轄範圍是一般性的。基本法第 19 條第 2 款明確規定，法院"除繼續保持香港原有法律制度和原則對法院審判權所作的限制外，對香港特別行政區所有的案件均有審判權"。因應香港特區在國家之中的特別地位，法院對國防、外交等國家行為（acts of state）無管轄權。如案件涉及國防、外交等國家行為的事實問題，香港法院"應取得行政長官就該等問題發出的證明文件"，該等文件對法院有約束力，而行政長官在發出證明文件之前亦須取得中央人民政府的證明書。總體而言，在中央與特區之間有關司法權的分配關係中，香港地區原有的司法管轄範圍被最大程度地予以保留，基本法僅列出少數幾項管轄例外，由中央機關行使其權力，而不必受制於特區的司法程序。

《香港特別行政區維護國家安全法》（以下簡稱為《香港國安法》）的實施在一定程度上改變了香港各級法院的司法管轄權。儘管一般情況下，國安法案件仍然由香港法院在本地完成審判，但如有案件符合該法第 55 條所列明的情形之一，則案件的管轄權歸屬中央，具體而言，是由"最高人民法院指定有關法院行使審判權"。

（七）進一步的授權

基本法本身可以視作國家對於香港特區高度自治權的集中的、系統性的授權文件，但這並不妨礙國家作出進一步的授權。基本法第 20 條為此專門規定，"香港特別行政區可享有全國人民代表大會和全國人民代表大會常務委員會及中央人民政府授予的其他權力"。也就是説，可以作出"補充授權"的機關有三個：全國人民代表大會；全國人大常委會；中央人民政府（國務院）。基本法第 48 條第 9 項也間接確認了補充授權的權力，其規定行政長官可以"代表香港特別行政區政府處理中央授權的對外事務和其他事務"，也就是説，行政長官可獲得進一步的授權。雖然此處的"中央"是泛稱，沒有具體指明是哪一個機關，但結合第 20 條，應該認為不會超出上述三個機關之外。

深圳灣口岸港方口岸區的設立與運作，是此類補充授權的一個例證。2006 年 10 月，第十屆全國人大常委會作出決定，授權香港特別行政區對深圳灣口岸港方口岸區實施管轄，在該區域內實施香港特別行政區法律。[6] 儘管這份決定並未直接援引基本法第 20 條，但從授權機關、授權內容等主要方面來看，該條文正是此次授權的法律依據。

（八）國家安全立法的憲制義務

香港特區的國家安全立法問題，是指根據基本法第 23 條的規定，香港特區"應自行立法禁止任何叛國、分裂國家、煽動叛亂、顛覆中央人民政府及竊取國家機密的行為，禁止外國的政治性組織或團體在香港特別行政區進行政治活動，禁止香港特別行政區的政治性組織或團體與外國的政治性組織或團體建立聯繫"。第 23 條中的"應自行立法"（shall enact laws on its own），根據普遍理解，是指特區有憲制上的義務或責任（constitutional duty）在本地完成立法，以便就上列涉及國家安全的行為訂立禁區、罪名及刑罰。此即所謂"23條立法"問題。

6　《全國人民代表大會常務委員會關於授權香港特別行政區對深圳灣口岸港方口岸區實施管轄的決定》，2007 年 12 月，中國人大網，http://www.gov.cn/gongbao/content/2006/content_464334.htm（最後訪問時間：2023 年 3 月 15 日）。

2002 至 2003 年期間，特區政府曾經嘗試過向立法會提出法案，即《國家安全（立法條文）條例》草案〔*National Security (Legislative Provisions) Bill*〕，但未能完成立法程序。該法案於 2003 年 2 月 26 日正式向立法會提出，在全港引發強烈關注與爭議，當年 7 月 1 日，發生了據稱有五十萬人參與的示威遊行。鑒於此種情形，立法會之中原本支持政府法案的自由黨宣佈不再支持，時任黨主席田北俊亦辭任行政會議；隨後，負責法案的政府保安局局長葉劉淑儀宣佈辭職。7 月 17 日，行政長官董建華宣佈國安法案暫緩恢復立法會二讀。到 9 月份，法案被正式撤回。

此後直至 2020 年中央制定《香港國安法》並在香港公佈實施，特區本地一直沒有再次推動 "23 條立法"。當然，歷屆特區政府均公開確認其有憲制責任去完成相關立法。根據《香港國安法》第 7 條的規定，香港特區 "應當盡早完成香港特別行政區基本法規定的維護國家安全立法，完善相關法律"，這是中央對香港特區完成 "23 條立法" 的再次敦促，也表明《香港國安法》並不是對特區本地國安法律的完全替代或排除，也就是說，本地立法的憲制責任仍需履行。

2024 年 1 月 30 日，香港特區政府宣佈啟動為期一個月的基本法第 23 條立法公眾諮詢，建議訂立全新的《維護國家安全條例》。[7] 諮詢文件主要涵蓋 (1) 叛國及相關行為；(2) 叛亂、煽惑叛變及離叛，以及具煽動意圖的行為；(3) 竊取國家機密及間諜行為；(4) 危害國家安全的破壞等活動；(5) 境外干預及從事危害國家安全活動的組織等五大類危害國家安全的行為和活動，並建議新增一些罪行，以有效防範、制止和懲治各類危害國家安全的行為和活動。同時，諮詢文件還考慮到與完善維護國家安全的法律制度和執行機制相關的其他事項，彌補當前辦理危害國家安全犯罪案件所遇到的短板和不足。[8] 社會對諮詢

7　〈基本法第二十三條立法公眾諮詢展開〉，2024 年 1 月，香港特區政府新聞公報，https://www.info.gov.hk/gia/general/202401/30/P2024013000294.htm（最後訪問時間：2024 年 2 月 26 日）。

8　諮詢文件內容參見〈維護國家安全：基本法第二十三條立法公眾諮詢文件〉，2024 年 1 月，香港保安局網，https://www.sb.gov.hk/chi/bl23/doc/Consultation%20Paper_TC.pdf（最後訪問時間：2024 年 2 月 26 日）。

文件的建議反應正面，政府收到的絕大多數意見都支持其建議。在 3 月 8 日，特區政府向立法會提交《維護國家安全條例》的草案，進行首讀和開始二讀程序。其後，立法會的法案委員會全速審議草案的條文及提出修改意見。《維護國家安全條例》終於在 3 月 19 日在立法會三讀通過，並於同月 23 日刊憲生效。《維護國家安全條例》與《香港國安法》兼容互補，在香港特別行政區形成完整的維護國家安全法律體系。

三、特區的法律淵源

（一）特區的法律體系

根據 "一國兩制" 政策，香港特區不實行社會主義的制度與政策，這一原則在基本法第 5 條予以申明。在國家主權統一所轄之下，香港、澳門兩個特區與內地的法律體系是各自區分的，以便確保反映社會主義制度與政策的法律不會在特區實施。就香港而言，基本法第 8 條、第 18 條在總體上確立了本地法律體系的組成要素，包括：（1）基本法[9]；（2）立法會制定的法律，以及根據該等法律授權而制定的附屬立法；（3）基本法附件三所列的 "全國性法律"；（4）普通法，從廣義理解，普通法的概念也包含衡平法在內；（5）習慣法。[10]

（二）基本法附件三的全國性法律

全國性法律（national laws）一般不在香港特區實施。但為了確保國家統一、或確保中央管轄事項的落實，少數全國性法律需要在香港本地實施。基本

9　應理解為包含全國人大常委會對基本法所作的解釋（立法形式的文件）。

10　參見陳弘毅、張增平、陳文敏、李雪菁合編：《香港法概論（第三版）》，香港：三聯書店（香港）有限公司 2015 年版，第 45-46 頁。

法為此作出明確安排，即，根據第 18 條，全國人大常委會可決定將國防、外交和其他按基本法規定不屬於特區自治範圍的全國性法律"列於"基本法附件三。列於附件三的法律，有兩種實施方式：第一種是由特區立法實施，即立法會制定法例以反映有關全國性法律的內容和要求，例如《國歌條例》（A405）就是為了在香港實施《中華人民共和國國歌法》而制定的；第二種是由特區公佈實施，即直接將全國性法律在本地刊憲，予以實施，例如 1997 年特區政府成立之初即公佈實施（第 379 號法律公告）《關於中華人民共和國國都、紀年、國歌、國旗的決議》，該份決議是中國人民政治協商會議早在 1949 年就通過了的。

全國性法律的制定機關，一般是全國人大或全國人大常委會，兩者都是憲法確認的國家立法機關（legislature）。但也有個別全國性法律是由其他中央機關或組織予以通過，例如中國人民政治協商會議，這是因為其曾經於 1949 年至 1954 年期間短暫代行國家最高權力機關的職權，所以發佈過一些重要的憲制文件或法律文件。因此，所謂"全國性法律"的"法律"這一概念，須作實質層面的理解，雖然大多數此類法律是由全國人大或全國人大常委會以一般立法程序制定的法律（即內地所謂"狹義法律"），但也不能完全排除其他類型的法律文件可同樣具有普遍的法律約束力。

根據基本法第 18 條第 3 款的規定，全國人大常委會在對附件三的全國性法律列表作出增減決定之前，須徵詢香港基本法委員會和香港特區政府的意見。

（三）《香港國安法》

《香港國安法》於 2020 年 6 月底被列入基本法附件三，隨後於 6 月 30 日晚開始實施。這是一部直接"公佈實施"的全國性法律。對於香港特區的整個法律體系而言，《國安法》的實施不止增加了這部法律本身，而是留出了一個特殊的"法律輸入管道"，使得一部分國安案件的管轄須適用內地法律，而非

"香港法律"。上文已經提到《香港國安法》第 55 條，其列出了三類情形，規定凡屬其中任何一種情形的，則經由特區政府或中央駐港維護國家安全公署提出，並報中央人民政府批准，即由國安公署對《香港國安法》規定的危害國家安全犯罪案件行使管轄權。這三種情形分別是：

（1）案件涉及外國或者境外勢力介入的複雜情況，香港特別行政區管轄確有困難的；

（2）出現香港特別行政區無法有效執行本法的嚴重情況的；

（3）出現國家安全面臨重大現實威脅的情況的。

又根據《香港國安法》第 56 條，一旦滿足上述情形之一，由國安公署對案件予以管轄，即公署負責"立案偵查"，最高人民檢察院指定有關檢察機關行使檢察權，最高人民法院指定有關法院行使審判權。即，案件全過程分別交由內地的執法機關和司法機關處理，不再屬於特區管轄範圍之內。與此相配合，第 57 條進一步規定，以上機關在立案偵查、審查起訴、審判和刑罰的執行等訴訟程序事宜上，"適用《中華人民共和國刑事訴訟法》等相關法律的規定"，這裏的"等"字表明，還有《刑事訴訟法》以外其他內地法律——大致上是辦理刑事案件而有需要適用的法律——會予以適用。目前尚不清楚的是，一旦案件由駐港國安公署偵查完畢、移交至某檢察院（假設是深圳市人民檢察院），是否意味著案件卷宗的處理會移至內地進行？以及，若犯罪嫌疑人處於羈押狀態，是否也會移交至內地羈押，並等候起訴或審判？對此，《香港國安法》未有進一步具體規定，國安公署或最高人民檢察院、最高人民法院也暫未有與香港執法部門之間達成合作安排。但可以確定的是，"《香港國安法》第 55 條案件"將觸發一種臨時機制，使得一些內地法律成為適用於香港特區的法律。但這並非常態，主要取決於上述特殊的案件管轄機制是否被啟動。

（四）憲法

憲法，即《中華人民共和國憲法》，儘管沒有被基本法第 18 條明確列舉為特區實施的法律之一，但其具有極為重要的地位，是香港特區的憲制基礎。憲法第 31 條規定國家可設立 "特別行政區"，而特區實行的制度由全國人大 "以法律規定"，因此，特別行政區這樣一種特殊的憲制安排，是由憲法提供合法性與保證的，也可以說，"一國兩制" 政策在我國是擁有憲法地位的基本政策。基本法序言之中明確表示，"根據中華人民共和國憲法第三十一條的規定，設立香港特別行政區"，以及 "根據中華人民共和國憲法，全國人民代表大會特制定中華人民共和國香港特別行政區基本法，規定香港特別行政區實行的制度，以保障國家對香港的基本方針政策的實施"。這都表明，基本法的制定是來源於憲法的授權。

　　憲法的主要內容是 "國家的根本制度與根本任務"。"一國兩制" 政策及 "特別行政區" 概念位列憲法之中，但只體現於個別條文之中；絕大多數憲法條文都反映社會主義制度與政策。根據 "一國兩制" 的精神，香港特區不實行社會主義，因此基本法第 18 條作出如上規定。毫無疑問的是，整部基本法都是立足於憲法的授權，才得以制定並實施，因此基本法第 18 條未列舉憲法，並不否認該法本身的地位與效力、以及其在國家的根本法地位。此外，憲法上的社會主義條文不止是不在香港特區實施，也同基本法沒有衝突，因為全國人民代表大會在 1990 年通過基本法的同時亦一併宣告過 "基本法是符合憲法" 的。這表明，對於特別行政區制度、以及具體到香港特區的憲制秩序，憲法與基本法在法律效果上是完全和諧一致的，因此我們也可以說，國家對香港特區的基本方針政策就是藉由基本法得以全面落實的。另一方面，由 "一國兩制" 的精神來看，兩制之間的互相尊重是應有之義。因此，憲法為內地建立的社會主義制度，應當得到特區以及特區居民的承認與尊重。[11]

　　2017 年 12 月，全國人大常委會作出一項決定，批准《內地與香港特別行政區關於在廣深港高鐵西九龍站設立口岸實施 "一地兩檢" 的合作安排》。在該份決定文當中，常委會表明，其 "確認《合作安排》符合憲法和香港特別

行政區基本法"。在此，憲法與基本法共同充當了全國人大常委會的審查準據（ground of review），這表明憲法對於香港特區的法律爭議仍有直接援用的空間，但同時應當留意：（1）憲法並非獨自充當審查依據，而是與基本法同時被援用，這進一步表明憲法與基本法是一致的；[12]（2）憲法是被中央機關援用，而非特區本地機關，特區法院亦從未以憲法條文直接作為本地案件的判決依據或理由。

（五）緊急狀態下的法律淵源

基本法第 18 條第 4 款規定了另外一種令"全國性法律"在香港特區實施的情形或機制，即"戰爭狀態"或"緊急狀態"——因此，嚴格來說是兩種機制。這是指，如全國人大常委會決定宣佈戰爭狀態或因香港特區內發生特區政府"不能控制的危及國家統一或安全的動亂"而決定香港特區進入"緊急狀態"，那麼，中央人民政府可發佈命令將"有關全國性法律"在香港特區實施。這裏要區分兩個中央機關的決定權：首先是全國人大常委會的決定權，即決定宣佈戰爭狀態，或者決定香港特區進入緊急狀態；其次是中央人民政府的決定權，這必須是在全國人大常委會已經作出上述其中一種決定之後，再決定將"有關全國性法律"在香港實施。至於哪些全國性法律將會被引入香港，本條沒有定下任何原則或界限，因此中央人民政府擁有靈活的裁量餘地。

從上述條文來看，全國人大常委會的決定宣佈戰爭狀態的權力，似乎並無限制。但結合憲法第 62 條第 15 項以及第 67 條第 19 項，可以認為常委會實際上需要滿足一定的條件才可以作出此種決定（宣佈）。首先，必須是全國人民代表大會閉會期間，因為如果正處於大會會期，則憲法第 62 條明確規定由大會來決定"戰爭和和平的問題"；其次，必須是遇到國家遭受武裝侵犯，

12　參見陳弘毅：〈從"一地兩檢"案看人大常委會的決定在香港特區的法律效力〉，載朱國斌編著：《"一地兩檢"與全國人大常委會的權力》，香港：香港城市大學出版社 2020 年版，第 90 頁；*Kwok Cheuk Kin v. Secretary for Justice*, [2021] HKCA 871。

或者必須履行國際間共同防止侵略的條約的情況——即履行條約義務之需要——才可以作出決定。

至於"緊急狀態"，在範圍上僅指香港特區，與"戰爭狀態"不同。根據上述條文，必須是在香港特區發生"危害國家統一或安全的動亂"，並且是香港特區政府所"不能控制的"，全國人大常委會才可以宣佈香港特區進入到"緊急狀態"。[13] 假設有其他原因——例如突發公共衛生事件或自然災害——導致特區面臨相當程度的公共危險或社會秩序的混亂，則並不屬於基本法第 18 條授權處理的情形。

除全國人大常委會藉由正式的宣告而令特區進入緊急狀態之外，香港特區也可以在本地層面通過特殊的授權立法來應對緊急情況，儘管無須有一個籠統的"緊急狀態"宣告。根據《緊急情況規例條例》（香港法例第 241 章）第 2（1）條，如行政長官會同行政會議認為"屬緊急情況或危害公安的情況時，行政長官會同行政會議可訂立任何他認為合乎公眾利益的規例"。此處的規例（regulation）在香港本地法律體系中即"附屬立法"。當然，附屬立法是廣泛存在的，《緊急情況規例條例》的特別之處在於，為了應對緊急情況（emergency）或危害公安的情況（public danger），其向行政長官會同行政會議授予了相當廣泛而又寬鬆的權力——根據該條例第 2（2）條，緊急情況規例可規定的事項包括對出版物和通訊的檢查、管制或壓制，對人的逮捕、羈留、驅逐及遞解出境，對財產及其使用作出撥配、管制、沒收及處置，乃至修訂任何成文法則、暫停實施任何成文法則等等，條例第 3 條更授權以規例訂立罪行及罰則或為現有法律上之罪行訂立罰則。鑒於《緊急情況規例條例》向行政長官會同行政會議授予廣泛的附屬立法權，甚至可發生暫時修改立法會制定的一般法例的效果，該條例曾在司法覆核程序中被質疑是否抵觸基本法，因其被認為向政府行政分支授出了一般立法權（general legislative power）。香港特

13　韓大元教授認為，"特區政府作為維護社會治安的第一責任人，可以作出事實判斷，但最終判斷權在於全國人大常委會"。參見韓大元：〈《香港特別行政區基本法》第 18 條的形成過程及其規範含義〉，《法學評論》2020 年第 1 期。

區終審法院對此項挑戰未予支持，其認同《條例》仍然是符合基本法的，但強調說，此類緊急情況規例仍然受到香港憲制架構下的多方面控制或制約。[14]

四、香港特區居民中的中國公民在國家的政治參與

基本法第 21 條規定了香港特區居民中的中國公民在國家層面的政治參與機制，即選出代表香港特別行政區的代表，參加最高國家權力機關——即全國人民代表大會——的運作。

人民代表大會制度是中國的根本政治制度，也是一種社會主義制度。根據"一國兩制"政策，人民代表大會制度不在香港實施，這主要是指，香港的政府架構並非如同內地一樣，建立在人民代表大會的基礎之上。但是，香港仍可以獲分配一定數量的代表名額，這些代表組成一個代表團，出席全國人民代表大會，以便在人民代表大會制度的最高層級機構中"代表"香港特區。根據基本法第 21 條第 2 款，這些代表由"香港特別行政區居民中的中國公民在香港選出"，也就是通稱的"港區全國人大代表"。這些代表在香港本地選出，具有一定的代表性，但他們僅是由本地中國公民行使選舉權而產生，所以理論上他們似乎至多只能代表香港特區的中國公民，考慮到香港特殊的歷史背景及複雜的人口結構，不能認為他們代表了"整個香港特區"。而且關鍵在於，基本法第 43 條已經明確規定，行政長官"代表香港特別行政區"，依法分別向中央人民政府和特區負責。

港區人大代表的名額之確定以及產生辦法，是由全國人大來決定的。對此，上述基本法條文已有規定。以第十三屆全國人大港區代表為例，他們是根據《中華人民共和國香港特別行政區選舉第十三屆全國人民代表大會代表的辦法》而當選的。根據該《辦法》，本屆港區全國人大代表名額為 36 人，由

14　*Kwok Wing Hang & 23 others v. Chief Executive in Council and another*, [2020] HKCFA 42, paras. 49-71.

在特區本地組成的"第十三屆全國人民代表大會代表選舉會議"選出。凡年滿十八週歲的香港特區居民中的中國公民，都有權報名參選。有意參選者，須提交《參選人登記表》，以及附上十名以上選舉會議成員填寫的《候選人提名信》，方可正式參選。在選舉日，候選人如獲得實際參加投票的選舉會議成員之過半數選票，則可當選。

根據憲法與《全國人民代表大會組織法》，每一屆全國人民代表大會任期為五年，因此人大代表的任期也為五年。在任期間，港區人大代表將出席每年舉行一次的全國人民代表大會會議，同時也會根據全國人大常委會的安排，出席或參與其他活動。鑒於全國人大代表的履職或行權過程是屬於"人民代表大會制度"範疇之內，因此港區全國人大代表的身份、職責、權力、權利與豁免等須根據憲法、《全國人民代表大會組織法》、《全國人民代表大會代表法》、《全國人民代表大會議事規則》以及上述《辦法》而確定。

在特區範圍內，人大代表的地位或職能並不特別清晰。香港回歸以來，歷屆港區人大代表所扮演的角色也有逐漸改變，例如他們也會就特區本地事務發聲，形同某種監察政府的力量。但是，由於特區的正式憲制架構中已經存在立法會作為本地居民的代表、以及其他反映居民利益的組織架構，而"一國兩制"政策亦不包含讓人民代表大會制度在香港全面落地的前景，所以港區全國人大代表可能扮演的角色始終是受限的。[15]

五、內地機構與特區的關係

為了保障"一國兩制"政策下高度自治權的充分實現，基本法第 22 條作出專門規定，為內地機構劃出行為界限，不得干預香港特區自治範圍內的事務。

15　See Hualing Fu and D. W. Choy, "Of Iron or Rubber? People's Deputies of Hong Kong to the National People's Congress", 23 January 2007, available at SSRN, https://ssrn.com/abstract=958845, or http://dx.doi.org/10.2139/ssrn.958845 (last accessed on January 26, 2023).

　　根據本條第 1 款，"中央人民政府所屬各部門、各省、自治區、直轄市均不得干預香港特別行政區根據本法自行管理的事務"。在此明確列舉的是"中央人民政府所屬各部門"——例如農業農村部，這是國務院的一個組成部門，並無領導或指示香港特區政府或相關政策局的地位或權力；以及"各省、自治區、直轄市"，例如廣東省，與港澳毗鄰，事實上有著密切的經貿關係與人員往來，但也不能干預基本法授權特區自行管理的事務。

　　對第 1 款的理解要特別注意，不受干預的是"自治範圍內"的事務。因此，比如外交部駐香港特區特派員公署，雖然的確屬於中央人民政府所屬的外交部的對港派駐機構，但因為其負責辦理的是外交事務，是中央直接管轄事務，因此不受此一條文的約束。如前文所述，基本法第 13 條第 2 款已經為外交部駐港特派員公署的設立與地位作了專門的規定。與之有類似地位的，還有駐港部隊。

　　中央人民政府駐香港特別行政區聯絡辦公室，即中聯辦，情況與外交部駐港特派員公署、駐港部隊略有不同。雖然香港特區《釋義及通則條例》第 3 條有對"中央人民政府在香港特別行政區設立的機構"作出列舉，即上述三家。但是，特派員公署與駐港部隊都有基本法上直接的設立依據，這一點中聯辦則不直接具備。然而，中聯辦早已在香港地區實際運作，並且長期（以"新華社香港分社"名義）實際代表中央人民政府。香港回歸之後，特區政府於 1999 年 7 月在《憲報》上公佈新華社香港分社是中央人民政府在香港特區"設立"的機構，因此，新華社香港分社——或者說改名之後的中聯辦——在法律上應當被視作"中央人民政府"、而非"中央人民政府所屬各部門"在香港特區設立的機構。所以，基本法第 22 條對於中聯辦仍然是不適用的。[16]

　　在此基礎上，內地與香港之間的交流也是必需的。因此基本法第 22 條第 2 款、第 5 款分別規定了內地機構在香港特區設立機構以及香港特區在北京設立辦事機構的事宜。根據第 2 款，中央各部門、各省、自治區、直轄市如需在

香港特區設立機構，須徵得特區政府同意，並且經過中央人民政府批准。而第 5 款規定，"香港特別行政區可在北京設立辦事機構"，並未附加程序上的特別限制。1999 年 3 月，香港特別行政區駐北京辦事處成立。至今，共有 5 個位於內地的辦事處，除北京外，另有駐上海經濟貿易辦事處、駐粵經濟貿易辦事處、駐成都經濟貿易辦事處、以及駐武漢經濟貿易辦事處，統稱"駐內地辦事處"，歸屬於特區政府政制及內地事務局統籌領導。

基本法第 22 條第 3 款進一步規定，中央各部門、各省、自治區、直轄市在香港特區設立的一切機構及其人員"均須遵守香港特別行政區的法律"。也就是說，內地機構在港設立的機構及其人員，並無法律上的特殊地位、待遇或豁免，須遵守香港本地法律，服從於本地執法機關、司法機關的管轄權。

要特別注意的是，隨著《香港國安法》的實施，中央人民政府在香港設立了"維護國家安全公署"。根據這部法律第 60 條的規定，國安公署及其人員的"執行職務的行為"可享有豁免權利，不受香港特區管轄。鑒於國安公署是由中央人民政府直接設立，其並非基本法第 22 條所規定的"中央人民政府所屬各部門"或"中央各部門"（departments of the Central Government）。因此，國安公署的特殊地位與豁免，並不影響或取消基本法對於內地機構不干預香港特區自治事務的既有規定。

第三章

香港特別行政區居民的基本權利和義務

陳秀慧（著）、楊曉楠（譯）

陳秀慧，香港大學法律學院教授

楊曉楠，中山大學法學院教授

　　本章主要介紹香港人權保護的法律框架以及人權訴訟中經常出現的議題。我們會通過分析三種常見的涉訴權利——表達自由、集會自由和平等權，來探討這些議題。

一、香港特區權利保障的法律框架：三重體系

　　要理解香港居民所擁有的權利，首先要看香港基本法的條文。第一，因為基本法是權利保障的依據，它規定了廣泛的基本權利保障體系。第二，因為它將特定的國際人權公約涵蓋在內。基本法第 39 條第 1 款規定：

> 《公民權利和政治權利國際公約》、《經濟、社會與文化權利的國際公約》和國際勞工公約適用於香港的有關規定繼續有效，通過香港特別行

政區的法律予以實施。

這一條涉及適用於香港並通過香港法律實施的國際人權公約。這些在香港適用並實施的公約所闡明的權利應受到保護，基本法第 39 條第 1 款涵蓋了這些權利。如果香港法律侵犯了這些權利，那麼，它就違反了香港基本法第 39 條第 1 款，因此，這個法律是違反基本法而無效的。可以說，基本法第 39 條第 1 款吸納了適用並實施於香港的國際人權公約的權利保護條款，並賦予其憲制性地位。[1]

因此，我們可以看出，有三套法律在保護香港的人權：基本法、適用於香港的國際人權公約、實施這些公約的本地法律。[2] 換言之，在香港，保護人權的法律框架是一個三重體系。[3] 讓我們來看一下這套三重機制中每一部分的本質內涵。

如上所述，基本法是權利的法律淵源。基本法第三章規定了香港居民的基本權利與義務。此外，基本法的其他章節也有對權利的規定。例如，第 6 條保護私有財產權，第 87 條保護刑事和民事訴訟中的權利，第 105 條保護 "私人和法人財產的取得、使用、處置和繼承的權利"，以及在被依法徵用時獲得補償的權利等。

在香港特區，基本法是高級法，是根本性的法律。這是指基本法的效力比其他香港本地法律高，特別是基本法頒佈之後，香港特區立法會制定的法例如果和基本法衝突，即屬無效。特區法院曾在多個案件中推翻與基本法所保護的權利相衝突的立法和政府行為。我們在本章後面部分將會詳細説明。

現在，我們來看一下這個三重體系的第二部分：適用於香港的國際人權

---

1   See Simon Young, "Restricting Basic Law Rights in Hong Kong", (2004) 34 *Hong Kong Law Journal* 109, pp. 115-116.

2   Dinusha Panditaratne, "Basic Law, Hong Kong Bill of Rights and the ICCPR", in Johannes Chan S C (Hon) and C. L. Lim (eds.), *Law of the Hong Kong Constitution* (Sweet & Maxwell, 2015), 2nd edition, p. 533.

3   Dinusha Panditaratne, "Basic Law, Hong Kong Bill of Rights and the ICCPR", in Johannes Chan S C (Hon) and C. L. Lim (eds.), *Law of the Hong Kong Constitution* (Sweet & Maxwell, 2015), 2nd edition, p. 533.

公約。受到篇幅限制，本章僅討論《公民權利和政治權利國際公約》（以下簡稱 ICCPR）的問題。英國加入 ICCPR 並在 1976 年將其效力延伸至香港。基本法第 39 條 "適用於香港" 這一限定是很關鍵的，因為英國將 ICCPR 適用於香港時有一定保留。"適用於香港" 的 ICCPR 包括 ICCPR、英國加入時作出的整體保留，以及限制適用於香港的情況。英國針對香港做出的限制包括：ICCPR 中的自決權不適用於香港，政治參與權並不要求香港建立民選的立法會和行政機構。此外，香港的入境法例繼續適用於無權出入香港的人士，不會被 ICCPR 規定的權利所凌駕。

再來看三重結構的第三部分：實施 ICCPR 的本地立法。為什麼基本法會特別提到實施 ICCPR 要通過本地立法予以實施呢？為什麼 ICCPR 不能直接適用於香港呢？這是因為香港採取的是二元主義立法原則。根據這一原則，國際條約不能在本地直接實施，除非它們被採納為本地立法。[4] 英國 1991 年在香港引入實施 ICCPR 的立法——《香港人權法案條例》，香港法院將《香港人權法案條例》視為實施 ICCPR 的本地立法。[5]

和基本法不同，《香港人權法案條例》只是一項普通立法。也就是說，它和其他本地法例無異，它可以由立法會通過一般立法程序廢止或修改。就這點來看，它本身並不是高級法。但實際上，它在回歸前和回歸後因為香港憲法性文件的規定而起到了一定的高級法的功能。[6]

在回歸前，《英皇制誥》是香港的憲制性文件。在制定《香港人權法案條例》時，《英皇制誥》作出了修改，規定未來香港法律不得與 ICCPR 適用於香港的情況相違背，也就是說，未來立法不得與《香港人權法案條例》相違背。[7]

4　Dinusha Panditaratne, "Basic Law, Hong Kong Bill of Rights and the ICCPR", in Johannes Chan S. C. (Hon) and C. L. Lim (eds.), *Law of the Hong Kong Constitution* (Sweet & Maxwell, 2015), 2nd edition, p. 527.

5　*Gurung Kesh Bahadur v. Director of Immigration*, (2002) 5 HKCFAR 480, at [21].

6　See Dinusha Panditaratne, "Basic Law, Hong Kong Bill of Rights and the ICCPR", in Johannes Chan S. C. (Hon) and C. L. Lim (eds.), *Law of the Hong Kong Constitution* (Sweet & Maxwell, 2015), 2nd edition, pp. 530-531.

7　Dinusha Panditaratne, "Basic Law, Hong Kong Bill of Rights and the ICCPR", in Johannes Chan S. C. (Hon) and C. L. Lim (eds.), *Law of the Hong Kong Constitution* (Sweet & Maxwell, 2015), pp. 525, 531.

因此，在回歸前，《香港人權法案條例》事實上通過《英皇制誥》獲得了高級法的地位。

同樣地，在回歸後，《香港人權法案條例》通過香港基本法獲得了事實上的高級法的地位。香港基本法第 39 條 1 項規定，ICCPR 適用於香港的有關規定繼續有效，通過本地法律予以實施，這一條款賦予了《香港人權法案條例》高級法的效果。因此，無論在回歸前還是回歸後，《香港人權法案條例》雖然只是一部普通立法，但是憲制性文件的規定給予了它事實上高級法的地位。

二、三重體系如何運作：三類權利

介紹了這三套法律後，現在看一下它們如何以一個統一的機制在運作。這三套法律的好處是可以相互補充地保護權利。在探討香港權利的法律淵源時，這點非常清楚。《香港人權法案條例》和基本法都是權利來源，它們各自規定的部分權利是對方本身並未涵蓋的，因此，兩者加起來比單一文件提供了更多樣性的權利保護。

然而，三套獨立的法律也使得這個制度變得複雜。這種複雜性在很大程度上是因為我們弄不清楚它們之間的關係。在對權利限制的正當性問題上，就顯得很清楚。[8] 可以對權利加以限制的基本觀念是，大部分的權利（除了那些絕對權利，如免受虐待）都不是絕對的，而是可以受到限制的。一般來說，非絕對性權利的案件審理包括兩步：第一步是界定權利，法院確定一項權利並裁定政府的爭議行為表面上是不是對這一權利加以限制；如果存在對權利的限制，第二步則裁定這一限制是否能被證成其合理性。

要注意的是，如果所爭議的政府行為非常嚴重地限制了權利，以至於其

---

8   Dinusha Panditaratne, "Basic Law, Hong Kong Bill of Rights and the ICCPR", in Johannes Chan S. C. (Hon) and C. L. Lim (eds.), *Law of the Hong Kong Constitution* (Sweet & Maxwell, 2015), 2nd edition, pp. 542-559.

侵犯了該權利的核心和本質部分,那麼,法院會認為這是對該權利的完全侵犯,這是在任何情況下都不能允許的。[9]

回答對權利的限制是否為可行的這一問題,首先要看基本法第 39 條第 2 項的規定:

> 香港居民享有的權利和自由,除依法規定外不得限制,此種限制不得與本條第一款規定抵觸。

從字面上看,這一條款的要求是很清晰的:任何對權利的限制必須滿足兩個條件:第一,限制必須依法規定,第二,此種限制必須與第 39 條第 1 項不抵觸,也就是說與 ICCPR 適用於香港的規定不抵觸。

然而,這一條款的要求其實並不是那麼明確的。唯一明確的是,所有對權利的限制必須依法規定。但第二個條件並非明確,因為哪些規定適用於哪些權利是不明確的。在三重結構下,可能包括三類權利:1. 基本法和《香港人權法案條例》都列明的權利(第一類權利);2. 在《香港人權法案條例》列明但在基本法中未列明的權利(第二類權利);3. 在基本法中列明但在《香港人權法案條例》中未列明的權利(第三類權利)。[10] 這三類權利可能受到不同類型的限制。

對於前兩類權利的限制,毫無疑問必須由法律規定和滿足《香港人權法案條例》規定的條件。[11] 對於第三類權利,有三種解讀的可能性。[12] 第一,限制只需由法律規定。由於這些權利在《香港人權法案條例》中根本沒有規定,所

---

9   E.g., see *Gurung Kesh Bahadur v. Director of Immigration*, (2002) 5 HKCFAR 480; *W v. Registrar of Marriages*, (2013) 16 HKCFAR 112.

10 *Gurung Kesh Bahadur v. Director of Immigration*, (2002) 5 HKCFAR 480, at [26]; Simon Young, "Restricting Basic Law Rights in Hong Kong", (2004) 34 *Hong Kong Law Journal* 109, pp. 118-119; Dinusha Panditaratne, "Basic Law, Hong Kong Bill of Rights and the ICCPR", in Johannes Chan S. C. (Hon) and C. L. Lim (eds.), *Law of the Hong Kong Constitution* (Sweet & Maxwell, 2015), 2nd edition, pp. 542-559.

11 See Simon Young, "Restricting Basic Law Rights in Hong Kong", (2004) 34 *Hong Kong Law Journal* 109, pp. 121-131.

12 *Gurung Kesh Bahadur v. Director of Immigration*, (2002) 5 HKCFAR 480, at [23]-[32].

以第二個條件不適用。根據這一解讀，只要限制是由法律規定的，那麼，它就是允許的。第二種解讀是，限制需要由法律規定，此外，限制必須滿足《香港人權法案條例》中規定的條件。第三種解讀是，限制需要由法律規定，此外，法院可詮釋該權利的條款，施加合適的附加條件。根據這種解讀，《香港人權法案條例》中的限制不是自動適用的。[13]

香港法院採用第三種解讀，也就是説僅在基本法中規定的權利如果受到限制的話，除了限制要由法律規定，還需要滿足法院詮釋該基本法權利條款時認為合適的附加條件。建立這一原則的代表性案件是 *Gurung Kesh Bahadur* 案。[14] 該案討論當事人是否有出入境的自由，這一權利在基本法中規定，但在《香港人權法案條例》中並無規定。該案中，出入境法律規定香港非永久性居民的逗留許可在其逗留期間離開香港時失效。申請人是一個非永久性居民，被授權逗留至某日。在該日之前，他離開了香港並試圖在短期內返回。依據當時的出入境法律，政府拒絕其入境。案件的爭議焦點是，政府這一行為是否侵犯了當事人基本法規定的出入境自由。也就是説，這是否對上述的第三類權利構成了被允許的限制。

香港特區終審法院拒絕適用第一種解讀，因為這種解讀允許立法者通過一般性立法凌駕第三類權利，這種解讀會使得對第三類權利的保障比對第一和第二類權利的保障脆弱得多。第二種解讀對法院來説也不適用，因為第三類權利在《香港人權法案條例》中並未列明，因此，《香港人權法案條例》缺乏對此進行限制的標準。法院認為，第三種解讀是更合理的。因為這些權利由基本法規定，屬於憲法性權利，因此它們的範圍也需要通過解釋基本法的方式界定。[15]

這個方法的一個問題就是帶來很大的不確定性。[16] 對於憲法解釋而言，到

---

13   *Gurung Kesh Bahadur v. Director of Immigration*, (2002) 5 HKCFAR 480, at [28].

14   *Gurung Kesh Bahadur v. Director of Immigration*, (2002) 5 HKCFAR 480.

15   See *Gurung Kesh Bahadur v Director of Immigration*, (2002) 5 HKCFAR 480, at [28]-[29].

16   See Dinusha Panditaratne, "Basic Law, Hong Kong Bill of Rights and the ICCPR", in Johannes Chan S. C. (Hon) and C. L. Lim (eds.), *Law of the Hong Kong Constitution* (Sweet & Maxwell, 2015), 2nd edition, p. 555.

底什麼樣的限制是可以接受的？終審法院在 *Bahadur* 案判決中指出，法院要考慮該權利的性質和內涵，決定限制是否可以接受。就 *Bahadur* 案而言，法院並沒有説明出入境權利限制要滿足什麼附加條件，法院依據其他的理據解決了案件爭議。法院認為，政府禁止申請人入境實際上是對該項權利完全的侵犯，已經完全剝奪了申請人的出入境權利，因此不能被允許。[17]

終審法院隨後在孔允明案 [18] 判決中釐清了法院所施加的附加條件是什麼。在孔允明案中，香港政府的政策規定一個人必須在香港居住滿七年才有資格申請綜合社會保障援助（CSSA）。由於一個人在香港居住了七年後便可以申請成為永久性居民，因此，這項獲得綜援的居住條件表面上構成了對非永久性居民的歧視。在本案中，一位新移民認為這項政策侵犯了她的社會福利權，但這項權利僅在基本法中規定，在《香港人權法案條例》中並未有規定。她認為，基本法保障所有"居民"的這種權利，而不僅僅是永久性居民。因此，政府的居住條件要求是違反基本法的。

終審法院認為，七年居住年限的要求侵犯了申請人的社會福利權。法院認為，對任何憲法權利的限制，包括對第三類權利的限制，都必須通過相稱性測試（proportionality test）。我們將稍後解釋這個測試是什麼。但現在我們需要指出，這是一項開創性的決定：法院認為，對所有非絕對權利的限制（也包括那些僅在基本法中出現的權利），都必須由法律規定並符合相稱性。[19] 這是終審法院首次明確地採用相稱性原則審查對基本法列明而《香港人權法案條例》未列明權利的限制。

另一件具有里程碑意義的判決——希慎案——再次肯定了這一原則。（我們將在下文重新討論此案，解釋其為何具有里程碑意義）。這個案件中的關鍵問題是，政府的某些規劃限制是否侵犯了房地產開發商的私有財產權，這也屬於第三類權利。終審法院肯定了孔允明案的判決，認為對非絕對權利的限

17　*Gurung Kesh Bahadur v. Director of Immigration*, (2002) 5 HKCFAR 480, at [38].

18　*Kong Yunming v. Director of Social Welfare*, (2013) 16 HKCFAR 950.

19　*Kong Yunming v. Director of Social Welfare*, (2013) 16 HKCFAR 950, at [38].

制，儘管基本法或《香港人權法案條例》都沒有明確給出對限制審查的指引，但該限制也必須符合相稱性原則。[20]

在孔允明案和希慎案之後，相稱性原則已經在香港牢固地確立下來，成為對非絕對權利（也包括基本法列明但《香港人權法案條例》未列明的權利）限制的審查標準。這可以理解為上文所述第三種解讀的進一步發展，儘管法院沒有明確地將相稱性原則與基本法任何特定文本掛鈎。

三、人權判決中反覆出現的幾個主題

（一）依法規定

現在，讓我們審視一下人權判決中反覆出現的一些主題。第一個主題是基本法中"依法規定"的要求。第 39 條第 2 款要求對權利的限制必須依法規定。那麼，這種限制需要滿足什麼條件呢？香港法院認為必須符合兩項要求。首先，這一限制必須在法律中規定。[21] 這一要求有助於防止任意和不合理的限制。如果法律明確規定了這一限制，也就是說，這種限制至少經過了立法程序的確認。立法程序一般被認為是一個認真而理性的審議程序，因此，要求限制必須通過立法程序有助於確保限制不會過於不合理。此外，由於法律一旦頒佈就難以輕易改變，要求由法律規定限制可以保證有一定程度的確定性。這樣，人們就可以根據法律規定的限制來規劃自己的生活。[22]

終審法院在孔允明案判決中似乎放寬了這一要求，裁定案中的行政政策也可以被視為符合依法性的要求。在這個案件中，獲得綜援的七年居住要求是

20　*Hysan Development & Ors v. Town Planning Board*, (2016) 19 HKCFAR 372, at [44]-[51].

21　See Simon Young, "Does It Matter If Restrictions on the Right to Social Welfare in Hong Kong Are Prescribed by Law or Policy?", (2014) *Hong Kong Law Journal* 25, pp. 29-33.

22　See Simon Young, "Does It Matter If Restrictions on the Right to Social Welfare in Hong Kong Are Prescribed by Law or Policy?", (2014) *Hong Kong Law Journal* 25, pp. 26-29.

行政政策，而非法律規定。但終審法院表示，這項政策足以滿足"依法"的要求，原因之一是它包括了"可獲知、有系統地使用，且受行政上訴程序約束的規則"。[23]

"依法規定"的第二個要求是法律必須是可獲知的，法律的要求能夠被合理預見。限制權利的規則必須足夠明確，使人們能夠規範自己的行為。[24] 人們必須能夠合理預見某種行動可能導致的後果。這一理論再次保證一定的確定性，使人們能夠按照法律的要求規劃自己的生活。如果法律含糊不清，以至於無法判斷某行為是否違法，那麼，人們就無法根據法律的要求規劃其行為。[25]

（二）相稱性原則

另一常見的主題是相稱性原則，這是評估對權利的限制是否具有正當性的關鍵概念。傳統上，法院採用相稱性測試評估對上述三類權利中前兩類權利的限制是否正當，因為對這些權利的限制必須符合第 39 條第 2 款規定的第二項條件，即必須符合《香港人權法案條例》的要求。《香港人權法案條例》允許限制的典型公式是：這一限制是"民主社會所必需的"。香港和很多外國法院一樣，已經將民主社會中"必要性"要求與相稱性概念相等同。如果限制是不相稱的，那麼，它在民主社會裏就不是必需的。因此，對於前兩類權利中的非絕對權利而言，其限制必須滿足第二個條件，即要符合相稱性。在終審法院作出孔允明案和希慎案判決後，相稱性原則也適用於所有非絕對的第三類權利。

什麼是相稱性？相稱性的基本概念是，政府為實現某些目標而限制權利時，只能是在必需的限度內。打個比喻説，如果你的目的只是弄開一個堅果，可以輕鬆地使用胡桃鉗子這種不太激烈的手段打開它，那就不應該使用一個巨

23　*Kong Yunming v. Director of Social Welfare*, [2013] HKCFA 107, at [25]-[28].

24　*Shum Kwok Sher v. HKSAR*, (2002) 5 HKCFAR 381, at [60]-[65].

25　*Shum Kwok Sher v. HKSAR*, (2002) 5 HKCFAR 381, at [60]-[65].

大的錘子砸開它。因此,採取不相稱的措施被喻為使用大錘砸開堅果。相稱性要求也反映出權利的重要性,其背後的理論基礎是:權利是寶貴的,因此,對權利的任何侵犯都應限定在民主社會中必要的範圍內。

相稱性測試包含了四個步驟。首先,法院會分析政府限制權利是否服務於合法目的。對於某些權利而言,《香港人權法案條例》已經列出了合法目的範圍,例如,出於國家安全、公共秩序、公共衛生或風化,以及尊重他人權利和聲譽。法院認為,對於這些權利而言,《香港人權法案條例》已經列出了合法目的清單,合法目的應僅限於此。換句話說,為了不屬於該清單的目的而限制這些權利是不合法的。但是,《香港人權法案條例》並未列舉所有權利的合法目的,例如,《香港人權法案條例》沒有列舉與平等權有關的合法目的。對於這些權利而言,法院將評估限制的目的是否合理,例如,基於偏見和歧視的目的是不合理的。

相稱性原則的第二步是審查對權利的限制與預定目標之間有沒有合理聯繫。這一階段要求對權利的限制能夠在某種程度上實現其所聲稱的目標(不論多麼小),即,關鍵是該限制整體上能否有助於達到預定目的。

相稱性原則的第三步要求政府證明對權利的限制是達至目標所必需的。希慎案判決是具有里程碑意義的,該判決認定這一步驟強調"合理必要性",而不是"嚴格必要性"。政府不是必須採取對權利侵害最小的措施,關鍵是在不影響該目的實現的前提下,是不是應該採取一種侵害更小的手段。如果存在同樣可以實現這一目標、但侵害程度顯著更小的措施,政府就必須採取這種措施。[26]

希慎案判決增加了相稱性原則的第四步。最後一步要求在實施該限制所獲得的社會利益與被侵害的個人權利之間達至合理的平衡(也稱為狹義相稱性原則)。[27]

26　*Hysan Development & Ors v. Town Planning Board*, (2016) 19 HKCFAR 372, at [83]-[88].

27　*Hysan Development & Ors v. Town Planning Board*, (2016) 19 HKCFAR 372, at [80].

（三）司法謙抑原則

下一個反覆出現的主題是司法謙抑原則。1991 年自《香港人權法案條例》成為人權判決的依據以來，這已成為一項核心原則。這一理念的內涵是：不同機構被委以不同角色，立法機關和行政機關負責制定法律，法院負責在判案時適用這些法律。這種權力分置服務於三個目的。[28] 首先，它有助於維護民主。法律應由民選機構制定，因此，應該讓具有政治問責性的立法機關和行政機關制定法律和政策。非民選的法官不應制定法律，他們只在判案時適用法律。第二，權力分立有助於提高效率。我們將權能賦予給那些能最好履行職責的機構。立法機關能夠徵詢社會各階層的意見，在制定法律方面具有更多知識和經驗。而非民選的法官與社會的關係更疏遠，因此不適合制定政策。第三，分權有助於防止權力的濫用。如果將立法權和司法權賦予同一機構，那麼，該機構可能會有太多權力，並且可能濫用權力。因此，需要將權力分散在不同的機構手中，以便相互制衡。

有些人認為，合憲性審查違反這些原則，特別是前兩個原則。他們的理據是，在合憲性審查中，法院有權廢止不合憲的法律和政策，這是不民主的，因為非民選的法官們不應推翻民選機構的意願。而且，這也是低效的，因為法官不具備制定法律和政策的知識和經驗。他們不應否決立法機關和行政機關作出的政策，因為立法機關和行政機關具有更多的知識和經驗，也有更大的民主正當性。

為了緩和這些對合憲性審查的質疑，法院會不時以克制的態度處理憲法爭議。這種克制被稱為"謙抑"或給予政府"裁量餘地"。[29] 法院在某些判決中往往更為謙抑，例如，法院不會輕易干預政府的資源配置。[30] 總之，法院秉持

28　Cf. N. W. Barber, "Prelude to the Separation of Powers", (2001) 60 *Cambridge Law Journal* 59, p. 65; Cora Chan, "Deference and the Separation of Powers: Assessment of the Court's Institutional and Constitutional Competences", (2011) *Hong Kong Law Journal* 41(1), p. 9.

29　E.g., see Aileen Kavanagh, *Constitutional Review under the UK Human Rights Act* (Cambridge University Press, 2009), part II.

30　See *Fok Chun Wa v. Hospital Authority*, (2015) 15 HKCFAR 409.

謙抑的態度，希望能夠維護分權原則的民主性和效率。[31]

法院可以通過多種方式體現司法謙抑。[32] 法官可以將相稱性審查第三步的必要合理性原則放寬至"明顯沒有合理基礎"，這個要求就低得多。[33] 法院也可能會傾向採用政府對相稱性的評價結果，以此展現出其謙抑態度。儘管希慎案判決強調，法院不應放寬對政府所依據的事實基礎和理據的審查，[34] 但事實上，法院會不時放鬆其審查基準，給予政府評價更多的權重。

根據希慎案判決，法院在確定其謙抑程度時應考慮的因素包括：權利的重要性和對權利限制的程度，決策者的身份和憲制角色，決策者的能力，侵權措施的性質和特徵。[35]

（四）法院的解釋方式

最後一個主題是，法院作出涉及權利判決時採用的解釋方式。法院認為，他們在詮釋權利時應採取寬鬆的方法，這種方法要求法院給予權利最大限度的保護。[36] 此外，對權利的限制需要明確清晰，任何有爭議的法律解釋都應以減少對權利限制的方式作出。[37] 此外，一旦當事人提出對權利限制的初步證據（在權利界定階段），舉證責任就轉移給政府，由政府證明這種限制是正當的。與相稱性原則背後的理念相同，這種做法反映出對權利的重視。

---

31   例如香港法院關於司法謙抑的案件，可以參見 *Fok Chun Wa v. Hospital Authority*, (2015) 15 HKCFAR 409; *W v. Registrar of Marriages*, [2010] 6 HKC 359 (CFI) 和 *Kong Yunming v. Director of Social Welfare*, [2009] 4 HKLRD 382 (CFI).

32   Cora Chan, "A Preliminary Framework for Measuring Deference in Rights Reasoning", (2016) *International Journal of Constitutional Law* 14(4), pp. 858-861.

33   *Hysan Development & Ors v. Town Planning Board*, (2016) 19 HKCFAR 372, at [97]-[122].

34   *Hysan Development & Ors v. Town Planning Board*, (2016) 19 HKCFAR 372, at [123].

35   *Hysan Development & Ors v. Town Planning Board*, (2016) 19 HKCFAR 372, at [105]-[118].

36   E.g., *Ng Ka Ling v. Director of Immigration*, [1999] 1 HKC 291, at [77]; *HKSAR v. Chow Nok Hang*, (2013) 16 HKCFAR 837, at [2].

37   E.g., *T v. Commissioner of Police*, (2014) 17 HKCFAR 593, at [196].

四、三類權利判決舉隅

下文我們將以三項權利的判決闡明上述議題。

（一）表達自由

基本法第 27 條和《香港人權法案》第 16 條規定了表達自由。《香港人權法案》規定："人人有發表自由之權利；此種權利包括以語言、文字或出版物、藝術或自己選擇之其他方式，不分國界，尋求、接受及傳播各種消息及思想之自由。"因此，這一權利不僅包括表達意見的權利，還包括接收和尋求資訊的權利。此外，該權利不僅保障了表達某些資訊的自由，而且保障以不同形式表達此類資訊的自由。這項權利已被香港法院確認為香港最基本的自由之一。

根據基本法第 39 條，除依法規定外不得限制權利與自由，此種限制不得與《香港人權法案條例》相違背。就表達自由而言，《香港人權法案條例》要求對表達自由的限制必須為了"尊重他人權利或名譽；或保護國家安全或公共秩序〔public order (ordre public)〕，公共衛生或風化"。法院將"必要性"一詞解釋為相稱性，即對表達自由的限制必須相稱地實現這些目標。

我們將具體探討幾個有關表達自由的案例。第一個是吳恭劭案。[38] 在該案件中，被告因公開污損國旗和區旗，而被起訴違反國旗條例和區旗條例。本案的關鍵是：這些禁止公開褻瀆旗幟的法律是否不合理地限制了基本法所保障的表達自由？終審法院裁定，禁止褻瀆國旗是對一項表達自由的適當限制。法院認為，對褻瀆國旗這一表達自由的限制是為了實現保護國旗作為國家和主權象徵的合法目的，這屬於《香港人權法案條例》中所指的"公共秩序"〔public order (ordre public)〕。為了維護公共秩序，在不同情況下要求不同。香港在當時的情況下（此判決在 1999 年作出）正面臨新的憲制秩序，必須保護國旗，

38　*HKSAR v. Ng Kung Siu & Anor*, [1999] HKCFA 10.

它是國家統一和領土完整的象徵。[39] 此外,法院認為,這種限制是相稱的,因為它僅限於一種表達方式。訴訟人可以通過其他方式表達信息。[40]

對於香港的"公共秩序"概念 public order (ordre public) 的解釋而言,本案是一個權威判決。終審法院認為,這是個不精確的概念。這個概念的內涵隨時間、地點和環境而變化。可以肯定的是,其廣義概念〔public order (ordre public)〕在語義上比狹義的公共秩序(public order)更廣泛。它不限於維持秩序,也包括為了保護大眾福祉所必需的其他元素,例如,和平與良好的秩序、安全、公共衛生以及對經濟秩序的保護(包括對消費者的保護)。因此,公共秩序〔public order (ordre public)〕是一個廣泛的概念。

表達自由的另一個重要案例是香港特別行政區訴方國珊案。[41] 上訴人在立法會工務小組委員會會議期間,在立法會公眾席上進行抗議。上訴人被裁定違反立法會主席根據《立法會(權力及特權)條例》發出的指令,"進入會議廳範圍或在內逗留的人均須遵守秩序,並須遵從立法會人員為維持秩序而發出的任何指示"(第 11 條,著重號為本文作者所加),"在記者席或公眾席上,任何人不得展示任何標誌、標語或橫幅。"〔第 12(1)條〕。在本案中,上訴人辯稱這些規定違反其表達自由。她認為,第 11 條中的"遵守秩序"一詞過於模糊,以至於不屬於"依法規定"的情況;而且第 12 條是全面禁止,這是不相稱的。

終審法院認為,第 11 條的規定屬於"依法規定",第 12 條不是全面禁止,因而是相稱的限制。[42] 判決中有兩點應注意。首先,法院強調,表達自由並不僅限於公共場所。在政府或私人物業,私人財產權利或公共利益和表達自由應該通過相稱性原則來平衡。[43] 其次,判決強調,在確定某些條款是否過於模糊以致無法滿足"依法規定"的標準時,法院應"按照文意及目的"予以

---

39   *HKSAR v. Ng Kung Siu & Anor*, [1999] HKCFA 10, at [55], [61].

40   *HKSAR v. Ng Kung Siu & Anor*, [1999] HKCFA 10, at [44], [60], [61].

41   *HKSAR v. Fong Kwok Shan Christine*, (2017) HKCFAR 425.

42   *HKSAR v. Fong Kwok Shan Christine*, (2017) HKCFAR 425, at [91], [110]-[117].

43   *HKSAR v. Fong Kwok Shan Christine*, (2017) HKCFAR 425, at [39]-[70].

查明。[44]

（二）集會自由

集會自由是一項與表達自由密切相關的權利。基本法第 27 條保障集會、遊行和示威的自由。該權利在《香港人權法案》中也受到保護，規定和平集會權應得到承認。和表達自由一樣，這項權利也被香港法院認為是最基本的權利之一。

對集會自由的限制必須通過與對表達自由限制相同的審查，只是正當理由的用詞略有不同：國家安全、公共安寧、公共秩序〔public order (ordre public)〕、公共衛生、風化以及對他人權利和自由的保護。

《公安條例》是規定香港公共集會的主要法律規則。《公安條例》規管公眾遊行，但只規管 30 人以上的遊行，而且該遊行需在公路、大道或公園內進行。〔第 13（2）條〕《公安條例》還規管公眾集會，但不適用於不超過 50 人的集會、在私人處所進行且不超過 500 人的集會。〔第 7（2）條〕

《公安條例》以三種方式規管公眾集會。[45] 第一，警務處處長需要提前一週接到舉行集會的意向通知。（第 8 條）這被稱為 "通知要求"。第二，只有在警務處處長未發出禁止集會通知，或根據《公安條例》被視為未發出該通知時，才可以進行公眾集會。這被稱為 "未禁止要求"。（第 9 條）如果警務處處長為維護國家安全、公共安全、公共秩序或保護他人權利和自由合理認為有必要反對時，可禁止舉行公眾集會。第三，警務處處長可向組織者施加條件，施加條件的理由與禁止舉行公眾集會的理由相同。（第 11 條）[46]

44　*HKSAR v. Fong Kwok Shan Christine*, (2017) HKCFAR 425, at [78]-[79]. 被引用的部分摘自對判決的中文摘要，詳見司法機關網站。

45　*Leung Kwok Hung & Ors v. HKSAR*, (2005) 8 HKCFAR 229, at [45]; Po Jen Yap, "Freedom of Assembly and Association", in Johannes Chan S. C. (Hon) and C. L. Lim (eds.), *Law of the Hong Kong Constitution* (Sweet & Maxwell, 2015), 2nd edition, p. 824.

46　*Leung Kwok Hung & Ors v. HKSAR*, (2005) 8 HKCFAR 229, at [45]; Po Jen Yap, "Freedom of Assembly and Association", in Johannes Chan S. C. (Hon) and C. L. Lim (eds.), *Law of the Hong Kong Constitution* (Sweet & Maxwell, 2015), 2nd edition, p. 824.

《公安條例》同時規定了若干罪行，包括：

—— 任何人舉行或協助舉行違反通知要求或未禁止要求的集結，或在無合法許可或無合理辯解的情況下，"明知而參與或繼續參與此等未經批准集結"，即屬犯罪。〔第 17A（3）條〕

—— 公眾地方內擾亂秩序的罪行。（第 17B 條）

—— 非法集結罪（注意：與未經批准集結不同，這是一種更為嚴重的罪行）："凡有 3 人或多於 3 人集結在一起，作出擾亂秩序的行為或作出帶有威嚇性、侮辱性或挑撥性的行為，意圖導致或相當可能導致任何人合理地害怕如此集結的人會破壞社會安寧，或害怕他們會藉以上的行為激使其他人破壞社會安寧，他們即屬非法集結。"〔第 18（1）條〕

—— 暴動罪："如任何參與憑藉第 18（1）條被定為非法集結的集結的人破壞社會安寧，該集結即屬暴動，而集結的人即屬集結暴動。"〔第 19（1）條〕

我們可以通過判例法來分析集會自由與守法之間的關係，這個問題在近年來與社會運動有關的一些案件有所涉及。在律政司長訴黃之鋒、羅冠聰、周永康案中，[47] 被告通過非法佔用政府總部外的、通常被稱為"公民廣場"的地方來表達對政府的不滿，他們被判參與或煽動他人參與非法集結罪。終審法院強調，公民抗命以及表達自由、集會自由是量刑減輕的因素，但是如果該行為不是和平的和非暴力的，那麼，這些因素所佔的比重就很小。[48]

法院在蒙面案中也一再傳達出這樣一種信息，即言論和集會自由的重要性取決於這一權利能被平和地行使。[49] 在這個案件中，申請人挑戰《緊急情況規例條例》（ERO）和依其制定的《禁止蒙面規例》（Regulation）的合憲性問題。規例在 2019 年 10 月由行政長官會同行政會議制定，以解決香港持續的蒙面抗議活動問題。規例禁止在下列所有情況下"佩戴可能遮掩身份的面罩"：

47　*Secretary for Justice v. Wong Chi Fung, Law Kwun Chung and Chow Yong Kang Alex*, (2018) 21 HKCFAR 35.

48　*Secretary for Justice v. Wong Chi Fung, Law Kwun Chung and Chow Yong Kang Alex*, (2018) 21 HKCFAR 35, at [64]-[76].

49　*Kwok Wing Hang and others v. Chief Executive in Council*, [2020] HKCFA 42, at [107].

（1）非法集結〔第 3（1）（a）條〕；（2）未經授權的集結〔第 3（1）（b）條〕；（3）上述兩種之外的合法集結〔第 3（1）（c）和（d）條〕。申請人認為，對第二種和第三種集結的限制對言論和集會自由、隱私權，包括匿名表達權構成不相稱的限制。

終審法院維持了《緊急情況規例條例》和《禁止蒙面規例》的合憲性。法院認為，為了阻嚇和防止那些人企圖以戴面具的方式違反法律、阻撓執法和檢控，對第二種和第三種集結的限制是相稱的。[50] 法院特別強調，2019 年修例風波中，很多遊行活動是處於變化中的，可能開始時候是和平示威，很快就會升級為暴力活動。因此禁止在和平示威中戴面具對於預防和阻嚇的目的相稱。[51] 法院也認為，戴面具"不是和平集會權的核心"。即使人們不戴面具，依然可以和平地示威遊行。[52] 考慮到正在進行中的抗議活動對社會利益的影響以及對和平集會權的限制是有限的，法院認為，該立法已經達至平衡。[53]

對於集會自由而言，其中一個最重要的案件就是梁國雄訴香港特別行政區案。[54] 被告在沒有事先通知警方的情況下舉行了和平遊行，他們被逮捕並被檢控。在辯護時，他們質疑《公安條例》的合憲性。被告認為，《公安條例》賦予警務處處長出於"公共秩序"〔public order (ordre public)〕的利益禁止遊行或對遊行施加條件，這個權力太寬泛及不確定，以至於不符合"依法規定"的要求。

終審法院裁定，為了保護公共秩序〔public order (ordre public)〕而禁止或對遊行施加條件，這一法定酌情權不符合"依法規定"的要求。這項要求的一個要素是，法律必須有一定的明確性，以使市民能夠規範自己的行為。在這個案件下，以公共秩序〔public order (ordre public)〕為由限制示威自由的酌情權過於寬泛及不明確。市民可能不知道這個概念究竟要求什麼，因此不知道警務

50　*Kwok Wing Hang and others v. Chief Executive in Council*, [2020] HKCFA 42, at [102].

51　*Kwok Wing Hang and others v. Chief Executive in Council*, [2020] HKCFA 42, at [121]-[126].

52　*Kwok Wing Hang and others v. Chief Executive in Council*, [2020] HKCFA 42, at [134].

53　*Kwok Wing Hang and others v. Chief Executive in Council*, [2020] HKCFA 42, at [144]-[146].

54　*Leung Kwok Hung & Ors v. HKSAR*, (2005) 8 HKCFAR 229.

處處長酌情權的範圍。[55] 儘管"公共秩序"〔public order (ordre public)〕一詞是從《香港人權法案條例》中引入的，但這對此沒有幫助。即使《香港人權法案條例》之類的"高級法文件"中可以使用寬泛的字詞，但賦予行政機關酌情權的法例應該在語言上更為明確。[56]

法院還裁定，儘管"公共秩序"〔public order (ordre public)〕這一廣義概念過於含糊，但其狹義概念公共秩序（public order）卻是足夠明確的。[57] 法院認為，補救此條款違反基本法的方法是將狹義的公共秩序概念從廣義的概念中分離。換句話說，賦予警務處處長禁止遊行或者對遊行施加條件的酌情權應理解為這一行為是基於保護公共秩序（public order）而不是廣義的公共秩序（ordre public）而作出的。[58]

然後，法院繼續考慮以"公共秩序"（public order）為由給予警務處處長的酌情權是否符合相稱性原則，法院認為是符合的。首先，這一行為是為了保護《香港人權法案條例》規定的合法目標。其次，賦予警務處處長的酌情權與實現這一目標有合理聯繫。最後，基於公共秩序的酌情權未超過必要的限度，理由包括：《公安條例》只規管有限類別的遊行。此外，警務處處長在決定是否需要作出禁止遊行或施加條件時，本人需要進行相稱性分析。[59] 這就說明了對權利的限制必須是立法合憲（賦予酌情權的法規必須是合憲性的）和行政合憲（警務處處長行使法律賦予他的酌情權時，需要是根據具體情況作出的相稱的決定）的。

舉個例子說明如何檢驗這兩個層面決定的合憲性問題。我們假設警務處處長決定將某示威遊行的規模限制在 5,000 人以下，並以維持公共秩序為由施加這種條件。對示威者集會自由的限制必須在兩個層面上符合憲法。第一，賦予警務處處長酌情權的法律條文必須滿足"依法規定"和相稱性原則。第二，

---

55   *Leung Kwok Hung & Ors v. HKSAR*, (2005) 8 HKCFAR 229, at [25]-[29], [68]-[77].

56   See *Leung Kwok Hung & Ors v. HKSAR* (2005) 8 HKCFAR 229, at [67]-[77].

57   *Leung Kwok Hung & Ors v. HKSAR*, (2005) 8 HKCFAR 229, at [82].

58   *Leung Kwok Hung & Ors v. HKSAR*, (2005) 8 HKCFAR 229, at [79]-[85].

59   *Leung Kwok Hung & Ors v. HKSAR*, (2005) 8 HKCFAR 229, at [90]-[92].

　　將示威規模限制為 5,000 人的實際決定也必須是相稱的。

　　即使基於公共秩序〔public order (ordre public)〕的酌情權違憲，但法院維持了對被告未經授權集結的定罪，因為被告在未通知警方的情況下舉行集會；他的定罪與警務處處長禁止遊行或施加條件的合憲性無關。[60] 法院裁定，通知要求本身是合憲的。法院認為，警方需要被告知，以便採取合理和適當的措施保障合法示威和平進行。[61] 由於被告在沒有通知警方的情況下舉行示威活動，他違反了通知要求。法院對於警務處處長禁止遊行和施加條件酌情權的判斷並不影響被告的定罪，因為這些論述與通知要求無關，而僅與警務處處長禁止遊行和施加條件的權力有關。

　　法院認為，通知要求是符合憲法的。集會自由不僅包含政府不干涉示威的消極義務，也包括政府採取合理和適當的措施保障示威和平進行的積極義務。這一積極義務包括減少對公眾可能造成的干擾和保障示威者能夠進行遊行、不必擔心反示威者做出的人身暴力。這就是為什麼需要通知警方使其履行該義務。集會自由權要求政府採取何種積極措施取決於具體情況。[62]

　　現在，讓我們分析三個案例，它們說明了法院如何詮釋那些限制表達自由和集會自由的法律。

　　在楊美雲案中，[63] 法院對權利進行了寬鬆的解釋，並對限制進行了狹義的解釋。在該案中，4 至 16 名“法輪功”成員在中聯辦外的路上舉行和平示威，展示了約 5 尺 × 10 尺的橫幅。這次聚會不屬於通知要求的範圍，因為其所涉人數不多於 30 人。但是，示威者被控《簡易程序治罪條例》中規定的無合法權限或解釋在公眾地方造成阻礙的罪名。

　　終審法院判示威者勝訴。法院認為，阻街行為存在合法解釋。政府應承擔舉證責任證明阻街沒有合法的理由。法院認為，在判定是否存在合法理由

60　*Leung Kwok Hung & Ors v. HKSAR*, (2005) 8 HKCFAR 229, at [97].

61　*Leung Kwok Hung & Ors v. HKSAR*, (2005) 8 HKCFAR 229, at [65].

62　*Leung Kwok Hung & Ors v. HKSAR*, (2005) 8 HKCFAR 229, at [22]-[24].

63　*Yeung May Wan & Ors v. HKSAR*, (2005) 8 HKCFAR 137.

時，以合理方式使用公路是合法理由。合理性取決於環境的情況，包括阻街的程度和持續時間、發生的時間和地點以及阻街的目的。在評估阻街是否合理時，法院必須充分考慮憲制性法律規定的和平示威權的權重。[64] 換句話說，如果阻街是和平示威造成的，則更有可能被認為是合理的。法院將這些原則適用於案件事實，認為被告的阻街是合理的，因此，有合法理由。

可以比較一下這個案件和潮聯小巴有限公司訴非法佔用或停留在亞皆老街西行車道上示威者案[65] 的裁決。在潮聯案中，原訟法庭決定批出臨時禁制令，禁止被告非法佔用道路的行為，這是 2014 年非法"佔中"運動的一部分。法院認為，考慮到被告非法佔用道路的"時間長度、程度和與員警之間日益激烈的對抗，其造成的阻礙遠超出合理的範圍"[66]。

我們要探討的第二個案例是 T 訴警務處處長案。[67] 該案是法院對權利進行寬鬆詮釋的另一個例子。在該案中，申請人參加了一項提高人們對性少數群體平等權認識的活動。作為活動的一部分，團體在公眾行人專用區進行了舞蹈表演。由於組織者未根據《公眾娛樂場所條例》獲得表演許可，警方終止了該跳舞表演。

本案的關鍵是，該舞蹈是否屬於法律規定的"公眾娛樂"而需要獲得許可。終審法院的多數裁決認為，只有在娛樂活動的組織者可以控制參與人士進入娛樂場所的情況下，該"娛樂"才是"公眾的"，需要獲得許可。實際上，組織者無法控制街上人士進入舉行跳舞表演的行人專用區，因此不需要許可證。[68] 終審法院鄧楨法官和霍兆剛法官表示，由於許可制度侵犯了憲制性法律保護的言論和集會自由，因此，對於"公眾娛樂"的任何解釋疑慮應以排除

64　*Yeung May Wan & Ors v. HKSAR*, (2005) 8 HKCFAR 137, at [41]-[44].

65　*Chiu Luen Public Light Bus Co Ltd*（潮聯公共小型巴士有限公司）*v. Persons unlawfully occupying or remaining on the public highway namely, the westbound carriageway of Argyle Street between the junction of Tung Choi S*, HCA 2086/2014.

66　*Chiu Luen Public Light Bus Co Ltd*（潮聯公共小型巴士有限公司）*v. Persons unlawfully occupying or remaining on the public highway namely, the westbound carriageway of Argyle Street between the junction of Tung Choi S*, HCA 2086/2014, at [33]-[34].

67　*T v. Commissioner of Police*, (2014) 17 HKCFAR 593.

68　*T v. Commissioner of Police*, (2014) 17 HKCFAR 593, at [155]-[168], [223]-[273], [283]-[295].

其侵害的方式作出。[69] 換句話說，如果可以以兩種方式合理地解釋"公共娛樂"的話，一種是涉及本案討論的示威遊行，則要求組織者獲得許可；另一種是不涉及該示威遊行，則組織者不需要獲得許可，那麼，法院應選擇後種解釋。

（三）平等權

基本法和《香港人權法案》均保障這項權利。其中，《香港人權法案》規定：

> 人人得享受人權法案所確認之權利，無分種族、膚色、性別、語言、宗教、政見或其他主張、民族本源或社會階級、財產、出生或其他身分等等。

基本法和《香港人權法案》沒有明確說明基於何種理由對平等權的限制是可以被允許的，但我們很快看到，法院制定了判定差別待遇是否合理的原則。

《香港人權法案》僅約束公共機構。基本法中平等權的措詞也似乎僅針對公共機構，因為它規定"法律面前人人平等"和"法律應禁止歧視"（著重號為作者所加）。因此，毫無疑問，政府必須尊重平等權。本節將重點介紹政府確保平等的責任。但是，值得注意的是，在香港，私人團體只有在屬於反歧視立法約束的範圍之內時，才有保護平等權的義務。與英國及其他一些司法區域不同，香港沒有一般性的平等保護立法，只有具體的反歧視立法——《性別歧視條例》、《殘疾歧視條例》、《家庭地位歧視條例》、《種族歧視條例》。這意味著不受具體反歧視法保障的群體（例如性少數群體），沒有具體法例保障他們不受私人團體（如私人房東）的歧視。

在介紹平等權原則之前，首先對平等的概念進行詳細分析。

69　*T v. Commissioner of Police*, (2014) 17 HKCFAR 593, at [164], [196], [260].

可以將平等分為形式平等和實質平等。形式平等要求無論種族、性別、宗教信仰或其他身份，在程序上人們都應得到平等的對待。例如，只要一所大學單純依據個人成績招收申請人，不考慮他們的種族、性別、宗教和其他地位，就滿足了形式平等。但這種形式平等被認為不足以糾正事實上的不平等。不同人群之間的起點可能有所不同。如果一視同仁，或許會延續過去的不平等。因此，一些人支持實質平等的概念，並支持各機構採取積極保護（affirmative action），來糾正過去的歧視，例如，一些大學對少數族裔實施特殊的錄取配額。這旨在通過更寬鬆的措施使受歧視群體受益，糾正過去的歧視所造成的不平等。香港法律也有採納實質平等的概念，例如，《性別歧視條例》允許在必要時採取積極保護措施糾正過去歧視所造成的性別不平等。（第48條）

為什麼要保護平等權？終審法院在丘旭龍案[70]的判決中為保護平等提供了兩個理由。首先，如果不能平等地對待人民，可能會產生不滿和社會不和諧。第二，不平等本質上是不公平的。[71]對此，一般可以追溯到人的尊嚴觀念，認為每個人生來具有相同的內在價值和尊嚴，不應被歧視。平等權對社會中的少數群體尤其重要，因為他們可能被多數群體污名化或誤解，被認為不值得受到尊重和享有尊嚴。

我們要討論的第一個關於平等權的案件是丘旭龍案。在該案中，被告辯稱，《刑事罪行條例》規定非私下的肛交是一種犯罪行為，這一規定歧視了男同性戀者，因為法例並沒有規定非私下的異性性交是一種犯罪行為。終審法院採取了兩階段的方法審查歧視問題。在第一階段，法院審查申請人和他所比較的人是否處於可被比較的情況之下。也就是說，是否可以確定兩個比較者之間存在相關的相似性。一般的規則是，相似的案例應該被相同對待，不同的案例不應該被相同地對待。[72]

---

70   *Secretary for Justice v. Yau Yuk Lung Zigo*, (2007) 10 HKCFAR 335.

71   *Secretary for Justice v. Yau Yuk Lung Zigo*, (2007) 10 HKCFAR 335, at [2].

72   *Secretary for Justice v. Yau Yuk Lung Zigo*, (2007) 10 HKCFAR 335, at [19]-[24]. Also See *Fok Chun Wa v. Hospital Authority*, (2015) 15 HKCFAR 409, at [57].

如果對第一個問題的回答是肯定的,那麼,政府需要證明這種差別待遇是正當的。正當性檢驗有多個步驟。首先,區別對待必須是追求合法的目標。法院強調必須真的有需要作出區別對待。歧視本身不能成為區別對待的合法目的。第二步要求區別對待與合法目的之間有合理的聯繫。第三步要求區別對待不應超過實現合法目的所必需。[73] 這個三步驟的正當性測試與相稱性測試完全相同。因此,在平等權的案件裏,"正當性測試"和"相稱性測試"兩詞可互換使用。(但請注意,在希慎案後,[74] 相稱性測試還包括第四階段:所保護的社會利益和所侵害的個人權利之間是否達到公平的平衡。) 如果通過正當性或相稱性檢驗,則不存在歧視。[75]

法院將這一檢驗標準應用於該案件,認為所涉立法未能滿足正當性檢驗的第一步。專門將非私下肛交規定為犯罪行為,而沒有對異性性交作出類似的規定,並不存在合法目的。[76]

我們要討論的第二個案例是 William Leung 案。[77] 申請人認為,男同性戀者之間發生自願性行為 (即肛交) 的年齡為 21 歲,這要高於異性性交的年齡——16 歲。申請人認為,由於肛交是男同性戀之間的性交方式,這種法律規定造成了對該群體的歧視。政府對這一規定提供了強而有力的辯護:政府認為,肛交是一種中性行為,同性戀者和異性戀者都可能作出肛交行為。因此,政府認為,法律只是規範此種中性行為,並不存在歧視,因為對於男同性戀和男女之間來説,同意進行肛交行為的年齡都是 21 歲。[78]

這個案件有兩點值得注意。首先,法院明確承認肛交是同性戀男子性交的方式。法院認為,肛交實際上是男同性戀者唯一可採用的性交形式。因此,實際上,相比起異性戀者,法例對男同性戀者的影響嚴重得多。[79] 法院強調,

---

73　*Secretary for Justice v. Yau Yuk Lung Zigo*, (2007) 10 HKCFAR 335, at [20].

74　*Hysan Development & Ors v. Town Planning Board*, (2016) 19 HKCFAR 372.

75　*Secretary for Justice v. Yau Yuk Lung Zigo*, (2007) 10 HKCFAR 335, at [22].

76　*Secretary for Justice v. Yau Yuk Lung Zigo*, (2007) 10 HKCFAR 335, at [28].

77　*Leung TC William Roy v. Secretary for Justice*, [2006] 4 HKLRD 211.

78　*Leung TC William Roy v. Secretary for Justice*, [2006] 4 HKLRD 211, at [46].

79　*Leung TC William Roy v. Secretary for Justice*, [2006] 4 HKLRD 211, at [47]-[48].

政府必須以有說服力的證據證明真的有需要作出區別對待，而運用這個準則，年齡差異性規定未能通過正當性審查的第一步：對同性戀和異性戀同意性交的年齡區分沒有合法目的。[80] 在此，法院採納了實質平等的概念。法院認識到，如果法律實際上造成歧視性結果，即使看起來像中性行為，也不能被允許。

同時請注意，法院使用了非謙抑的方法。法院強調，必須敏銳地意識到法院有重大責任保護少數群體免受多數人的過度侵犯。[81] 只有政府的觀點有合乎邏輯的、有具說服力的證據可以支持時，法院才會傾向於政府的意見。

我們討論第三個關於平等權的 W 案。[82] 申請人經過變性手術，由男性成為女性，希望與男性伴侶結婚，但婚姻登記官拒絕為其註冊婚姻，因為香港法律只承認出生時為男女之間的婚姻。申請人認為：(1) 婚姻登記官沒有將《婚姻條例》和《婚姻訴訟條例》中規定的 "女" 人解釋為包括經過變性手術的變性女人，是錯誤的；(2) 如果《婚姻條例》拒絕以變性人手術後的性別決定其結婚權利的話，那麼，該法律違反了基本法第 37 條以及《香港人權法案》第 19 條第 2 款規定的結婚權和《香港人權法案》第 14 條對私生活的保障。原訟法庭否定了申請人的這兩個理由，[83] 上訴庭維持了該決定。[84] 首先，原訟法庭認為，"男人和女人" 一詞的普通含義不能解釋為包括變性男人和女人，因為在香港 "男人和女人" 一詞的日常使用不包括變性男人和女人。[85] 其次，原訟法庭認為，將婚姻限制為天生的男性和女性的結合並不侵犯結婚權，因為結婚權本身的內容應由社會共識界定。在香港尚未形成一種明確的社會共識，認為變性人可以以手術後的性別結婚，因此，變性人無此權利。[86] 根據這一推理，原訟法庭認為，結婚權沒有受到侵犯，因為社會僅保護與生俱來的異性之間的結婚權利。由於這項權利並未受到侵犯，法院不必考慮該侵害是否符合相稱性原則。

80　*Leung TC William Roy v. Secretary for Justice*, [2006] 4 HKLRD 211, at [51]-[54].

81　*Leung TC William Roy v. Secretary for Justice*, [2006] 4 HKLRD 211, at [53].

82　*W v. Registrar of Marriages*, (2013) 16 HKCFAR 112.

83　*W v. Registrar of Marriages*, [2010] 6 HKC 359 (CFI).

84　*W v. Registrar of Marriages*, CACV 266/2010 (25/11/2011).

85　*W v. Registrar of Marriages*, [2010] 6 HKC 359 (CFI), at [140]-[141].

86　*W v. Registrar of Marriages*, [2010] 6 HKC 359 (CFI), at [188]-[258].

原訟法庭強調，法官不能修改婚姻法。法院只能執行社會共識所告知的"婚姻"的含義。在社會共識尚未明確的情況下，法院必須尊重立法機關反映在現行法律中的觀點，這些觀點更好地反映了社會觀點。修改婚姻法是立法和行政機關的工作，這些機關在制度設計和憲法地位上都更適合處理這項工作。[87]

終審法院推翻了下級法院的判決。關於第一個問題，終審法院同意下級法院的判決，就法律解釋而言，男人和女人不能被解釋為包括變性男人和女人。[88] 但是，在第二個問題上，終審法院認為，現行的婚姻法完全否認了結婚權的本質。[89] 法院採用寬鬆的方法解釋權利，並將基本法視為活的法律。[90] 法院認為，社會對變性人和婚姻制度的態度已歷經重大改變，必須根據不斷變化的情況來解釋婚姻。生育不再被社會視為婚姻的本質。[91] 法院強調，因以欠缺多數人的共識為由而拒絕少數人的要求，在原則上有損基本權利。[92]

但另一方面，持反對意見的法官認為，根據社會的變化給予憲法條文一個新的解釋，這與修改一個社會政策是不同的，後者明顯不是法官的工作。法院在行使前一職能之前，應確保有足夠的證據證明香港目前的情況要求法院對基本法中的結婚權作出與起草這一條文時不同的解釋。[93] 但是，應該注意的是，持反對意見的法官不同意下級法院所持"社會共識"的論述。他認為，在賦予變性人結婚權新的含義之前，沒必要對該權利達成社會共識。[94] 但是，必須在有令人信服的證據能證明社會對婚姻含義擴大化的態度發生了變化，才能作出新的解釋。在本案中尚無此類證據。[95]

87　*W v. Registrar of Marriages*, [2010] 6 HKC 359 (CFI), at [190]-[223].

88　*W v. Registrar of Marriages*, (2013) 16 HKCFAR 112, at [52]-[53].

89　*W v. Registrar of Marriages*, (2013) 16 HKCFAR 112, at [108]-[109].

90　*W v. Registrar of Marriages*, (2013) 16 HKCFAR 112, at [84].

91　*W v. Registrar of Marriages*, (2013) 16 HKCFAR 112, at [85]-[97].

92　*W v. Registrar of Marriages*, (2013) 16 HKCFAR 112, at [116].

93　*W v. Registrar of Marriages*, (2013) 16 HKCFAR 112, at [170].

94　*W v. Registrar of Marriages*, (2013) 16 HKCFAR 112, at [190].

95　*W v. Registrar of Marriages*, (2013) 16 HKCFAR 112, at [164], [187]-[192].

最後，多數判決裁定，禁止 W 以術後性別結婚的法律是違反憲法的。為了給政府足夠的時間全面地處理相關問題（例如，未接受手術的變性人是否擁有結婚權），法院將其判決暫緩 12 個月，給政府時間修改立法。如果在 12 個月後仍沒有新的法律出台，法院將採用補救性解釋，將現行法律中對女性解釋為包括手術後的變性女人。[96]（請注意，立法會最終沒有通過修例，法院因而採用了補救性解釋，允許變性者以手術後的性別結婚。）

W 案突顯了憲法中長期存在的一個爭議：法院是否應以社會態度來界定憲法權利的內涵？如果他們這樣做，是否會違背憲法文件規定的人權保障的目的，即不管社會上大多數人的想法如何，確保所有人都能夠享有基本權利？法院能對少數群體權利加以保護，正是因為法官不是選舉產生的，因此不需要屈服於社會多數意見的壓力。許多少數群體訴諸法院也正是因為他們的權利被多數群體剝奪。法院依賴社會態度來界定少數人權利，是否違背了人權觀念？另一方面，如果法院在界定權利時不考慮社會觀點和價值觀，那麼，他們應該參考什麼標準呢？如果允許使用他們自己的道德標準來界定權利，那麼是否意味著允許非民選法官的價值觀凌駕於多數的價值觀之上，進而違背了民主精神？

還可以考慮一下，法院使用謙抑態度的理由（包括民主正當性）在香港是否適用。[97] 法院的謙抑程度是否應該取決於立法機關和行政機關對少數群體權利的考慮程度？法官是否應該謙抑於一個不是完全由普選產生的立法會？

平等權的另一個重要案件是平等機會委員會訴教育署署長案。[98] 引發訴訟的政策是關於政府對小六入讀中學的中學學位分配（SSPA）制度。該制度有一些設計會導致個別學生（尤其是女生）因性別受到歧視。

政府認為，這些性別差別設計是為了糾正現有考試制度中對男孩造成的不公。[99] 現有的歧視源於所謂的男孩晚發育理論。該觀點認為，女孩在青春期

96　*W v. Registrar of Marriages*, (2013) 16 HKCFAR 112, at [120]-[150].

97　See Cora Chan, "Deference and the Separation of Powers: An Assessment of the Court's Constitutional and Institutional Competences", (2011) 7 *Hong Kong Law Journal* 7.

98　*Equal Opportunities Commission v. Director of Education*, [2001] 2 HKLRD 690.

99　*Equal Opportunities Commission v. Director of Education*, [2001] 2 HKLRD 690, at [52].

比男孩成熟得更快，所以她們在入讀中學的考試中比男孩表現更好。如果政府不採取特殊措施來幫助男孩，那麼，進入好中學的女孩將比男孩多。由於男孩後期可以趕上女孩的表現，因此，現有的考試制度對男孩造成不公。[100]

法院在這一案件中認為存在直接歧視，即直接基於性別作出歧視。法院強調，平等權是一項個人權利，不能由於一種刻板印象（stereotype）而被否定。儘管一般來說，男孩通常會發育較晚，這也許是正確的，但仍可能有些女孩也發育較晚，也可能女孩在考試中得分高於男孩僅由於自身的勤奮。如果該制度僅僅因為女孩比男孩成熟快的刻板印象而使女孩處於不利地位，那麼該制度就是基於一般印象而侵害女孩的個人權利。[101]

法院還駁回了政府的主張。政府認為有關機制是糾正現行考試制度對男孩造成不公的一種積極行動。而法院認為，這種歧視性政策不是臨時性措施，而且是不相稱的。[102]

在梁國雄（又稱"長毛"）訴懲教署署長案中，法院進一步闡述了直接歧視的法律原則。[103] 申請人一直留有長髮，他認為監獄《工作守則》要求男性囚犯剪短髮但未對女性囚犯作出此要求，違反性別歧視條例。終審法院就如何評估是否屬於直接基於性別的基礎這一問題確立了如下原則：（1）在申請人和其他人之間存在差別待遇；（2）兩人所處的相關環境是可以比較的；（3）對申請人的待遇要比其他可以比較的人差；（4）這種差別待遇是基於性別差異的。[104]

本案的關鍵問題是第三個條件是否滿足，即男性囚犯要求剪短髮是否是比女性囚犯更差的待遇。政府認為不是這樣的，因為這一規定為促進囚禁紀律所訂政策的一部分，規定男女囚犯的外觀須分別合理地統一和一致，而且對男

100　*Equal Opportunities Commission v. Director of Education*, [2001] 2 HKLRD 690, at [51], [132].

101　*Equal Opportunities Commission v. Director of Education*, [2001] 2 HKLRD 690, at [79]-[95].

102　*Equal Opportunities Commission v. Director of Education*, [2001] 2 HKLRD 690, at [110]-[136].

103　*Leung Kwok Hung (also known as "Long Hair") v. Commissioner of Correctional Services*, [2020] HKCFA 37.

104　*Leung Kwok Hung (also known as "Long Hair") v. Commissioner of Correctional Services*, [2020] HKCFA 37, at [15].

女囚犯頭髮長度的規定均參考社會上男女的普遍髮型而訂定。[105] 在香港社會上，男性普遍留短髮，而女性則長短皆有。因此，根據普遍髮型要求男性和女性囚犯長度作出要求並不會讓男性處於更差的待遇。[106]

終審法院支持申請人的觀點，判決認為政府沒有說明對頭髮長度的要求與監獄紀律之間存在合理聯係。即使法院可以接受在監獄中，為了囚禁紀律的要求不能強調個性化，但政府還是沒有解釋為什麼女性囚犯可以有個人選擇，而男性囚犯則不能有。[107] 而且，政府也未能證明香港社會男性髮型的普遍標準是短髮。[108]

接下來，我們來看一下關於平等享有社會福利權的案例。在霍春華訴醫院管理局案中，[109] 申請人對政府醫療費用補貼政策提出質疑。該政策規定，只有屬於香港居民的婦女才有權獲得公立醫院的產科服務補貼；非香港居民的婦女無權獲得補貼，必須支付高很多的費用才能在香港分娩。換言之，區分的標準在於居留身份。但是，在非居民婦女群體中，還可以進一步區分沒有與香港居民結婚的婦女（A1 組），以及已與香港居民結婚的婦女（A2 組）。申請人則屬於 A2 組。她認為，A2 組的婦女與符合資格的人情況相似，因為她們孩子的父親均為香港居民，出生時孩子也將成為香港居民，兩者所處的家庭都以香港作為生活中心，與香港社會有實質性聯繫。[110] 申請人認為，A2 組婦女應歸為合資格者，而不是不合格。

終審法院確認了丘旭龍案定下的兩階段審查模式，即首先看兩個人是否處於可比較的情況；如果是的話，則看區別對待是否通過了相稱性檢驗。但是

105　*Leung Kwok Hung (also known as "Long Hair") v. Commissioner of Correctional Services*, [2020] HKCFA 37, at [43].

106　*Leung Kwok Hung (also known as "Long Hair") v. Commissioner of Correctional Services*, [2020] HKCFA 37, at [46].

107　*Leung Kwok Hung (also known as "Long Hair") v. Commissioner of Correctional Services*, [2020] HKCFA 37, at [49].

108　*Leung Kwok Hung (also known as "Long Hair") v. Commissioner of Correctional Services*, [2020] HKCFA 37, at [51]-[53].

109　*Fok Chun Wa v. Hospital Authority & Anor*, (2012) 15 HKCFAR 409.

110　*Fok Chun Wa v. Hospital Authority & Anor*, (2012) 15 HKCFAR 409 at [40].

‧法院亦強調，這兩個階段的理據有時並不容易區分，因此法院應注意不要過於僵化地使用兩階段的審查結構。該結構不應掩蓋問題的核心，即比較方是否存在足夠的相關差異，以證明差別待遇的正當性，法院一般需要進行相稱性審查才能回答這個問題。[111]

終審法院隨後將歧視理由分為兩類：涉及核心價值的，包括基於種族、性別、宗教、性取向和政治觀點等身份的差別待遇；不涉及核心價值的，包括基於居留身份的差別待遇，這類差別待遇可能涉及分配資源的社會或經濟政策。對於前者，法院以更高的、或嚴格的審查基準和較低的謙抑程度進行正當性審查；而對於後者，法院則採取更低的、或寬鬆的基準進行正當性檢驗，給予政府更多制定政策的空間。[112] 具體而言，法院表示，當涉及後者時，法院將放寬相稱性檢驗第三步的審查，僅在"明顯沒有合理依據"的情況下才推翻政府的差別待遇。這意味著在非涉及核心價值的歧視理由案件中，法院不會嚴格地進行各階段的相稱性審查，而是將審查基準放寬為"明顯沒有合理的依據"。[113]

為什麼在歧視理由上進行區分？法院認為，涉及核心價值的理由與個人特徵相關，歧視會損害個人的尊嚴，因此，法院不得不更嚴格地審查這種歧視。相比之下，不涉及核心價值的理由與人的尊嚴的相關性較低，或涉及如何分配有限的公共資源。[114] 例如，在霍春華案中，涉及的居留身份就是不涉及核心價值的理由。政府作以區分是因為可以用於補貼醫院費用的資源是有限的，如果它在補貼醫院費用上花費更多，則可能不得不縮減在其他方面的開支，問題在於如何最佳地分配所涉的有限資源。在這種情況下，法院不具有專業知識、經驗和憲制地位來確定應如何分配有限的資源。[115] 因此，當不涉及核心價

111　*Fok Chun Wa v. Hospital Authority & Anor*, (2012) 15 HKCFAR 409, at [57]-[59].

112　*Fok Chun Wa v. Hospital Authority & Anor*, (2012) 15 HKCFAR 409, at [77]-[81]. 在孔允明案中使用了"非可疑理由"這一術語。

113　*Fok Chun Wa v. Hospital Authority & Anor*, (2012) 15 HKCFAR 409, at [71]-[76].

114　*Fok Chun Wa v. Hospital Authority & Anor*, (2012) 15 HKCFAR 409, at [69]-[79].

115　*Fok Chun Wa v. Hospital Authority & Anor*, (2012) 15 HKCFAR 409, at [77]-[81].

值的歧視理由時，法院應給予政府更多的謙抑。法院認為，根據"明顯沒有合理依據"原則審查，政府的政策是合憲的。[116]

必須指出的是，法院沒有詳細進行相稱性檢驗各階段的審查。實際上，他們只解決了一個問題，即該措施是否明顯不合理。可以思考，這樣放寬對基本權利限制的審查強度是否正當？法院的審查是否足以保護權利？

關於平等享有社會福利權的案件，接下來讓我們討論孔允明案[117]。過去的情況是，申請人必須在香港居住至少七年才有資格領取綜援。終審法院在孔允明案判決中最終也推翻了這個條件，不過不是基於平等權的理由，而是以社會福利權為理由，這也是基本法所保障的一項居民權利。

在孔允明案中，申請人聲稱，七年的居住期限要求侵犯了她的社會福利權。高等法院上訴庭認為，申請條件中關於居住期限的要求並非涉及核心價值的理由，所以應適用"明顯缺乏合理依據"這一較低的審查基準。但即使是這樣，七年的居住年限仍然不符合相稱性審查的第二和第三階段的要求。[118]

最後，在本部分結束時，我們會介紹最近三個與性少數群體平等權保護相關、具有里程碑意義的案例。在 QT 訴入境事務處處長一案中，[119] 入境事務處處長拒絕為 SS 在外國註冊的同性伴侶（QT）簽發受養人簽證，QT 對此提出異議：根據現行政策，異性配偶可以以受養人身份進入和逗留在香港，但同性配偶則不可以。終審法院認為，基於性取向進行差別對待屬於可疑的歧視理由。政府差別待遇的目的是在保持有效和嚴格的出入境管制與吸引人才來香港工作之間取得平衡，這一目的是合理的。然而，這種差別待遇與目的之間並沒有合理聯繫，禁止同性配偶進入香港不會吸引人才來港，也不會損害嚴格的出入境政策。[120]

該一判決具有里程碑意義，因為它否定了上訴法庭在同一案件中確立的

---

116 *Fok Chun Wa v. Hospital Authority & Anor*, (2012) 15 HKCFAR 409, at [89]-[94].

117 *Kong Yunming v. Director of Social Welfare*, (2013) 16 HKCFAR 950.

118 *Kong Yunming v. Director of Social Welfare*, (2013) 16 HKCFAR 950.

119 *QT and Director of Immigration*, [2018] HKCFA 28.

120 *QT and Director of Immigration*, [2018] HKCFA 28, at [90]-[109].

"核心權利和義務"的概念。上訴法庭將某些生活領域認定為"本質或傳統或長期習俗"上與婚姻密切相關的,是已婚夫婦特有的權利和義務。[121] 上訴法庭的論證意味著,非婚伴侶與已婚夫婦獲得這些核心權利的差異對待,不需要經過正當性檢驗。

終審法院拒絕了這種思維。終審法院認為,這種方法是一種循環解釋(當被問及為什麼一個非婚者被剝奪了只有已婚者才享有的權利時,答案是"因為你沒有結婚")。[122] 法院還表示,很難確定核心權利是什麼。[123] 終審法院認為:"正確的方法是審查每一個被宣稱受到歧視的案件,以查明區別對待是否正當。"[124]

在隨後的梁鎮罡訴公務員事務局局長及稅務局局長一案中,[125] 終審法院繼續肯定了這一方法。在該案中,政府拒絕給予外國登記結婚的公務員的同性伴侶一些員工配偶和稅務上的福利,而異性婚姻的公務員配偶則可以享有這些福利,申請人對此提出質疑。終審法院認為,這兩者處於可比較的地位,因此,該政策必須經過正當性檢驗。[126] 本案各方都接受該政策所稱追求的目的,即保護傳統的婚姻制度,是合法目的。[127] 但終審法院認為,該政策與這一目的並沒有合理聯繫,[128] 理由包括:拒絕給予外國登記結婚的同性伴侶上述福利並不會鼓勵更多的異性伴侶結婚。[129]

最後,在岑子杰案判決中,[130] 終審法院多數意見認為,香港特區政府沒有

121　*QT and Director of Immigration*, [2017] 5 HKLRD 166, at [14].

122　*Director of Immigration v. QT*, (2018) 21 HKCFAR 324, at [66].

123　*Director of Immigration v. QT*, (2018) 21 HKCFAR 324, at [67].

124　*Director of Immigration v. QT*, (2018) 21 HKCFAR 324, at [83].

125　*Leung Chun Kwong v. Secretary for Civil Service and Commissioner for Inland Revenue*, [2019] HKCFA 19.

126　*Leung Chun Kwong v. Secretary for Civil Service and Commissioner for Inland Revenue*, [2019] HKCFA 19, at [46].

127　但參見 *Sham Tsz Kit v. Secretary for Justice*, [2023] HKCFA 28, at [194].

128　*Leung Chun Kwong v. Secretary for Civil Service and Commissioner for Inland Revenue*, [2019] HKCFA 19, at [67]-[77].

129　*Leung Chun Kwong v. Secretary for Civil Service and Commissioner for Inland Revenue*, [2019] HKCFA 19, at [69].

130　*Sham Tsz Kit v. Secretary for Justice*, [2023] HKCFA 28.

為同性伴侶關係提供任何法律上承認的框架，這對隱私權構成不比例的限制。沒有法律上的認可，同性伴侶的基本社會需求不能被滿足，亦有損他（她）們的人格，給他（她）們造成了很多困難。法院認為缺乏法律承認的框架侵犯了他（她）們的隱私權。為了給予政府時間制定認可同性伴侶的法律，法院決定其關於有關法律情況違反基本權利的聲明暫緩兩年生效。[131]

五、《香港國安法》的影響

2020 年 6 月 30 日之後，上述的原則和框架需要在《中華人民共和國香港特別行政區維護國家安全法》實施的背景下被重新考慮。《香港國安法》是全國人大常委會依據全國人大的有關決定制定的立法，被列入基本法附件三，通過公佈實施的方式在香港生效。有必要說明的是，如果涉及案件不涉及國家安全事項，之前討論的權利保護原則並未受到影響。然而，當涉及國家安全問題時，《香港國安法》對所享有權利的本質和保護它們的框架都有影響。

就香港居民所享有的權利本質來看，有幾點需要注意。第一，根據《香港國安法》，香港法院對國安案件有一般管轄權，但根據第 55 條，經中央人民政府批准，駐港國安公署對特殊案件行使管轄權。當駐港國安公署行使管轄權時，起訴、審判均在內地完成，適用內地《刑事訴訟法》等法律（第 56-57 條）。這可能對犯罪嫌疑人或被告的權利有所影響。第二，在香港審理的案件，《香港國安法》的規定也會對之前享有的權利有所影響，例如被推定可被保釋的權利 [132]（第 42 條第 2 款）、由陪審團審理的原則（第 46 條）。第三，《香港國安法》明確 "維護國家主權、統一和領土完整是包括香港同胞在內的全中國人民的共同義務"，"在香港特別行政區的任何機構、組織和個人都應

131　*Sham Tsz Kit v. Secretary for Justice*, [2023] HKCFA 28; *Sham Tsz Kit v. Secretary for Justice*, [2023] HKCFA 31.

132　*HKSAR v. Lai Chee Ying*, [2021] HKCFA 3.

當遵守本法和香港特別行政區有關維護國家安全的其他法律，不得從事危害國家安全的行為和活動"（第 6 條）。

就權利保護的框架而言，《香港國安法》具有高級法的地位，因為《香港國安法》第 62 條規定，"香港特別行政區本地法律規定與本法不一致的，適用本法規定"。《香港國安法》的解釋權被授予全國人大常委會。基本法和《香港國安法》之間的位階關係尚不明確，但終審法院在黎智英案中明確說明，香港法院無權審查《香港國安法》的條款與基本法權利條款的一致性問題。[133] 無論如何，這也不是說，在《香港國安法》規管的案件中，基本法規定的權利就不再相關。法院還是強調，要"盡可能"地以符合基本法的方式解釋《香港國安法》。[134]《香港國安法》第 4 條規定，"香港特別行政區維護國家安全應當尊重和保障人權，依法保護香港特別行政區居民根據香港特別行政區基本法和《公民權利和政治權利國際公約》、《經濟、社會與文化權利的國際公約》適用於香港的有關規定享有的包括言論、新聞、出版的自由，結社、集會、遊行、示威的自由在內的權利和自由"；第 5 條規定，"防範、制止和懲治危害國家安全犯罪，應當堅持法治原則"。因此，《香港國安法》能夠也應該以保護基本法權利的方式被加以解釋。

133　*HKSAR v. Lai Chee Ying*, [2021] HKCFA 3, at [32].

134　*HKSAR v. Lai Chee Ying*, [2021] HKCFA 3, at [42]. Also see *Tong Ying Kit v. HKSAR*, [2020] HKCFI 2133, at [38]; *HKSAR v. Tong Ying Kit*, [2020] HKCFI 2196, at [7]; *Kwok Cheuk Kin v. Chief Executive of the HKSAR*, [2020] HKCFI 1520, at [7] (in Chinese).

第四章

香港特別行政區的行政

曹旭東

中山大學粵港澳發展研究院副院長、教授

一、行政長官概述

（一）行政長官的法律地位

香港基本法第 43 條規定："香港特別行政區行政長官是香港特別行政區的首長，代表香港特別行政區。香港特別行政區行政長官依照本法的規定對中央人民政府和香港特別行政區負責。"第 60 條第 1 款規定："香港特別行政區政府的首長是香港特別行政區行政長官。"從上述兩個條文可以看出，行政長官的法律地位具有雙重性。行政長官既是香港特區的首長，又是香港特區政府的首長。作為香港特區的首長，行政長官是特區的唯一代表；作為香港特區政府的首長，行政長官領導特區政府。

作為香港特區首長，須對中央人民政府和香港特別行政區負責。行政長官對中央政府負責意味著中央政府有權監督行政長官。中央政府應如何監督行政長官目前沒有具體的法律條文加以明確。[1]但從實踐來看，目前已有的監督形

1　這裏將中央政府的監督理解為任命後的監督，任命本身不理解為監督權的表現。

式主要包括：行政長官述職制度和重大事項報告制度。對特區負責方面，主要
體現在兩個方面：一是行政長官在就職時須宣誓效忠中華人民共和國特別行政
區；二是行政長官就任時應向香港特別行政區終審法院首席法官申報財產，記
錄在案。

　　作為香港特區政府的首長，須對特區立法會負責。首先需要注意的是，
香港特區行政長官向立法會負責的模式與英國式的內閣向議會負責不同。香港
特區立法會無權通過不信任案令行政長官辭職。其原因在於二者的行政立法關
係不同。香港特區行政長官由選舉或協商產生，並由中央政府任命，並非由立
法會產生，因此立法會無權罷免行政長官。即使特定情況下，立法會可以行使
彈劾權，此彈劾權也是必須基於特定的法律原因，而非政治原因，且最終應由
中央政府決定。其次需要說明的是，行政長官與立法會之間在立法和財政預算
問題上存在制衡關係，但這種制衡關係不應被理解為立法會對行政長官的監督
權表現。監督權的表現應該是狹義的。從基本法第 73 條的規定來看，行政長
官對立法會負責僅表現為向立法會作施政報告並接受質詢。反過來說，立法會
對行政長官的監督權僅限於就施政報告的辯論和質詢。

（二）行政長官的任職

　　在任職基本資格方面，基本法第 44 條規定："香港特別行政區行政長官
由年滿四十週歲，在香港通常居住連續滿二十年並在外國無居留權的香港特別
行政區永久性居民中的中國公民擔任。"這意味著擔任行政長官的資格要求包
括以下四個方面：(1) 年滿四十週歲；(2) 在香港特區通常居住連續滿二十年；
(3) 無外國居留權；(4) 香港特別行政區永久性居民中的中國公民。

　　在任職程序方面，如果滿足基本任職資格後有意參選行政長官，首先需
要在參選時簽署文件確認"擁護中華人民共和國香港特別行政區基本法，效忠
中華人民共和國香港特別行政區"，這是 2016 年《全國人大常委會關於香港
特別行政區基本法第一百零四條的解釋》和《香港國安法》第 6 條明確要求

的。在選舉勝出之後,根據《行政長官選舉條例》(第 569 章)第 31 (2) 條規定,須公開作出一項法定聲明,表明他不是任何政黨的成員。這是為了保證行政長官真正向特區負責而非向其黨派利益負責。其後,需要由中央人民政府任命。最後,在就職時必須依法宣誓,宣誓的內容與參選時的聲明一致,即擁護中華人民共和國香港特別行政區基本法,效忠中華人民共和國香港特別行政區。

(三) 行政長官的任期、辭職與代理

1. 行政長官的任期

基本法第 46 條規定:"香港特別行政區行政長官任期五年,可連任一次。"此規定看似簡單,但實踐中也有過爭議。2005 年 3 月 10 日,時任特首董建華正式向中央政府提出辭職報告,新選出的行政長官任期多長出現爭議,有觀點認為應是新一屆五年,但政府認為應是原特首任期的剩餘部分,並計劃據此修改《行政長官選舉條例》。考慮到政府修法可能被司法覆核,從而拖慢新任行政長官產生的進度,甚至可能在六個月內無法產生新任特首而出現憲制危機,時任代理行政長官曾蔭權代表香港特區政府於 2005 年 4 月 6 日向國務院提交了請求全國人大常委會釋法的報告,2005 年 4 月 27 日《全國人民代表大會常務委員會關於〈中華人民共和國香港特別行政區基本法〉第五十三條第二款的解釋》通過。該解釋規定,2007 年以前,在行政長官由任期五年的選舉委員會選出的制度安排下,如出現行政長官未任滿《中華人民共和國香港特別行政區基本法》第四十六條規定的五年任期導致行政長官缺位的情況,新的行政長官的任期應為原行政長官的剩餘任期;2007 年以後,如對上述行政長官產生辦法作出修改,屆時出現行政長官缺位的情況,新的行政長官的任期應根據修改後的行政長官具體產生辦法確定。此外,"可連任一次"應理解為最多只能連任一次,如何界定"一任",《行政長官選舉條例》的界定是獲得中

央政府的任命，因此上述事例中，雖然曾蔭權任期加在一起不足十年，但也是兩任。如果出現非連續當選行政長官時該如何處理法律上並不清楚，假設某人任職一屆後沒有連任隔了五年再去參選，是否允許其參選？更極端一點，他再參選時是否還可以連任一次？目前尚無明確答案。

2. 行政長官的辭職與代理

基本法第 52 條規定，香港特別行政區行政長官如有下列情況之一者必須辭職：（1）因嚴重疾病或其他原因無力履行職務；（2）因兩次拒絕簽署立法會通過的法案而解散立法會，重選的立法會仍以全體議員三分之二多數通過所爭議的原案，而行政長官仍拒絕簽署；（3）因立法會拒絕通過財政預算案或其他重要法案而解散立法會，重選的立法會繼續拒絕通過所爭議的原案。該條款規定在重選的立法會仍堅持所爭議的法案下行政長官必須辭職，體現行政長官與立法會的制衡關係。究其原因在於，解散後重選的立法會仍通過所爭議的原案，説明行政長官不僅在解散前的立法會中得不到多數的議員支持，同時在重選的立法會中亦得不到多數議員的支持。當行政長官得不到立法會的支持，意味著其很難順利開展工作，唯有通過辭職才能解決其與立法機關的矛盾，才能保障管治穩定和有序。

基本法第 53 條規定："香港特別行政區行政長官短期不能履行職務時，由政務司長、財政司長、律政司長依次臨時代理其職務。行政長官缺位時，應在六個月內依本法第四十五條的規定產生新的行政長官。行政長官缺位期間的職務代理，依照上款規定辦理。"行政長官的代理可以分為"短期代理"和"缺位代理"。"短期代理"是指因行政長官出訪、生病、休假等情況被短期代理；"缺位代理"是指因行政長官辭職或者病故等原因產生的職位代理，缺位代理不能超過六個月。

（四）行政長官的職權

行政長官的職權是行政長官的權力，也是必須履行的責任。基本法第 48
條規定了 13 項行政長官職權，可分為以下幾類：[2]

一是行政管理及執法方面的職權。這是行政長官的首要任務和職責，具
體包括：領導香港特別行政區政府；負責執行基本法和依照基本法適用於香港
特別行政區的其他法律；決定政府政策和發佈行政命令；執行中央人民政府就
基本法規定的有關事務發出的指令；代表香港特別行政區政府處理中央授權的
對外事務和其他事務。

二是涉及立法會方面的職權。包括：簽署立法會通過的法案，公佈法
律；簽署立法會通過的財政預算案，將財政預算、決算報中央人民政府備案；
批准向立法會提出有關財政收入或支出的動議；根據安全和重大公共利益的考
慮，決定政府官員或其他負責政府公務的人員是否向立法會或其屬下的委員會
作證和提供證據。

三是人事任免方面的職權。包括：提名並報請中央人民政府任命下列主
要官員：各司司長、副司長，各局局長，廉政專員，審計署署長，警務處處
長，入境事務處處長，海關關長；建議中央人民政府免除上述官員職務；依照
法定程序任免各級法院法官；依照法定程序任免公職人員。

四是其他方面職權。包括：赦免或減輕刑事罪犯的刑罰；處理請願、申
訴事項等。

2　行政長官職權分類按照不同標準有不同分類方法，這裏僅是一種分類方法，並非唯一。

二、行政長官選舉

(一) 基本法及相關規定

行政長官如何產生是香港政治體制的關鍵內容,自《中英聯合聲明》以來就一直是社會關注的焦點。基本法第 45 條規定:

> 香港特別行政區行政長官在當地通過選舉或協商產生,由中央人民政府任命。
>
> 行政長官的產生辦法根據香港特別行政區的實際情況和循序漸進的原則而規定,最終達至由一個有廣泛代表性的提名委員會按民主程序提名後普選產生的目標。
>
> 行政長官產生的具體辦法由附件一《香港特別行政區行政長官的產生辦法》規定。

基本法第 45 條第 1 款的內容源於《中英聯合聲明》第 3 條第 4 款的規定:"行政長官在當地通過選舉或協商產生,由中央人民政府任命。"《中英聯合聲明》和基本法規定的行政長官產生方式有選舉或協商。但實踐中,自第一任行政長官起都是通過選舉方式產生。中央人民政府的任命是實質任命權,是全面管治權的體現。第 2 款所規定的行政長官最終達至普選產生的目標,則在《中英聯合聲明》中沒有規定,因此普選產生行政長官是基本法賦予香港選民的權利。在香港政制發展方面,較《中英聯合聲明》,基本法賦予港人更多的權利。

基本法第 45 條第 3 款與附件一[3]息息相關,附件一是對基本法第 45 條的進一步細化。附件一第 1 條規定,行政長官由一個具有廣泛代表性的選舉委員

3　這裏所指的附件一是指 1990 年基本法通過時的附件一。

會根據本法選出，由中央人民政府任命。相比於基本法，附件一的重點在於明確了選舉委員會的構成、名額、提名、投票等內容。此外，附件一中關於行政長官產生的時間表值得關注。依據附件一，1997 年第一任行政長官按照《全國人民代表大會關於香港特別行政區第一屆政府和立法會產生辦法的決定》由 400 名委員組成的推選委員會推舉產生。2002 年第二任行政長官將由選舉委員會的 800 名委員中不少於 100 名選舉委員會聯合提名，一人一票選舉產生。同時，附件一第 7 條規定，2007 年以後各任行政長官的產生辦法如需修改，須經立法會全體議員三分之二多數通過，行政長官同意，並報全國人民代表大會常務委員會批准。但該條款並未明確"如需修改"由誰來判定是否修改，提交立法會表決的修改議案由誰提出等問題。

基於此，全國人大常委會於 2004 年進行釋法，對有關法律予以明確，以啟動政改。附件一第 7 條在 2004 年 4 月 6 日通過的《全國人民代表大會常務委員會關於〈中華人民共和國香港特別行政區基本法〉附件一第 7 條和附件二第三條的解釋》[4] 中得到進一步明確。"2007 年以後"，含 2007 年，即 2007 年可以修改行政長官的產生辦法。"如需"修改，是指可以進行修改，也可以不進行修改。如果 2007 年以後不修改行政長官的產生辦法，就繼續沿用附件一。並且，全國人大常委會的釋法進一步明確行政長官選舉程序在原有規定的"須經立法會全體議員三分之二多數通過，行政長官同意，並報全國人大常委會批准或者備案"這三項步驟的基礎上，明確另外兩項步驟，即：(1) 就是否需要進行修改，由行政長官向全國人大常委會提出報告；(2) 由全國人大常委會依照基本法第四十五條和第六十八條規定，根據香港的實際情況和循序漸進的原則予以確定。附件一的"三部曲"進一步細化為"五部曲"。同時，修改行政長官產生辦法及立法會法案、議案表決程序的法案及其修正案，應由香港特別行政區政府向立法會提出。

4　《全國人民代表大會常務委員會關於〈中華人民共和國香港特別行政區基本法〉附件一第七條和附件二第三條的解釋》，中國人大網，http://www.npc.gov.cn/wxzl/gongbao/2004-07/23/content_5332218.htm（最後訪問時間：2021 年 2 月 20 日）。

（二）歷次政改方案

2004 年 4 月 6 日全國人大常委會釋法，表明 2007 年可以修改行政長官的產生辦法，但判斷是否需要修改的決定權在全國人大常委會。因為香港特區的政制是由全國人大通過基本法確立的，行政長官產生辦法作為特區政治體制的重要組成部分，是否需要修改和為何修改，理應由中央來判斷和決定。[5] 依照釋法規定，行政長官董建華於 2004 年 4 月 15 日向全國人大常委會提交《關於香港特別行政區 2007 年行政長官和 2008 年立法會產生辦法是否需要修改的報告》，全國人大常委會審議此報告，於 4 月 26 日通過有關問題的決定。由於 2003 年國家安全立法失敗後社會出現分裂，香港各界對於 2007 年以後的行政長官產生辦法仍未達成廣泛的共識，《全國人民代表大會常務委員會關於香港特別行政區 2007 年行政長官和 2008 年立法會產生辦法有關問題的決定》[6]（以下簡稱 2004 年決定）中明確 2007 年香港特別行政區第三任行政長官的選舉，不實行由普選產生的辦法。但不實行由普選產生的辦法，並不意味著不能修改產生辦法，2007 年以後可以對行政長官產生辦法不斷進行修改，以接近普選的目標。因此，全國人大常委會進一步規定，在不能普選的前提下，2007 年香港特別行政區第三任行政長官的具體產生辦法可以作出符合循序漸進原則的適當修改。2004 年決定給特區政制發展留出了空間，自此，香港社會正式步入探索政改方案的階段。

2005 年特區政府公佈《政制發展專責小組第五號報告：2007 年行政長官及 2008 年立法會產生辦法建議方案》[7]，有關行政長官產生辦法的主要內容為選舉委員會委員數目由 800 名增至 1,600 名，區議會議員納入選委會之中，不少

5　王鳳超：《香港政制發展歷程（1843-2015）》，香港：三聯書店（香港）有限公司 2019 年版，第 190 頁。

6　《全國人民代表大會常務委員會關於香港特別行政區 2007 年行政長官和 2008 年立法會產生辦法有關問題的決定》，中國人大網，http://www.npc.gov.cn/zgrdw/npc/bmzz/xianggang/2007-12/07/content_1382461.htm（最後訪問時間：2021 年 2 月 20 日）。

7　〈政制發展專責小組第五號報告：2007 年行政長官及 2008 年立法會產生辦法建議方案〉，香港特區政府政制及內地事務局網站，https://www.cmab.gov.hk/cd/chi/report5/index.htm（最後訪問時間：2021 年 2 月 21 日）。

於 200 名選舉委員會聯合提名。該方案最主要的改革內容是將全體區議員納入選委會，以擴大民意基礎。但由於反對派要求政府的方案要訂立普選時間表，否則不贊同方案。最終，提交立法會表決的票數未達到立法會全體議員三分之二多數通過，政改方案被否決。由於第一次政改方案未通過，根據全國人大常委會的釋法和《決定》，2007 年行政長官產生辦法仍沿用附件一。

　　第二次政改方案啟動於 2007 年，行政長官曾蔭權於 12 月向全國人大常委會提交《關於香港特別行政區政制發展諮詢情況及 2012 年行政長官和立法會產生辦法是否需要修改的報告》，12 月 29 日全國人大常委會作出決定。《全國人民代表大會常務委員會關於香港特別行政區 2012 年行政長官和立法會產生辦法及有關普選問題的決定》[8]（以下簡稱 2007 年決定）規定，2012 年香港特別行政區第四任行政長官的選舉，不實行由普選產生的辦法；2012 年香港特別行政區第四任行政長官的具體產生辦法可以作出適當修改；2017 年香港特別行政區第五任行政長官的選舉可以實行由普選產生的辦法。相比於 2004 年決定，2007 年決定明確了普選的時間表。基於此，特區 2010 年公佈《2012 年行政長官及立法會產生辦法建議方案》[9]，其內容重點為選委會委員數目由 800 人增至 1,200 人，每個界別各為 300 人，不少於 150 名選舉委員會聯合提名。與此同時，與第一次的政改方案相比，2012 年建議方案還明確普選的時間表。而後，經過中央與香港社會的反覆協商，該建議方案最終在立法會通過，行政長官曾蔭權報請全國人大常委會批准《中華人民共和國香港特別行政區基本法附件一香港特別行政區行政長官的產生辦法修正案（草案）》，全國人大常委會表決通過該修正案，第四任行政長官的產生按照《中華人民共和國香港特別行政區基本法附件一香港特別行政區行政長官的產生辦法修正案》進行。

　　第三次政改方案啟動於 2014 年。根據 2007 年全國人大常委會的決定，

8　《全國人民代表大會常務委員會關於香港特別行政區 2012 年行政長官和立法會產生辦法及有關普選問題的決定》，中國人大網，http://www.npc.gov.cn/wxzl/gongbao/2008-02/23/content_1462450.htm（最後訪問時間：2021 年 2 月 22 日）。

9　〈2012 年行政長官及立法會產生辦法建議方案〉，香港特區政府網站，http://www.cmab-cd2012.gov.hk/tc/package/index.htm（最後訪問時間：2021 年 2 月 23 日）。

2017 年香港特別行政區第五任行政長官的選舉可以實行由普選產生的辦法。因此，行政長官梁振英於 2014 年 7 月 15 日向全國人大常委會提交《關於香港特別行政區 2017 年行政長官及 2016 年立法會產生辦法是否需要修改的報告》，全國人大常委會於 8 月 31 日作出決定。《全國人民代表大會常務委員會關於香港特別行政區行政長官普選問題和 2016 年立法會產生辦法的決定》[10]（以下簡稱 8·31 決定）規定，從 2017 年開始，香港特別行政區行政長官選舉可以實行由普選產生的辦法。此外，"8·31 決定"明確提名程序，即須組成一個有廣泛代表性的提名委員會，提名委員會按民主程序提名產生二至三名行政長官候選人；每名候選人獲得提名委員會全體委員半數以上的支持。基於此，2015 年 4 月 22 日，香港特區政府公佈《中華人民共和國香港特別行政區基本法附件一香港特別行政區行政長官的產生辦法修正案（草案）》，進一步明確行政長官普選的內容。其內容主要有以下幾個方面：提名委員會共 1200 人，每個界別分為 300 人；不少於 120 名且不多於 240 名提名委員會委員可以聯合推薦產生一名行政長官參選人；提名委員會以無記名投票方式提名產生二至三名行政長官候選人；每名候選人均須獲得提名委員會全體委員半數以上的支持；合資格選民一人一票選舉。儘管草案說明提名委員會的界別劃分、以及每個界別中何種組織可以產生提名委員會委員及其名額和產生辦法，由香港根據民主、開放的原則制定選舉法加以規定，但香港反對派立法會議員並不接受提名委員會的具體安排，香港社會未能就行政長官普選問題達成共識，致使該草案未能通過立法會的支持。香港的政制發展再次停步。

（三）中央完善行政長官選舉制度

2021 年 3 月 11 日，全國人大通過《全國人民代表大會關於完善香港特別

10　《全國人民代表大會常務委員會關於香港特別行政區行政長官普選問題和 2016 年立法會產生辦法的決定》，中央政府網，http://www.gov.cn/xinwen/2014-08/31/content_2742923.htm（最後訪問時間：2021 年 2 月 25 日）。

行政區選舉制度的決定》[11]（以下簡稱 2021 年決定）。這是 2014 年後香港政制的一次新發展，不同於以往由香港向中央提出的路徑，這次是由全國人大作出決定授權全國人大常委會對基本法附件一和附件二進行修改，再由香港本地立法。這亦是經歷了 2019 年修例風波後中央對香港的第二次重大決定。[12]2021 年決定的核心改革內容在於對選舉委員會進行重新構建並增加賦權。中央完善選舉制度有助於落實愛國者治港原則，強化行政主導制，提高特區的治理效能。

　　2021 年決定指出，為完善香港特別行政區選舉制度，發展適合香港特別行政區實際情況的民主制度，全國人大對行政長官的產生作如下決定：行政長官候選人須獲得選舉委員會不少於 188 名委員聯合提名，且選舉委員會五個界別中每個界別參與提名的委員不少於 15 名。選舉委員會以一人一票無記名投票選出行政長官候任人，行政長官候任人須獲得選舉委員會全體委員過半數支持。2021 年 3 月 30 日，全國人大常委會通過新修訂的《中華人民共和國香港特別行政區基本法附件一香港特別行政區行政長官的產生辦法》，對選舉委員會的組成、劃分、名額及產生方式作出進一步的細化規定。2021 年 5 月 27 日，香港立法會通過《2021 年完善選舉制度（綜合修訂）條例》，該條例根據全國人大的決定以及全國人大常委會新修訂的附件一，對香港本地法例進行相應修訂，進一步落實愛國者治港原則。

表5.1　香港歷任行政長官產生及任內政改一覽表

行政長官	法律依據	產生辦法	任內政改
第一任行政長官（董建華 1997—2002）	《全國人民代表大會關於香港特別行政區第一屆政府和立法會產生辦法的決定》	推選委員會委員 400 名推舉第一任行政長官人選。	尚未啟動。

11　《全國人民代表大會關於完善香港特別行政區選舉制度的決定》，中國人大網，http://www.npc.gov.cn/npc/kgfb/202103/e546427083c944d484fef5482c56f9fb.shtml（最後訪問時間：2021 年 5 月 10 日）。

12　第一次是全國人大授權其常委會制定《香港國安法》，並列入基本法附件三公佈實施。

行政長官	法律依據	產生辦法	任內政改
第二任行政長官（董建華 2002—2005）	基本法附件一《香港特別行政區行政長官的產生辦法》	選舉委員會委員 800 人，不少於 100 人選舉委員會聯合提名，委員一人一票選舉產生。	1. 2004 年 4 月 6 日全國人大常委會釋法，明確政改的五部曲。 2. 2004 年 4 月 15 日行政長官董建華向全國人大常委會提交報告，4 月 26 日全國人大常委會作出決定，可在 2007 年不實行普選的前提下修改行政長官產生辦法。 3. 2005 年公佈《2007 年行政長官及 2008 年立法會產生辦法建議方案》，選委會委員數由 800 名增至 1,600 人，不少於 200 人選舉委員會聯合提名，委員一人一票選舉產生。 4. 政改方案在立法會被否決。
第二任行政長官（曾蔭權 2005—2007）	《全國人民代表大會常務委員會關於〈中華人民共和國香港特別行政區基本法〉第五十三條第二款的解釋》，基本法附件一《香港特別行政區行政長官的產生辦法》		
第三任行政長官（曾蔭權 2007—2012）	基本法附件一《香港特別行政區行政長官的產生辦法》		1. 2007 年 12 月 12 日行政長官曾蔭權向全國人大常委會提交報告，12 月 29 日全國人大常委會作出決定，2012 年香港特別行政區第四任行政長官的具體產生辦法可以作出適當修改；2017 年香港特別行政區第五任行政長官的選舉可以實行由普選產生的辦法。 2. 2010 年公佈《2012 年行政長官及立法會產生辦法建議方案》，選委會委員數目由 800 名增至 1,200 名，每個界別各為 300 人，不少於 150 名選舉委員會聯合提名。 3. 該方案在立法會通過，全國人大常委會表決通過《中華人民共和國香港特別行政區基本法附件一香港特別行政區行政長官的產生辦法修正案》。

行政長官	法律依據	產生辦法	任內政改
第四任行政長官（梁振英 2012—2017）	《中華人民共和國香港特別行政區基本法附件一香港特別行政區行政長官的產生辦法修正案》	選舉委員會共 1,200 人，每個界別各為 300 人，不少於 150 名選舉委員會聯合提名，一人一票選舉產生。	1. 2014 年 7 月 15 日行政長官梁振英向全國人大常委會提交報告，8 月 31 日全國人大常委會作出決定，從 2017 年開始，香港行政長官選舉可以實行由普選產生的辦法；須組成一個有廣泛代表性的提名委員會；提名委員會按民主程序提名產生 2 至 3 名行政長官候選人；候選人獲得提名委員會全體委員半數以上的支持；香港合資格選民一人一票選舉。 2. 2015 年香港政府公佈《中華人民共和國香港特別行政區基本法附件一香港特別行政區行政長官的產生辦法修正案（草案）》，提名委員會委員共 1,200 人；不少於 120 名且不多於 240 名提名委員會委員可以聯合推薦產生一名行政長官參選人；提名委員會，以無記名投票方式提名產生二至三名行政長官候選人；每名候選人均須獲得提名委員會全體委員半數以上的支持；合資格選民一人一票選舉。 3. 政改方案在立法會被否決。
第五任行政長官（林鄭月娥 2017—2022）	《中華人民共和國香港特別行政區基本法附件一香港特別行政區行政長官的產生辦法修正案》		1. 中央主導完善選舉制度。2021 年 3 月 11 日全國人大通過《全國人民代表大會關於完善香港特別行政區選舉制度的決定》。 2. 2021 年 3 月 30 日全國人大常委會通過新修訂的《中華人民共和國香港特別行政區基本法附件一香港特別行政區行政長官的產生辦法》。 3. 2021 年 5 月 27 日立法會通過《2021 年完善選舉制度（綜合修訂）條例》，5 月 31 日刊憲生效。

行政長官	法律依據	產生辦法	任內政改
第六任行政長官（李家超 2022—2027）	《全國人民代表大會關於完善香港特別行政區選舉制度的決定》、《中華人民共和國香港特別行政區基本法附件一香港特別行政區行政長官的產生辦法》（2021 年修訂）	選舉委員會共 1,500 人，不少於 188 名委員聯合提名，每個界別參與提名的委員不少於 15 人；選舉委員會以一人一票選舉投出，行政長官候任人須獲得選舉委員會全體委員過半數支持。	第一界別：工商、金融界 第二界別：專業界 第三界別：基層、勞工和宗教等界 第四界別：立法會議員、地區組織代表等界 第五界別：香港特別行政區全國人大代表、香港特別行政區全國政協委員和有關全國性團體香港成員的代表界 以上五個界別各 300 人。

三、主要官員

（一）主要官員概述

基本法第 61 條規定："香港特別行政區的主要官員由在香港通常居住連續滿十五年並在外國無居留權的香港特別行政區永久性居民中的中國公民擔任。"第 48 條規定："香港特別行政區行政長官行使下列職權：（五）提名並報請中央人民政府任命下列主要官員：各司司長、副司長，各局局長，廉政專員，審計署署長，警務處處長，入境事務處處長，海關關長；建議中央人民政府免除上述官員職務。"第 15 條規定："中央人民政府依照本法第四章的規定任命香港特別行政區行政長官和行政機關的主要官員。"第 104 條規定："香港特別行政區行政長官、主要官員、行政會議成員、立法會議員、各級法院法官和其他司法人員在就職時必須依法宣誓擁護中華人民共和國香港特別行政區基本法，效忠中華人民共和國香港特別行政區。"

從上述條款可以看出，主要官員包括各司司長、副司長，各局局長，廉政專員，審計署署長，警務處處長，入境事務處處長，海關關長，其任免均先經過行政長官提名或建議，再由中央人民政府決定。擔任主要官員必須具備以下條件：(1) 在香港通常居住連續滿十五年；(2) 無外國居留權；(3) 香港特別行政區永久性居民中的中國公民；(4) 擁護中華人民共和國香港特別行政區基本法；(5) 效忠中華人民共和國香港特別行政區。主要官員的任職必須經過下列程序：(1) 行政長官提名；(2) 中央人民政府任命；(3) 宣誓擁護中華人民共和國香港特別行政區基本法，效忠中華人民共和國香港特別行政區。宣誓是對主要官員表達忠誠的法定要求，也是主要官員任職條件的程序化表達。

（二）高官問責制

高官問責制是董建華為提升政府管治能力於 2002 年推行的一項政治體制改革。高官問責制的主要內容包括如下幾個方面：首先是高官的範圍。董建華時期的高官範圍是各司局的最高層官員，包括政務司司長、財政司司長、律政司司長和所有政策局局長。2007 年曾蔭權將問責官員範圍從司局級正職擴展到副職及政治助理。在此值得注意的是，該項制度的高官與基本法規定的主要官員的範圍雖有所重合，但不一致。其次，高官從哪裏來。行政長官可以從公務員隊伍內外物色德才兼備的優秀人才提名報請中央人民政府予以任命，而不必局限在公務員系統內進行選拔。[13] 問責制官員由行政長官領導。再次，高官的身份與責任。高官問責制的核心在於問責，即官員需要為其決策負政治責任。在實行高官問責制之前，官員是公務員制，不必為政策過失負責。而在高官問責制下，為達至問責的目的，司長和局長改為合約聘任制，不再是公務員職位，任期 5 年，不超過將其委任的行政長官任期，這就為高官需要為其決策過失負政治責任提供前提條件。在任期內，他們各自負責由行政長官指定的

13　陳瑞蓮、鄒勇兵：〈香港高官問責制：成效、問題與對策〉，《中國行政管理》2003 年第 11 期。

政策範疇，統領部門工作，制定和解釋政策，爭取立法會和市民大眾的支持，並為政策的成敗直接向行政長官負責，行政長官有需要時可以終止他們的合約。[14] 最後，相應調整公務員的體制。由於政策局局長被納入問責制高官的範圍，不再屬於公務員系統，原本由局長擔任的公務員職位的職級和薪酬福利待遇保持不變，名稱改為"常任秘書長"，擔任連接問責制局長與公務員系統的樞紐角色。概言之，高官問責制根據"政治與行政分開"的理論，使委任官員承擔政治責任，公務員隊伍只承擔行政和管理責任，一方面可以使公務員克守"政治中立"的原則，同時也加強了政府高官的問責性。[15]

高官問責制對香港政治體制的最大改變在於，通過增加官員的問責，消除公務員系統與行政長官之間的隔閡與不協調，使政府形成"行政長官——高官——公務員"的組織架構，提高政府的管治能力。行政長官通過領導行政部門的司長或局長進而領導行政部門，各局局長通過常任秘書長與公務員系統相連接，三者形成有效互動。

四、行政主導制

（一）行政主導還是制衡配合？

行政主導制是對行政與立法關係的描述，圍繞這兩者的關係的描述還有行政立法相互制衡、相互配合。"制衡配合"是基本法草案說明中明確指出的，而行政主導則在後來的官方法律文件和政治文件中被反覆強調，並且逐漸成為目前的主流意見。需要說明的是，無論是行政主導抑或行政立法制衡配合，均未在基本法中直接出現相關字眼。因而要評判行政主導與行政立法制衡

14　〈行政長官介紹問責制方案〉，香港特區政府網站，https://www.info.gov.hk/gia/general/200204/17/0417136.htm（最後訪問日期：2021 年 2 月 5 日）。

15　王曉波、張定淮：〈高官問責制及其對香港政治及行政體制發展的影響〉，《中國行政管理》2002 年第 7 期。

配合哪個更恰當，首先要回到基本法條文本身，要觀察基本法條文本身對於政治體制如何規定，特別是對行政與立法之間的關係如何規定。假如從基本法中根本無法或者很難找到行政主導存在的證據，那麼行政主導就不攻自破。需要說明的是，有關質疑實際上主要圍繞香港政治體制的最大特徵是"行政主導"還是"相互制衡"，對於"相互配合"並無異議。

香港基本法確實有關於行政與立法之間相互制衡的規定，主要體現在某些僵局出現時的處理方面，例如一般的立法僵局、財政預算案和重要法案的立法僵局。如基本法第 49 條規定："香港特別行政區行政長官如認為立法會通過的法案不符合香港特別行政區的整體利益，可在三個月內將法案發回立法會重議，立法會如以不少於全體議員三分之二多數再次通過原案，行政長官必須在一個月內簽署公佈或按本法第五十條的規定處理。"第 50 條規定："香港特別行政區行政長官如拒絕簽署立法會再次通過的法案或立法會拒絕通過政府提出的財政預算案或其他重要法案，經協商仍不能取得一致意見，行政長官可解散立法會。"在僵局時刻，基本法並未單獨賦予行政或者立法絕對權威，而是賦予各自相對的風險權力，無論誰行使權力都可能反過來"傷到"自己。

如果基本法的規定僅限於此，那麼可以說香港政治體制是相互制衡的，但基本法的規定卻遠不止如此：(1) 基本法賦予行政長官顯要的法律地位，使其成為對內對外的最高代表。這表現在行政長官的雙重法律地位，尤其是基本法第 43 條規定香港特別行政區行政長官是香港特別行政區的首長，代表香港特別行政區。(2) 基本法第 48 條給行政長官配置了廣泛的行政權力，相較立法會的權限有明顯優勢。(3) 最重要的是，基本法在日常立法過程中給予行政明顯的優勢和主動地位：其一，限制議員的提案權，涉及政府政策的議員提案要事先獲得行政長官同意，而政府的立法動議權不受限制，即基本法第 74 條規定，"香港特別行政區立法會議員根據本法規定並依照法定程序提出法律草案，凡不涉及公共開支或政治體制或政府運作者，可由立法會議員個別或聯名提出。凡涉及政府政策者，在提出前必須得到行政長官的書面同意"；其二，政府提案有優先獲得審議的權力，即基本法第 72 條規定，"香港特別行政區立法會主席行使下列職權：（二）決定議程，政府提出的議案須優先列入議程"；其三，政府提案受特殊投票程序的保護。基本法附件二（2021 年修訂前）第 2 條載明，"政府提出的法案，如獲得出席會議的全體議員的過半數票，即為通過。立法會議員個人提出的議案、法案和對政府法案的修正案均須分別經功能團體選舉產生的議員和分區直接選舉、選舉委員會選舉產生的議員兩部分出席會議議員各過半數通過"；其四，根據基本法第 50 條，行政長官對立法會通過的法案有相對否決權。基本法的上述配置使行政權獲得了明顯的優勢和主導地位。相比之下，相互制衡僅體現在特殊時刻，而非日常政治。[16]

　　或許有人會認為，政府需要向立法會負責，這也是一種制衡，但是這種"負責"並不是議會內閣制那種"負責"。在香港特區，行政長官並非由立法會產生，其對立法會負責僅是指執行法律、做施政報告、接受質詢，並不需要承擔政治責任。立法會無權罷免行政長官，只有在行政長官有嚴重違法或者瀆職行為的時候，立法會才能啟動彈劾程序，但最終的決定權在中央政府。在香港特區的政治體制安排中，行政長官相較立法會有結構性的優勢地位，即使立法會有某些制衡手段，也無法與行政長官達到一種勢均力敵的均衡狀態。因而，在基本法中，行政主導制是鮮明體現的。基本法中雖未出現"行政主導"的字眼，但是其制度配置已經鮮明地體現了行政主導的特徵和要求。

（二）行政主導制的期望與現實的差距及原因

　　制度期望實現的效果和制度在現實中所達到的效果是兩個不同層面的問題。[17]基本法設計了行政主導制，期望達到的效果是行政長官在特區政治生活中起主要作用；[18]然而，期望與現實往往存在差距。行政主導制期望建立管治

16　關於行政權的優勢學界已經頗多論述，限於篇幅不再贅述。可參見蕭蔚雲、許崇德、王叔文三位權威的論述，以及程潔：〈香港憲制發展與行政主導制〉，《法學》2009 年第 1 期；郝建臻：《香港特別行政區行政與立法的關係》，法律出版社 2011 年版；等等。

17　對此陳祖為教授有很好的論述，參見陳祖為：〈解釋基本法護法轉調　行政主導並非基本法立法原意〉，《明報》2004 年 6 月 28 日。

18　蕭蔚雲：《論香港基本法》，北京大學出版社 2003 年版，第 829 頁。

能力強、政治威望高的政府，期望行政長官成為強勢的領導者，樹立行政權威，但在現實中相當一段時間內，政府屢屢遭遇管治危機，行政長官民望不高，行政權威樹立困難，行政主導"有名無實"。由紙面上權力通向現實中權威的道路上，困難也是多種多樣的。正如劉兆佳教授所言："憲制背後的立法原意與實際情況往往南轅北轍。憲制設想與政治現實之所以脫節，原因極為複雜。"[19] 在本任行政長官之前，行政無法主導的原因可以歸結為以下方面：

第一，在制度配置方面，基本法有兩個制度配置在客觀上不利於行政主導。其一，行政長官產生的民主認受性低於立法會。立法會主要由分區直選和功能界別平分選舉名額產生；[20] 行政長官則是由選舉委員會選舉產生。立法會選舉雖然並非完全民主，但是有一半議員由直選產生，其民主認受性顯然比行政長官更高，行政長官在他們面前也往往缺少底氣。其二，行政長官在立法會中沒有穩定盟友支持。反對派以反對政府為己任，建制派也並非時時處處與政府保持一致，除了在重大政治議題上，建制派看在中央面子上與香港政府保持一致外，在經濟和民生問題上，建制派也是以各自代表的階級和界別利益為依歸的。[21] 正如新民黨主席葉劉淑儀所說，"政府完全沒有立法會議員的固定支持，每次推行政策都需要逐次遊說政黨，所花的資源較其它成熟民主政體多得不成比例"。[22]

第二，在政治環境方面，政治環境的巨大變化也導致行政權威無法樹立。港英當局時期，香港並無民主，當時香港民眾對政府的威權統治持一種默認態度。普通民眾的主要價值理念是奮鬥，通過奮鬥實現富裕、邁向中產階層或者精英階層，港英政府並沒有來自民主訴求的直接壓力。回歸前後情況卻大有不同，彭定康政改過早地點燃了民眾的民主熱情，基本法設計了循序漸進的

19　劉兆佳：〈行政主導的政治體制設想與現實〉，載劉兆佳主編：《香港 21 世紀藍圖》，香港：香港中文大學出版社 2000 年版，第 1 頁。

20　前兩屆立法會尚有部分議員是由選舉委員會產生的。

21　張定淮：《面向二零零七年的香港政治發展》，香港：大公報出版有限公司 2007 年版，第 52 頁。

22　此語為新民黨政策研究主任李煜明轉述，參見〈中評論壇：香港政黨政治發展及其影響〉，中國評論新聞網，http://hk.crntt.com/doc/1020/9/9/9/102099997.html?coluid=7&kindid=0&docid=102099997（最後訪問時間：2021 年 2 月 6 日）。

民主發展模式，但是過早被點燃的民主熱情卻呈井噴狀爆發，似乎多年沒有當家作主的激情需要立刻釋放，需要馬上實現全面民主。民眾的政治意識空前暴漲，甚至達到了非理性的狀態，民粹主義抬頭。新的政治環境之下，民情與民意扮演愈來愈具有影響力的角色。[23] 更為可怕的是，民眾中仍然有比較強烈的反內地、反中央政府的情緒，他們視行政長官為中央政府的代言人，將其作為不滿情緒的發洩對象。

　　第三，在權力行使方面，權力都有天然的擴張性，不論是行政權還是立法權都是如此，否則就不會產生"民主的暴政"，甚至以被動著稱的司法權有時也會擴張。立法權和司法權的擴張必然給行政主導效果的實現帶來較大困難。回歸之後，不論是立法權還是司法權都有過擴張的情形。立法會經驗性地確立了對政府官員的"不信任"投票表決規則。[24] 雖然這種議案的通過並無法律效力，但是卻會實實在在地給政府帶來輿論和政治壓力。立法會還通過擴大理解基本法而獲得調查權。司法權在回歸後也有過擴張的情形，但是這種擴張並非是類似於立法會自我加權，而是一種對司法保守主義的突破，是一種激進態度或者掙脫情緒。[25] 司法的傾向能直接影響政府行為，而政府行為一旦與司法相悖，便會承受巨大壓力，這顯然對行政主導效果實現大為不利。

　　第四，在管理體制方面，成熟的公務員體制是香港成功的重要經驗。公務員遵守政治中立原則，並且有法制原則作為保證，運行高效，清廉公正，一直為人稱讚。但回歸之後，行政長官與公務員之間的有效鏈接成了問題。高級公務員有制定政策的權力，卻不需要向行政長官負責，導致行政長官幾乎成了"光杆司令"，這必然影響行政主導的建立。為了改變這種情況，董建華推出高官問責制，這對於行政長官調動公務員系統有良好作用。2007 年，曾蔭權將問責官員從司局級正職擴展到副職及政治助理。[26] 但是如何通過高官問責制

23　劉兆佳：〈行政主導的政治體制設想與現實〉，載劉兆佳主編：《香港 21 世紀藍圖》，香港：香港中文大學出版社 2000 年版，第 3 頁。

24　實踐中，立法會議員對梁愛詩、梁錦松、曾蔭權、陳茂波、吳克儉提起的"不信任"動議比較有影響力，但這些動議最終都被否決。

25　曹旭東：〈博弈、掙脫與民意——從"雙非"風波回望莊豐源案〉，《政治與法律》2012 年第 6 期。

26　每個決策局的正副職及政治助理皆為 1 位。

提供的職位資源組建一個既團結統一、運轉高效，又能將立法會中的各政黨盡可能整合進來的團隊，並非易事。

第五，從行政長官自身表現方面看，即便基本法給予行政長官及政府的權力是一把"利劍"，也需要使用得好才能披荊斬棘，而能否用好這把"利劍"關鍵還是要看行政長官的表現。這個表現是多方面的，至少包括施政策略的科學性、危機意識和處理能力，良好的政治技巧、溝通能力，清正廉潔公正親民的形象等等，而這些都對行政長官個人的領導能力和素質要求極高。對於政治人才匱乏的香港而言，這也是個不小的挑戰。

（三）讓行政真正能夠主導的對策和努力

分析原因是為了更好地找出對策並解決問題。上述原因可以分為制度性原因和非制度性原因，因而其對策也應該包括制度性對策和非制度性對策。但不論制度性對策還是非制度性對策，都是指行政長官及其團隊應該做什麼，或者中央應該做什麼，而不是立法會應該做什麼、終審法院應該做什麼或者香港民眾和媒體應該做什麼。

1. 非制度性對策

一是行政長官及政府自身的提升。要樹立權威首先要從自身做起，行政長官作為特區首長要嚴於律己、公正廉潔。所謂"上樑不正下樑歪"，行政長官的個人形象有重要的示範效應。另外，行政長官要注重提升個人的領導能力和全面素質，特別是與民眾、媒體、政治盟友溝通的能力和技巧。行政長官及其管治團隊應該在決策的科學性、決策的執行力、危機意識和處理能力方面下功夫。總體來講，行政長官個人及其團隊能力的提升並非是制度可以控制的，需要的是行政長官及其團隊的自覺和努力。這也是化解民眾不信任政府情緒的最好辦法。

二是加強與立法、司法的溝通。立法與司法的擴權是很難通過制度設置加以阻止的。面對這個問題，行政長官及其團隊自己所能做的事情只能是加強與立法會的溝通，及時瞭解立法會動向，採取一些策略性的應對措施。對於司法激進主義情緒，行政長官及其團隊應以容忍為主，畢竟司法的威望在香港還是最高的，不可輕易挑戰，但同時政府在案件中應該清晰闡明自己的立場和理由。從目前的情況看，終審法院的傾向是中立、理性、尊重基本法精神的，[27]這對於政府施政來説是好現象。

2. 制度性對策

行政主導未能實現的制度性原因有兩個。其一，選舉制度調整之前，行政長官由選舉委員會產生，而其民意基礎不足、認受性不夠，沒有足夠的服眾權威，這是民眾或者政治組織對抗政府時經常打的一張牌。其二，行政長官無法在立法會中獲得足夠的、穩定的支持，這是最直接、最重要的原因。破解這兩個難題需要減少行政長官的惡意政治壓力，同時使行政長官在立法會中獲得多數的、穩定的支持。2021 年完善選舉制度之後，這兩方面均已實現，一方面落實愛國者治港原則，在立法會中排除反對派，大大減少了對行政長官的惡意攻擊；另一方面通過選舉委員會的制度安排，令行政長官和立法會建立了較強的共同的民意基礎，增加了立法會對行政長官支持的穩定性。可以説，掣肘行政主導的制度性難題已然破解，剩下的就看行政長官的執政績效了。

五、公務員

（一）香港公務員概述

香港特區的公務員制度是從港英政府時期沿襲下來的，回歸後保留了原

27　參見曹旭東：〈香港特區終審法院基本法審查的司法哲學（1997-2017）〉，《法學評論》2020 年第 3 期。

有基本制度，總體變化不大。這樣的安排一方面是為了回歸時政權順利過渡、安定民心，以及充分體現《中英聯合聲明》附件一的精神，另一方面是因為這些基本制度在香港的管治歷史中行之有效，保留它們有利於香港本地的管治效能。香港的公務員制度不同於內地的公務員制度，體現了"一個國家、兩種制度"下中央對香港特區的特殊法律定位。

　　基本法第四章第六節專門規定了關於公務人員的內容。第 99 條規定，在香港特別行政區政府各部門任職的公務人員必須是"香港特別行政區永久性居民"，但同時規定了兩個例外：一是第 101 條指出的原香港公務人員中的或者持有香港特別行政區永久性居民身份證的外籍人士擔任政府部門的各級公務人員，以及香港特區政府聘請的外籍顧問；二是法律規定某一職級以下者。前一種例外在《中英聯合聲明》附件一中已經作出規定，後一種例外則是香港人士的要求，他們認為香港回歸後的一段時間內需要某些低職級的人員，以適應香港的實際情況，而不能作出絕對的限制。[28]

（二）香港公務員的遴選、管理和宣誓制度

　　基本法第 103 條規定，公務人員應當根據其本人的資格、經驗和才能予以任用和提升，香港原有關於公務人員的招聘、僱用、考核、紀律和培訓和管理的制度，包括負責公務人員的任用、薪金、服務條件的專門機構，除有關給予外籍人員特權待遇的規定外，予以保留。香港特區公務員從職系上劃分，可以大致分為一般性和職業性。香港公務員具有不同的職系。由港英時代起，公務員的三大一般職系（General Grades）架構保留至今，即：文書主任（Clerical Officer，簡稱 CO）、行政主任（Executive Officer，簡稱 EO）和政務主任（Administrative Officer，簡稱 AO）。一般職系類似於通常理解中的"通才"，可按需要調往不同部門，即"跨部門工作"，這與部門職系（Departmental

---

28　蕭蔚雲：《論香港基本法》，北京：北京大學出版社 2003 年版，第 165 頁。

Grades）或專業職系（Professional Grades）有明顯區別。後兩者的區別在於：屬與部門職系的工作只限於某部門，例如：海事主任只在海事處工作，而評稅主任、稅務督察等只在稅務局工作；至於工程師等，則屬於專業職系。另外，警隊、入境處、海關、懲教署等各紀律部隊，均有其各自職系。一般而言，政務官在公務員體系中的地位是至關重要的。他們雖然在香港公務員群體中佔比不高，但是他們需要處理的事務包括協調和制定政府政策、監督政策和計劃的執行，以及把控有關資源的運用。

關於公務員的招聘制度，新入職的公務員，過往一直是按長俸聘用條款受聘，他們須經過為期兩年的試用期。為達至在公務員聘任制度引入更大靈活性的目標，香港特區政府於 2000 年 6 月 1 日起為新入職公務員實施新入職制度及一套新的聘用條款和服務條件。在新入職制度下，大多數公務員最先會按試用條款或合約條款受聘一段指定的觀察期。若該人員符合職系的有關準則及要求，方可獲考慮按當時適用的長期聘用條款受聘。個別公務員職系可為新入職人員制訂招聘政策和採用不同的入職制度，例如不同觀察期及聘用條款，以配合他們的管理需要或運作需求。部門和職系管理層會負責對試用人員及合約人員嚴加監察和管理，觀察他們的表現、能力、潛質和品行，並切實執行勝任工作的標準。管理層會採取嚴格的標準，以確保只有在各方面都獲確認為適合的人員，才可按長期聘用條款受聘，而不適合的人員則不會獲得續聘。[29]

香港公務員的提升制度通常叫晉陞制度。公務員若要得到相應的晉陞，必須首先滿足以下四個條件：（1）行為良好；（2）能力足夠；（3）經驗豐富；（4）學歷相稱。晉陞的具體過程會根據公務員的職級不同而有所差異，但是有一個總原則是不變的：香港政府晉陞一名公務員，必須是按照規定的原則和程序辦理的，在制度上盡可能杜絕徇私舞弊的行為。

香港政府的公務員事務局，是香港公務員的管理機構，它負責公務員的編制、任免、晉陞、訓練、獎懲及日常的人士管理，並負責公務員的工資和福

29　參見香港特區公務員事務局網站，https://www.csb.gov.hk/。

利標準的擬定等。它分為三個部門：（1）任用事務部門；（2）人事管理部門；（3）薪俸及服務條件部門。公務員事務局的首要目標，就是建立一支高效的公務員隊伍，保障政府有足夠的公務員，從而使得特區政府能夠積極應對公眾的各種訴求，履行對公眾的責任。在公務員事務局之外，還有若干機構在負責諮詢、協商事宜，比如公務員敘用委員會。它是一個獨立於公務員事務局以外的法定組織。

按照基本法第 100 條的規定，回歸前在香港政府各部門，包括警察部門任職的公務人員，均可留用。而且他們的年資將得以保留，薪金、津貼、福利待遇和服務條件不低於原來的標準。可見，中央對香港回歸後的安排是基於香港的歷史和現實來進行周詳考慮的。香港特區雖然保有回歸前的公務員制度，但是根據基本法第 103 條的規定，原先對於外籍人員的特權待遇，在回歸後不予以保留。這個安排是為了在公務員隊伍中保持公平公正的管理態度。

關於公務員的退休制度。從 2000 年開始，香港開始了公務員體制改革，其中一項就是推行公務員公積金計畫的退休福利制度。作為在 2000 年 6 月 1 日或之後以新一套聘任條款及服務條件獲發聘書、並其後獲得長期聘用的人員的退休福利，公務員公積金計畫取代了長俸制度。[30]

香港特區公務員有其特定的紀律制度。2024 年 6 月 7 日，公務員事務局頒佈最新版本的《公務員守則》，對公務員必須履行的職責進行了詳盡規定。《公務員守則》全文圍繞維護國家安全為主旨，以落實"愛國者治港"為基調，強調十二項基本信念，即維護憲制秩序及國家安全、以民為本、熱心公共服務、盡忠職守、堅守法治、廉潔公正、政治中立、專業精神、團隊精神、效益為本、績效問責以及保密原則。近年來，社會上對公務員所需遵守的"政治中立"概念存在爭議，有的觀點認為需以"政治忠誠"取代"政治中立"，公務員事務局在最新頒佈的《公務員守則》中仍保留"政治中立"的概念，但強調"政治中立"必須以效忠國家和香港特區為前提，而且必須對在任政府及國家

30　參見香港特區公務員事務局網站，https://www.csb.gov.hk/。

完全忠誠。需要注意的是，公務員在工作上必須做到公正無私、不偏不倚，但同時不能漠視當前的政治形勢，否則有失職的嫌疑。也就是說，公務員不能把"政治中立"作為擋箭牌，來迴避政治干預或者反駁其他部門關於政策決策的質疑。[31]

　　基本法第 99 條規定，公務人員必須盡忠職守，對香港特別行政區政府負責。第 104 條規定，香港的特別行政區行政長官、主要官員、行政會議成員、立法會議員、各級法院法官和其他司法人員在就職時必須依法宣誓擁護基本法和效忠中華人民共和國香港特別行政區。在此基礎上，《香港國安法》規定，香港特區居民在參選或者就任公職時應當依法簽署文件確認或者宣誓擁護基本法，效忠中國人民共和國香港特別行政區。這意味著擁護和效忠義務的主體擴展到了所有公職人員。在香港本地，《宣誓及聲明條例》詳細規定了行政長官、主要官員、行政會議成員、立法會和區議會議員、司法人員的宣誓內容。通過宣誓和簽署聲明的方式，公務人員從主觀上進一步明確了自己肩負公職的倫理責任和法律責任。[32] 從實踐來看，宣誓義務能夠加強公務員對公職身份所帶來的期望和責任的認知，切實維護和推廣公務員隊伍應有的核心價值觀，並確保特區政府實現有效管治。

六、香港特別行政區的法定機構

（一）法定機構的定義與現狀

　　法定機構（Statutory Authority），在香港有時亦被稱為"法定組織"（Statutory Body），二者含義基本相同，只是不同應用場景下側重點有別。

　　關於特區的"法定機構"，不同學者給出了不盡相同的定義。在不同定義

31　Wilson Wong, *The Civil Service* (Hong Kong University Press, 2012), pp. 94-95.

32　王叔文：《香港特別行政區基本法導論（第三版）》，北京：中共中央黨校出版社 2006 年版，第 264 頁。

下，"法定組織"範圍亦有不同。因此，在不同統計標準下，"法定機構"的數量也不相同。例如：張楠迪揚認為，法定機構是根據專屬法例成立或定性，受專屬法例約束，依法承擔公共事務管理或服務，獨立於政府運作的法人團體。"一機構一法例"是法定機構的本質特點。據此，他統計截至 2016 年 4 月，香港共有 358 家法定機構。[33] 孫文彬認為，法定機構準確表述應為"公營架構內的法定組織"，是指政府通過專項立法而設置的承擔公共事務管理、監察等職能，實現治理多元化的公營機構。他直接採納當時的特區政府民政事務局對諮詢及法定組織的數量統計，即截止到 2015 年 4 月 30 日，香港共有 258 家法定機構。[34]

上述第一種定義較為寬泛，第二種定義較為狹窄。我們認為，應從較為寬泛的意義上理解法定機構。法定機構是指依據法例的規定設立，承擔公共管理或服務職能的法人團體。從功能上看，法定機構主要屬於行政領域，但也可能屬於立法及司法領域，如立法會行政管理委員會、司法人員推薦委員會等。[35] 在政府序列內的機構，亦有可能因依專門法例成立而具有法定機構的地位。如公務員敘用委員會、申訴專員公署等。另外，絕大部分法定機構並非處於政府體系內，其僱員並非公務員。

歷年的香港特區年報中均有"諮詢組織和法定組織 / 機構"一節，在 2021 年及以前的年報中將之置於"政制與行政"一章中，2022 年年報則置於"民政及青年事務"一章中，一定程度上可反映出政府對其定位與心態的變化。但無論中文表述為何，年報的英文版本中皆譯為"Statutory Body"。2022 年年報中稱，約有 5,800 名公眾人士在全港約 520 個諮詢及法定組織服務。諮詢組織的工作範疇各有不同，有些專責處理某一行業的事務（例如漁農業諮詢委員會），有些則負責就政府某方面的政策提供意見（例如交通諮詢委

33　張楠迪揚：〈香港法定機構再審視：以內地政府職能轉移為視角〉，《港澳研究》2016 年第 2 期，第 83 頁。

34　孫文彬：〈香港法定機構的運作、監管及啟示〉，《港澳研究》2016 年第 1 期，第 83-84 頁。

35　鑒於行政領域的法定機構佔主要部分，本部分內容也主要討論該部分法定機構。

員會）。[36] 其合法性在基本法第 65 條和第 97 條中得到確認。而法定組織（例如醫院管理局），則獲賦予法定權力和責任，根據有關法例履行特定的職能。[37] 不過，在基本法正文中，並無直接涉及 "法定機構" 或 "法定組織" 的內容。2021 年修訂的基本法附件一中，則出現了 "法定機構" 的提法。

需指出的是，諮詢組織與法定組織是交叉關係。諮詢組織可能由於依法例成立等原因而具備法定組織的屬性，也可能並非法定組織。同樣，法定組織也並非都是諮詢組織。

（二）法定機構的特點

1. 法定性

前已述及，法定機構是依專屬法例成立的。通常法例規定法定機構的性質、權責範圍、人事任免、財政制度、監督機制等。[38] 例如，香港中文大學作為香港的一間法定機構，是依《香港中文大學條例》（香港法例第 1109 章）成立的。但是需要注意的是，"一機構一法例" 並不意味著每個機構均有類似大學條例這種專屬法例加以規定，而是每個機構都有對應的某部法例的相關內容。

2. 獨立性

大部分法定機構都是獨立於政府序列之外的。即便列入政府組織架構的法定組織，在根據法例執行其職能時，亦不受政府干預。這有利於政府的政策得到客觀、公正的執行，從而維護法定機構乃至政府的公信力。例如，獨立監察警方處理投訴委員會（監警會）是根據《獨立監察警方處理投訴委員會條例》

36　參見香港特區 2022 年年報第七章 "諮詢及法定組織" 部分，https://www.yearbook.gov.hk/2022/sc/。

37　參見香港特區 2022 年年報第七章 "諮詢及法定組織" 部分，https://www.yearbook.gov.hk/2022/sc/。

38　張楠迪揚：〈香港法定機構再審視：以內地政府職能轉移為視角〉，《港澳研究》2016 年第 2 期，第 83 頁。

（香港法例第 604 章）成立的，其職能是觀察、監察和覆檢警務處處長就須彙報投訴的處理和調查工作。來自各界別的委員全部由行政長官委任，獨立、公正、透徹地監察投訴警察課的調查工作。根據法例，警隊有法定責任遵從監警會根據條例所提出的要求。[39]

3. 靈活性

自港英時代起，香港的公共行政一直奉行著"小政府"的理念。但是，隨著 1980 年代香港的經濟騰飛、社會形態越發多元，也產生了政府對各領域施以有效規管的客觀需要。當時"新公共管理運動"的浪潮，推動著各國家和地區政府提高治理效能，靈活應對問題。因而包括英國在內的許多國家和地區都採取了將政府權力下放給市場和社會組織的做法。[40]這一做法有利於避免政府規模過大，也有利於政府更加靈活自如地處理有關事務。除了政府資助外，大量法定機構亦依靠遵循市場化規則的自主營運取得經營性收入、投資收入等。從一些法定機構的組織架構和職務設置上也能印證這一特點，表現為法定機構通常會設有董事局、行政總裁等類似職務。

4. 專業性

由於各法定機構的職能涉及到不同的具體領域，這就使法定機構較之於政府具有了更強的專業性。這就有利於在不增加政府部門和人手的情況下，通過法定機構對社會各領域進行有效規管。事實上，在法定機構中任職的人士，也以各領域中的專業人士為主。例如，機場管理局受《機場管理局條例》（香港法例第 483 章）規管，專責運營發展香港國際機場。其管理層人員基本為與機場運營各方面相關的專業人士。

39　參見香港特區獨立監察警方處理投訴委員會網站，https://www.ipcc.gov.hk/tc/about_us/about_ipcc.html（最後訪問時間：2022 年 12 月 4 日）。

40　孫文彬：〈香港法定機構的運作、監管及啟示〉，《港澳研究》2016 年第 1 期，第 84 頁。

（三）法定機構的類別與職能

關於法定機構的分類，有許多不同標準。譬如，可以從職能上進行劃分，也可以從資金來源進行劃分，還有的學者從行業、專業角度進行劃分。下述分類標準僅是其中一種。

根據時任特區政府民政事務局 2003 年 4 月的一份文件[41]，將諮詢及法定機構劃分為以下幾類（已根據現時情況調整）：

1. 諮詢委員會

就特定範疇和事宜，持續向政府提供有關資料信息和專業方面的意見，以及／或就政府制定政策的工作或所提供的服務，提出意見。例如私營醫療機構規管標準諮詢委員會。

2. 非政府部門的公共機構

這些公共機構非商業機構，負責為市民提供服務。他們獨立於政府，不屬於政府部門或機構，但卻在政府的運作上執行特定的職能。例如醫院管理局。

3. 規管委員會

規管委員會可分為三類，即註冊委員會、牌照委員會和督導委員會。註冊委員會負責批准新成員註冊加入有關專業或行業，藉以監管該專業或行業。例如，土地測量師的註冊事宜便由土地測量師註冊委員會規管。至於牌照委員會，則負責規管處所或設備作指定用途的發牌事宜，例如酒牌局負責向酒吧、餐廳及其他處所發出酒牌。督導委員會負責規管特定的活動，例如選舉管理委員會負責督導和監管香港的公眾選舉事務。

41　《公營架構內的諮詢及法定組織──角色及職能檢討》，立法會 CB(2)1713/02-03(01) 號文件，2003 年 4 月。

4. 上訴委員會

上訴委員會一般負責就上訴個案作出裁決，具有半司法職能。有關例子包括香港太平洋戰爭紀念撫恤金上訴委員會，以及牌照上訴委員會。

5. 信託委員會

信託委員會是指為指定受益人的利益或特定目的而持有和管控財產的組織。例子包括尤德爵士紀念基金信託委員會，以及李寶椿慈善信託基金委員會。

6. 公營公司

公營公司是依法成立的商業實體，負責提供貨品或服務。它們通常是經由政府某部門把資產轉移至一間公司而成立的，九廣鐵路便是其中一個例子。

7. 其他的委員會

其他的委員會是指那些未能歸入上述任何類別的委員會，例如受教資會資助大學的校董會。

（四）法定機構的監督與規管

法定機構雖有其獨立性，但依然受到各方面的監督、規管，這亦是法定機構能夠保持高效廉潔運轉的關鍵。一方面，這是因為法定機構向社會提供公共管理與服務，承擔著一些政府職能，關涉公共利益；另一方面，前已述及，相當數量的法定機構接受了來自政府的資助。因此，對法定機構的監督與規管是十分必要的。綜合有關學者觀點，對法定機構的監督與規管主要有以下幾方面：

第一，立法規管。在各法定機構的專屬性法例中，已經訂明政府下放的權力及規管方式。一般來說法例中會包括規定機構的職能、權力、治理架構、資源的獲取與運用、問責的形式與要求等,在機構運作中,也會修訂法例以逐步完善。至於進行商業營運的機構,法例亦會提出營運目標、原則。[42] 例如,《九廣鐵路公司條例》(香港法例第 372 章)第 12 (1) 條規定,公司須按審慎商業原則經營其業務,並須盡量確保其收入以跨年計算至少足以應付其開支。[43]

第二,人事規管。其一是人事任免,對法定機構中的某些關鍵職務,如董事局主席、成員、行政總裁等,政府有權任免,以確保法定機構能按照法例中規定的宗旨和目標維持專業、公平的運轉。其二是利益申報,最晚於 2003 年,香港幾乎所有的法定機構都設立了利益申報機制。申報內容通常包括金錢利益及非金錢利益。金錢利益包括是否與該機構有業務往來,是否在有關機構擔任受薪職位,是否大量持有關股份,相關物業、土地等;非金錢利益包括是否出任有關機構非受薪職位等。[44]

第三,行政機關的審批、檢查、指令。其一,法定機構的年度工作計劃、收支預算、收費標準等重要事項,都需要向政府彙報並得到批准後才能實施;其二,政府中的有權人士擁有進入及視察法定機構之權力,亦可要求法定機構提交相關資料、查閱法定機構的記錄及帳目等;另外,法例還賦予行政長官依其行政職權基於公眾利益而發出指示的干預權力。[45]

第四,立法會等專門機構的監督。作為"公營機構",法定機構須按照法例接受廉政公署、申訴專員公署和審計署的監督和調查。同時,對於特定法定機構,立法會將審閱其年度報告、審批財政預算、審批法定機構提出的附屬法例、要求安排公眾聽證會、向負有規管職責的政府部門提出質詢等。[46]

42　孫文彬:〈香港法定機構的運作、監管及啟示〉,《港澳研究》2016 年第 1 期,第 87-88 頁。

43　《九廣鐵路公司條例》(香港法例第 372 章)第 12 (1) 條。

44　張楠迪揚:〈香港法定機構再審視:以內地政府職能轉移為視角〉,《港澳研究》2016 年第 2 期,第 89 頁。

45　孫文彬:〈香港法定機構的運作、監管及啟示〉,《港澳研究》2016 年第 1 期,第 88 頁。

46　孫文彬:〈香港法定機構的運作、監管及啟示〉,《港澳研究》2016 年第 1 期,第 89 頁。

　　第五，傳媒、政團、專業團體等的社會監督。香港傳媒業發達，在監督公營機構方面起到了重要作用。例如，機場管理局 2018 年起採用了人臉識別技術，引起了關於個人私隱資料洩露的公眾憂慮，多家媒體跟進報道，從而促進了局方的重視，並表態用作識別身份的數據只儲存在機場內的伺服器，並將在旅客乘搭航班離港七天後從系統中自動刪除。[47]

47　〈人臉辨識登機系統被指第三方可取資料　機管局：嚴謹監察〉，東網，https://hk.on.cc/hk/bkn/cnt/news/20210224/bkn-20210224225923104-0224_00822_001.html（最後訪問時間：2022 年 12 月 4 日）。

第五章

香港特別行政區的立法

曹旭東、黃明濤

曹旭東，中山大學粵港澳發展研究院副院長、教授

黃明濤，武漢大學法學院教授

一、立法會概述

　　香港特別行政區立法會是香港特別行政區的立法機關。立法會原則上由在外國無居留權的香港特別行政區永久性居民中的中國公民組成，即，通常來看，國籍要求是立法機關成員的基本要求；但在"一國兩制"之下，基本法允許立法會中不超過百分之二十的議員可以是非中國籍的香港特別行政區永久性居民和在外國有居留權的香港特別行政區永久性居民。允許非中國籍或有外國居留權的議席屬於功能界別部分，具體是哪些界別則由《立法會條例》進行規定。

　　立法會由選舉產生。但需要注意的是，選舉的方式有多樣性，包括分區直選，功能界別選舉或者選舉委員會選舉等，不同選舉方式可以產生多少議席是變化發展的。不同選舉方式的分配也影響了法案、議案的表決方式。立法會產生的具體辦法和法案、議案的表決程序由附件二《香港特別行政區立法會的產生辦法和表決程序》規定。基本法第 68 條第 2 款規定："立法會的產生辦法根據香港特別行政區的實際情況和循序漸進的原則而規定，最終達至全部議員

由普選產生的目標。"這是所謂"雙普選"目標的基本法依據之一，另一個依據是基本法 45 條所規定的行政長官普選的目標。與行政長官選舉制度改革一樣，立法會選舉制度改革也頗為複雜，下一部分詳述。

立法會除第一屆任期為兩年外，每屆任期四年。如果立法會被行政長官依據基本法規定解散，須於三個月內重新選舉產生，但實踐中尚未有此種情況發生。立法會選舉產生議員後，內部還將通過互選產生立法會主席。基本法要求立法會主席由年滿四十週歲，在香港通常居住連續滿 20 年並在外國無居留權的香港特別行政區永久性居民中的中國公民擔任。立法會主席的職權包括：主持會議；決定議程（政府提出的議案須優先列入議程）；決定開會時間；在休會期間可召開特別會議；應行政長官的要求召開緊急會議；立法會議事規則所規定的其他職權。

作為立法機關，立法會最主要的權力和職責是制定法律。除此之外還有若干重要權力，如批准預算、質詢政府等。這些權力均源自於其民意代表機構的屬性。

二、立法會選舉制度的發展

（一）臨時立法會

1990 年 1 月 18 日至 2 月 20 日，中英外交部長通過七份外交信件的交換確立了回歸後立法會"直通車"方案。根據該方案，港英立法局的最後一屆議員將在回歸後直接過渡到特別行政區立法會，這有利於立法機構的順利交接。然而，由於英國單方面推出政治改革，加大了立法局的直選成分，違背了中英磋商達成的立法會平穩過渡方案，導致直通車方案無法實行。中央方面決定另起爐灶，取消直通車方案，取而代之的是臨時立法會。

1996 年 3 月 24 日，全國人大香港特別行政區籌備委員會通過設立臨時立法會的決定，規定臨時立法會在行政長官產生後組成並開始工作，議員由第一屆政府推選委員會的四百名委員選舉產生，任期至 1998 年 6 月 30 日。

（二）第一次政改

修改之前的基本法附件二明確規定了前三屆立法會的產生方式，也就意味著 2008 年之後立法會如何產生是需要重新討論的。有關討論從 2004 年開始。根據 2004 年 4 月 6 日全國人大常委會的釋法，2007 年後可以修改立法會的產生辦法，但判斷是否需要修改的決定權在全國人大常委會手中。

依照人大釋法的規定，行政長官董建華於 2004 年 4 月 15 日向全國人大常委會提交《關於香港特別行政區 2007 年行政長官和 2008 年立法會產生辦法是否需要修改的報告》，全國人大常委會審議此報告，於 4 月 26 日就有關問題作出決定。由於香港各界對於 2007 年以後的立法會產生辦法仍未達成廣泛共識，《全國人民代表大會常務委員會關於香港特別行政區 2007 年行政長官和 2008 年立法會產生辦法有關問題的決定》[1]（以下簡稱 2004 年決定）中明確規定 2008 年香港特別行政區第四屆立法會選舉，不實行全部議員由普選產生的辦法，功能團體和分區直選產生的議員各佔半數的比例維持不變，立法會對法案、議案的表決程序維持不變。

但不實行由普選產生的辦法，並不意味著不能修改產生辦法，2008 年以後可以對立法會產生辦法不斷進行修改，以接近普選的目標。由此，全國人大常委會進一步規定，在不實行普選辦法的前提下，2008 年香港特別行政區第四屆立法會的具體產生辦法，可按照香港基本法第 68 條的規定和附件二第 3 條的規定作出符合循序漸進原則的適當修改。由此可知，2004 年決定給特區政制發展留出了空間，香港社會由此正式步入探索政改方案的階段。

1　《全國人民代表大會常務委員會關於香港特別行政區 2007 年行政長官和 2008 年立法會產生辦法有關問題的決定》，中國人大網，http://www.npc.gov.cn/zgrdw/npc/bmzz/xianggang/2007-12/07/content_1382461.htm（最後訪問時間：2021 年 5 月 20 日）。

2005 年特區政府公佈《政制發展專責小組第五號報告：2007 年行政長官及 2008 年立法會產生辦法建議方案》[2]，有關立法會產生辦法的主要內容為立法會議席數目由 60 席增至 70 席。立法會議員分為：分區直選議席 35 席、功能團體議席 35 席。新增的功能界別議席，全數由區議員互選產生。該方案最核心的改革部分在於全體區議員選舉產生功能界別議席 5 席、新增地區直選 5 席，以進一步提高立法會的代表性。但由於社會上存在要求政府的方案訂立普選時間表、取消功能界別等聲音，未能與政府達成一致。最終，提交立法會表決時，票數未達到立法會全體議員三分之二多數通過，政改方案被否決。第一次政改失敗。

（三）第二次政改

第二次政改方案的討論於 2007 年啟動，時任行政長官曾蔭權於 2007 年 12 月向全國人大常委會提交了《關於香港特別行政區政制發展諮詢情況及 2012 年行政長官和立法會產生辦法是否需要修改的報告》，全國人大常委會 12 月 29 日通過《全國人民代表大會常務委員會關於香港特別行政區 2012 年行政長官和立法會產生辦法及有關普選問題的決定》[3]（以下簡稱 2007 年決定）。該決定規定，2012 年香港特別行政區第五屆立法會選舉，不實行全部議員由普選產生的辦法，功能團體和分區直選產生的議員各佔半數的比例維持不變，立法會對法案、議案的表決程序維持不變。2012 年香港特別行政區第五屆立法會的具體產生辦法可以作出適當修改；在行政長官由普選產生以後，香港特別行政區立法會的選舉可以實行全部議員由普選產生的辦法。相比於 2004 年決定，2007 年決定明確了立法會普選的時間表。基於此，特區政府

2　〈政制發展專責小組第五號報告：2007 年行政長官及 2008 年立法會產生辦法建議方案〉，香港特區政府政制及內地事務局網站，https://www.cmab.gov.hk/cd/chi/report5/index.htm（最後訪問時間：2021 年 5 月 21 日）。

3　《全國人民代表大會常務委員會關於香港特別行政區 2012 年行政長官和立法會產生辦法及有關普選問題的決定》，中國人大網，http://www.npc.gov.cn/wxzl/gongbao/2008-02/23/content_1462450.htm（最後訪問時間：2021 年 5 月 22 日）。

2010 年公佈《2012 年行政長官及立法會產生辦法建議方案》[4]，其內容重點是立法會議席數目由 60 席增加至 70 席。立法會將有分區直選議席 35 席，功能團體議席 35 席。新增的 5 個功能界別議席，以及原有的 1 個區議會議席，全數由民選區議員互選產生。與此同時，與第一次政改方案相比，2012 年建議方案還明確了普選的時間表。而後，經過中央與香港社會的反覆協商，該建議方案稍作修改後最終在立法會通過；[5] 行政長官曾蔭權報請全國人大常委會批准《中華人民共和國香港特別行政區基本法附件二香港特別行政區立法會的產生辦法和表決程序修正案（草案）》，全國人大常委會表決通過該修正案，第五屆立法會的產生將按照《中華人民共和國香港特別行政區基本法附件二香港特別行政區立法會的產生辦法和表決程序修正案》進行。第二次政改成功，這也是回歸以後至 2020 年唯一一次成功的政改。

（四）第三次政改

根據全國人大常委會的 2007 年決定，在香港特區行政長官實現普選之後，立法會也可以實行由普選產生的辦法。因此，行政長官梁振英於 2014 年 7 月 15 日向全國人大常委會提交《關於香港特別行政區 2017 年行政長官及 2016 年立法會產生辦法是否需要修改的報告》，全國人大常委會於 8 月 31 日通過《全國人民代表大會常務委員會關於香港特別行政區行政長官普選問題和 2016 年立法會產生辦法的決定》[6]（以下簡稱 8·31 決定）。該決定規定，香港基本法附件二關於立法會產生辦法和表決程序的現行規定不作修改，2016 年

4　〈2012 年行政長官及立法會產生辦法建議方案〉，香港特區政府網站，http://www.cmab-cd2012.gov.hk/tc/package/index.htm（最後訪問時間：2021 年 5 月 23 日）。

5　在立法會表決前，民主黨提出 "超級區議員" 修訂案，即功能組別新增的五個議席，經至少十五名民選區議員提名，然後由全港在功能界別沒有投票權的登記選民以一人一票選出。這使全體選民均獲得分區直選和功能組別兩項投票權，並且 70 名議員中實質上有 40 名為選民直選產生。該方案在最後關頭獲中央接受。這被認為大大增加了立法會選舉的民主成分。

6　《全國人民代表大會常務委員會關於香港特別行政區行政長官普選問題和 2016 年立法會產生辦法的決定》，中央人民政府網站，http://www.gov.cn/xinwen/2014-08/31/content_2742923.htm（最後訪問時間：2021 年 5 月 23 日）。

香港特別行政區第六屆立法會產生辦法和表決程序，繼續適用第五屆立法會產生辦法和法案、議案表決程序。在行政長官由普選產生以後，香港特別行政區立法會的選舉可以實行全部議員由普選產生的辦法。在立法會實行普選前的適當時候，由普選產生的行政長官按照香港基本法的有關規定和《全國人民代表大會常務委員會關於〈中華人民共和國香港特別行政區基本法〉附件一第七條和附件二第三條的解釋》，就立法會產生辦法的修改問題向全國人民代表大會常務委員會提出報告，由全國人民代表大會常務委員會確定。根據 "8 · 31 決定"，行政長官普選改革方案實行後才能進行立法會普選改革，但 2015 年 6 月 18 日，立法會否決了香港特區行政長官選舉辦法的議案。由於行政長官未能實現普選產生，立法會普選改革也不能提上議事日程。

立法會政改爭議主要圍繞議員代表性而產生。擴大選民基礎是立法會政改的方向，如何達至這一目標，其中涉及到採用何種投票計票制度、是否取消功能界別抑或如何增加功能界別的選票等問題。尤其是普選是否保留功能界別，香港社會一直存在兩種不同的聲音。一方面，有意見認為功能組別議席不符合 "普及而平等" 的原則，應當取消，全部改為地區直選議席，即完全的 "一人一票" 模式；另一方面，有意見認為功能界別能夠吸引專業人士參政，提高議事的素質，增加政府議案通過的機會，兼顧商人和中產階級的利益，應予以保留，但可以改變選舉方式。目前，普選的目標仍未實現，這仍是需要努力解決的難題。

（五）中央完善立法會選舉制度

2019 年修例風波之後，香港社會陷入到前所未有的動亂之中，國家安全面臨嚴重威脅，因應這些特殊情況，中央果斷出手。2021 年 3 月 11 日，全國人大通過《全國人民代表大會關於完善香港特別行政區選舉制度的決定》（以下簡稱 2021 年決定），授權全國人大常委會修改基本法附件一和附件二。2021 年 3 月 3 日，全國人大常委會通過《中華人民共和國香港特別行政區基本法附件二香港特別行政區立法會的產生辦法和表決程序》[7]（以下簡稱新附件二）。新附件二主要在立法會的產生以及表決程序兩方面進行完善。

1. 關於立法會的產生。 香港特別行政區立法會議員每屆 90 人，組成如下：選舉委員會選舉的議員 40 人、功能團體選舉的議員 30 人、分區直接選舉的議員 20 人。其中，選舉委員會同時也是附件一選舉行政長官的選舉委員會。換言之，選舉委員會同時既產生行政長官，也產生 40 名立法會議員。

首先，選舉委員會選舉的議員候選人須獲得不少於 10 名、不多於 20 名選舉委員會委員的提名，且每個界別參與提名的委員不少於 2 名、不多於 4 名。每名選舉委員會委員只可提出一名候選人。選舉委員會根據提名的名單進行無記名投票，每一選票所選的人數等於應選議員名額的有效，得票多的 40 名候選人當選。

其次，功能團體選舉設 28 個界別，即漁農界、鄉議局、工業界（第一）、工業界（第二）、紡織及製衣界、商界（第一）、商界（第二）、商界（第三）、金融界、金融服務界、保險界、地產及建造界、航運交通界、進出口界、旅遊界、飲食界、批發及零售界、科技創新界、工程界、建築測量都市規劃及園境界、會計界、法律界、教育界、體育演藝文化及出版界、醫療衛生界、社會福利界、勞工界、香港特別行政區全國人大代表香港特別行政區全國政協委員及有關全國性團體代表界。其中，勞工界選舉產生三名議員，其他界別各選舉產生一名議員，共 30 名議員。候選人須獲得所在界別不少於 10 個、不多於 20 個選民和選舉委員會每個界別不少於 2 名、不多於 4 名委員的提名。每名選舉委員會委員在功能團體選舉中只可提出一名候選人。各界別選民根據提名的名單，以無記名投票選舉產生該界別立法會議員。

最後，分區直接選舉設立 10 個選區，每個選區選舉產生 2 名議員。候選人須獲得所在選區不少於 100 個、不多於 200 個選民和選舉委員會每個界別不

7　《中華人民共和國香港特別行政區基本法附件二：香港特別行政區立法會的產生辦法和表決程序》，中國人大網，http://www.npc.gov.cn/npc/kgfb/202103/3714933f884442d69b782bf463000b28.shtml（最後訪問時間：2021 年 5 月 25 日）。

少於 2 名、不多於 4 名委員的提名。每名選舉委員會委員在分區直接選舉中只可提出一名候選人。選民根據提名的名單以無記名投票選擇一名候選人，得票多的兩名候選人當選。即在分區直選部分，以雙議席單票制取代比例代表制。

2. 關於立法會的表決程序。 政府提出的法案，如獲得出席會議的全體議員的過半數票，即為通過。立法會議員個人提出的議案、法案和對政府法案的修正案均須分別經選舉委員會選舉產生的議員和功能團體選舉、分區直接選舉產生的議員兩部分出席會議議員各過半數通過。

之所以由中央來完善香港的選舉制度，尤其是在立法會中重新增加選舉委員會並對其進行賦權，既是為了保證立法會、行政長官與特區政府有效施政，也是為了全面落實"愛國者治港"的原則。

三、立法權與立法程序

（一）立法、立法權與立法會的憲制地位

在香港特別行政區的法律體系中，來自立法（legislation）的法律，佔據了重要部分，這類法律從形式上可以與判例法（在香港習慣稱作"普通法"）作出清晰的區分，用專業概念來稱呼，就是"成文法"或"制定法"（statutory law）。同世界上絕大多數國家或地區的情形相似，香港特區的憲制架構之中包含一個專門機構，它行使專屬權力，並以法定程序——即立法程序（legislative procedure）——制定、通過這種成文法。這項權力，就是立法權（legislative power）；這個專門機構，就是立法機關（legislature）。

根據香港基本法第 66 條，立法會是特區的"立法機關"；第 73 條第 1 項則明確授權立法會"根據本法規定並依照法定程序制定、修改和廢除法律"。因此，在香港特區憲制架構下，立法會就是立法權的擔當者。當然，除立法權這一項最重要的權力之外，立法會也擁有其他權力，下文詳述。

立法會的前身是港英時代的立法局（英文名稱仍為 Legislative Council，與今天一致）。但是，在當年的憲制架構之下，立法局並不能被視作一個"獨立的立法機關"，因為立法權實際上由港督與立法局共享。[8] 自 1980 年代中期開始的代議制改革令立法局的代表性、政治地位逐漸提升，也促使立法權在"港督＋立法局"這一組關係之中進一步向立法局移動。回歸之前這一段憲制發展（constitutional development）在政治文化與憲制慣例方面所留下的影響是不應忽視的。

香港基本法將殖民時期的立法局轉換為立法會，但賦予後者更為獨立的憲制地位。不論認為香港特區政制體現了"權力分立"（separation of powers）原則、還是採行了"行政主導"（Executive-led Government）原則，都不能否認，立法會在立法方面的權力獲得了更為清晰、更為穩固的憲制基礎。比如，基本法第 75 條授權立法會"自行制定"其議事規則，只須不抵觸基本法即可；又比如，雖然立法會通過的法律案須獲得行政長官簽署、而後者有權將法案發回重議，但基本法第 49、50 條則規定了立法會以 2/3 多數再次通過原法案，從而將行政長官之"否決"予以推翻（override）的權力。

需要指出的是，特區政府或者說行政機關仍然在立法程序中扮演重要角色，包括重要法案的發起、對涉及政府政策法案的事先同意[9]、對法案的簽署生效[10]等。也可以說，"行政主導"在立法事務上有著廣泛地、具體地體現，政府的政策、立場以及施政優先級，對於立法會的立法程序安排有著強大的影響力。但是，從根本上講，香港特區的立法權配置，是立基於基本法。不論是作為立法機關的立法會，還是實質參與立法程序的行政機關，甚至包含個別情況之下的中央機關，其各自的權力基礎以及彼此間關係，都有賴於對基本法的正確理解。

8　參見〔英〕諾曼·J·邁因納斯著，伍秀珊、羅紹熙等譯，楊立信校：《香港的政府與政治》，上海：上海翻譯出版公司 1986 年版，第 161 頁。

9　香港基本法第 74 條。

10　香港基本法第 48 條第 3 項。

（二）委員會制度與立法

立法會的日常運作，有賴於內部的委員會體制。正如世界各地的議會制度普遍經驗所顯示，若沒有一套完備、高效的委員會制度，立法工作的正常開展是不可想象的。在香港，委員會制度在特區創建前後保持著相當程度的延續性。簡而言之，現今立法會內的委員會架構，大體上是在回歸前的 1992 年——在經歷了一次極為重大的改革之後——搭建好的。[11] 因此，基本法條文沒有提及委員會制度，不必感到意外，甚至也並不妨礙其運作。委員會制度是一個典型的"過渡"至特區憲制架構內的"原有制度"。

為立法會各委員會確立法律地位、提供運作規程的，是一套多元化的規範體系。在《立法會議事規則》（the Rules of Procedure，以下簡稱《議事規則》）中，有關委員會的組成、職責以及運作方式，有著詳細的規定。另外一類重要的規範來源就是立法會的決議（resolution）——當立法會為了特定事項而決定設立某個委員會時，都會藉由一個"決議"來完成，而該決議之中就包含有該委員會須遵循的規則、程序或標準。此外，具體到日常運作層面，很多規則也是由各委員會自己決定的，數量相當可觀。最後，隨著委員會制度的運作與發展，各委員會還形成了大量的"習慣做法"（practice）或"慣例"（convention），這些並非成文化的規則，但具有不可或缺的作用——或者是對於議事規則的補充，或者本身是能幫助理解成文法之含義的背景與前提，是令委員會制度保持活力、延續性及適應性的關鍵要素。

1. 與立法有關的常設或常見的委員會

內務委員會（House Committee）。內務委員會脫胎於立法局時期的"內務會議"，實質上提供了一個令議員們（在早期，尤其是為非官守議員）處理具體事務的場合或方式。在回歸前的過渡期，這個內務會議演化為具有常設性

11　參見立法會行政管理委員會編：《香港特別行政區立法會歷史、規則及行事方式參考手冊　第一部分：立法會及其歷史、組織和程序的介紹》，香港：立法會行政管理委員會印製 2014 年版，第 6.5 章。

質的委員會,並取得了處理法律案的權力。根據《議事規則》,內務委員會的組成人員為除立法會主席以外的全體議員。[12]當法律案在立法會大會上開始二讀程序後,必須將該法案"交付"內務委員會處理,直到大會"恢復"二讀辯論,進而讓法案走向下一步。

法案委員會(Bills Committee)。法案委員會是由內務委員會所設立,目的在於幫助後者詳細地研究立法建議。也就是說,法案委員會是跟隨具體法案的,相關工作完成之後,該法案委員會即告解散,因此不屬於常設委員會。內務委員會亦並非必須設立法案委員會,而是視乎需要,即看法案是否有必要作進一步研究。如決定設立,則至少需要三名成員加入。[13]

事務委員會(Panel)。事務委員會由內務委員會設立,但還須立法會予以通過。從本質上講,事務委員會是為了實現監督政府施政的目的。因此,事務委員會的設置及數量,與政府部門(各政策局)有著明顯的對應性,而每一個事務委員會都有其專注的政策領域。在立法過程中,法定程序並不要求事務委員會承擔具體職責,但實際做法是,任何法案被正式提出之前,政府或某個政策局都會先行知會相對應的事務委員會,向其解釋立法計劃與目標,尋求其支持(或藉此預計其可獲得的支持程度)。

小組委員會(Sub-committee)。小組委員會是很常見的、為了特定的具體議題而設置的。法案委員會、事務委員會或是內務委員會本身都可以設立小組委員會。由法案委員會設立的小組委員會,通常就是接受前者委託,就法案之中的特定問題作深入研究,當這項臨時工作完結之後,該小組委員會也告解散。如果提交至立法會的是附屬法例議案,則內務委員會將直接交付於其所設小組委員會進行研究。

全體委員會(Committee of the Whole House)。立法會二讀通過之後的法案,交由"全體委員會"處理。恰如其名,這個委員會就是由立法會的全體成員所組成,包括立法會主席。全體委員會——也稱之為法案的"委員會階段"

12　《香港特別行政區立法會議事規則》第75(1)條。

13　《香港特別行政區立法會議事規則》第76(3)條。

(the Committee Stage)——將從細節方面處理法案,即針對法案的每一部分、乃至每一項條文,分別進行辯論或表決。全體委員會的工作完成以後,則"變身"回覆至立法會。

2. 委員會的性質與工作方式

委員會首先是令立法會得以真正開展工作的"具體形式"。從歷史上看,內務會議為立法局議員提供了議事的場合,增強了其工作的常規性,同時也增強了立法局"作為一個機構的獨立性"。委員會的存在令政府與立法機關——實際上就是司局官員與議員們——可以進行實質性的溝通,尤其是化解可能存在的不同意見,以便正式的立法程序進行得更為順利。因此,委員會制度非常強調"審議性",而非"政治性"。

(三) 立法程序

準確來講,立法會可以制定法例,也可以在其法例之中授權其他機構制定"附屬法例"。在此,主要介紹法例的制定程序。

1. 法案的提出與公佈

法案 (bill),也就是被提出來以待議決的法例條文草案,必須提前以正式的形式公佈出來,令立法會議員、社會公眾得以知曉。《議事規則》第51(1)條規定,有意提交法案的議員或獲委派官員,應當向立法會秘書處作出"預告",以此表明其提交法案的意圖,而同時也附上法案文本、以及《議事規則》所要求的關聯材料。

一旦接獲法案,立法會秘書須在香港特區《憲報》上刊登法案全文及摘要說明。一般來說,法律案刊登在《憲報》的"法律副刊第3號"。與此同時,秘書也應當向每一位議員送交一份法案文本。由此,法案在程序上可視作已"提交至立法會"。

如上所述，兩類人士可以提出法律案，一是獲委派官員，也就是通常負責法案所涉及事項或領域的相應政策局首長，二是立法會的任何議員、或是數名議員聯名。但根據基本法，議員所能提出的法案類型有所限制，《議事規則》就此予以落實：（1）不得提出涉及公共開支、政治體制或政府運作的法案；（2）涉及政府政策的法案，則提出法案的預告須附上行政長官對該法案的書面同意，該預告方可被接納。[14] 在上述限制之下，立法會議員的提案權比之於回歸前的立法局議員，要削弱不少。因此，特區政府事實上掌握了發起重要法案的主導權。

2. 首讀

法案的首讀，也稱"一讀"（first reading），是極為形式化的一個步驟——由立法會秘書在大會上讀出法案之簡稱，即視作已完成該法案之首讀。從歷史淵源來講，這是沿用英國議會下院的成例所致。

如上所述，法案將先行刊憲，並由立法會秘書處列入下次會議議程。根據法案提交的格式要求，法案須帶有一個"簡稱"，而該簡稱是體現在大會議程之中的。秘書讀出該簡稱後，按《議事規則》要求，不得進行辯論，程序上立即視作已經進入"二讀"。

3. 二讀

二讀程序的起始動作，是由法案負責人（the sponsor of the bill）——也就是某位政策局官員或議員——就法案的目標與主旨作發言。此項發言完畢之後，立法會主席立即宣佈"中止辯論"，並將法案交付於內務委員會作處理。

在內務委員會，委員們（也就是除立法會主席以外的議員）在總體上考察法案的優劣，以便決定是否在二讀辯論恢復之後對該法案予以支持。在這個階段，政府會提供一些文件或資料，幫助議員們進行考慮，如立法報告（the

---

14　《香港特別行政區立法會議事規則》第 51（3）、（4）條。

LegCo Brief）——列出法案的目標、特點、財政負擔、是否符合基本法及《香港人權法案條例》的規定等。與此同時，立法會下轄的法律顧問辦公室也會為法案提供一份他們的分析，提請議員們留意法案中的個別問題。在這些審議過程中，如內務委員會認為還有必要更細緻地研究法案，就會設立法案委員會，而法案委員會可以在詳盡地討論、協商之後，向內務委員會返回一份報告，列出法案所涉及的重要問題，同時也附上“是否應當就法案恢復二讀辯論”的建議。

二讀辯論的恢復，在程序上屬於法案負責人的裁量權，該官員或議員可以通過向秘書處作出預告的方式，恢復二讀。《議事規則》要求，法案負責人在決定恢復二讀之前，應當與內務委員會主席進行磋商，而後者也將向其告知法案在委員會審議之中的情況。但不論如何，是否仍然恢復辯論——也就是將法案進程推向下一步——的決定權不在內務委員會主席，而法案委員會的建議同樣不具有約束力。

二讀恢復之後，法案委員會（如有設立）之中負責就該法案作報告的議員有權首先發言，然後其他議員也分別有一次發言機會。之後就是對“現即二讀法案”的表決。如通過，下一步就是所謂“委員會階段”，這是指，立法會整體上即刻轉變為“全體委員會”，在這裏，法案將被逐條討論，以便敲定細節，並分別決定是否能獲得通過。在全體委員會的環節，發言並無次數限制，只要其內容與法案有關聯。因此，這一規則有可能被濫用，造成“拉布”（filibuster）的效果。此外，全體委員會也有權處理對法案提出的修正案，但修正案的提出須有預告，並且委員會主席有權拒絕無關、重複的、不合語法的、乃至瑣屑無聊的修正案。

4. 三讀

全體委員會完成其工作之後，就回復至立法會本身，然後立法程序進入到“三讀”。在形式上，三讀仍然是“辯論”，但通常發言都是簡短的。在此階段，待決議案就是“三讀並通過法案”。此時，對該議案，《議事規則》不允許修正；並且，除了在獲得立法會主席許可的情況下更正法案中某些疏忽錯誤，此階段不得對法案作實質內容的修正。

一旦"三讀"議案獲得通過，即意味著該法案已完成在立法會的全部程序。如果三讀議案被否決，根據《議事規則》，不得就該法案再進行任何程序。

5. 法案的撤回或押後處理

法案在完成三讀通過之前，可以被撤回或押後處理。根據《議事規則》第 64 條的規定，法案負責人可在二讀或三讀程序開始時，宣佈撤回或押後處理該法案。另外，在恢復二讀辯論時，也有機會宣佈撤回，但須提前在恢復二讀的預告中作出此等表示，或者單純為宣佈撤回而恢復二讀時，也可於恢復辯論之後作出宣佈。

2019 年特區政府推動修改《逃犯條例》，在反對派的操弄下，遭遇巨大反對聲浪，後引發街頭暴力及社會動盪。當年 9 月 4 日，時任行政長官林鄭月娥宣佈"撤回"法案，而後在 10 月 23 日的立法會大會上，法案負責人動議"恢復二讀"作出正式撤回。這是一次法案恢復二讀時作出撤回的典型案例。

6. 行政長官的簽署

完成三讀獲得立法會通過的法案，由立法會秘書在通過之文本上作簽署，核證其為真確本，然後，根據基本法和《議事規則》，該文本須呈交行政長官簽署，使之正式成為法律。

（四）憲制關係中的立法（legislation in constitutional dynamics）

立法權歸屬於香港特區立法會，但其他機構仍然在立法過程中扮演一定角色。對於已經通過並實施的法例，也可能受制於其他權力分支的制約。這些對於立法權和立法程序的外在制約，是得到基本法確認的。

　　香港特區的行政分支——即特區政府，有兩種不同的方式分享立法權，或者說參與到立法程序之中。其一是作為法案的提起者，其二是根據立法會的授權而行使委託立法權（delegated legislation）。關於政府向立法會提起法案，如前所述，基本法實際上賦予政府相當大的主導權，一些重要事項的立法只能由政府提出法案。

　　根據立法會法律的授權而制定的法例，通稱為附屬法例（subsidiary legislation）。基本法第 8 條規定在香港特區予以保留的原有法律中包含 "附屬立法"。基本法第 56 條規定行政長官在 "制定附屬法規" 前須徵詢行政會議的意見。這些條文實際上確認或承認了香港特區行政分支享有的獲授權立法或受委託立法的權力。這種附屬性質的立法權，可以由立法會藉由其制定的任何法例作出授權。附屬法例制定後，須刊登於憲報，即屬生效，或根據其條文指明的某個日期開始生效。[15] 但是，如授權法例要求附屬法例須經過立法會批准或其他主管當局批准，則必須照此辦理，否則不能逕行生效實施（此種程序稱作 "先審後訂"）。

　　附屬法例刊憲之後，仍需呈交立法會（這種訂立程序可稱作 "先訂後審"）。[16] 立法會有權對其作出修訂。須留意的是，即便原先作出授權的法例（也就是主體法例，primary legislation）此後被廢除，也並不必然影響到根據其授權而制定的附屬法例的效力，除非新法例有明確條文達到了廢除附屬法例的效果。很顯然，立法會可行使一般立法權而制定法例，當然有權對附屬法例作出修訂。

　　司法機關對立法的制衡，主要體現為通過司法覆核程序，對抵觸基本法及《香港人權法案條例》等高級法的法例、附屬法例進行審查，並有權作出相應的救濟（remedy），如撤銷、部分撤銷、補救性解釋等。根據基本法第 11 條，立法會 "制定的任何法律，均不得同本法相抵觸"。回歸之初，香港終審法院在吳嘉玲案中確認了司法機關對於違反基本法的法例（unconstitutional

---

15　《釋義及通則條例》第 28（3）條。

16　《釋義及通則條例》第 34 條。

legislation）的管轄權與審查權。[17] 儘管《香港人權法案條例》當中有關其自身凌駕性的條款被全國人大常委會決定不能過渡至特區法律體系之內，但涉及到侵犯基本權利的案件時，人權法案條款與基本法第三章基本權利條款在司法覆核程序中實際上共同發揮著審查基準（ground of review）的作用。[18] 因此，我們可以說，在涉及基本權利時，立法會的一般法例通常同樣是不可以違反用以實施基本法第 39 條的《香港人權法案條例》的。

此外，中央對於香港特區的本地立法也有監督權，這是指基本法第 17 條所規定的"法律發回"制度。即，全國人大常委會在徵詢其所屬的香港基本法委員會之後，如認為立法會制定的任何法律不符合基本法上"關於中央管理的事務及中央和香港特別行政區的關係的條款"，可以將該法律發回，但不作修改。一旦被全國人大常委會發回，則有關法律立即失效。這一套"發回程序"令全國人大常委會有權監督香港立法會是否嚴格遵循基本法。根據近幾年全國人大常委會法制工作委員會的報告，在審查香港立法會報送備案的特區法例時，尚未發現需要作出發回的法例。[19]

四、議會監察（legislative oversight）

（一）監察政府工作

香港基本法第 64 條規定，"香港特別行政區政府必須遵守法律，對香港特別行政區立法會負責"。另第 43 條規定行政長官"依照本法的規定對中央人民政府和香港特別行政區負責"，因為行政長官既是特區首長，也是特區政

17　*Ng Ka Ling v. Director of Immigration*, [1999] 2 HKCFAR 4.

18　Johannes Chan S. C. and C. L. Lim, *Law of the Hong Kong Constitution* (Hong Kong: Sweet & Maxwell, 2015), p. 539.

19　參見全國人大常委會法制工作委員會：〈關於 2021 年備案審查工作情況的報告〉，2021 年 12 月，中國人大網，http://www.npc.gov.cn/npc/c30834/202112/2606f90a45b1406e9e57ff45b42ceb1c.shtml（最後訪問時間：2023 年 5 月 10 日）。

府的首長（基本法第 60 條），所以行政長官領導之下的特區政府向特區立法
會負責，亦是行政長官向特區負責的具體形式之一。

　　基本法第 73 條規定的立法會職權之中，包含有具備典型監察性質的職
權，如 "聽取行政長官的施政報告並進行辯論"、"對政府的工作提出質詢"、
"就任何有關公共利益問題進行辯論"、"接受香港居民申訴並作出處理"，以
及針對行政長官提出彈劾的權力。從總體上看，行政長官及特區政府在香港憲
制架構中享有優勢權力，因此，作為經由直接或間接選舉產生的代表機關，立
法會依法對政府運作進行監察（oversight）、監督（monitor）、制衡（check），
對於維繫一個法治政府和負責任的政府來講，是極為重要的。早在 1990 年第
七屆全國人民代表大會第三次會議上，時任基本法起草委員會主任委員姬鵬飛
所作的關於《香港基本法（草案）》的報告中，就稱香港特區的立法機關與行
政機關之間是 "既互相制衡又互相配合" 的關係。[20] 可見，立法會扮演的重要
角色之一，就是政府工作的監察者。

（二）監察的方式與權力

1. 對行政長官的監察

（1）施政報告及致謝議案。行政長官於立法會的每一個會期開始之時，
向立法會作 "施政報告"，以闡明政府施政的計劃、綱領或願景。這已是特
區行政—立法關係之中的一項重要慣例。施政報告這種發言形式最遲在 1972
年已出現，1997 年香港回歸之後則一直延續。與行政長官發表施政報告在程
序上緊密銜接的，是所謂 "致謝議案"，即 "本會感謝行政長官發表施政報
告"。[21] 實際上，藉由這份議案，立法會議員可以針對施政報告本身的內容表達

20　參見姬鵬飛：〈關於《中華人民共和國香港特別行政區基本法（草案）》及其有關文件的的説
　　明〉，1990 年 3 月，港澳辦網站，https://www.hmo.gov.cn/zcfg_new/jbf/jbf/jbf_xg/201711/
　　t20171114_34868.html（最後訪問時間：2023 年 7 月 10 日）。

21　《香港特別行政區立法會議事規則》第 13 條。

看法，進行辯論，而最終，致謝議案一般都會獲得立法會的通過。

致謝議案的程序安排的主要目的是讓議員有充分機會發表意見。慣常做法是，每次行政長官發表施政報告之後的大概四週時間內，立法會專門安排會議，就致謝議案進行辯論——主要是就報告所涉及的政策議題讓議員進行實質性的發言。議案的辯論方式經歷過變化，後發展為所謂"3天5環節"模式，是指施政報告發表完畢之後，政府立即與立法會內務委員會協商，將報告所涉及的政策領域劃分為5個組合，然後用3天時間分別就各個政策組合進行辯論，並且負責相關政策領域的官員須在辯論環節之後作即時答辯。梁振英政府任期最後一次施政報告發表後的致謝議案辯論安排即採取這種形式。致謝議案的程序安排，讓行政長官的施政報告成為"可辯論"的對象，增強了政府施政的透明度，也可以讓每年緊隨其後的財政預算法案審議流程有最大機會聽取各方意見。行政長官施政報告及其致謝議案制度是否運作正常，是反映香港特區行政——立法關係是否健康、積極的一項重要指徵。

（2）行政長官問答會。行政長官出席立法會的正式會議，並在排定時間內答覆議員提問（質詢），也是加強行政立法溝通，令立法會可以監察政府的方式。末代港督彭定康在1992年10月8日應邀出席當時的立法局會議，答覆有關施政報告的質詢，開創了此種做法。特區成立以後，每一任行政長官都予以接納。實際上，基本法上並無規定行政長官問答會，但規定了立法會有權"對政府的工作提出質詢"。

問答會的日期及次數，取決於行政長官與立法會的協商結果，每一屆特區政府或立法會會期不盡相同。以第六屆立法會最後一個會期（2020年10月至2021年10月）為例，時任行政長官林鄭月娥一共出席四次問答會，分別是2020年11月26日（施政報告問答會）、2021年2月4日、2021年4月8日、2021年7月15日。[22] 過去也曾舉行過特別問答會，那是曾蔭權在2012年3月

22　參見〈關於香港立法會2020-2021年度會議日期、投票結果及會議過程正式紀錄〉，香港特區立法會網站，https://www.legco.gov.hk/general/chinese/counmtg/yr16-20/mtg_2021.htm（最後訪問時間：2023年8月10日）。

1 日應邀赴立法會，就他本人接受朋友款待及在深圳租用一個住宅單位的事件答覆議員的質詢。

在問答會開始時，行政長官率先發言，主題由其自主決定，但議員的發言則可以關乎任何事項。立法會主席有權決定議員發言的次序，他考慮的因素有：特定議員在本屆會期內過往獲得的發言機會、議員所屬政治黨派等，以便盡量提供一個公平、均衡的問答機會。對此，立法會《內務守則》上有一些具體規定。

（3）彈劾行政長官。 立法會對於行政長官的最嚴厲監察手段，是提出彈劾案，並報請中央人民政府作最終決定。根據基本法第 73 條第 9 項，如立法會 "全體議員的四分之一聯合動議，指控行政長官有嚴重違法或瀆職行為而不辭職"，立法會通過調查，可委託 "終審法院首席法官負責組成獨立的調查委員會"。根據該調查委員會的報告，如其提出上述指控，則立法會以 "全體議員三分之二多數通過，可提出彈劾案"。在此基礎上，《議事規則》並無針對彈劾程序訂立詳細規則，但自從第三屆立法會以來，對此已有長期研究、諮詢和協商。在 2012 年上半年曾蔭權任期臨近尾聲階段，以及 2012 年年底梁振英上任之初，均有議員嘗試動議 "調查議案"，以便啟動針對曾蔭權的彈劾程序。該彈劾調查議案向立法會提出了預告，但因隨即其任期結束，立法會因議程密集，未能在全體會議上對該議案作出表決。針對梁振英的調查議案，在 2013 年 1 月 9 日的立法會會議上完成動議、辯論，最終，適用了《議事規則》第 46（2）條的規定進行表決，未獲通過。[23] 因此，迄今為止，針對特區行政長官的彈劾程序，尚未有突破通過調查議案階段的先例，獨立調查委員會更未有成立過。

2. 對特區政府施政的監察

（1）質詢。 立法機關向行政機關提出質詢，是歷史悠久的監察方式，最

23　立法會行政管理委員會編：《香港特別行政區立法會歷史、規則及行事方式參考手冊　第一部分：立法會及其歷史、組織和程序的介紹》，香港：立法會行政管理委員會印製 2014 年版，第 5.21 章。

早見於十八世紀初期的英國議會。基本法第 64 條規定，特區政府"答覆立法會議員的質詢"；第 62 條規定的政府職權包含"委派官員列席立法會並代表政府發言"。在立法會權力方面，基本法第 73 條第 5 項規定，立法會有權"對政府的工作提出質詢"。在此基礎上，《議事規則》第 E 部一系列條文詳細規定了"向政府提出質詢"的方式及其限制。

質詢的目的是瞭解或督促政府的相關工作。《議事規則》第 22（1）條規定，"任何議員均可以就政府的工作向政府提出質詢，要求提供有關該事的資料，或要求政府就該事採取行動"。提出質詢在程序上須先行預告，提交至立法會秘書，而決定擬提出的質詢是否符合相關規則的最終裁決權歸屬於立法會主席。在特殊情況下，可無需預告程序而在任何一次會議上向主席提出"急切質詢"請求，但在實質上必須是"事項性質急切及與公眾有重大關係"的。質詢的主題會在列入會議議程後，通報政府知悉，以便讓屆時代表政府答覆質詢的官員能夠有充分時間作準備。一般來說，政府能夠提前兩週得知質詢的議程安排。

（2）政府官員列席立法會會議。政府官員列席立法會會議，包括答覆質詢、或參與議案辯論等。基本法第 62 條規定的"委派官員列席立法會並代表政府發言"，實際上授權了行政長官對官員列席立法會或者其下設委員會、小組委員會的會議作出具體安排。

根據《立法會（權力及特權）條例》第 8A 條的規定，獲得指定的官員在列席會議及發言時，可享有與立法會議員相同的特權及豁免權的保護，包括言論及辯論的自由、有關法律程序的豁免權及免遭逮捕權。

（3）事務委員會。根據《議事規則》，立法會可以通過決議，設立"事務委員會"，此類委員會的職責就是監察政府工作，以及研究政府政策及公眾關注的事項。可以說，通過這項委員會架構，監察政府的制度可以更加的穩固和便於運作。當然，事務委員會的存在，首先是提供了溝通的場合，讓議員與有關各方——包括官員——就政策事宜交換和發表意見，以及在任何重要立法或財務建議正式提交至立法會或財務委員會之前，先就有關建議提出意見。

　　事務委員會可以自行決定商議的議題或決定邀請特定政策局的官員出席會議並發言，或邀請公眾人士或有關方面人事發表意見。事務委員會也可以成立自己的下轄小組委員會，專責地監察政府在某一重大政策或事宜上的工作。迄今，已一共成立了 18 個事務委員會，[24] 分別對應政府不同職能部門或不同政策領域的部門。

3. 處理居民申訴

　　香港基本法第 73 條第 8 項規定，立法會有權"接受香港居民申訴並作出處理"。在醞釀此項條文的 1980 年代中期，當時的"兩局非官守議員辦事處"（1986 年改稱"兩局議員辦事處"）已包含申訴制度，接受來自市民的對政府工作和政策的投訴，或是有關公眾關注事項的意見申訴。這項制度緣起於 1960 年代，是立法機關加強與市民聯繫、並服務於市民的重要渠道。[25]

　　立法會申訴制度的一大特點是，其始終未正式規定於香港本地任何法例之中，也沒有在立法會《議事規則》之中作出專門規定，而是傳統上由回歸前的兩局議員辦事處和回歸後的立法會"申訴辦事處"——在"當值議員"的領導之下——維持運作。實際上，香港地區廣義上的多種針對政府的申訴、投訴或救濟制度，在歷史淵源上都與最早的立法會申訴制度有關。如現在的申訴專員制度（申訴專員公署，Office of the Ombudsman），就是於 1980 年代末脫胎於兩局議員辦事處的申訴制度，但以專門法例的形式明確訂立了職責範圍、調查權限與運作機制。[26] 立法會的申訴制度延續至今，是與香港居民保持聯繫、為其發聲並監察政府的有效途徑。

　　申訴制度所接納的申訴範圍，並不嚴格局限於與政府各政策局及其所轄部門的決策及措施有關的個案，但是，也並非無所不包。不屬於立法會管轄的

24　參見〈立法會及其委員會名單〉，香港特區立法會網站，https://www.legco.gov.hk/tc/legco-business/useful-information/list-of-council-and-committees.html（最後訪問時間：2023 年 8 月 10 日）。

25　參見立法會行政管理委員會編：〈香港特別行政區立法會歷史、規則及行事方式參考手冊　第三部分：與市民的夥伴合作關係〉，香港：立法會行政管理委員會印製 2014 年版，第 15.4 章。

26　具體可參見《申訴專員條例》（香港法例第 397 章）。

申訴主要有：(1) 法庭的裁決或正在進行中的司法程序；(2) 私人糾紛或個案性質的勞資糾紛；(3) 要求提供法律意見或法律服務的個案；(4) 對議員的投訴；(5) 已有單獨設立投訴機制的問題，如行政上訴委員會、投訴警方獨立監察委員會；(6) 屬於香港特區權力範圍以外的事宜。

以針對政府決定或措施的申訴為例，市民可以多種媒介方式或親自前往立法會申訴辦事處作出投訴。接獲投訴後，申訴主任（專職人員）會研究其資料，以確定是否屬於管轄範圍或更適宜向其他渠道作出投訴。在進一步的研究中，申訴主任會視乎需要，在取得申訴人的同意和當值議員的指示之後，與有關政府部門取得聯繫，瞭解事件情況或取得更多資料。最後，綜合所有資料，並根據政府程序與申訴程序，如申訴主任認可申訴理由成立，則會向有關部門正式提出申訴，以尋求可否有任何的補救措施。

五、其他職權

（一）批准財政預算

基本法第 73 條第 2 項授權立法會"根據政府的提案，審核、通過財政預算"。《立法會議事規則》第 L 部"財政程序"進一步詳細規定了立法會處理預算案與撥款法案的程序。這就是通常所說的批准財政預算權。

撥款法案本質上仍是一項法律案，因此須遵循處理法案的通常程序或標準，但其特別之處在於，撥款法案之內包含特定財政年度的財政預算需求，而有關需求詳情則體現為"預算案"，該預算案須在撥款法案列入立法會議程作首讀以前就提交至立法會，以便留出足夠時間。預算案及撥款法案的處理，由立法會"全體委員會"負責，並且是先審議附表（預算各總目、分目及子目），再審議撥款條文。

（二）人事任免

基本法還授予立法會個別人事任免的同意權。根據第 90 條第 2 款，終審法院的法官和高等法院首席法官的任命或免職，行政長官在行使任命權或免職權時須"徵得立法會同意，並報全國人民代表大會常務委員會備案"。

六、立法會的地位、權力與保障

為促進和保障立法會順利履行其職能，基本法以及特區其他法律給予立法會及議員若干特別的權力、權利或保護。一般而言，代議機關通常擁有或多或少的此類法律上的"特權"，尤其以英國為代表，所以這項傳統也影響到在其殖民管轄之下的地區，包括 1997 年以前的香港。當香港於 1980 年代進入回歸前的過渡時期時，為加強和保護立法機關的地位，於是制定了《立法局（權力及特權）條例》，後過渡至特區時代，成為《立法會（權力及特權）條例》（以下亦稱《權力及特權條例》）。這部法例以制定法的形式，將經由普通法、慣例或其他方式發展而來的類似"議會特權"的法律正式確立下來。

（一）立法會的權力、特權與豁免

1. 傳召證人的權力

基本法第 73 條授予立法會一系列權力，而該條最後一項規定，"在行使上述各項職權時，如有需要，可傳召有關人士出席作證和提供證據"。根據《權力及特權條例》第 9 條，立法會或其常設委員會有權"命令任何人到立法會或該委員會席前，作證或出示其所管有或控制的任何文據、簿冊、紀錄或文件"。並且，立法會也可以藉由決議授權另一委員會行使此項權力。但須留意一項限定，即根據基本法第 48 條第 11 項，行政長官有權 "根據安全和重大公共利益的考慮，決定政府官員或其他負責政府公務的人員是否向立法會或其屬下的委員會作證和提供證據"。

傳召證人的方式是向其發出傳票（summons）。如接獲傳票的人士未能如要求出席作證，則《權力及特權條例》第 12 條授權立法會主席指示秘書發出手令（warrant），以拘捕該人，並將其帶至立法會或委員會席前。

立法會或有關委員會藉由上述程序而獲得的證據，包括會議記錄等，立法會享有絕對的控制權。未經許可，不得在立法會以外的地方用作證據。而立法會或委員會本身也必須謹慎處理這些信息，若有委員會成員過早地發表委員會所取得的證據或所收到的文件，可能遭到立法會訓誡、譴責等處分。

2. 管控會議廳範圍的權力

一般而言，議會都擁有管理自身活動空間或辦公區域的專屬權力。《權力及特權條例》規定立法會會議須公開舉行，因此，同時授權《議事規則》或立法會的決議可以就議員或立法會人員以外的任何人進入或逗留在會議廳範圍內的權利作出規限。上述條文更進一步授權立法會主席可發佈他認為必要或適宜的行政指令（administrative instruction），以規限立法會以外的人員進入會議廳範圍內，以及對其在範圍內的行為予以規管。

與此相配合的是，《權力及特權條例》第 17 條規定的藐視罪，包含了對擾亂立法會或其委員會會議，並致其中斷的行為的刑事罪行，此等藐視罪可判處 1 萬元罰款及監禁 12 個月。

（二）議員的權利

1. 言論自由

立法會議員享有言論自由。基本法第 77 條規定，立法會議員 "在立法會的會議上發言，不受法律追究"。根據《權力及特權條例》第 3 條，議員在立法會內或委員會會議程序中的言論及辯論，"不得在任何法院或立法會外的任何地方受到質疑"。第 4 條進一步規定，任何議員，不得因其在立法會或委員會席前的發言，或提交之報告中的言論，或因其"曾以呈請書、條例草案、決議、動議或其他方式提出的事項"而對其提起民事或刑事法律程序。以上規定補充、延展了基本法提供的保護。

須注意的是，議員享有的言論自由的權利仍可受制於《議事規則》所訂立的關於發言時間、次數、次序、內容（如發言主題的相關性）的規則，這些是確保立法會及所轄委員會保持有效運作所必需的，也可以達到令各議員公平分享發言及辯論機會的目的。

2. 會議程序中的免於逮捕權

基本法第 78 條規定，立法會議員"在出席會議時和赴會途中不受逮捕"。對此，《權力及特權條例》的規定是，就民事債項（civil debt）而言，任何議員在赴會途中、出席會議時或離會返程中，都免於逮捕，就刑事罪行而言，則免於在出席會議時受逮捕。此處的會議均同時包含立法會會議或其委員會的會議。

3. 豁免其他法律程序

根據《權力及特權條例》第 6 條，立法會議員豁免出任陪審員；另外，在立法會舉行會議當日，議員無須在任何民事法律程序中列席作為證人，並且，此項豁免還可以擴展至出席立法會會議的行政長官或是受其指定而出席的任何公職人員。

第六章

香港特別行政區的司法 [1]

羅沛然

香港執業大律師，香港大學哲學博士（法律）

一、引言

《中華人民共和國香港特別行政區基本法》第 2、19、80、84 及 85 條規定，全國人民代表大會授權香港特別行政區依照該法的規定實行高度自治，在司法方面享有獨立的司法權和終審權。香港特別行政區法院作為香港特別行政區的司法機關，除繼續保持香港原有法律制度和原則對法院審判權所作的限制外，對香港特別行政區所有的案件均有審判權，依照基本法第 18 條所規定的適用於香港特別行政區的法律審判案件，而其他普通法適用地區的司法判例可作參考。

本章講述香港特別行政區的司法權和終審權及其行使。本章的內容主體為兩個互相聯繫的單元。首先要介紹的是香港特別行政區的司法機關，即香港特別行政區的法院。在這方面，主要講述司法制度中法院及法官獨立、不偏不倚和剛正不阿地秉行司法公義所賴以存在的相關制度，包括：司法制度的結構

---

1   本章從以下文章取材、更新及改寫：陳弘毅、羅沛然、楊曉楠合著〈"一國兩制"下的香港司法機關〉，《港澳研究》2020 年第 1 期，及陳弘毅、羅沛然合著〈《香港特別行政區基本法》實施中的司法實踐與政法爭議〉，載虞平主編《法治流變及制度構建：兩岸法律四十年之發展》，台北：元照出版公司 2020 版，第 268 頁。

（即法院的架構與規模）；法官的選拔、任命和服務條件；法官的訓練和考核；法官的任期；司法人員薪酬；法官的行為守則及投訴機制；防止偏頗及迴避制度；陪審制度的保留；以及法官的非司法職能。其次，本章會介紹香港特別行政區法院在審判案件時根據基本法行使其司法權的實踐狀況。由此，可簡括地提出，香港特別行政區法院在香港特別行政區成立後的二十多年來，繼受了回歸前香港既有的法律系統和傳統，在審理案件時解釋和構建了具體、自足和與香港以外的司法管轄區保持法理聯繫的基本法裁判體系。最後，本章以司法誓言的意義作結。

二、香港特別行政區的司法制度

（一）司法制度的結構

香港特別行政區各級法院是香港特別行政區的司法機關，按照基本法第2、19 及 80 條，行使香港特別行政區的獨立的司法權和終審權。除了繼續保持香港原有法律制度和原則對法院審判權所作的限制外，香港特別行政區法院對所有的案件均有審判權。

香港特別行政區的司法體系大體上依循普通法傳統。基本法第 81 條訂明，原在香港實行的司法體制，除因設立香港特別行政區終審法院而產生變化外，予以保留。香港特別行政區各級法院以終審法院為最高等級法院形成一個等級體系。終審法院的首席法官被指定為香港司法機關之首，負責司法機關的行政管理。

按照基本法第 83 條，香港特別行政區各級法院的組織和職權由法律規定。圖 6.1 可說明香港特別行政區司法機關的結構，以及由上訴途徑表現的等級體系。

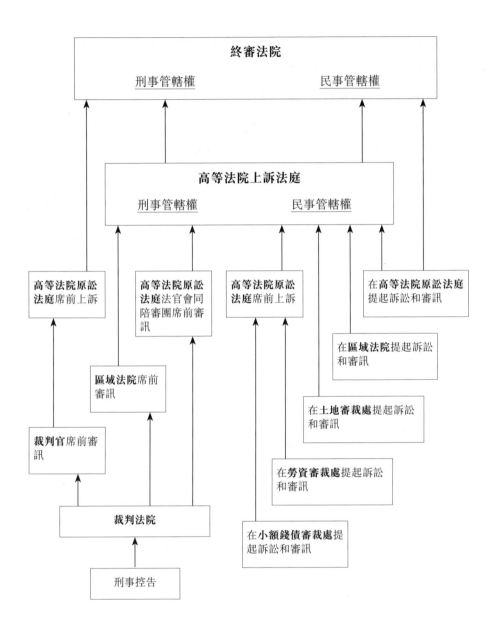

圖 6.1　香港特別行政區法院結構

基本法第 87 條訂明，香港特別行政區的刑事訴訟和民事訴訟中保留原在香港適用的原則和當事人享有的權利。

民事訴訟的初審由法院和審裁處主要依據案件所涉金額和訴訟的性質管轄。高等法院原訟法庭為高級記錄法院，在民事訴訟和爭議方面享有不受限定的管轄權。[2] 區域法院是記錄法院，只管轄限定的民事訴訟和爭議。[3] 民事案件的初審通常由一位法官（在區域法院或原訟法庭）獨任審理。[4]

刑事案件從裁判法庭開展。裁判法院處理審前程序，包括被告人是否獲保釋或得要扣押。如果刑事案件被告人是未滿 16 歲的未成年人的話，則除了包括殺人罪行外，案件都由裁判法官主審的少年法庭審理。[5] 刑事案件的審理由裁判法官、區域法院、原訟法庭根據檢控機關的申請或選擇擔任。不同的刑事法院有不同的判刑權限，原訟法庭的管轄權不受限定，有權按照刑法判處被告人終審監禁。[6] 刑事審判由裁判法院或區域法院獨任法官庭審或者由原訟法庭法官聯同陪審團庭審。[7] 至於由哪一個法院層級審理，則是由控方決定提出、轉送或交付審理的法院。

《香港國安法》第 3 條原則地規定，香港特別行政區司法機關應當依據該法和其他有關法律規定有效防範、制止和懲治危害國家安全的行為和活動。第 8 條在職責上規定，香港特別行政區司法機關應當切實執行本法和香港特別行政區現行法律有關防範、制止和懲治危害國家安全行為和活動的規定，有效維護國家安全。第 41 條規定，香港特別行政區管轄危害國家安全犯罪案件的檢控及審判等訴訟程序事宜，適用該法和香港特別行政區本地法律。同一條規定，香港特別行政區管轄的危害國家安全犯罪案件的審判循公訴程序進行。

2　參見《高等法院條例》（香港法例第 4 章）第 3（2）條。

3　區域法院包含家事法院。

4　參見《高等法院條例》第 32（1）條及《區域法院條例》（香港法例第 336 章）第 6 條。《高等法院條例》的其他法律款授權高等法院原訟法庭的一位法官聯同陪審團審理案件。

5　參見《少年犯條例》（香港法例第 226 章）。

6　參見《高等法院條例》第 3（2）條。

7　高等法院刑事審判中的陪審團一般由 7 位陪審員組成。在需要長時間審理的案件可以增加至 9 位。陪審團制度在 1845 年引入香港，現主要由《陪審團條例》（香港法例第 3 章）規定。

第 42 條在應用方面規定，香港特別行政區司法機關在適用香港特別行政區現行法律有關羈押、審理期限等方面的規定時，應當確保危害國家安全犯罪案件公正、及時辦理，有效防範、制止和懲治危害國家安全犯罪。第 44 條規定，香港特別行政區行政長官應當從裁判官、區域法院法官、高等法院原訟法庭法官、上訴法庭法官以及終審法院法官中指定若干名法官，也可從暫委或者特委法官中指定若干名法官，負責處理危害國家安全犯罪案件。[8] 在裁判法院、區域法院、高等法院和終審法院就危害國家安全犯罪案件提起的刑事檢控程序應當分別由該法院的指定法官處理。第 45 條規定，除該法另有規定外，裁判法院、區域法院、高等法院和終審法院應當按照香港特別行政區的其他法律處理就危害國家安全犯罪案件提起的刑事檢控程序。[9]

裁判法院案件的上訴由高等法院原訟法庭審理。[10] 區域法院或原訟法庭案件的上訴由高等法院上訴法庭審理。[11] 在上訴法庭，上訴通常由三人的合議庭審理。[12] 來自上訴法庭判決的上訴，以及來自原訟法庭對裁判法院上訴案件的判決的上訴由終審法院聆訊及決定。

香港特別行政區終審法院行使基本法第 2 及 82 條訂明的香港特別行政區的終審權。終審法院可根據需要邀請其他普通法適用地區的法官參加審判。在終審法院，終審案件 [13] 由五位法官組成的法庭審理，法庭組成為由首席法官擔任主席（如果首席法官缺席，則由另一常任法官擔任主席），二至三位常任法官和一至二位非常任法官參與審理，而非常任法官則從兩個名單中選出——

8　行政長官在指定法官前可徵詢香港特別行政區維護國家安全委員會和終審法院首席法官的意見。凡有危害國家安全言行的，不得被指定為審理危害國家安全犯罪案件的法官。指定法官任期一年。在獲任指定法官期間，如有危害國家安全言行的，終止其指定法官資格。另外，同法第 63 條規定，辦理該法規定的危害國家安全犯罪案件的有關司法機關及其人員或者辦理其他危害國家安全犯罪案件的香港特別行政區司法機關及其人員，應當對辦案過程中知悉的國家秘密、商業秘密和個人隱私予以保密。

9　參見本書第一章第 "三（四）" 部分。另參見《維護國家安全條例》（2024 年第 6 號條例）第 99-108 條。

10　參見《裁判官條例》（香港法例第 227 章）第 104 及 113 條。

11　參見《高等法院條例》第 13、14 及 14AA 條；《區域法院條例》第 63、83 及 84 條；《刑事訴訟程式條例》（香港法例第 221 章）第 81、81A、81D、81E、81F 及 82 條。

12　也有規定由兩位法官或一位上訴法庭法官處理某類別的民事上訴，以及對刑事判決的上訴或上訴許可申請。參見《高等法院條例》第 34、34A、34B 及 35 條。

13　與上訴正審不同，上訴許可申請由終審法院上訴委員會審理，上訴委員會有三位法官組成，可以是首席法官及兩名常任法官或三位常任法官。

包括一個來自香港的非常任法官名單以及一個來自其他普通法地區的法官的
名單。[14] 來自其他普通法地區的非常任法官主要是曾任英國、澳大利亞、新西
蘭和加拿大的最高級別法院的法官。[15] 儘管這不是法律要求的，但是香港首任
終審法院首席法官李國能建立了慣例，正審終審上訴的五人合議庭差不多全
部包括一位受邀的來自其他普通法地區的非常任法官（即超過 90% 的終審上
訴）。[16] 來自其他普通法地區的非常任法官積極參與終審法院的工作，經常撰寫
參與有關案件的主要判決，參與發展終審法院的判例法理。[17] 來自其他普通法
地區的知名法官的參與增加了終審法院的國際聲譽，使得法域間的司法對話變
得更為便利。[18] 這一制度也說明和證實了香港的獨立司法制度的活力，因為如
果這些法官對香港司法獨立沒有信心，或者對香港司法機關的完整性和聲譽有
懷疑的話，就不會接受非常任法官的任命。[19] 然而，這一制度近來受到內地及
香港一些論者質疑，他們主要是從國家主義的視角認為這些受邀的外國法官不
能理解"一國兩制"中"一國"的維度，或者不適合審理涉及國家主權、安全

14　參見《終審法院條例》（香港法例第 484 章）第 16 條。來自香港的非常任法官包括已退休的終審法院
　　常任法官，或者高等法院上訴法庭的退休或現任法官。來自其他普通法國家的非常任法官根據基本法
　　第 85 條任命，是香港特區制度中重要的特色之一。

15　對於歷年來自其他普通法地區的非常任法官人數，可參見林峰：〈"一國兩制"下香港"外籍法官"的
　　角色演變〉，《中外法學》2016 年第 28 卷第 5 期，第 1161 頁。

16　參見 Simon N. M. Young, Antonio Da Roza and Yash Ghai, "Role of the Chief Justice", in Simon N. M.
　　Young and Yash Ghai (eds.), *Hong Kong's Court of Final Appeal* (Cambridge: Cambridge University
　　Press, 2014), p. 231。應該注意的是，終審法院審理每宗上訴的法庭由五位成員組成，該法庭（以及
　　審理上訴申請的上訴委員會）組成都是由首席法官決定（ibid, p. 230）。首席法官也通常會分配判決
　　撰寫的任務，參見 Simon N. M. Young and Antonio Da Roza, "The Judges", in Simon N. M. Young
　　and Yash Ghai (eds.), *Hong Kong's Court of Final Appeal* (Cambridge: Cambridge University Press,
　　2014), p. 260.

17　See Joseph Fok, "The Influence of the Australian Judges on the Hong Kong Court of Final Appeal",
　　3 November 2016, https://www.hkcfa.hk/filemanager/speech/en/upload/182/LCA%20HK%20
　　Chapter%20speech.pdf (last accessed on 19 January 2024); Joseph Fok, "Global Justice and
　　Globetrotting Judges: Judges from Other Common Law Jurisdictions in the Hong Kong Court of
　　Final Appeal", 24 September 2019, https://www.hkcfa.hk/filemanager/speech/en/upload/2237/
　　IBA%20Seoul%20-%20Global%20Justice%20and%20Globetrotting%20Judges.pdf (last accessed
　　on 31 May 2024).

18　See P. Y. Lo, "The Impact of CFA Jurisprudence beyond Hong Kong", (2010) *Hong Kong Lawyer* 8,
　　pp. 36-41.

19　See David Neuberger, "Judges, Access to Justice, the Rule of Law and the Court of Final Appeal
　　under 'One Country, Two Systems'", (2017) *Hong Kong Law Journal* 47, pp. 899-913; David
　　Neuberger, "Speech by Lord Neuberger of Abbotsbury NPJ at the Farewell Sitting of the Court
　　of Final Appeal for Chief Justice Geoffrey MA Tao-li", 6 January 2021, https://www.hkcfa.hk/
　　filemanager/speech/en/upload/2262/GEOFFREY%20MA%20FINAL%20SITTING%20v3.pdf (last
　　accessed on 1 June 2024).

和利益的案件，或者對某些在香港有爭議的社會議題抱有既有取態。[20] 而最新對這一制度的質疑來自英國、澳大利亞及加拿大等國的政客和輿論，他們以為香港特別行政區的司法獨立和法治已 "備受損害"，是故來自其國家的法官或已退休法官不應繼續參與終審法院的工作。[21]

（二）司法制度的規模

2024 年 6 月，終審法院由一名首席法官、3 名常任法官和 4 名香港非常任法官（他們都是終審法院或上訴法庭的退休法官）和 8 名屬於英國、澳大利亞和加拿大最高級別法院的退休法官的其他普通法管轄區的非常任法官。

高等法院由上訴法庭和原訟法庭組成，由高等法院首席法官領導。上訴法庭有 12 名上訴法官，其中 3 名是上訴法院的副院長。[22] 原訟法庭有 22 位法官，另有 12 位特委原訟法庭法官。[23]

區域法院由首席區域法院法官、主任家事法庭法官和 44 位區域法院法官組成。

香港設有 7 個裁判法院在香港的不同區域。每個裁判法院都由一位主任

20　參見林峰：〈 "一國兩制" 下香港 "外籍法官" 的角色演變〉，《中外法學》2016 年第 28 卷第 5 期；田飛龍：〈香港 "客卿司法" 之反思〉，《明報》2017 年 3 月 3 日；Kimmy Chung, "Baroness Hale and Beverley McLachlin Become First Female Judges to Join Hong Kong's Court of Final Appeal despite 'National Interest' Concerns", *South China Morning Post*, 30 May 2018。內地方面可能未認識到在剛果（金）案中，當來自香港本地的四位法官意見相左時，正是梅師賢非常任法官的投票促成了法院依據基本法第 158 條第 3 款提請全國人大常委會解釋基本法，參見 *Democratic Republic of the Congo v. FG Hemisphere Associates LLC*（終審法院）。

21　See Robert Fife and Steven Chase, "Former Supreme Court Chief Justice Urged to Step down from Hong Kong Court", *The Globe and Mail*, 10 July 2020; George Parker, Jane Croft and Primrose Riordan, "Britain Warns on Future of UK Judges in Hong Kong", *Financial Times*, 24 November 2020; Primrose Riordan and Jane Croft, "Two Senior UK Judges Resign from Hong Kong's Top Court", *Financial Times*, 30 March 2022; Daniel Hurst, "Australian Justice Appointed to Hong Kong Court Argues Foreign Judges Shouldn't 'Vacate the Fieled'", *The Guardian*, 17 January 2023; "Top Judge Defends Hong Kong Court", *The Australian*, 9 July 2023; "It's Time for Beverley McLachlin to Quit Hong Kong's High Court", *The Globe and Mail*, 17 July 2023; "Beverley McLachlin's Continued Tenure on Hong Kong's Court is An Ongoing Disgrace", *The Globe and Mail*, 17 May 2024.

22　原訟法庭的一位法官在終審法院首席法官的要求下，可以作為上訴法庭的額外法官參與上訴法庭庭審，參見《高等法院條例》第 5（2）條。

23　特委原訟法庭法官都是資深大律師，被任命一個固定的期限，前提是每年要用一個月左右的時間在原訟法庭擔任法官，參見《高等法院條例》第 6A 條。

裁判官主持。香港共有 72 位裁判官，包括總裁判官、3 位主任裁判官及 68 位裁判官。[24] 裁判官級別的司法人員擔任死因裁判庭、小額錢債審裁處、勞資審裁處及淫藝物品審裁處的法官。

基本法第 90 條規定，香港特別行政區終審法院和高等法院的首席法官，應由在外國無居留權的香港特別行政區永久性居民中的中國公民擔任。

香港法官和裁判官大多數持中英雙語，雖然依然有一些（但數量已大幅減少）的非華裔法官。[25] 有論者以為香港的法院仍有大量的外國法官，這是誤將以前終審法院的十多位表列來自其他普通法地區的非常任法官都當成司法機構的固定編制。事實上，終審法院每年只是邀請五或六位來自其他普通法地區的非常任法官來港參與審理上訴。

除了上述的法官和屬於永久編制的司法人員，終審法院首席法官根據立法授權不時因應司法工作之所需，任命具有任期時限的原訟法庭、區域法院的暫委法官，以及暫委裁判官，還有一些高等法院和區域法院臨時常務官，及土地審裁處、小額錢債審裁處和勞資審裁處的臨時司法人員。[26] 暫委法官和暫委裁判官通常是已退休或前司法機關成員，或者是一些下級法院的成員（從下級法院被委任在上級法院任職），或者從私人執業的律師中選任。這些非永久編制的法官在香港司法機關中工作的問題在本章的其他部分討論。

自 1997 年以來，香港司法機關的年度報告附錄中記載了各級法院和裁判法院的案件負荷和案件量，也包括案件審理或聆訊的平均等候時間和司法機關設定的目標等候時間。[27]

24　此外，司法機構編制亦有特委裁判官的個別職級。特委裁判官不需要具有律師或者大律師資格，他們無權判處監禁，主要是處理一些輕微的刑事案件，例如交通違法、小販、隨地扔物等案件。

25　參照 2024 年 6 月香港司法機構網站上公佈的法官和司法人員名單（www.judiciary.hk/zh_cn/about_us/judges.html），可見在裁判官的層面上，所有裁判官都是華裔法官。在區域法院層面上，只有 1 位法官是非華裔的，華裔法官佔 97%。在高等法院原訟法庭，有 3 位法官不是華裔，華裔法官佔 86%，這 3 位非華裔法官中有 1 位是土生葡人。在上訴法庭，有 3 位非華裔，華裔法官佔 76%，3 位非華裔中有 1 位是印度裔的。

26　參見《高等法院條例》第 10 條；《區域法院條例》第 7 條；《裁判官條例》第 5A 條；《小額錢債審裁處條例》（香港法例第 338 章）第 4A 條；《勞資審裁處條例》（香港法律例 25 章）第 5A 條。

27　參見 https://www.judiciary.hk/zh/publications/publications.html（最後訪問時間：2024 年 5 月 31 日）。也參見每年屬於年度政府財政預算總預算分析的一部分的管制人員報告："總目 80——司法機構"，如 https://www.budget.gov.hk/2023/chi/pdf/chead080.pdf（最後訪問時間：2024 年 5 月 31 日）。

（三）法官選拔、任命和服務條件

香港的法官和司法人員必須具有專業律師資格。一般而言，擔任法官的先決條件是具有大律師或律師資格，[28] 而且在獲得資格後私人從業或被政府聘任為律師一定的時間，例如高等法院法官至少執業十年，[29] 區域法院法官和其他司法官員必須執業五年以上。[30]

基本法第 88 條規定，香港特別行政區法院的法官，根據當地法官和法律界及其他方面知名人士組成的獨立委員會推薦，由行政長官任命。第 92 條規定，香港特別行政區的法官和其他司法人員，應根據其本人的司法和專業才能選用，並可從其他普通法適用地區聘用。此外，第 90 條規定，香港特別行政區終審法院的法官和高等法院首席法官的任命或免職，還須由行政長官徵得立法會同意，並報全國人民代表大會常務委員會備案。

香港特別行政區按照基本法的要求成立司法人員推薦委員會。[31] 司法人員推薦委員會由終審法院首席法官（主席）、律政司司長，[32] 以及其他七名行政長官任命的成員（包括兩名法官、一名大律師、一名律師、三名非法律界人士）組成。行政長官任命大律師和律師為該委員會成員時需要諮詢大律師公會與律師公會這兩個法律專業團體，但是行政長官不是一定要任命這些職業團體推薦的人選。[33] 在實踐中，至今，行政長官一直接受兩個法律專業團體的建議人選。更重要的是，行政長官一直接受司法人員推薦委員會在任命、延期、續約

28　參見本書第一章第 "四（二）" 部分。

29　參見《高等法院條例》第 9（1）條。該十年時限可以包括擔任區域法官或其他司法人員的工作。

30　參見《區域法院條例》第 5 條；《裁判官條例》第 5AA、5AB 條；《死因裁判官條例》（香港法例第 504 章）第 3AA 條；《勞資審裁處條例》第 4A 條；《小額錢債審裁處條例》第 4AA 條。

31　《司法人員推薦委員會條例》（香港法例第 92 章）。它的前身是 1976 建立的司法服務委員會。關於司法人員推薦委員會的報告，參見 www.judiciary.hk/en/about_us/judicial_officers_reports.html（最後訪問時間：2024 年 5 月 31 日）。

32　律政司司長不單單是律政司的首長，也是香港特別行政區政府的首席法律顧問、刑事檢控的專門決定者及香港特別行政區維護國家安全委員會的成員。在回歸後，立法會個別議員因顧慮行政機關影響司法任命，表達了律政司司長不適合作為司法人員推薦委員會成員的意見。例如，〈司法及法律事務委員會向立法會提交的報告〉〔立法會 CB(2)2328/10-11 號文件〕，2011 年 7 月 8 日，第 32-35 段。

33　《司法人員推薦委員會條例》第 3（1A）、（1B）條。

等問題上的推薦。[34]

　　司法機構定期進行公開招聘以填補高等法院原訟法庭法官、區域法院法官和裁判官的空缺。每次進行公開招聘，司法機構均會在其網頁及報章刊登招聘廣告。申請人要填寫表格，披露其執業和工作經歷的細節以及其收入情況。對於那些之前有過暫委司法任命或其他司法經驗的人員，還需要披露其司法工作的情況。每次招聘帶來的所有申請，都交予一個由終審法院首席法官委任並由法官及司法人員組成的遴選委員會考慮。遴選委員會按照基本法和相關法例的有關要求，詳細考慮每名應徵者的專業資格和經驗。司法人員推薦委員會的委員會被邀請以觀察員的身份出席遴選委員會的遴選面試和會議。遴選委員會將所有應徵者是否合適獲任命為法官或司法人員的評估和建議，呈交司法人員推薦委員會考慮。另外，處理上訴的法院的法官（即終審法院法官和高等法院上訴法庭法官）、各法院領導及其他有行政及管理工作的司法職位，只會考慮由具備相關司法經驗的現職法官及司法人員出任。終審法院首席法官在諮詢相關法院領導後，會從司法機構內部建議合適的人選以填補該等司法職位的空缺。這些獲提名的人選其後亦會呈交推薦委員會考慮。司法人員推薦委員會在商議擬議司法任命時，會考慮有關人選的詳細資料，包括其專業資格和經驗、司法經驗、終審法院首席法官和法院領導就有關人選的工作表現和是否適合指定任命的評估，以及有關的遴選委員會的評估及建議。[35]

　　要注意的是，並非所有司法人員任命和延期的問題都由司法人員推薦委員會決定。終審法院首席法官的職權包括以下方面：（1）任命高等法院、區域法院的暫委法官、暫委裁判官以及終止其任命；[36]（2）延長超過退休年齡（70歲）的終審法院常任法官的任命，行政長官依據終審法院首席法官的推薦可

34　屬於司法人員推薦委員會推薦職權範圍的法官及司法人員名單，參見《司法人員推薦委員會條例》附表一。另外，終審法院非常任法官陳兆愷在 2013 年退休前的法庭儀式上的演辭説明，他自 1995 年參與選任法官工作的過程中，就是從來沒有任何人或者機構對法官任命加以干涉。他的同僚是依其才能獲得任命〔彙編在 (2013) 16 HKCFAR 1012〕。

35　參見司法機構：〈法官及司法人員的招聘及任命程序〉，2020 年 12 月 24 日，https://www.info.gov.hk/gia/general/202012/24/P2020122400200.htm?fontSize=1（最後訪問時間：2024 年 5 月 31 日）。

36　參見本章第"二（二）"部分。

以延期不超過兩次，每次三年；[37]（3）行政長官根據終審法院首席法官的推薦可以任命超過 70 歲的人士作為終審法院常任法官，任期三年，續任不得超過一次；[38]（4）續任終審法院的非常任法官，無論是來自香港本地還是來自其他普通法地區的非常任法官，都可以被任命三年任期，沒有退休年齡，而行政長官根據終審法院首席法官的推薦可以續任非常任法官，每一次續任均為三年任期，續任次數不限。[39]

在香港，一個高年資律師、大律師或資深大律師可以享有很豐厚的收入，這與法官的工資水準相差較大，所以司法機構並不容易聘任高等法院的法官，特別是這些法官通常會從資深大律師中選拔。2016 年，司法機關檢視了法官和司法人員的服務條件，政府同意提高法官及司法人員的工資和服務條件。負責審批政府預算的立法會在 2017 年起審查這份計劃。[40]

（四）法官的訓練和考核

和其他的普通法地區一樣，香港的法官和司法人員並非從那些通過法官考試的新人中選拔。和大陸法管轄區不同，香港也沒有專門培訓新晉法官和司法人員的學院。司法機構中的司法學院（之前的司法人員培訓委員會）常常會組織一些講座、會議、工作坊給法官和司法人員以提升庭審技巧，包括中文判決製作和調解。司法學院近期組織的講座亦包括中國憲法、中國國情及司法互助等題目。[41]

司法獨立原則需要伴以司法問責。在香港，各級法院的首長（終審法院

37　《香港終審法院條例》第 14（2）（a）條。

38　同上，第 14（2）（b）條。

39　同上，第 14（4）條。

40　參見馬道立：〈終審法院首席法官二〇一七年法律年度開啟典禮演辭〉，2017 年 1 月 9 日，https://www.hkcfa.hk/filemanager/speech/tc/upload/180/cj_speech_20170109_tc.pdf；政務司司長辦公室 / 行政：〈立法會參考資料摘要：法官及司法人員服務條件檢討〉，2016 年 12 月 7 日，https://www.legco.gov.hk/yr16-17/chinese/panels/ajls/papers/ajls20170123-csoadmcr2322288-c.pdf（最後訪問時間：2024 年 5 月 31 日）。

41　香港司法學院建於 2013 年，前身香港司法人員培訓委員會建於 1988 年。

首席法官、高等法院首席法官、區域法院首席法官、總裁判官）負責監督各級法官的工作表現。[42] 每一級別的首長會對其級別每位法官或司法人員撰寫評估報告。在審理上訴案件之後，上級法院法官在必要的情況下可以對被上訴的判決提交一份評估。[43]

（五）法官的任期

基本法第 89 條為法官提供了任期保障，規定"法官只有在無力履行職責或行為不檢的情況下，行政長官才可根據終審法院首席法官任命的不少於三名當地法官組成的審議庭的建議，予以免職"。[44]

終審法院的法官和高等法院首席法官的免職，按照基本法第 90 條，則須由行政長官徵得立法會同意，並報全國人民代表大會常務委員會備案。終審法院首席法官就只有在無力履行職責或行為不檢的情況下，行政長官才可任命不少於五名當地法官組成的審議庭進行審議，並可根據其建議，依照基本法第89 條規定的程序，予以免職。

基本法第 91 條維持了之前司法人員（而不是法官）的免職制度，之前的制度主要依據《司法官員（職位任期）條例》（香港法例第 433 章）。該條例規定了委派審裁處進行調查，該審裁處由兩名高等法院法官和一名公職人員組成，他們會將報告提交司法人員推薦委員會，後者審查報告後向行政長官提出

42　參見 Peter Wesley-Smith, "Individual and Institutional Independence of the Judiciary", in Steve Tsang (ed.), *Judicial Independence and the Rule of Law in Hong Kong* (Hong Kong: Hong Kong University Press, 2011), p. 121。對比 Tian Feilong, "Occupy Case Shows up Flaws in Basic Law", *South China Morning Post*, 7 March 2017，田飛龍副教授提出要修改香港司法機構的監督制度，建立獨立的非政府機構評估法院判決及其影響。這種提議的後半內容與某些香港建制人士的觀點相似，抱持這等觀點的人們，不滿法院處理 2014 年非法 "佔中" 運動、2016 年 "旺角暴動"，及 2019 年 "修例風波" 的刑事判決，要求監督法官及其判決。

43　See Simon N. M. Young, Antonio Da Roza and Yash Ghai, "Role of the Chief Justice", in Simon N. M. Young and Yash Ghai (eds.), *Hong Kong's Court of Final Appeal* (Cambridge: Cambridge University Press, 2014), p. 236.

44　基本法中沒有關於法官的定義，第 91 條規定了 "法官以外其他的司法人員"，第 92 和 93 條規定了 "法官和其他的司法人員"。第 89 條提到的法官應該包括終審法院、高等法院、區域法院的法官，他們的任期可以直到法律規定的退休年限。但是，可能不包括裁判官和低於區域法官級別的司法人員，他們在港英時期就不享有任職保障，而基本法第 91 條基本維持了 "原有的任免制度"。

建議。該條例中的程序也適用於完成第一個三年合同後繼續任職的裁判官以及相似級別的司法人員。事實上，新任命的裁判官和司法人員一般給予三年合同，在此之後他們可能需要續約或者申請轉為永久和可享受退休福利的職位。[45]

法官任期直到退休年齡，這點與司法獨立相關。上文已經闡述終審法院常任法官可在終審法院首席法官向行政長官推薦在其退休年齡之後依然續聘而獲行政長官任命。[46]就終審法院首席法官而言，行政長官可以在司法人員推薦委員會的建議下延續其任命，但不能超過兩次，每一次三年。[47]對於到達退休年齡的高等法院法官和區域法院法官，他們的延期任命由行政長官根據司法人員推薦委員會的建議作出，一般累計不超過五年。[48]

（六）司法人員薪酬

與任期保障一樣，經濟保障也是司法獨立的制度性要求。[49]在香港，司法人員薪俸及服務條件常務委員會成立於 1987 年，給予政府關於司法薪酬相關問題的意見。基本法第 93 條規定法官和其他司法人員年資予以保留，薪金、津貼、福利待遇和服務條件不低於原來的標準。為了解決經濟狀況惡化和嚴重的財政赤字問題，香港特別行政區政府在 2002 年和 2003 年立法削減公務員待遇（然而不會低於 1997 年之前的標準）。儘管這些削減不適用於司法機構，司法機構委任了澳大利亞前任首席法官梅師賢爵士進行一項關乎決定香港的司法薪酬標準的顧問研究。梅師賢爵士的報告於 2003 年公佈，其中建議應該立

45　See Peter Wesley-Smith, "Individual and Institutional Independence of the Judiciary", in Steve Tsang (ed.), *Judicial Independence and the Rule of Law in Hong Kong* (Hong Kong: Hong Kong University Press, 2011), p. 109.

46　參見本章第 "二（三）" 部分。

47　《香港終審法院條例》第 14（2）（a）條。

48　《高等法院條例》第 11A 條及《區域法院條例》第 11A 條。

49　*Valente v. The Queen*, [1985] 2 SCR 673. Also see Peter Wesley-Smith, "Individual and Institutional Independence of the Judiciary", in Steve Tsang (ed.), *Judicial Independence and the Rule of Law in Hong Kong* (Hong Kong: Hong Kong University Press, 2011), pp. 99-101.

法禁止在任何情況下減少法官和司法人員薪酬。[50]政府考慮了司法人員薪俸及服務條件常務委員會關於釐定法官及司法人員薪酬的架構和機制的報告後,在2008年作出決定改善司法薪酬的機制,引入一個考慮到一籃子特別因素而且更為透明的制度。司法人員薪俸及服務條件常務委員會則改組成為一個由7名非官守成員組成的獨立機構,成員包括一位大律師和一位律師,不包括現任或退休法官。政府也決定不必立法禁止削減薪酬,但是說明如果削減薪酬不會通過行政方式而是通過立法方式進行。[51]

(七) 法官的行為守則及投訴機制

2004年,香港特別行政區司法機構發佈了一份《法官行為指引》,提供了法官和司法人員的行為規範。這份指引參考了其他普通法地區的做法,例如澳大利亞、新西蘭、加拿大。[52]這個指引的目的之一是限制法官參與政治組織和活動。2022年5月,司法機構經檢討後發佈修訂後的《法官行為指引》,增加避免不必要地公開個人資料及關於社交媒體和"起底"的內容。[53]此外,鑒於公眾關心作為兼職法官的執業律師參與政黨的問題,司法機構於2006年6月發佈一份兼職法官的行為指引,以限制他們參與政黨的行為。[54]

為了避免潛在的利益衝突,高等法院和區域法院的法官被任命後享有常

50　See Anthony Mason, "Consultancy Report: System for Determination of Judicial Remuneration", February 2003, www.judiciary.hk/doc/en/publications/consultancy_report_e.pdf (last accessed on 31 May 2024).

51　參見香港特別行政區政府:〈釐定法官及司法人員薪酬的新制度〉,2008年5月20日,https://www.info.gov.hk/gia/general/200805/20/P200805200181.htm(最後訪問時間:2024年1月19日);公務及司法人員薪俸及服務條件諮詢委員會:〈二零二三年司法人員薪酬檢討報告〉,2023年7月,https://www.jsscs.gov.hk/reports/ch/jscs_23.pdf(最後訪問時間:2024年5月31日)。

52　2004年10月,香港司法行為指引發佈同月,英國的司法機關也發佈法官行為指引。隨後英國最高法院在2009年發佈法官行為指引。

53　參見〈法官行為指引〉,https://www.judiciary.hk/doc/zh/publications/gjc_c.pdf(最後訪問時間:2024年5月31日)。

54　參見〈關於非全職法官及參與政治活動的指引〉,2006年6月,https://www.judiciary.hk/doc/zh/publications/guideline_part_time_judge.pdf(最後訪問時間:2024年5月31日)。以下條款值得關注:"非全職法官只在有限的期限聆訊案件。他們的全職工作是執業律師。"非全職法官可能是政黨成員,但"較積極參與政治活動是很可能不獲接受"。指引提供一些積極參與的例子,並指出司法覆核的案件不會編排司法覆核予非全職法官處理。

額法官的任期保障，直到退休，而他們承諾在退休或者離開其法官工作後不再在香港法律界執業，除非之前獲得行政長官的同意。法律明確禁止終審法院的法官在退休後在法律界執業。[55]

　　2010 年，司法機構公佈了一份文件，説明如何就法官的行為作出投訴，以及司法機構如何處理對法官的投訴。歷年來，這份文件隨著投訴機制的完善而修訂，而最新版是在 2021 年 8 月發佈。總的而言，投訴機制不受理對法官的判決的投訴，因為正確的途徑是到高級法院提起上訴。如投訴是針對法官的個人行為，則由相關的法院領導（終審法院首席法官、高等法院首席法官、區域法院首席法官或者總裁判官）來處理。較為嚴重或複雜的投訴或者引起社會廣泛關注的投訴或會由多於一名高等法院級別的法官所組成的專責的法官小組處理。負責法官或專責的法官小組（在相關法院領導的協助下）會對事件進行調查，這或會包括翻查法院檔案及聆聽聆訊錄音，或者向投訴人索取進一步資料。在處理投訴期間，亦可能會向被投訴的法官瞭解其對有關投訴的回應。由相關法院領導調查的投訴的調查結果會交給一名或以上的高等法院級別的法官審視才完成處理。司法機構於 2021 年 8 月委任一個由終審法院首席法官擔任主席，成員包括法官和來自不同界別的社會人士的"投訴法官行為諮詢委員會"。該諮詢委員會首要就那些性質嚴重、複雜或引起社會廣泛關注的投訴進行審視和給予意見。它亦會聽取其他已完成調查和處理的投訴的扼要彙報，並對此等投訴個案給予意見。因應諮詢委員會的意見，終審法院首席法官可在理據充分的情況下指示重新處理和審視個案。如果需要，投訴個案會提交終審法院首席法官或者司法人員推薦委員會。在適當的情況下，終審法院首席法官或相關的法院領導會給被投訴的法官或者司法人忠告。[56] 近十年起，對法官、司法人員或司法機構的投訴上升。自 2019 年開始，司法機構接連收到針對某位法官或司法人員就某件案件的判決、判刑或言行的眾多相同或類似的投訴，於

55　《終審法院條例》第 13 條。

56　司法機構：〈如何就法官行為作出投訴〉，2021 年 8 月，https://www.judiciary.hk/doc/en/about_us/complaintsjjoleaflet.pdf（最後訪問時間：2024 年 5 月 31 日）。

是就這類個案開設了網站專頁,而不回覆個別投訴人。[57]

(八) 防止偏頗及迴避制度

香港特別行政區司法機構發佈的《法官行為指引》有一部分説明法官或司法人員因偏頗或其他理由而取消其在某案件的聆訊資格的情況和測試,[58] 有關情況包括 "實際偏頗"(actual bias),"推定偏頗"(presumed bias) 和 "表面偏頗"(apparent bias)。當聆訊案件的法官有 "實際偏頗" 或 "推定偏頗" 的情況時(例如該法官對案件的聆訊結果有金錢或產權上的利益),則自動取消其聆訊資格。在法庭中最常見的是指稱法官有 "表面偏頗",即參與其席前訴訟的一方要求該法官迴避,並由另一位法官審理案件。遇到這種要求時,有關法官必須引用案例説明的測試,[59] 即,"如果在有關的情況下,一個明理、不存偏見、熟知情況的旁觀者的結論是,法官有偏頗的實在可能,則該法官的聆訊資格便被取消。" 對法官就有關要求的決定,與訟方可選擇上訴。

另外,法律禁止法官參與上訴法庭關於其司法決定的上訴訴訟程序。[60]

(九) 陪審制度的保留

基本法第 86 條保留原在香港實行的陪審制度的原則。香港現行的陪審制度由《陪審團條例》和《高等法院規則》規定,可是制度上沒有賦予被告人選擇其刑事案件的審訊法院的權利,[61] 刑事案件應在哪一法院審理是由控方決定

57　就針對同一名法官或司法人員而提出的相同或類似投訴的網頁,參見:https://www.judiciary.hk/zh/about_us/similar_complaints.html(最後訪問時間:2024 年 5 月 31 日)。

58　參見〈法官行為指引〉,https://www.judiciary.hk/doc/zh/publications/gjc_c.pdf(最後訪問時間:2024 年 1 月 19 日),第 46-82 段。

59　參見 Deacons v. White & Case, (2003) 6 HKCFAR 322(終審法院)和 Falcon Private Bank Ltd v. Barry Bernard Edouard Charles Ltd, [2014] 3 HKLRD 375(上訴法庭)。

60　參見《高等法院條例》第 34(3)條。

61　參見 Chiang Lily v. Secretary for Justice, (2010) 13 HKCFAR 208(終審法院)。

的。[62] 在高等法院審理的刑事公訴，由原訟法庭法官連同一個由 7 人或 9 人的陪審團審理。在刑事審訊舉證及控辯陳述完畢後，主審法官必須就適用法律向陪審團作出指引，而陪審團必須跟從此種法律的指引。主審法官也通常就案件事實及證供向陪審團提述及提出總結，但陪審團是案件爭議事實的裁斷者，在這方面必須作出其判斷，以得出其對控罪的裁決。陪審團可作出一致裁決或大多數裁決。[63]

在高等法院審理的某些民事案件（譬如誹謗訴訟）的訴訟方，可向法庭要求召用陪審團審理案件。

（十）法官的非司法職能

香港有法律賦予行政機關委任法官擔任在司法領域外的不同工作。這些法律規定的意旨是運用法官的專業特長，[64] 或倚重他們的聲望或者獨立公正處理事情的技能。[65] 法官可以被任命作調查委員會的主席或者參加該委員會，儘管根據法律規定該工作並非一定需要法官承擔。[66] 也有一些情況下，法官被任

62　《香港國安法》第 46 條規定，對高等法院原訟法庭進行的就危害國家安全犯罪案件提起的刑事檢控程序，律政司司長可基於保護國家秘密、案件具有涉外因素或者保障陪審員及其家人的人身安全等理由，發出證書指示相關訴訟毋須在有陪審團的情況下進行審理。凡律政司司長發出上述證書，高等法院原訟法庭應當在沒有陪審團的情況下進行審理，並由三名法官組成審判庭。上訴法庭於 2021 年審理就律政司司長在危害國家安全犯罪案件中以證書訂明案件在原訟法庭的審訊不設陪審團的決定可否予以司法覆核時，認為這決定可予以司法覆核的理解十分有限：*Tong Ying Kit v. Secretary for Justice*, [2021] 3 HKLRD 350, [2021] HKCA 912（上訴法庭）。

63　如果陪審團是由 7 人組成，可接受 5 比 2 的大多數裁決。如果陪審團是由 9 人組成，可接受 7 比 2 的大多數裁決。

64　例如，根據《法律執業者條例》第 39E 條參與較高級法院出庭發言權評核委員會，根據《長期監禁刑罰覆核條例》（香港法例第 524 章）第 6 條參與長期監禁刑罰覆核委員會。

65　例如，根據《選舉管理委員會條例》（香港法例第 541 章）第 3 條擔任選管會的主席，或者根據《行政長官選舉條例》（香港法例第 569 章）第 41 條擔任選舉主任。

66　從 1886 年開始，總督就被法律授權任免調查委員會的成員，被任命的委員享有法院授予法官的權力、權利和特權。從 1966 年至今，共任命了 16 個調查委員會，包括了依據《1964 年調查委員會條例》及現行《調查委員會條例》（香港法例第 86 章）任命的人員。這些委員會大多由法官擔任主席，例如，首席按察司何瑾擔任 1966 年九龍騷動調查委員會主席，區域法院法官楊鐵樑擔任 1972 年雨災調查委員會成員，百里渠法官擔任 1973 年葛柏案調查委員會成員，楊鐵樑法官 1980 年 MacLennan 案調查委員會成員，甘士達上訴法庭副庭長擔任 1993 年證人保護調查委員會成員，胡國興法官擔任 1996 年嘉利大廈火災調查委員會成員，胡國興法官擔任 1998 年新機場調查委員會主席，楊振權法官擔任 2007 年與香港教育學院有關的指控調查委員會主席，倫明高法官擔任 2012 年南丫島撞船事件調查委員會主席，陳慶偉法官在 2015-2016 年間擔任食水含鉛超標調查委員會主席。

命做非法律規定的小組主席調查一些公眾關心的問題。[67] 雖然這些委員會和調查小組的職責是調查事實、討論事情，需與行政機關保持距離，可是也有一些法官可以被委任相關公職，負責審定事項、決定問題，與行政當局施行某項政策的機制融為一體。對此，李國能首席法官在 2009 年法律年度開啟典禮上指出，如果法官被要求承擔司法體系外的工作，那麼，就應該給予司法機關更多的資源，增加法官的職位或者聘用更多的暫委法官。他說道：

> 第一，司法機構並沒有主動要求由法官擔當此等工作。然而，若政府當局基於社會共識而建議立法訂明委任現任法官擔任某一職務，則只要司法機構認為在原則上並無不妥之處，便會在立法機關制定有關法例後安排法官出任。若社會的共識是，有關職務不必再由現任法官擔任，司法機構亦不會有異議。
>
> 第二，就所有司法機構以外的職務而言，不論是否屬於司法性質，如有關法例訂定現任法官及其他類別人士（例如退休法官及資深法律執業者）俱符合獲委任的資格，司法機構近年的做法是要求當局在現任法官以外另覓人選，並只有在沒有其他合適人選時，才會抽調現任法官擔任有關職務。在香港，退休法官的人數日漸增加，而且也有一定數目的資深法律執業者。……再者，此做法亦適用於沒有法例條文訂明出任資格的非法定機構職務。[68]

不過，上文所述的立場沒有說明那些從權力分置、各司其職的視角來看比較異常的例子。第一個是淫褻物品審裁處。它本身是司法機構下面的裁判

67　陪審法官 Paul Cressall 在 1941 年參加了關於防控救護局被控貪污和濫用權利的調查小組，參見 Kwong Chi Man and Tsoi Yiu Lun, *Eastern Fortress: A Military History of Hong Kong, 1840—1970* (Hong Kong: Hong Kong University Press, 2014), p. 157. 近期的例子包括包致金法官在 1993 年擔任 1993 年元旦蘭桂坊慘劇調查成員，馬天敏非常任法官擔任 2005 年嘉亨灣調查小組主席，夏正民法官擔任 2014 年廣深港高速鐵路香港段獨立專家小組的主席。

68　參見〈終審法院首席法官二〇〇九年法律年度開啟典禮演辭〉，2009 年 1 月 12 日，https://www.hkcfa.hk/filemanager/speech/tc/upload/97/CJ's%20speech%20at%20Ceremonial%20Opening%20of%20the%20Legal%20Year%202009%2020090112tc.pdf（最後訪問時間：2024 年 5 月 31 日）。

處，具有多種功能。出版人、發行人、出口人、版權擁有者、律政司司長及執法人員可以隨時將物品提交裁判處，獲得裁判處的類別評定（鑒定其是否為淫褻或不雅物品），以便協助其日後出版有關物品或者説明其日後提出指控。[69] 在一份司法機關提交給政府對《淫褻及不雅物品管制條例》的檢討報告中，司法機構指出，淫褻物品審裁處履行行政和司法兩方面的職能（後者構成提出某物品是否屬於淫褻或不雅事宜的刑事或民事案件的一部分），[70] 這樣很不理想。[71] 然而，至今政府並未對此作出任何修改。[72]

　　第二個是市場失當行為審裁處。這是一個法定機構，包括主席和兩名成員，主席必須是高等法院的法官或者前任法官。這個審裁處調查、決定和制裁證券及期貨市場失當行為。[73] 這個審裁處審理證監會提起的市場失當行為的指控，審裁處可以做出的處罰包括命令取消資格、不予提供服務、禁止行為、上繳獲益等。[74] 有論者指出這個審裁處除了名稱之外完全是一個法庭，行使司法權力卻不需要遵守對法庭的限制，例如保護當事人的訴訟程序性權利。高等法院原訟法庭否定了這一個引用了大量澳大利亞的判例的論點，法庭認為這個審裁處建立的目的是為了對香港金融市場進行規制和保護，並沒有因此剝奪香港法院的刑事司法管轄權或者僭越其地位。[75]

　　第三個是依據《截取通訊及監察條例》（香港法例第 589 章）任命的小組法官（他們都是高等法院原訟法庭法官），負責授權截取通訊、郵件或者監聽。[76] 在海外，有些國家的法律訂明法官在相關的領域下也需要授權截取通訊

69　參見《淫褻及不雅物品管制條例》（香港法例第 390 章）第 III 部。

70　參見《淫褻及不雅物品管制條例》第 IV 部。

71　參見司法機構：〈《管制淫穢及不雅物品條例》（第 390 章）檢討 — 司法機構的回應〉，2008 年 11 月，https://www.judiciary.hk/doc/en/publications/coia_judiciary_response.pdf（最後訪問時間：2024 年 5 月 31 日）。

72　See Lo Pui-yin, *The Judicial Construction of Hong Kong's Basic Law: Courts, Politics and Society after 1997* (Hong Kong: Hong Kong University Press, 2014), p. 246.

73　參見《證券及期貨條例》（香港法例第 571 章）第 XIII 部。

74　參見《證券及期貨條例》，第 257、258 條。

75　參見 *Luk Ka Cheung v. Market Misconduct Tribunal*, [2009] 1 HKLRD 114（原訟法庭）。

76　參見《截取通訊及監察條例》第 3 部第 2 分部。

或者監聽，但通常以發出令狀的方式。[77] 有論者指出，動用被挑選的法官非公開地從事非司法的行為，但同時讓他們享有與司法訴訟同樣的權力、保護和豁免，[78] 這與權力分置、各司其職的原則相左，也影響法官從事司法功能的能力和信用。[79] 另外，對政治機關借用司法機關的聲譽、以司法機關的中立性來掩蓋其行為的擔憂亦一直存在。[80]

三、基本法的司法實踐

香港的法治一直得到高度評價，其中包括國際和本地社會都認為香港有獨立且運作良好的法律制度和司法機關。香港的法官不腐敗，受到社會的信賴。港英時期的法律制度有它的欠缺，但法治價值、司法獨立及司法信譽卻成功地繼受為香港特別行政區的制度價值。第一章和本章分別說明香港特別行政區的法律制度的組成和價值，以及香港特別行政區的司法制度和設定。這些制度特點包括：（1）香港是雙語的法律和司法體制。（2）根據基本法，香港特別行政區繼受原有法律，包括普通法的原則，而全國性法律有限制地在香港特別行政區適用。也是根據基本法，香港特別行政區在審判案件時可參考其他普通法適用地區的判例。是故，在基本法在香港實施的二十多年間，香港特別行政區法院維持其普通法系的傳統，並參與普通法原則的探究和發展。（3）在"一國兩制"的特殊安排下，香港特別行政區終審法院享有終審權，但全國人大常務委員會可以頒佈基本法解釋，法院在引用相關條款時，應以該解釋為準。（4）終審法院的部分法官來自英國、澳大利亞、新西蘭和加拿大，他們對終審法院的審判和國際聲譽起到了重要的作用。（5）香港特別行政區行政長官作出

---

77   參見澳大利亞的《1979 年通訊（截取和使用）法令》和澳大利亞的《2004 年監聽法令》。

78   參見《截取通訊及監察條例》第 6（4）條。

79   See Hong Kong Bar Association, "Interception of Communications and Surveillance Bill", March 2006, https://www.hkba.org/uploads/20060324.pdf (last accessed on 31 May 2024).

80   參見 *Mistretta v. United States*, 486 US 361 (1989), p. 407（美國最高法院 Blackmun 法官）。

的絕大部分的司法任命是在獨立的司法人員推薦委員會推薦的基礎上。立法會有權否決最資深層級的司法任命。這種任命體制至今為止運行良好並未出現政治化的問題。(6) 法官享有任期保障和薪酬保障，對於法官待遇而言香港的制度運行良好。(7) 非常額法官包括暫時性和非全職法官，在香港司法體制中起到了重要的作用。(8) 終審法院首席法官是香港司法體系中最高級別的人物，也是最關鍵的角色。這是因為終審法院首席法官對司法機關的行政運作負責，享有各種權力，包括管理終審法院、任命不同法院的非常額法官。(9) 和其他普通法地區一樣，香港特別行政區法官也承擔著重要的司法以外的職能。(10) 香港特別行政區律政司司長有如其他普通法地區一般的職責，特別是在保障包括司法獨立等公眾利益方面。律政司司長也負有刑事檢控的最終決定權責，不受干預。(11) 香港的法律專業在維持香港普通法法制和司法體制上有重要角色。(12) 香港的法律援助服務確保香港市民不因為自身經濟能力所限而無法獲得必要的法律服務。

接下來，本章將介紹香港特別行政區法院如何實踐基本法。由於本書其他章也會述及法院在其他方面的司法實踐，所以這裏將比較簡括地提出香港特別行政區法院如何在其成立後在審理案件時解釋和構建了具體、自足和與香港以外的司法管轄區保持法理聯繫的基本法裁判體系。

（一）吳嘉玲案及其他居港權案

雖然香港特別行政區法院司法適用基本法的起點是 1997 年上訴法庭判決的馬維騉案，[81] 可是實在地說明香港特區法院如何司法實踐基本法則是 1999 年關於港人在中國內地所生子女在香港的居留權的吳嘉玲案。[82] 香港終審法院在其 1999 年 1 月 29 日的判詞中，確認了之前上訴法庭在馬維騉案中確立的香港特別行政區法院對香港特別行政區的立法審查其是否符合基本法的權力，指出

81　*HKSAR v. Ma Wai Kwan David*, [1997] HKLRD 761（上訴法庭）。

82　*Ng Ka Ling v. Director of Immigration*, (1999) 2 HKCFAR 4（終審法院）。

這是法院在行使基本法所賦予的司法權、執行及解釋基本法時的責任。同時，終審法院也指出，香港特別行政區法院有權審查全國人民代表大會或其常務委員會的立法行為是否符合基本法。其後，在參與起草基本法的幾位內地學者提出批評的背景下，終審法院在 1999 年 2 月 26 日就這個在當時其實不必談論和確定的事項頒下一份判詞，以作出"澄清"，聲明它在 1999 年 1 月 29 日的判案書並沒有質疑全國人民代表大常務委員會根據基本法第 158 條所具有解釋基本法的權力，並且，如果全國人大常委會對基本法作出解釋，香港特別行政區法院必須要以此為依歸。其後，在 1999 年末，終審法院在劉港榕案[83]中一致裁定，由於 1999 年 6 月全國人大常委會應國務院經考慮了香港特別行政區行政長官就吳嘉玲案判決提交的報告後而作出的提請，而就基本法第 22 條第 4款和第 24 條第 2 款第 3 項作出解釋，儘管不是依循基本法第 158 條第 3 款的規定經終審法院提請全國人大常委會作出解釋，人大解釋依然對香港特別行政區法院具有約束力。這可以說是終審法院循上述的"澄清"聲明而引出的路徑的必然決斷，亦可理解為終審法院因為在吳嘉玲案及陳錦雅案[84]中解釋基本法有關條文而引致中央出手干預，故要盡早處理該全國人大常委會解釋的效力問題，並透過承認和接受它的效力，使香港特別行政區法院與香港特別行政區政府和中央的關係歸於可控。另外，終審法院在 1999 年 2 月 26 日的同一份判案書中表示接受全國人民代表大會及其常委會依據基本法的條文和基本法所規定的程序行使任何權力"是不能質疑的"。22 年後，終審法院在黎智英案中依據這一句話，裁定香港特別行政區法院沒有權力裁定《香港國安法》任何條文因與基本法或適用於香港的《公民權利和政治權利國際公約》的條文或《香港人權法案條例》的條文不符而違憲或無效。[85]

　　吳嘉玲案在香港特別行政區司法實踐中的奠基作用不單體現在對違反基本法的法律的審查權，它也開展了法院解釋基本法的原則的討論。在 2001 年

83　*Lau Kong Yung v. Director of Immigration,* (1999) 2 HKCFAR 300（終審法院）。

84　*Chan Kam Nga v. Director of Immigration*, (1999) 2 HKCFAR 82（終審法院）。本案是與吳嘉玲案相關的訴訟，也是涉及哪些港人在中國內地所生子女享有居港權。

85　*HKSAR v. Lai Chee Ying,* (2021) 24 HKCFAR 33, [2021] HKCFA 3（終審法院）。

的莊豐源案中 [86]，終審法院引用基本法有關普通法可在香港特區繼續適用的條文，指明香港特區法院在解釋基本法時，必須應用普通法的法律解釋方法。當然，若全國人大常委會在一個不同的法律制度下依照基本法第 158 條對某條文作出解釋，則這關乎該條文的解釋對香港特區法院有約束力。除受上述事宜規限外，如何解釋基本法便屬於法院的權限。終審法院認為，此乃法院獲授予獨立司法權，以及香港特別行政區繼受的普通法的權力分立原則的必然結果。或許為了表明與內地釋法制度提到的“立法原意”有所區別，香港終審法院在該案的判案書中特意指出，法院在運用香港發展的普通法方法解釋法律時的任務是，詮釋法律文本所用的字句，以確定這些字句所表達的立法原意，亦即，法例的文本才是法律。法院不會只把有關條款的字句獨立考慮，而會參照條款的背景及目的。法律釋義這項工作需要法院找出有關條款所用字句的含義，而在這過程中需要考慮該條款的背景及目的。這是一種客觀的探究過程。如透過這探究過程，法院斷定有關條文的含義是清晰的，任何性質或屬性的外來資料均不能對解釋產生影響。正因為如此，終審法院以全國人大常委會未曾作出對第 24 條第 2 款第 1 項的正式解釋為理由，就獨自解釋該案所需要解釋的該項條文，同時不認為 1999 年全國人大常委會的解釋中所提及的已經體現基本法第 24 條第 2 款各項的立法原意的 1996 年香港特別行政區籌委會《關於實施〈中華人民共和國香港特別行政區基本法〉第二十四條第二款的意見》會影響終審法院對該項條文已認定為清晰的含義，作出了一個與上訴法庭和原訟法庭一致的判決。終審法院這樣處理 1999 年的人大釋法，可以說是要冒風險的，卻沒有帶來中央過大的反應（如再度釋法）。然而，在其後的十年內，有頗多內地女子來香港產子，形成所謂“雙非兒童”的人口問題。2012 年後，香港特別行政區政府的一系列行政措施有效地把產子潮壓下，否則終審法院後來在處理

86　*Director of Immigration v. Chong Fung Yuen*, (2001) 4 HKCFAR 211（終審法院）。本案也是關於誰享有居港權的訴訟，涉及的問題是，如中國內地居民在香港旅遊或探親時誕下嬰兒，嬰兒是否根據基本法享有香港永久性居民身份。

涉及外傭（家務助理）居港權的 Vallejos 案[87]時，或許不能如此從容地僅應用香港特區的法律解釋方法便了結有關法律爭議。

吳嘉玲案的第三個亮點是建立了基本法的權利保護體系。終審法院在該案的判案書表示，基本法第三章列明受基本法保障的各項自由是"兩制"中香港制度的重心所在。在其後的案件中，終審法院表明在解釋基本法第三章的條文和《香港人權法案條例》的條文時，適宜參考國際人權法中已經確立的原則，以及參考按其理據的性質及其與香港的情況的相關程度而具說服力的香港以外司法管轄區的法院所作的判決。香港特區終審法院也指出，政府有責任就任何對基本法保障的權利所做的限制提出其符合基本法的理由，法院將嚴謹地審查任何可能對基本權利施加的限制。法院的審查標準則由比較籠統的有關限制是否"必須"，闡述為適用比例原則的階段性驗證標準。終審法院更把比例原則擴展至驗證香港特別行政區立法或政府政策對基本法第三章以外的受基本法保護的權益，以確定限制這些權益的法律或政策是否違反相關的基本條文。法院亦以成熟的處理手法，調整司法審查的標準的嚴格程度，以及在判斷法律或政策與基本法條文有不符時，採用最能體現立法意圖的"補救性詮釋"，或通過明確在其後的某段日子內暫停執行不符合基本法的宣告，讓立法會在這段期間內制訂糾正性法例。[88]

（二）剛果（金）案

2011 年的剛果（金）案凸顯出香港特別行政區法律、司法制度與內地的法律、司法制度的不同可能會影響中華人民共和國國家主權利益的情況。雖然終審法院最後還是以 3 比 2 的多數判決表示，香港之前的"原有"普通法規則

---

[87]　*Vallejos v. Director of Immigration*, (2013) 16 HKCFAR 45。本案處理的問題是，從海外到香港當家務助理的外籍人士在香港工作七年後，是否可根據基本法成為香港永久性居民。

[88]　參見本書第三章。要注意的是，終審法院近年發展的人權保護法理亦受到批評，如前終審法院常任法官列顯倫就是對這方面資深的批評者，參見〔香港〕列顯倫著，田飛龍譯：《香港司法的未來》，香港：商務印書館（香港）有限公司 2022 年版；Henry Litton, *The Dance of Folly: Or How Theatrics Have Tarnished the Rule of Law* (Hong Kong: Kin Kwok Printing Press, 2021)。

因應香港成為中華人民共和國香港特別行政區而該有所適應，即，香港特別行政區作為中華人民共和國的地方行政區域，本身沒有法律依據去採用有別於中華人民共和國所遵從的國家豁免規則。[89] 是故，終審法院的多數判決裁斷香港特別行政區適用的外國國家豁免原則是中華人民共和國所採納的外國國家豁免原則，並決定在終局判決前提請全國人大常委會解釋基本法第 13 條和第 19 條。這個判決卻是來得不易。終審法院中 4 名本地法官以 2 對 2 的比數就香港特區適用國家豁免原則的問題爭持不下，而構成多數判決和決定提請全國人大常委會的"恪守一國"的關鍵一票，則來自終審法院的海外非常任法官梅師賢爵士。[90]

（三）候任議員宣誓案

2016 年 10 月 12 日在立法會發生的"宣誓風波"引起香港特別行政區行政長官及律政司司長向高等法院提出針對立法會主席讓兩位當日在就職宣誓時展示主張"港獨"的標語，並作出辱華言行的議員梁頌恆和游蕙禎可以在下一次的立法會會議重新宣誓的決定的司法覆核和針對該兩名議員的訴訟，要求法院根據《宣誓及聲明條例》（香港法例第 11 章）第 21 條和《立法會條例》（香港法例第 542 章）第 73 條裁定，該兩名議員已因違反就職宣誓的法定要求而喪失其議員資格。11 月 3 日，原訟法庭就案件進行了為期一天的聆訊，押後頒佈裁決。11 月 4 日，全國人大常委會公佈，已將對基本法第 104 條的解釋案列入議事日程。11 月 7 日，第十二屆全國人大常委會為期一週的第 24 次會議結束，通過並公佈關於基本法第 104 條的解釋。11 月 15 日，高等法院原訟法庭就"宣誓案"作出判決，[91] 裁定兩位議員在 10 月 12 日因拒絕作出法律要

89　See *Democratic Republic of the Congo v. FG Hemisphere Associates LLC*, (2011) 14 HKCFAR 95（終審法院）。

90　梅師賢爵士是澳大利亞前首席法官，從 1997 年起擔任香港終審法院非常任法官，2015 年任滿時年屆 90 歲，沒有續任。

91　*Chief Executive of the HKSAR & Anor v. President of the Legislative Council*, [2016] 6 HKC 417（原訟法庭）。

求的宣誓而喪失其議員資格。這一次的人大釋法,被有些論者認定是對於香港司法獨立、法院獨立行使審判權的"粗暴干預";一些法律界人士更組織了 1999 年以來第四次的"靜默遊行",以示抗議。然而,其後,上訴法庭及終審法院均自覺和一致地遵行和應用 2016 年 11 月全國人大常委會對香港基本法第 104 條作出的解釋,包括應用該解釋第 2 條及第 3 條中對"就職時必須依法宣誓"的含義及宣誓的約束力的規定。這包括了終審法院上訴委員會在 2017 年 9 月 1 日否決上文所指的兩名議員就其喪失議員資格的高等法院上訴法庭判決的終審上訴許可申請時,[92] 重申全國人大常委會作出的對基本法的解釋約束香港特別行政區法院,它申明了有關條文現時及自 1997 年 7 月 1 日基本法生效起一直以來的涵義,並認為之前的終審法院的裁定屬於權威性裁定,沒有需要重新考慮,[93] 於是信納全國人大常委會對基本法第 104 條的解釋"具有清晰的範圍和效力,梁游二人被取消資格是他們拒絕或忽略作出立法會誓言自動產生的結果,而在本案的有關時間,即梁游二人據稱宣誓之時,基本法第 104 條的真確解釋對香港特別行政區的法庭是有約束力的"。

(四) 黎智英案

2020 年 6 月 30 日,《香港國安法》在香港特別行政區公佈實施。如前所述,這部全國性法律是一部綜合性而又包含一套執法和審判制度的維護國家安全法律。[94]2021 年 2 月 9 日,香港特別行政區終審法院在黎智英案中,就解釋及引用該法不同於和不屬於基本法的條文提出其理解,認為由於該法的第 4 及 5 條規定維護國家安全的同時,須保障和尊重人權並堅持法治價值,於是,人權、自由和法治價值在引用該法時須予以保護及堅持。是故,在解釋及引用該法某條文時,在盡可能情況下,條文須獲賦予符合這些權利、自由和價值的意

92　*Yau Wai Ching v. Chief Executive of the Hong Kong Special Administrative Region*, (2017) 20 HKCFAR 390(終審法院)。

93　參見本書第十章。

94　參見本書第一章第"三(四)"部分。

義和效力。[95]

四、小結：司法誓言的意義

香港特別行政區的每一位法官和司法人員（包括暫委法官及司法人員）就任時要按照司法誓言宣誓。司法誓言的文本為：[96]

> 我謹此宣誓：本人就任中華人民共和國香港特別行政區法院法官／司法人員，定當擁護《中華人民共和國香港特別行政區基本法》，效忠中華人民共和國香港特別行政區，盡忠職守，奉公守法，公正廉潔，以無懼、無偏、無私、無欺之精神，維護法制，主持正義，為香港特別行政區服務。

閱讀文本，可見該司法誓言含擁護誓、效忠誓和正義誓。面對未來，可以預見，香港的法官和司法人員會秉持這三誓一體的司法誓言，服務香港特別行政區。這是他們的工作、志業和命運。

95　*HKSAR v. Lai Chee Ying*（終審法院）。終審法院裁定，由於該案應用《香港國安法》第 42（2）條，它的主題內容對是否批准保釋構造了一個特定例外情況，所以它雖然在香港法律現有保釋機制的環境或背景中運作，並在合適的情況下，運用相關的規則和原則，但同時亦對批准保釋方面提出了全新和更嚴格的可准保釋的條件。

96　參見《宣誓及聲明條例》附表二。

第七章

香港特別行政區的經濟

曹旭東

中山大學粵港澳發展研究院副院長、教授

一、引言

　　基本法第 5 條規定："香港特別行政區不實行社會主義制度和政策，保持原有的資本主義制度和生活方式，五十年不變。"該條文確定了兩制的差異，那麼資本主義制度與社會主義制度的分野是什麼？按照馬克思的觀點，首先是經濟制度上的差異。基本法第五章內容正是對第 5 條"原有的資本主義制度"中經濟內容的詳細展開，同時也是"一國兩制"原則下，特區經濟方面高度自治權的規範內涵。因此，基本法中的經濟條款必須通過"一國兩制"基本原則下的憲法意義來理解。[1]

　　香港基本法中對香港經濟的安排以"核心規定＋具體制度"方式呈現。核心規定是總則的第 6 條和第 7 條。第 6 條規定："香港特別行政區依法保護私有財產權。"該條旨在保護原有資本主義制度的核心，即私有制。第 7 條規定："香港特別行政區境內的土地和自然資源屬於國家所有，由香港特別行政區政府負責管理、使用、開發、出租或批給個人、法人或團體使用或開發，其收入全歸香港特別行政區政府支配。"該條旨在確定最重要的生產資料的權益

1　See Yash Ghai, *Hong Kong's New Constitutional Order: The Resumption of Chinese Sovereignty And The Basic Law* (Hong Kong: Hong Kong University Press, 1999), pp. 231-244.

歸屬問題。這裏採用了所有權和使用權分離的制度安排，即"國家所有、特區使用"，這為原有資本主義制度有效延續提供了物質基礎方面的憲制保證。

　　具體制度的內容規定在基本法第五章，第五章規定了經濟制度的具體範圍和基本內容，即財產權制度、財政制度、稅收制度、金融制度、貨幣制度、外匯制度、貿易制度、產業制度、土地契約、航運和民用航空制度等。在憲制性法律中規定如此詳盡的經濟制度並不常見，這裏之所以作如此規定，首要的考慮是從憲制層面保證制度的連續性，即原有資本主義制度保持不變並非是空洞的，需要在具體制度上加以明確。但同時必須指出的是，這些制度延續的確定性和剛性，一定程度上也可能會影響香港特區管理和引導經濟的自治能力。[2] 當然，客觀來說，基本法的規定還是給政府的經濟政策留下了足夠的政策空間，在實踐中法院也極少以本章內容的規定對政府的政策、決定等予以否定，法院也非常清楚這些事務大部分須留在政治和行政過程中進行處理，而並非法院的專長。

二、財產權、財政、金融、貿易和工商業

（一）財產權

　　"私有制＋市場經濟"構成了資本主義經濟制度的核心，其中私有制更是前提和基礎。私有制意味著在財產權體系中，私有財產佔主體地位，且與公共財產享有同等法律地位；在經濟活動中，私有經濟佔據主導地位。這與社會主義的內地是不同的，在內地的財產體系中，公共財產的地位更高，按照憲法的規定，公共財產是"神聖不可侵犯"的，而私有財產僅為"不受侵犯"但並無"神聖"地位。

2　See Yash Ghai, *Hong Kong's New Constitutional Order: The Resumption of Chinese Sovereignty And The Basic Law* (Hong Kong: Hong Kong University Press, 1999), pp. 231-244.

基本法第五章第一節的標題是"財政、金融、貿易和工商業",實則該標題無法涵蓋第 105 條的內容。

基本法第 105 條規定:

> 香港特別行政區依法保護私人和法人財產的取得、使用、處置和繼承的權利,以及依法徵用私人和法人財產時被徵用財產的所有人得到補償的權利。
>
> 徵用財產的補償應相當於該財產當時的實際價值,可自由兌換,不得無故遲延支付。
>
> 企業所有權和外來投資均受法律保護。

該條其實是對第 6 條內容的具體展開。本條與第五章其他條文相比,具有更強的司法適用性,其規範內涵可以從以下方面加以理解:第一,特區需要"依法"保護財產權。"依法"作為限定詞,並不表示立法可以對財產權的權利內容進行任意規定,立法對財產權的限制仍然需要接受合憲性審查。按照香港終審法院的觀點,"依法"主要想表達的是要遵循法治的確定性原則。[3] 第二,財產權的主體包括私人和法人,因此可以區分為私人財產權和法人財產權。財產權並未規定在第三章"居民的基本權利和義務"章節,因此財產權是否具有基本權利的地位需要說明。通常而言,私人(或自然人)的財產權當然具有基本權利地位,但法人的財產權並不明確。因為基本權利的主體通常僅指向自然人。筆者認為,寫在基本法中的權利都應享有基本權利的地位,儘管法人財產權的主體並非自然人,也應作為一項特殊基本權利對待。第三,受到法律保護的財產權內容包括財產的取得、使用、處置和繼承的權利,還包括財產被依法徵用時獲得補償的權利。第四,本條第 3 款規定,企業所有權和外來投資均受法律保護。這裏的"企業所有權"是指企業財產所有權。[4] 對香港而言,本地工

3　See *Hysan Development Co Ltd and Others v. Town Planning Board*, FACV 21/2015.

4　王叔文:《香港特別行政區基本法導論》,北京:中共中央黨校出版社 1990 年版,第 275 頁。

商業者和外來投資者具有同等重要的地位，本款同時對這兩項重要的財產權進行特別強調，旨在讓工商界和投資者放心。

除了上述四點之外，本條也規定了財產徵用補償的基本制度。首先，什麼是"財產"？夏正民法官指出"財產"一詞在普通法下的涵義十分廣泛，而該詞如用於憲制文件中，須作廣義和按立法目的解釋。[5] 第 105 條所指的"財產"可以被取得、使用和處置，包括以繼承的方式處置，則必定可以被管有和移交予別人而不再被管有。[6] 質言之，財產須具有兩項特徵，即可以被管有和可以被移交。其次，什麼是"徵用"，與"徵收"是什麼關係？在內地法語境下，徵用針對的是財產使用權，徵收針對的是財產所有權。夏正民法官亦認為第 105 條所指的"徵用"（deprivation）可詮釋為"徵收"（expropriation）。[7] 當藉助徵用權取得財產時，大多數沿用英國憲法傳統的司法管轄區均表示為強制取得（compulsory acquisitions），而大多數沿用德國憲法傳統的司法管轄區則指為徵收（expropriations），這兩個字詞的涵義大致相同。[8] 且徵收不僅包括正式徵收，還包括事實徵收。當法庭確認是否構成徵用時，其考察的關鍵是實質而非形式。[9] 如果要對財產進行徵用必須依法進行，也就是必須有法律上的正當理由並且滿足法律規定的程序要求。再次，要進行補償，補償標準的計算是"當時實際價值"標準。夏正民法官認為，基本法第 6 條及第 105 條只保護現有的財產權，而非預期的權利（例如未曾賺取的款項）。[10] 什麼是"實際價值"補償標準？林文瀚

5　*Michael Reid Scott v. The Government of the Hong Kong Special Administrative Region*, HCAL 188/2002. 參見基本法第 6 條及第 105 條對財產權的保護：https://www.doj.gov.hk/tc/publications/pdf/basiclaw/cbasic12_2.pdf（最後訪問時間：2021 年 3 月 30 日）。

6　*Michael Reid Scott v. The Government of the Hong Kong Special Administrative Region*, HCAL 188/2002. 參見基本法第 6 條及第 105 條對財產權的保護：https://www.doj.gov.hk/tc/publications/pdf/basiclaw/cbasic12_2.pdf（最後訪問時間：2021 年 3 月 30 日）。

7　Harvest Good Development Limited 案。參見基本法第 6 條及第 105 條對財產權的保護：https://www.doj.gov.hk/tc/publications/pdf/basiclaw/cbasic12_2.pdf（最後訪問時間：2021 年 3 月 30 日）。

8　Harvest Good Development Limited 案。參見基本法第 6 條及第 105 條對財產權的保護：https://www.doj.gov.hk/tc/publications/pdf/basiclaw/cbasic12_2.pdf（最後訪問時間：2021 年 3 月 30 日）。

9　*Fine Tower Associates Ltd v. Town Planning Board*, [2008] 1 HKLRD 553. 參見基本法第 6 條及第 105 條對財產權的保護：https://www.doj.gov.hk/tc/publications/pdf/basiclaw/cbasic12_2.pdf（最後訪問時間：2021 年 3 月 30 日）。

10　*Michael Reid Scott v. The Government of the Hong Kong Special Administrative Region*, HCAL 188/2002. 參見基本法第 6 條及第 105 條對財產權的保護：https://www.doj.gov.hk/tc/publications/pdf/basiclaw/cbasic12_2.pdf（最後訪問時間：2021 年 3 月 30 日）。

法官認為需滿足以下三個要件：（1）收回或徵用財物與涉及的損失，兩者之間必須有因果關係；（2）要符合獲賠償資格，損失不能過於間接；（3）申索賠償的人理當合理行事，以消除或減低損失，並避免招致不合理的開支。[11] 此外，該補償必須是可以自由兌換的財產，不能給權利人帶來額外的負擔，更不能給予其不能自由兌換的補償。補償還須按時支付，沒有正當理由不得拖延。

（二）財政

香港特別行政區擁有完全獨立的財政制度，與內地的國家財政體系相分離，特區政府自行管理支配財政收入，自行制定預算、財政政策，不受國家財政的領導、指導、監督和影響。

基本法第 106 條規定：

> 香港特別行政區保持財政獨立。香港特別行政區的財政收入全部用於自身需要，不上繳中央人民政府。中央人民政府不在香港特別行政區徵稅。

基本法對此作出規定，保障其財政的高度自治。其原因在於：一是源於《中英聯合聲明》附件一第 5 條的規定："香港特別行政區自行管理財政事務，包括支配財政資源，編制財政預算和決算。香港特別行政區的預決算須報中央人民政府備案。中央人民政府不向香港特別行政區徵稅。香港特別行政區的財政收入全部用於自身需要，不上繳中央人民政府。徵稅和公共開支經立法機關批准、公共開支向立法機關負責和公共帳目的審計等制度，予以保留。"這是中國政府在國際法上的莊嚴承諾。二是香港屬於資本主義市場經濟體制，財政獨立可以保障香港擁有充足的財政儲備和強勁的經濟實力，以應對世界資本主義的經濟動盪，維持港幣的穩定。

11　*Penny's Bay Investment Co Ltd v. Director of Land*, LDMR 23/1999, LDMR 1/2005. 參見基本法第 6 條及第 105 條對財產權的保護：https://www.doj.gov.hk/tc/publications/pdf/basiclaw/cbasic12_2.pdf （最後訪問時間：2021 年 3 月 30 日）。

　　需要注意的是，香港基本法中對特區財政收入的用途限於“自身需要”，而澳門基本法第 104 條規定的是財政收入全由澳門特區政府“自行支配”。[12] 兩地政府對財政收入用途均具有充分的自主權，但二者用詞出現區別，其原因在於，香港基本法於 1990 年 4 月 4 日由第七屆全國人民代表大會第三次會議審議通過，1991 年華東地區突發特大水災，香港和澳門兩地政府均決定劃撥賑災款項施以援手。但根據香港基本法的規定，香港財政收入用途僅限於自身需要，如果撥付賑災款予內地災民似乎與基本法規定不符。[13] 因此，澳門基本法在制定過程中將“用於自身需要”變通為“自行支配”，以避免於基本法不符的情況。

　　基本法第 107 條規定：

> 香港特別行政區的財政預算以量入為出為原則，力求收支平衡，避免赤字，並與本地生產總值的增長率相適應。

　　根據基本法，香港特區政府長期奉行“量入為出”的審慎理財原則。這樣的規定主要由於港英時期的英國“斷不會從祖家拿錢來接濟殖民地”，所以港英政府必須謹慎用錢，這一傳統延續至回歸以後。[14]《公共財政條例》是目前香港特區政府平衡預算、管理財政的法例依據，該條例較好地貫徹了基本法的規定，對保障特區政府長遠發展利益、實現穩中求進具有重要作用。

（三）稅收

　　香港特區實行獨立的稅收制度，可以依據自己實際情況和需求，完善原有制度或增設新稅制，與內地稅制相分離，稅收收益不上繳中央，中央也不在

12　《澳門基本法》第 104 條：“澳門特別行政區保持財政獨立。澳門特別行政區財政收入全部由澳門特別行政區自行支配，不上繳中央人民政府。中央人民政府不在澳門特別行政區徵稅。”

13　參見焦洪昌、姚國建：《港澳基本法概論》，北京：中國政法大學出版社 2009 年版，第 206-207 頁。

14　〈觀察：懂投資會賺錢　香港政府理財有道〉，中國新聞網，https://www.chinanews.com/ga/2014/01-30/5799795.shtml（最後訪問時間：2021 年 3 月 30 日）。

香港特別行政區徵稅。兩地在央地稅收關係上互不隸屬，香港擁有充分的自主性、決定性、獨立性。

基本法第 108 條規定：

> 香港特別行政區實行獨立的稅收制度。香港特別行政區參照原在香港實行的低稅政策，自行立法規定稅種、稅率、稅收寬免和其他稅務事項。

根據《稅務條例》，香港實行分類稅制，採用地域來源原則，只對在本港產生的收入徵稅。納稅人按不同的入息來源分為直接稅和其他稅項。直接稅包括利得稅、薪俸稅和物業稅三項，並設有優厚的免稅額和稅項扣除；其他稅收包括印花稅、博彩稅、關稅，是針對商品和勞務徵收的間接稅。[15] 香港特區為進一步減輕企業和個人的稅務負擔，增強香港在環球市場的競爭優勢，持續出台多項新的利得稅寬減措施，以促進香港的國際商業發展，鞏固其金融中心地位。目前已經取消徵稅的項目包括：股息、銷售稅、消費稅、增值稅、預提稅（股息和利息）、資本增值稅、遺產稅、酒店房租稅，亦可申請印花稅寬免。[16] 在 2017 年 7 月制定的《2017 年稅務（修訂）（第 3 號）條例》，為香港的合資格飛機出租商及合資格飛機租賃管理商提供稅務寬減。[17] 香港於 2017 年 6 月 7 日簽訂《實施稅收協定相關措施以防止稅基侵蝕和利潤轉移（BEPS）的多邊公約》[18]，"與不同稅務管轄區簽訂全面性避免雙重課稅協定／安排，旨在避免雙重課稅和防止逃稅，並促進香港與其他稅務管理當局之間的緊密合作"[19]。

香港的稅制呈現出簡單、低稅率的典型特徵，實行分稅制、低稅制、納

15　〈德勤：香港稅務指南 2020〉，德勤官網，https://www2.deloitte.com/content/dam/Deloitte/cn/Documents/tax/ta-2020/deloitte-cn-tax-tap0382020-zh-200806.pdf（最後訪問時間：2021 年 3 月 30 日）。

16　〈德勤：香港稅務指南 2020〉，德勤官網，https://www2.deloitte.com/content/dam/Deloitte/cn/Documents/tax/ta-2020/deloitte-cn-tax-tap0382020-zh-200806.pdf（最後訪問時間：2021 年 3 月 30 日）。

17　〈香港──在基本法下蓬勃發展的國際商業金融中心〉，香港特區政府律政司網站，https://www.doj.gov.hk/en/publications/pdf/basiclaw/cbasic20_3.pdf，最後訪問時間：2021 年 3 月 30 日。

18　〈德勤：香港稅務指南 2020〉，德勤官網，https://www2.deloitte.com/content/dam/Deloitte/cn/Documents/tax/ta-2020/deloitte-cn-tax-tap0382020-zh-200806.pdf（最後訪問時間：2021 年 3 月 30 日）。

19　〈香港──在基本法下蓬勃發展的國際商業金融中心〉，香港特區政府律政司網站，https://www.doj.gov.hk/en/publications/pdf/basiclaw/cbasic20_3.pdf（最後訪問時間：2021 年 3 月 30 日）。

稅地域來源原則，稅種少、稅基小、稅率低、稅務優惠、全面性避免雙重課稅是助力香港成為國際商業中心的關鍵因素之一。

（四）金融

香港作為國際金融中心，地理位置優越，是連接北美洲與歐洲時差的橋樑，[20] 有與英美等金融強國緊密聯繫的金融機構和金融市場，保持著"紐倫港"的金融中心格局。

基本法第 109 條規定：

> 香港特別行政區政府提供適當的經濟和法律環境，以保持香港和國際金融中心地位。

香港特區政府恪守盡量不干預金融市場運作的原則，並盡力提供一個有利營商的環境：實施低稅政策和推行簡單稅制；高度重視法治，為所有參與市場的人士提供公平的競爭環境和健全的法律、監管制度；不阻止外國公司參與本地的金融市場，有穩定的金融和貨幣體系；促進信息及資金自由流動，不實施外匯管制；優化專業服務的人才和配套措施。

基本法第 110 條規定：

> 香港特別行政區的貨幣金融制度由法律規定。香港特別行政區政府自行制定貨幣金融政策，保障金融企業和金融市場的經營自由，並依法進行管理和監督。

基本法授予香港特區政府自行制定金融貨幣政策和管理金融業的權力，

---

20   香港與倫敦、紐約共同組成 24 小時連續進行交易的金融網。

同時也要求政府承擔對金融業進行監督管理的義務。香港特區政府設置了金融管理局（金管局）、證券及期貨事務監察委員會（證監會）、保險業監管局（保監局）及強制性公積金計劃管理局（積金局），分別負責監管銀行業、證券業和期貨業、保險業和退休計劃的業務。[21]2017 年 7 月生效的《金融機構（處置機制）條例》（第 628 章）是完善香港金融服務監管制度、鞏固香港國際金融中心地位的重要法例之一。

（五）貨幣

香港擁有獨立的貨幣制度。"港元"作為世界上可自由兌換的重要貨幣，為香港的繁榮穩定和維持其國際金融中心的地位發揮了重要作用。

基本法第 111 條規定：

> 港元為香港特別行政區法定貨幣，繼續流通。
>
> 港幣的發行權屬於香港特別行政區政府。港幣的發行須有百分之百的準備金。港幣的發行制度和準備金制度，由法律規定。
>
> 香港特別行政區政府，在確知港幣的發行基礎健全和發行安排符合保持港幣穩定的目的的條件下，可授權指定銀行根據法定權限發行或繼續發行港幣。

這是基本法對維持港幣地位作出的重要保障。在一個主權國家中，一般只有國家才有權發行貨幣，以維持域內貨幣的統一性，[22] 而中央保持"港元"獨立的法定貨幣地位，對香港的幣制作出特別安排，是對香港聯繫匯率貨幣制度的尊重。香港的貨幣制度經歷了從銀本位制到港元與美元直接掛鈎的過程。

21　〈香港便覽：香港的金融制度〉，香港特區政府網站，https://www.gov.hk/sc/about/abouthk/factsheets/docs/financial_services.pdf（最後訪問時間：2021 年 3 月 30 日）。

22　又見焦洪昌、姚國建主編：《港澳基本法概論》，北京：中國政法大學出版社 2009 年版，第 210 頁。

"1863 年，香港政府宣佈銀元為法定貨幣，確立銀本位制貨幣制度，貨幣與白銀等值，銀元可兌換成白銀。1934 年起，美國通過了購銀法案，在國際市場高價購買白銀，形成全球白銀危機，導致中國內地和香港地區白銀大量外流。1934 年 12 月，香港立法局通過《港幣條例暨貨幣條例》[23]，廢除了銀本位制，改用紙幣，並按 16 港元兌 1 英鎊匯率，將港元與英鎊掛鈎，使港幣成為世界上可自由兌換的貨幣。"[24]1972 年英鎊區解體，英鎊貶值，港元遂放棄與英鎊的掛鈎，而選擇與美元掛鈎。1974 年，布雷頓森林體系瓦解，美元貶值，港元自由浮動。為穩定港元匯率，香港於 1983 年實施聯繫匯率制，使港元兌換美元的匯率穩定在 7.75 至 7.85 港元兌換 1 美元的區間內，加之不實行外匯管制，港幣日趨穩定，逐步成為資本主義世界中一種獨立的貨幣。香港特區成立後，為了維持港幣的地位，必須保持香港原有的貨幣制度，故基本法授權香港政府自行決定其貨幣制度和貨幣政策，中央政府財政部門不加干涉。

雖然基本法規定港元的發行權屬於香港特區政府，但根據港幣的發行習慣，政府不會取代發鈔銀行的工作。根據《法定貨幣紙幣發行條例》（第 65 章）的規定，港幣（紙幣）主要由香港政府授權滙豐銀行、渣打銀行、中國銀行分別發行，硬幣和小面額零鈔由特區政府直接發行，故港幣的發行制度分為授權銀行發行和政府直接發行兩種方式。

準備金（Reserve）又稱為存款準備金，是指商業銀行及其他吸收存款的金融機構吸收存款後，必須按照中央銀行規定的比率向中央銀行繳存一部分，作為一種必要的準備。實行存款準備金的目的是確保商業銀行在突遇用戶大量提取銀行存款時，具備相當充足的清償能力。[25]準備金制度有利於港元匯率穩定。香港沒有中央銀行，港幣的發行權屬於特區政府，貨幣管理權則由香港金融管理局來擔當。發鈔銀行在發行港元時，須有足夠的外匯資產作擔保，將等值的

23　後更名為《外匯基金條例》。

24　參見史曉婉：《香港貨幣發行機制及其對我國的啟示》，上海交通大學碩士學位論文，2015 年，第 12 頁。

25　中國人大網，http://www.npc.gov.cn/zgrdw/npc/flsyywd/jingji/2004-10/26/content_337722.htm（最後訪問時間：2023 年 6 月 20 日）。

美元存入外匯基金，按 7.80 港元兌 1 美元的兌換匯率向香港金管局交出美元，金管局則提供在港元匯率高於或低於聯繫匯率 7.80 港元兌 1 美元的水平時的雙向兌換保證，最終達到以聯繫匯率 7.8 港元為中心點的對稱運作模式。

（六）外匯

基本法第 112 條規定：

> 香港特別行政區不實行外匯管制政策。港幣自由兌換。繼續開放外匯、黃金、證券、期貨等市場。
>
> 香港特別行政區政府保障資金的流動和進出自由。

香港特區實行自由的外匯政策，沒有外匯管制，資金可自由流動和進出，港幣可自由兌換，外匯、黃金、證券、期貨等金融市場自由開放，交易活躍。

基本法第 113 條規定：

> 香港特別行政區的外匯基金，由香港特別行政區政府管理和支配，主要用於調節港元匯價。

根據《外匯基金條例》的規定，香港外匯基金是香港特區政府的財政儲備，主要作用在於直接或間接影響港元匯率，次要作用是維持香港貨幣與金融體系的穩定健全，以保持香港的國際金融中心地位。外匯基金制度是根據香港1935 年的《貨幣條例》（即現在的《外匯基金條例》）設立，是香港特區獨立財政體系的一部分，與中央人民政府的外匯庫存相分離。特區政府享有管理和支配外匯基金的權力和職責。外匯基金的用途限於調節和穩定港元匯價，控制港幣發行。正是得益於“一國兩制”憲制安排和香港基本法規定的金融體系，香港已成為全球（除中國內地以外）最大的離岸人民幣交易市場。

（七）貿易

香港是支持國際貿易、轉口貿易、加工貿易和國際物流的自由港，開放程度較高，可自由通航、自由貿易，允許海外貨物與資金自由出入，對多數貨品免徵關稅，城市與港口一體化建設、聯動發展。

基本法第 114 條規定：

> 香港特別行政區保持自由港地位，除法律另有規定外，不徵收關稅。

自由港[26] 是指商品、人員、資金、服務可以自由流動、進出、競爭的經濟區域，是比保稅區、自由貿易區開放水平更高、經濟活動更自由的特殊經濟功能區。[27] 在該區內，商品進出口一般不徵收或較少徵收關稅，也不實行貿易管制，不設置關稅或非關稅壁壘，對本地出口產品不提供優惠和特權，充分實現貿易自由、行業企業經營自由、外匯自由、勞動力流動自由及航運航空自由。香港自由港的內涵須從經濟意義方面來理解。

基本法第 115 條規定：

> 香港特別行政區實行自由貿易政策，保障貨物、無形財產和資本的流動自由。

香港是世界貿易組織（WTO）的創始成員，香港奉行的自由企業和自由貿易經濟政策建基於 WTO 奉行的多邊貿易制度。回歸後，香港可以以"中國香港"名義繼續參與世貿組織及事務，還可以通過參與區域、多邊及雙邊貿易協定，加強與其他貿易體的夥伴關係，以此維持香港的貿易網絡，推動貿易和服務的全球化。

26　世界歷史上先後有威尼斯、熱那亞、漢堡、不萊梅、格但斯克、哥本哈根、斯德哥爾摩、新加坡、迪拜、鹿特丹等著名的自由港。香港是迄今為止實施自由貿易制度較為全面、徹底、成功的自由港。

27　梁建偉：〈香港的自由港政策及其借鑒意義〉，《廣東經濟》2018 年第 11 期。

基本法第 116 條規定：

> 香港特別行政區為單獨的關稅地區。
>
> 香港特別行政區可以"中國香港"的名義參加《關稅和貿易總協定》、關於國際紡織品貿易安排等有關國際組織和國際貿易協定，包括優惠貿易安排。
>
> 香港特別行政區所取得的和以前取得仍繼續有效的出口配額、關稅優惠和達成的其他類似安排，全由香港特別行政區享有。

單獨關稅區（Separate Customs Territory）源於關稅暨貿易總協定（GATT）及其繼承者世界貿易組織（WTO）中的術語。1988 年 4 月 23 日英國按 GATT 第 26 條第 5 款（c）項向 GATT 發表聲明，推舉香港作為一個有外貿自主權的單獨關稅區成為 GATT 締約方；同日中國政府也發表聲明，確認從 1997 年 7 月 1 日起，香港以"中國香港"的名義，繼續作為 GATT 締約方。因此，香港單獨關稅區地位的法律基礎源自世貿組織協定，香港特區是經中國政府同意，通過《中華人民共和國香港特別行政區基本法》確認，由世貿組織多邊規則確立，獲得其他成員認可，[28] 能在一定國際經濟關係中享受權利和承擔義務，擁有經貿方面的完全自主權，具有國際經濟法主體地位的法律實體。香港可以依照基本法實行不同於中國內地的關稅管理制度和關稅稅則，設立自身的海關機構，與中華人民共和國海關關稅制度相區隔，兩者之間互不領導和隸屬，自主制定本地區內經濟政策和實施對外貿易交往。

基本法中所確認的"優惠貿易安排"，是指"普遍優惠制"關稅制度，是發達國家對發展中國家或地區出口的製成品和半製成品給予普遍的、非歧視的、非互惠的關稅制度。[29] 香港可以根據"普遍優惠制"享有發達國家減免關

28　〈商務部：香港單獨關稅區地位的法律基礎源自世貿組織協定〉，中央人民政府網站，http://www.gov.cn/xinwen/2020-06/04/content_5517325.htm（最後訪問時間：2021 年 3 月 30 日）。

29　中國經濟網，http://www.ce.cn/cysc/zljd/qwfb/202110/28/t20211028_37037391.shtml（最後訪問時間：2023 年 6 月 20 日）。

稅的優惠。除貿易政策外，香港海關作為維護香港邊境事務的執法機構，根據
《香港海關條例》（第 342 章）積極履行職能，打擊走私活動，保障邊境安全，
維護香港的國際港口和貿易中心地位。

基本法第 117 條規定：

> 香港特別行政區根據當時的產地規則，可對產品簽發產地來源證。

產地來源證（CO）是一份出口文件，證明貨物的原產地，產地證一
般是用作清關、履行銀行信用狀及應對買方要求的文件。[30] 香港產地來源證
（Certificate of Hong Kong Origin）用於證明產品屬於香港製造及來源地為香
港，便利香港產品輸往外地市場，符合進口地當局要求。根據《出口（產地來
源證）規例》授權工業貿易署署長就任何在香港製造、加工或生產而已經輸
出或即將輸出自香港的物品，按照公佈的產地來源規則，發出產地來源證。[31]
《非政府簽發產地來源證保障條例》授權若干政府認可的來源證簽發機構[32] 簽
發產地來源證。受認可機構簽發的產地來源證與由工業貿易署署長所簽發的產
地來源證具有相同的法律地位。

（八）產業

基本法第 118 條規定：

> 香港特別行政區政府提供經濟和法律環境，鼓勵各項投資、技術進
> 步並開發新興產業。

30　〈香港產地來源證制度：產地來源規則〉，https://hkjma.files.wordpress.com/2019/12/e9a699e6b8afe
　　794a2e59cb0e4be86e6ba90e8ad89e588b6e5baa6.pdf（最後訪問時間：2021 年 1 月 20 日）。

31　〈香港產地來源證制度：產地來源規則〉，https://hkjma.files.wordpress.com/2019/12/e9a699e6b8afe
　　794a2e59cb0e4be86e6ba90e8ad89e588b6e5baa6.pdf（最後訪問時間：2021 年 1 月 20 日）。

32　香港特區政府認可的來源證簽發機構為香港總商會、香港工業總會、香港印度商會、香港中華廠商聯
　　合會及香港中華總商會。

香港特區政府一直致力於為大小企業提供有利的法治營商環境和完善的法律制度保障。在專業配套服務方面，香港的法律、會計、人力資源、顧問服務、培訓及其他一系列的專業服務聲名在外，尤其是香港強大的法律專業隊伍，有力地保障了市場參與者的利益。香港尤其注重知識產權保護，是《與貿易有關的知識產權協議》（TRIPs 協議）的成員，《專利條例》、《註冊外觀設計條例》、《版權條例》和《商標條例》構成了香港知識產權法律體系，為香港的法治營商環境加固了"防護牆"。為使香港的公司法與時並進，提升香港的國際商業和金融中心的地位，香港特區政府在 2006 年開始全面重寫《公司條例》（第 32 章）。新的《公司條例》（第 622 章）在 2014 年 3 月 3 日生效，連同根據該條例制定的 12 項附屬法例，為在香港成立法團及營運公司提供了最新的法律框架。[33]

基本法第 119 條規定：

> 香港特別行政區政府制定適當政策，促進和協調製造業、商業、旅遊業、房地產業、運輸業、公用事業、服務性行業、漁農業等各行業的發展，並注意環境保護。

香港特區政府有制定政策、促進工商業發展的義務，同時負有環境保護的義務。第 119 條列舉了香港的部分產業範圍，經過長久的發展，香港目前已經形成四大支柱行業（金融、旅遊、貿易及物流、工商專業）和六項優勢產業（文創、醫療、教育、創科、檢測及認證、環保），這些行業都應當受到政府政策上的扶持和保護。[34]

基本法第 119 條中的"注意環境保護"反應出立法者在制定本條過程中

---

33 〈香港——在基本法下蓬勃發展的國際商業金融中心〉，香港特區政府律政司網站，https://www.doj.gov.hk/en/publications/pdf/basiclaw/cbasic20_3.pdf（最後訪問時間：2021 年 3 月 31 日）。

34 〈香港經濟學及香港的產業政策〉，香港特區政府教育局，https://www.edb.gov.hk/attachment/tc/curriculum-development/kla/pshe/references-and-resources/economics/Industrial_Economics_%20Booklet_Chi-web.pdf（最後訪問時間：2021 年 3 月 31 日）。

對發展與環保之間關係的考量。回顧香港基本法的起草記錄，"香港特別行政區政府積極採取適當政策，促進商業、旅遊業、房地產業、運輸業、公用事業、服務性行業、漁農業等產業的發展"是第 119 條的原始表述，第一稿中尚未湧現環保義務，而是賦予特區政府制定經濟政策的權限，以確保香港經濟繼續發展及穩定繁榮。[35] 在第三稿中，"促進"一詞改為"促進和協調"，旨在強調政府制定政策時，應當著眼於整體利益；至第七稿，才補充"並注重環境保護"，以明確特區政府顧及、保護和促進生態系統及自然環境的義務。[36] "1990年 2月，香港特別行政區基本法起草委員會正式通過添加'並注意環境保護'字樣的第 119 條修正案。"[37] "注意"一詞表明了香港特區政府履行環保義務的程度，基本法只要求特區政府"注意"環境保護，另一方面，促進香港經濟發展，維護香港持續繁榮似乎更為重要。但有關港珠澳大橋環評的"朱綺華訴環保署署長"一案顯示了特區政府環境保護注意義務的重要性，因"注意"一詞存在極大靈活性，其注意程度、採取何種措施、具體問題視何種情況而定等，均需要政府重點把握，以防止引發司法後果，造成經濟損失。

三、土地契約

（一）土地批租

香港特區的土地所有權和使用權相分離。香港基本法第 7 條規定："香港特別行政區境內的土地和自然資源屬國家所有，由香港特別行政區政府負責管

35　參見李浩然主編：《香港基本法起草過程概覽（下冊）》，香港：三聯書店（香港）出版社 2012 年版，第 985 頁。轉引自章小杉：《"新界"原居民的合法傳統權益研究——兼論香港基本法第四十條的解釋》，武漢大學博士畢業論文，2019 年，第 99-100 頁。

36　參見李浩然主編：《香港基本法起草過程概覽（下冊）》，香港：三聯書店（香港）出版社 2012 年版，第 986-989 頁。轉引自章小杉：《"新界"原居民的合法傳統權益研究——兼論香港基本法第四十條的解釋》，武漢大學博士畢業論文，2019 年，第 99-100 頁。

37　王書文：《香港基本法導論》，北京：中共中央黨校出版社 1990 年版，第 291 頁。

理、使用、開發、出租或批給個人、法人或團體使用或開發，其收入全歸香港特別行政區政府支配。"香港特區的土地所有權歸中華人民共和國所有，但同時授予香港特區政府自行管理、使用和批給的自主權，中央並不干預。

基本法第 120 條規定：

香港特別行政區成立以前已批出、決定、或續期的超越一九九七年六月三十日年期的所有土地契約和與土地契約有關的一切權利，均按香港特別行政區的法律繼續予以承認和保護。

基本法第 121 條規定：

從一九八五年五月二十七日至一九九七年六月三十日期間批出的，或原沒有續期權利而獲得續期的，超出一九九七年六月三十日年期而不超過二零四七年六月三十日的一切土地契約，承租人從一九九七年七月一日起不補地價，但需每年繳納相當於當日該土地應課差餉租值百分之三的租金[38]。此後，隨應課差餉[39]租值的改變而調整租金。

基本法第 123 條規定：

香港特別行政區成立以後滿期而沒有續期權利的土地契約，由香港特別行政區自行制定法律和政策處理。

基本法規定的土地契約制度是中英聯合聲明附件三《關於土地契約》的延續，是解決香港特區成立後土地租期問題的憲制性規定。"在回歸以前，香

38　租金即地租，是在新土地契約的批租年期內或無續期權的土地契約的續期年期內，向政府繳納的租金。這項租金每年按物業的應課差餉租值的 3% 徵收，並隨應課差餉租值的變動而調整。

39　差餉是政府根據房地產物業的應課差餉租值乘以一個百分率而徵收的稅項。簡言之，應課差餉租值是預期物業全年可得的合理租值。應課差餉租值每年隨市值租金的變動作全面重估。現時的差餉徵收率為 5%。

港土地所有權屬於英國皇室，稱為官地，由港英政府全權代理全港土地的所有權和永業權，並將土地分塊分段通過公開拍賣、招標或協議方式在一定的期限和條件下批租給地產發展商或承租者並允許該土地使用權在期限內自由轉讓、抵押、繼承或贈送。"[40] 政府批出土地後，與取得土地使用權的人訂立"官地批租契約"，簡稱租契。[41] "自 1843 年起，政府批地的慣常做法都是向用戶批出土地契約，年期大多為 75 年或 99 年，但亦有少數土地契約的年期長達 999 年。"[42] "其後，香港島及九龍半島的土地契約年期劃一為 75 年，並容許該等契約續期，即 75 年可續期型"[43]，"承租人須根據 1973 年制定的《政府租契條例》在續期後每年繳納經重新評估的租金，金額為相關土地應課差餉租值的 3%"；[44] 而香港新九龍地區部分土地契約為 75 年不可續期型[45]。由於"新界"是英國根據《展拓香港界址專條》租借而來，自 1898 年起，租期為 99 年，至 1997 年 6 月 30 日屆滿，故港英政府批出的"新界"土地一律在 1997 年 6 月 27 日（即"新界"租約滿期前三天）到期，不可續期。[46] 因此，香港原有的土地契約效力可分為：(1) 租期跨越 1997 年 6 月 30 日，即 75 年可續期型、少數 999 年租期型；(2) 1997 年 6 月 30 日前期滿，即"新界"土地租期、75 年不可續期型。[47] 隨著香港回歸，土地契約租期效力存在不確定因素，例如跨越 1997 年的土地契約是否還有效，港英政府能否決定 1997 年前到期的土地契約續期問題以及港英政府能否批出自中英聯合聲明生效至 1997 年 6 月 30 日期間內的土地。[48] 1984 年 12 月簽訂的《中英聯合聲明》給出了原則性解決方案。"扼

40　俞明軒：〈香港特別行政區的土地使用制度及批地續期〉，《中國不動產》2005 年第 4 期。

41　王叔文：《香港特別行政區基本法導論》，北京：中共中央黨校出版社 1990 年版，第 292 頁。

42　〈香港的土地租用制度〉，香港特區立法會網站，https://www.legco.gov.hk/research-publications/chinese/essentials-1617ise07-land-tenure-system-in-hong-kong.htm（最後訪問時間：2021 年 3 月 31 日）。

43　〈香港的土地租用制度和土地政策〉，香港特區政府地政總署網站，https://www.landsd.gov.hk/tc/resources/land-info-stat/land-tenure-system-land-policy.html（最後訪問時間：2021 年 3 月 31 日）。

44　〈契約續期〉，https://www.landsd.gov.hk/sc/land-disposal-transaction/extension.html，最後訪問時間：2021 年 3 月 31 日。

45　該類土地的承租人若要求續期，須由港英政府決定是否續約及相應條件。

46　王叔文：《香港特別行政區基本法導論》，北京：中共中央黨校出版社 1990 年版，第 292 頁。

47　參見王叔文：《香港特別行政區基本法導論》，北京：中共中央黨校出版社 1990 年版，第 292 頁。

48　參見王叔文：《香港特別行政區基本法導論》，北京：中共中央黨校出版社 1990 年版，第 292 頁。

要而言：(1) 所有土地契約，包括超越 1997 年 6 月 30 日年期的續期權利，均可延續；(2) 凡於 1997 年 6 月 30 日前期滿的新界土地契約，均可續期 50 年，直至 2047 年 6 月 30 日為止；(3) 凡於 1997 年 6 月 30 日前期滿而沒有續期權利的香港島及九龍土地契約，可由政府續期，無需補繳地價，惟須每年繳納相當於應課差餉租值 3% 的租金；(4) 港英政府當局可以批出租期不超過 2047 年 6 月 30 日的新的土地契約。"[49] 上述表明，跨越 1997 年的所有土地契約效力均得到香港基本法的承認，跨越 1997 年的土地契約到期後，依照香港原有的土地政策和法律，如果原來可以續期的，可自動續期；如果不能續期的，由香港特別行政區自行制定法律和政策處理。對於香港特區成立後政府新批或經過香港政府決定續批的土地契約問題，則依香港基本法第 7 條的原則性規定，由特區政府自行管理、使用、開發、出租或批給個人、法人或團體使用或開發。

（二）新界原居民土地權利保護

基本法第 122 條規定：

> 原舊批約地段、鄉村屋地、丁屋地和類似的農村土地，如該土地在一九八四年六月三十日的承租人，或在該日以後批出的丁屋地承租人，其父系為一八九八年在香港的原有鄉村居民，只要該土地的承租人仍為該人或其合法父系繼承人，原定租金維持不變。

該條是基本法對新界居民土地權利的特別保護條款，與香港基本法第 40 條規定的 "'新界'原居民的合法傳統權益受香港特別行政區的保護" 這一原

49　〈香港的土地租用制度〉，香港特區立法會網站，https://www.legco.gov.hk/research-publications/chinese/essentials-1617ise07-land-tenure-system-in-hong-kong.htm（最後訪問時間：2021 年 3 月 31 日）。

則性保護條款構成具體與一般的內在關係，二者均起始於中英聯合聲明附件三第 2 條[50] 的安排，是對港英政府時期批出的原新界土地租契的續期問題以及續期後的租金問題的具體規定。較之於《中英聯合聲明》，基本法對新界原居民的土地權利保障程度更高，即香港特區成立後，新界原居民續期使用或租用土地，可享受地租不補繳、租金維持原數額不變的待遇。

新界原居民的權益受到特殊保障，歸因於新界的英國租借史。根據 1898 年 6 月 9 日清政府和英國簽訂的《展拓香港界址專條》關於新界原居民的土地問題規定："在所展界內，不可將居民迫令遷移，產業入官，若因修建衙署、築造炮台等，官工需用地段，皆應從公給價。"[51] 故新界原有居民的土地傳統權益應當得到港英政府的特殊保護，而這種保留和照顧也延續至港英政府時期頒佈的《新界條例》。如該條例現行有效的第 13 條規定香港法院在審理任何有關新界土地的案件時，有權認可並執行影響新界土地的中國習俗或傳統權益。

但是基本法對新界原居民土地權利的特殊保護受到多種質疑。例如因歷史遺留問題，新界原居民得以享受特權保護，這對港九地區的居民而言，可能存在不公平，與香港基本法第 25 條 "香港居民在法律面前一律平等" 相衝突。而且，這種權益僅限於父系繼承人，這種 "封建舊習" 可能違背男女平等原則。此外，新界原居民土地權益保護也與香港土地開發規劃存在矛盾。

新界原居民的身份自港英政府於 1972 年出台的 "小型屋宇政策"（Small

50　《中華人民共和國政府和大不列顛及北愛爾蘭聯合王國政府關於香港問題的聯合聲明》附件三《關於土地契約》第 2 條規定："除了短期租約和特殊用途的契約外，已由香港英國政府批出的 1997 年 6 月 30 日以前滿期而沒有續期權利的土地契約，如承租人願意，均可續期到不超過 2047 年 6 月 30 日，不補地價。從續期之日起，每年繳納相當於當日該土地應課差餉租值 3% 的租金，此後，隨應課差餉租值的改變而調整租金。至於舊批約地段、鄉村屋地、丁屋地和類似的農村土地，如該土地在 1984 年 6 月 30 日的承租人，或在該日以後批出的丁屋地的承租人，其父系為 1898 年在香港的原有鄉村居民，只要該土地的承租人仍為該人或其合法父系繼承人，租金將維持不變。1997 年 6 月 30 日以後滿期而沒有續期權利的土地契約，將按照香港特別行政區有關的土地法律及政策處理。"

51　王鐵崖：《中外舊約章彙編（第 1 冊）》，北京：生活、讀書、新知三聯書店 1957 年版，第 769 頁。轉引自王叔文：《香港特別行政區基本法導論》，北京：中共中央黨校出版社 1990 年版，第 299 頁。

House Policy），即所謂"丁屋政策"起正式確定，[52] 這是一種與土地利益密切相關的身份，是殖民統治者（港英政府）和受殖者（"新界"鄉民）合意或曰"合謀"的結果。[53] 因歷史事件獲得的原居民身份相對於港九地區具有特殊性（新界是英國的"租借地"），且"新界"原有鄉村居民的傳統權益的確因為遭受殖民統治而受損，[54] 故原居民的土地權益是"新界"鄉民向港英殖民政府爭取來的最大利益，是對其原有權益的補償。結合"丁屋政策"的出台背景以及基本法第 40 條的起草歷史，這種"丁權"成為基本法第 40 條規定的"合法傳統權益"的所轄內涵，得到基本法的保留。[55]

　　在 1995 年以前，新界原居民在土地繼承權方面仍然沿用《大清律例》及中國的習慣法，在沒有遺囑另作規定的情況下，土地財產只傳男丁，政府亦透過丁屋政策，保障新界原居民於原址免補地價興建丁屋的權利。[56] 因為小型屋宇政策排除了原居民女兒的"丁屋權"，故基本法第 122 條也維持該傳統。但該做法確實引起性別平等的質疑，如 1988 年 6 月內地草委訪港小組在回應香港社會對《基本法（草案）徵求意見稿》的問題時表明，"至於婦女界提出反對，認為丁屋是保護男性的權利，這是可以理解的"。[57] 香港特別行政區享有高度自治權，有權根據實際情況修訂"丁屋政策"，在實質上不取消"新界"原

52　小型屋宇政策：年滿 18 歲的原居村民（父系源自 1898 年時為"新界"認可鄉村居民的男子）得一生一次向當局申請，在其所屬鄉村內的合適土地上建造一間小型屋宇（不超過 3 層，高度不超過 27 呎，面積不超過 700 呎）。政策落實後，港英政府擬定了認可鄉村名冊，包括 1898 年已經存在的村落。此外，位於"新界"地區原舊批約地段、鄉村屋地以及類似的農村土地，也和丁屋地一樣，均屬於"新界"原居民傳統土地。參見章小杉：《"新界"原居民的合法傳統權益研究——兼論香港基本法第四十條的解釋》，武漢大學博士學位論文，2019 年，第 2 頁。

53　英國租借新界後，為實現有效管治及徵收土地稅等目的，於 1899 年 11 月開始在"新界"丈量土地並重新確認土地歸屬。在丈量土地的過程中，英國殖民者不僅改變了土地擁有形態（推翻原有的地骨和地皮雙重擁有權，把民地改為官地，將鄉民的永業權變為承租權），而且以無主地等為由沒收了大量鄉民的土地。因為土地由永業權轉變為承租權，原居村民的建屋權的確有所減損，確立"丁權"的原意是對 1898 年後原居民土地權益受損的認可。原居民向來認為他們有權在自己的土地上興建房屋，容許村民一生之中在原村的土地上興建一間村屋，是一種補償，也是對原有政策的延續，既不算特權，也不是恩賜。參見章小杉：《新界"原居民的合法傳統權益》，香港：香港城市大學出版社 2021 年版，第 29 頁。

54　參見章小杉：《新界"原居民的合法傳統權益》，香港：香港城市大學出版社 2021 年版，第 2 頁。

55　See *Kwok Cheuk Kin v. Director of Lands*, [2021] HKCFA 38.

56　陳弘毅、張增平、陳文敏、李雪菁合編：《香港法概論（第三版）》，三聯書店（香港）有限公司 2019 年版，第 45 頁。

57　參見章小杉：《新界"原居民的合法傳統權益》，香港：香港城市大學出版社 2021 年版，第 72 頁。

居民的合法傳統權益，可以根據社會發展需要，適時調整"新界"原居民的權益。如在 1995 年立法局通過《新界土地（豁免）條例》，廢除這種傳男不傳女的風俗，新界原居民若仍希望遺產傳男不傳女，便必須在生前訂立遺囑。[58]

鑒於香港土地短缺的現實難題，部分港人認為取消"丁屋政策"可解香港土地燃眉之急，同時有助於新界開發。但興建"丁屋"的土地實際上大部分都掌握在"新界"原居民私人手上，由香港政府批給其使用。[59]"新界"原居民的"丁屋權"是經過歷史的抗爭、基本法的承認和保障延續而來，取消"丁屋政策"將侵犯"新界"原居民的合法權益，引起社會矛盾。部分人士建議，政府可引用《收回土地條例》，收回曾批給私人使用的"丁屋地"，或通過"買斷丁權"、"興建丁廈"等來疏通香港土地開發規劃的滯壓，當然政府同時應當做好與"新界"原居民的友好諒解工作，對受影響人群進行及時、公平、優惠的補償和重新安置。[60]

四、航運

香港地理位置優越，位於遠東貿易航線要衝，處於正在迅速發展的亞太區中心，擁有超過 150 年的航運傳統，聯繫中西的免稅深水良港，其航運業群蓬勃發展，是世界著名航運中心。[61]

基本法第 124 條規定：

> 香港特別行政區保持原在香港實行的航運經營和管理體制，包括有

58　陳弘毅、張增平、陳文敏、李雪菁合編：《香港法概論（第三版）》，三聯書店（香港）有限公司 2019 年版，第 45 頁。

59　根據特區政府的統計數據，除少數（約 11%）個案以"私人協約"（即政府批地）方式批出，大部分（約 86%）的小型屋宇批約是以"建屋牌照"方式批出的。參見章小杉：《"新界"原居民的合法傳統權益》，香港：香港城市大學出版社 2021 年版，第 148 頁。

60　參見章小杉：《"新界"原居民的合法傳統權益》，香港：香港城市大學出版社 2021 年版，第 149 頁。

61　〈海運香港〉，香港海運港口局網站，https://www.hkmpb.gov.hk/publications/29_tc.pdf（最後訪問時間：2021 年 3 月 31 日）。

關海員的管理制度。

香港特別行政區政府自行規定在航運方面的具體職能和責任。

香港海事處承擔港口管理工作，負責船隻註冊、檢驗，簽發各類文書，保障港口的高效運作。香港海員是最早誕生的一批產業工人之一，政府設有海員招募處和商船海員管理處負責海員事務。

基本法第 125 條規定：

> 香港特別行政區經中央人民政府授權繼續進行船舶登記，並根據香港特別行政區的法律以 "中國香港" 的名義頒發有關證件。

香港的船舶註冊、視察和檢驗歷史已超過 150 年。[62] 為保障香港原有的船舶登記制度，中央人民政府授權特區進行船舶登記。所謂船舶登記，是指對船舶施以國籍登記、船舶相關識別信息登記以及核定其他權利義務的行為，"是主權國家依法對船舶註冊登記的制度。船舶一經登記註冊，就可以懸掛登記國的國旗，享有在該國內河和沿海航行的權利，在國外受到該國駐外使、領館的保護，在公海航行受到該國艦艇的保護。因此，船舶登記的實質是主權國家事務的管理"。[63] 香港特區享有的船舶登記權來自於主權國家中國中央人民政府的授權，其船舶登記證明文件須以 "中國香港" 為名義依法發放，以保證主權的統一性。不過，其船舶登記註冊事務具體由香港特區海事處負責，所有海運政策和行政決定均由香港訂定，[64] 與內地的船舶登記註冊相分離。

基本法第 126 條規定：

62　〈香港船舶註冊——簡介〉，香港特區政府海事處網站，https://www.mardep.gov.hk/hk/pub_services/reg_gen.html（最後訪問時間：2021 年 3 月 31 日）。

63　焦洪昌、姚國建主編：《港澳基本法概論》，北京：中國政法大學出版社 2009 年版，第 217 頁。

64　〈香港便覽：港口〉，香港特區政府海事處網站，https://www.mardep.gov.hk/sc/aboutus/pdf/thefacts_sc.pdf（最後訪問時間：2021 年 3 月 31 日）。

除外國軍用船隻進入香港特別行政區須經中央人民政府特別許可外，其他船舶可根據香港特別行政區法律進出其港口。

香港作為自由港，外來民用船隻過境香港水域，只需在過境水域前 24 小時通過電子郵件或傳真發送 "達到前知會" 到香港海事處船隻航行監察中心，申請允許船舶進入香港水域。如果獲得批准，海事處將不會回覆電子郵件和傳真；反之，海事處將聯繫通知船方。如果是抵達香港的船隻，船長或其他本地代理方需要前往香港海事處分處辦理相關出入境手續。[65] 基本法對外國軍用船舶作出例外規定。外國軍用船隻進入中華人民共和國領土範圍涉及國家的主權，屬於外交、防務等事宜，應當由中央人民政府決定，須經過中央人民政府特別許可才能出入香港。由於基本法第 13 條和第 14 條規定與香港特區有關的外交、防務等事宜由中央人民政府負責管理，基本法對軍用船隻特別規定易於理解。

基本法第 127 條規定：

香港特別行政區的私營航運及與航運有關的企業和私營集裝箱碼頭，可繼續自由經營。

基本法為保護航運企業的利益，故對航運企業的自由經營權作出憲制性保障。私營企業自由經營船舶本身業務（輪船經營），而政府負責航運業的管理和監督，為航運管理制定和完善相關法例。

五、民用航空

香港居亞洲要衝，機場是區內的重要轉口中心，是乘客往來之樞紐及通

65　https://www.mardep.gov.hk/en/publication/materials/pdf/hps_mainland_water_transit.pdf（最後訪問時間：2021 年 3 月 31 日）。

往中國內地其他城市的重要門戶。[66]

基本法第 128 條規定：

> 香港特別行政區政府應提供條件和採取措施，以保持香港的國際和區域航空中心的地位。

香港採取較為開放的航權政策，與多國簽署天空開放協議，吸引眾多航空企業開通香港航線，共同打造航空樞紐。[67]香港機場未來發展趨勢將繼續保持其自由港屬性和政策體系。

基本法第 129 條規定：

> 香港特別行政區繼續實行原在香港實行的民用航空管理制度，並按中央人民政府關於飛機國籍標誌和登記標誌的規定，設置自己的飛機登記冊。
>
> 外國國家航空器進入香港特別行政區須經中央人民政府特別許可。

根據國際民用航空公約的要求，從事國際航線的飛機須帶有國籍和登記標誌。飛機一旦完成登記事宜，即可享受懸掛登記國國旗待遇，以確定飛機的國籍，並使其享受國籍國相應權利。按照國際法，飛機登記制度屬於一國主權範圍內的事務，但由於香港特區原有的飛機登記管理制度以及"一國兩制"的現狀，基本法授予香港特區自行辦理登記的事權，但要求香港特區的飛機登記冊應按照中央人民政府對飛機國籍標誌和登記標誌的要求來設置。

香港基本法第 129 條第 2 款也是對外國國家航空器作出了限制。這種"特別許可"是基於國家安全和外交防務方面的考慮。根據《國際民用航空公約》第 3 條的規定，"國家航空器"不同於"民用航空器"，國家航空器是"用於軍事、

---

66 〈香港便覽：民航〉，香港特區政府民航處網站，https://www.cad.gov.hk/sc/pdf/Civil_Aviation.pdf（最後訪問時間：2021 年 3 月 31 日）。

67 〈香港樞紐：一個十字路口的抉擇〉，環球旅訊峰會網，https://www.traveldaily.cn/article/139010（最後訪問時間：2021 年 3 月 31 日）。

海關和警察部門的航空器"。[68] 鑒於國家航空器範圍較廣，且包含軍用航空器，涉及國家主權，出入香港特區時應當受到管制，得到中央人民政府的特別許可。

基本法第 130 條規定：

> 香港特別行政區自行負責民用航空的日常業務和技術管理，包括機場管理，在香港特別行政區飛行情報區內提供空中交通服務，和履行國際民用航空組織的區域性航行規劃程序所規定的其他職責。

香港特區自行負責對機場的管理。香港民航處是提供航空交通管制服務、簽發在港註冊飛機證書、監管航空公司履行雙邊民用航空運輸協定、監察機場的安全及保安以及管制在本港的一般民航活動的負責部門。[69] 飛行情報區是指由國際民航組織劃定的提供飛行情報服務和報警服務的空域範圍。

基本法第 131 條規定：

> 中央人民政府經同香港特別行政區政府磋商作出安排，為在香港特別行政區註冊並以香港為主要營業地的航空公司和中華人民共和國的其他航空公司，提供香港特別行政區和中華人民共和國其他地區之間的往返航班。

這類航班屬於往來內地各大城市與香港特區之間的國內航班，即中國內地機場內"港、澳、台"出發的航班。因涉及中國領空主權、內地航線安排、空中交通管制和通訊、安全服務等民航事務，應當與香港特區磋商後，由中央民航管理部門進行統一管理和作出合理安排，以符合雙方需求。[70]

基本法第 132 條規定：

68　王鐵崖：《國際法資料選編》，北京：法律出版社 1986 年版，第 541 頁。轉引自王叔文：《香港特別行政區基本法導論》，北京：中共中央黨校出版社 1990 年版，第 306 頁。

69　〈香港便覽：民航〉，香港特區政府民航處網站，https://www.cad.gov.hk/sc/pdf/Civil_Aviation.pdf（最後訪問時間：2021 年 3 月 31 日）。

70　參見焦洪昌、姚國建主編：《港澳基本法概論》，北京：中國政法大學出版社 2009 年版，第 220 頁。

　　凡涉及中華人民共和國其他地區同其他國家和地區的往返並經停香港特別行政區的航班，和涉及香港特別行政區同其他國家和地區的往返並經停中華人民共和國其他地區航班的民用航空運輸協定，由中央人民政府簽訂。

　　中央人民政府在簽訂本條第一款所指民用航空運輸協定時，應考慮香港特別行政區的特殊情況和經濟利益，並同香港特別行政區政府磋商。

　　中央人民政府在同外國政府商談有關本條第一款所指航班的安排時，香港特別行政區政府的代表可作為中華人民共和國政府代表團的成員參加。

　　這類航班屬於國際航班，即往來於中華人民共和國內地各個城市和其他國家、地區之間的航班經停香港特區，以及往來於香港特區和其他國家、地區之間的航班經停內地的航班，因涉及國家領空主權，由中央人民政府負責簽訂民航協議並安排內地航班和空中管制事宜。[71] 同時，在與外國政府談判或簽訂與"香港—內地"通航有關的民用航空運輸協議時，中央人民政府須考慮香港特區的特殊情況和經濟利益，同其磋商，允許香港特區派代表以中華人民共和國代表團的成員參加談判，維護香港特區的利益，作出合理決策和安排。

　　基本法第 133 條規定：

　　香港特別行政區政府經中央人民政府具體授權可：

　　（一）續簽或修改原有的民用航空運輸協定和協議；

　　（二）談判簽訂新的民用航空運輸協定，為在香港特別行政區註冊並以香港為主要營業地的航空公司提供航線，以及過境和技術停降權利；

　　（三）同沒有簽訂民用航空運輸協定的外國或地區談判簽訂臨時協議。

　　不涉及往返、經停中國內地而只往返、經停香港的定期航班，均由本條所指的民用航空運輸協定或臨時協議予以規定。

71　參見王叔文：《香港特別行政區基本法導論》，北京：中共中央黨校出版社 1990 年版，第 307 頁。

基本法第 134 條規定：

中央人民政府授權香港特別行政區政府：

（一）同其他當局商談並簽訂有關執行本法第一百三十三條所指民用航空運輸協定和臨時協議的各項安排；

（二）對在香港特別行政區註冊並以香港為主要營業地的航空公司簽發執照；

（三）依照本法第一百三十三條所指民用航空運輸協定和臨時協議指定航空公司；

（四）對外國航空公司除往返、經停中國內地的航班以外的其他航班簽發許可證。

經過中央人民政府的具體授權或授權後，香港特區政府可與有關國家或地區簽訂民用航空運輸協定、臨時協定或處理其他民用航空事務。第 133 條所提及的"具體授權"不同於一般、概括性授權，意為"一次性"授權，即香港特區與其他國家或地區新簽、續簽、修改或談判達成民航協議或協定時，每一次都須取得中央人民政府的授權後方可行動。質言之，中央人民政府的"具體授權"只具有即時性、一次性效力，這不同於 134 條"授權"的"一般性、總括性"意涵。

基本法第 135 條規定：

香港特別行政區成立前在香港註冊並以香港為主要營業地的航空公司和與民用航空有關的行業，可繼續經營。

資本主義制度下的香港，其民用航空事業一向以私營為主。為保持香港原有的私營航空公司及民航有關行業繼續經營，政府對航空業持"積極不干預"政策，只負責管理和監督，並提供各種有利條件為其服務，以保障香港的穩定和繁榮。

第八章

香港特別行政區的教育、科學、文化、體育、宗教、勞工和社會服務

楊曉楠

中山大學法學院教授

一、特別行政區的教育制度

基本法第 136 條規定："香港特別行政區政府在原有教育制度的基礎上，自行制定有關教育的發展和改進的政策，包括教育體制和管理、教學語言、經費分配、考試制度、學位制度和承認學歷等政策。社會團體和私人可依法在香港特別行政區興辦各種教育事業。"教育政策自主權是香港特區高度自治權的一部分，教育制度的內容也比較廣泛，包括政府教育管理、學歷學位管理等一系列的內容。

（一）香港原有教育制度

教育制度可以說是廣義政治制度的一部分，公權力機關可以通過教育政

策影響社會意識形態，同時教育制度也是形塑受教育者身份認同的重要機制。
然而，教育制度的形塑過程是長期、間接的，部分功能的實現是潛移默化、非
顯性的，所以，治理主體會重視引導教育政策的發展方向。而教育制度通常會
與地區政治結構、政權性質、社會階層對比等多種因素密切相關。回歸前的香
港教育制度受到港英殖民統治的影響，經歷了由傳統教育向殖民統治教育的
演變。

　　港英政府統治之前，香港居於南中國一隅，與內地廣東地區的教育制度
相同，遵循中國的傳統教育模式和教育內容，官方承辦的書院，私人的私塾、
書室、宗族祠堂等是當時香港教育的主要場所。港英統治之後，英、法、德、
美等西方國家開始在香港開辦教會學校，"香港教育基本上處於教會勢力的控
制和影響之下，教育行政機構操縱在教會人士手中"[1]。開辦教會學校很重要的
目的之一是想通過學校的方式達到宗教宣傳的目的。但受制於當時香港居民的
宗教信仰差異，教會學校發展並不如預期，規模不大，影響有限。港英政府同
時也支持中文書院的發展，資助教授中英文課程，這些書院成為香港最早的官
立學校。隨著香港經濟地位、政治地位的上升，英國政府加大了對香港教育的
重視程度，於 1861 年開設中央書院，由港英政府直接管理，以培育適應香港
發展的中英文人才為目標，並逐步縮減中文授課，奠定了香港 "英文學校" 的
課程模式。中央書院的設立標誌著香港的殖民化教育進入新的階段，為港英政
府提供了以資助、補助為主要手段的殖民教育發展經驗，激發了教會學校的快
速發展。二十世紀初，中國開始了一系列救亡圖存的民主革命運動，為加強對
學校、教育的監督管理，港英政府通過了 1913 年《教育條例》，這是香港首
部經立法程序通過的教育法規，規定在港學校均需接受政府的監督，並向教育
部門註冊。之後又制定了《教育則例》，明確了教育管理的規則，使教育管理
工作程序化、法制化。兩個條例的出台，與同時期成立的教育委員會一起發揮
了重要作用，為香港教育提供政策指引，優化管理方式，推動了香港教育行業

的快速發展，各類學校數量上升，在校學生大幅增加。

　　同時，港英政府想在香港建立一所高等院校，擴大其在遠東地區的影響力。1912 年，香港首所大學——香港大學成立，代表著香港高等教育的初創，吸引了來自內地及周邊國家的學子加入，提升了香港教育的影響力。此時的香港教育制度的發展成果顯著。

　　經過日佔時期的教育停滯後，港英政府迫於反殖民運動的壓力，同時也利用國際局勢變化、英國影響力下降等因素形成的時機，對舊的殖民教育進行調整、改革、完善，加大了政府承擔力度，推進普及教育發展，逐漸發展起適應香港經濟社會發展需求的現代化教育體系。此時的香港政府確立了由政府、專業委員會和學校三層共同管理的教育行政管理體制，出台全面、細緻的法律文件，大力推行依法治教，且教育的發展方向轉變為普及化、多元化、開放化。教育改革的組合手段促進了香港教育的跨越式發展，新成立的多所大學使得高等教育迅速發展，普及教育的推進使得香港成為亞洲最早完成普及義務教育的地區之一，開放的教育格局也使得香港能夠吸收世界上的先進教育經驗。回歸前，香港的教育事業取得了世界範圍內的廣泛認可，具有香港特色的教育模式也在國際上有著較高的影響力。

　　值得注意的是，雖然英國殖民統治在香港的影響力逐漸降低，但殖民教育對香港教育的影響仍然存在。港英政府通過立法的方式，推行教育督察以防止本地大學課程“政治化”，減少歷史科目等對殖民統治的影響，在重大政策方面直接影響學校決策。隨著本地高校數量的增多，港英政府改變了直接管理大學的模式，建立大學教育資助委員會（University Grants Committee，UGC），作為溝通政府與大學之間的橋樑。1991 年，港英政府成立研究資助委員會（Research Grants Council，RGC），向各大高校分配用於科學研究的競爭性經費，改變了之前高校“重教學、輕科研”的局面。總之，教資會和研資委成為港英政府間接控制大學的主要手段。這些都深刻影響著香港高等教育的發展，並由此延伸至社會各個方面。

（二）基本法下的香港教育制度

回歸後，香港的教育事業有了憲制性文件的依據。香港基本法中對香港教育進行了基礎性、原則性規定，給予香港較大的教育發展自主權限，香港以此為依託進行了新的系列化教育改革。香港基本法第 16 條規定："香港特別行政區享有行政管理權，依照本法的有關規定自行處理香港特別行政區的行政事務。"；第 136 條授權香港自行制定有關教育的發展和改進的政策。香港特區政府教育局負責制定、發展和檢討包括學前教育、小學及中學教育、特殊教育、專上教育、高等教育等各階層教育的政策、計劃和法例，監督教育計劃的實施，同時監督大學教育資助委員會、學生資助處、香港考試及評核局、香港學術及職業資歷評審局及職業訓練局等機構的運行。

香港教育統籌會（以下簡稱教統會）是 1984 年成立的最重要的教育諮詢組織，向政府提供建議。1997 年，香港教統會發佈《優質學校教育》報告書，建議教育改革應制定明確的教育目標，改變"應試教育"，發展素質教育，重視能力培養；下放權力，授予學校在財政、事權上以更大自主權限等。2000年教統會向香港政府提交了《香港教育制度改革建議》，行政長官在施政報告中接納所有由教統會提交的改革建議。香港教統委、課程發展議會等職權組織又連續公佈了《教育制度探討：教育目標》、《終身學習，自強不息》、《學會學習》、《終身學習，全人發展：香港教育制度改革建議》等諮詢文件，規劃引領了香港教育的具體改革方案。香港在歷次改革中逐步確立了九年一貫制義務教育模式，改革了入學機制及考試制度，改良了考評制度，推行了增加多元化終身學習機會，優化教育資源配置，提高基礎教育、幼兒教育投入力度，提升教師專業水準等一系列教育改革措施。同時特區政府也逐步增加教育經費投入，改善教育硬件設施，加大教師培訓等。這都使得回歸後的香港教育取得了更為快速的發展，教育普及程度提高，教育機會趨於均等，現代化、國際化教育思想充分體現，因此香港的教育事業得以在回歸後一直保持亞太地區的領先地位，基礎教育、職業教育和高等教育都在國際上具有較強的競爭力並一直保持至今。在反映基礎教育水平的"國際學生評估（PISA）"2021 年全球測試中，香港繼續名列前茅；在高等教育方面，根據英國泰晤士高等教育研究機構公佈的 2021 年亞洲大學排行榜，香港大學、香港中文大學、香港科技大學進入前十名；在 2021—2022 年世界大學排名中，香港大學、香港科技大學、香港中文大學分別名列第 22 位、第 34 位、第 39 位。

　　主流教育大力發展的同時，香港基本法也賦予了香港自由、開放的學術氛圍。基本法第 136 條第 2 款規定，"社會團體和私人可依法在香港特別行政區興辦各種教育事業"；第 137 條規定，"各類院校均可保留其自主性並享有學術自由，可繼續從香港特別行政區以外招聘教職員和選用教材。宗教組織所辦的學校可繼續提供宗教教育，包括開設宗教課程。學生享有選擇院校和在香港特別行政區以外求學的自由"；第 141 條第 3 款規定，"宗教組織可按原有辦法繼續興辦宗教院校、其他學校、醫院和福利機構以及提供其他社會服務"。這些都是對香港本土教育業特色的憲制性認可和制度化固定，為香港多元化教育的發展以及學校的自主管理教學工作提供了基本制度保障。

　　此外，香港基本法第 148 條和 149 條體現了"一國兩制"在教育方面的鮮明特色。第 148 條規定，香港教育團體組織與內地相應團體"互不隸屬、互不干涉、互相尊重"。第 149 條規定香港教育團體可自主"同世界各國、各地區及國際的有關團體和組織保持和發展關係"，且"可根據需要冠用'中國香港'的名義，參與有關活動"。

　　雖然香港教育在現代化、普及化、優質化等方面取得了長足發展，但同時也在國民教育、憲制教育、教育內容等方面存在的問題。國民教育、國情教育呈現"空心化"態勢，構築國家認同的教育被反中亂港分子污名化為"政治灌輸"、"政治宣傳"後被迫停止；國家歷史教育在教育過程中被"邊緣化"，課程比重低、地位低，且目前教育"重英輕中"現象仍然嚴重；憲制教育淺顯片面，雖然基礎教育中設有憲法、香港基本法和"一國兩制"教學內容，但大多以介紹為主，沒有深入闡釋憲制內容的內涵意義。這些都對"一國兩制"實踐造成了極為不利的影響。

（三）香港教育制度的最新發展

多種因素造成了香港教育的現存問題，但都可以視為殖民統治下強迫意識形態輸出的影響及殘留，包括港英政府時期打造的"非政治化"教育傳統，推行"無民族、無政治"的疏離式教育，刻意迴避中國傳統文化。回歸後的香港教育仍然延續了所謂的"政治中立"狀態，缺乏對學生的正確政治引導、價值引導。此外，政府教育部門對教學內容、教育資源疏於監管引導也是造成學校教育各行其是的重要原因。加上受英美等西方國家控制的輿論媒體渲染，香港的教育事業在國家觀念、國家認同、民族認同等方面一度偏離正常軌道。

為改變這一現狀　，香港政府進行了多次嘗試。特別是近年來，隨著《香港國安法》的出台，"愛國者治港"等原則真正貫徹落實，香港的政治氛圍得到有效扭轉，教育行業也迎來了新的發展階段，不斷出台的新舉措使得香港教育重新回歸"一國兩制"基本軌道。特區政府積極作為，加強教育主導作用。在基礎教育中，教育局將愛國主義教育延伸至幼兒教育層面，推動中小學愛國教育課程改革，單列中國歷史為必修科目，以公民與社會發展科取代通識科，加強憲法、香港基本法教育，出台《價值觀教育課程架構》引導國家認同教育的開展等。同時也以輔助性手段幫助青少年構築國家認同觀念，如開發網絡教學資源、搭建一站式國民教育自學平台，增加青少年愛國主義活動次數等。對教師隊伍加強審查監督，推出教師專業操守指引。2022 年 10 月，香港特區政府教育局向全港學校發出通告，提出自 2023—2024 學年起新任教師聘用必須通過基本法及《香港國安法》測試，並適用於包括校長在內的所有教師職系職級，教師的正向引導能力得到再次加強。

在學校層面，也主動將國家認同教育、國家歷史教育等國民教育引入校園，舉辦愛國主義活動，優化課程設置，對教材進行審核修訂，提高對教職工的監管培訓，以多種方式將危害國民教育的內容清出校園。此外，香港的各種愛國社團、組織也積極推動教育行業的撥亂反正，通過舉辦愛國主義論壇、開展例如"國家安全齊參與"計劃等各類愛國主義比賽和讀書會以及通過新媒體傳達愛國主義思想等手段，綜合營造香港愛國主義教育氛圍。[2] 在社會各界努力下，香港的教育必將回歸"一國兩制"正確軌道，香港青年一代必將更加積極主動融入國家發展大局，香港教育也可以更好地發揮民眾參與度高，法治化、現代化程度高，重視教育諮詢工作等優勢，為"一國兩制"的行穩致遠、為香港社會的由治及興培育更多愛國青年人才。

二、特別行政區的科技制度

自 1997 年香港回歸祖國後，特區政府就十分重視推進科技創新領域的施政方針。香港基本法第 139 條規定："香港特別行政區政府自行制定科學技術政策，以法律保護科學技術的研究成果、專利和發明創造。香港特別行政區政府自行確定適用於香港的各類科學、技術標準和規格。"回歸後的 26 年來，香港科技創新制度的發展經歷了"初步搭建制度框架——積極探索與試錯——暫時放緩改革舉措——重啟科創發展規劃——完善科創施政體系——取得階段性顯著成效"的過程。在科技制度內容上，主要包括政策和法律兩大部分：政策部分涵蓋機構改革、資金保障、基礎設施、人才培養、人才引進等方方面面，法律部分則主要涉及知識產權領域的相關法例。在發展方向上，各屆特區政府均在首任行政長官董建華所確立的發展戰略、發展方向、發展舉措的框架之上不斷創新，逐步豐富完善香港科技創新的發展藍圖、拓展施政領域。2017 年以來，香港特區政府更加強調融入國家發展格局，強化與內地在科創領域的合作，係貫徹落實粵港澳大灣區發展戰略的生動體現。

聚焦知識產權立法領域，回歸以前，除了商標領域，香港在版權、專利和外觀設計領域係直接適用英國的成文法、普通法及衡平法，再出台相應的條例進行配套適用。回歸以後，根據香港基本法第 139 條的規定，香港有權自

2　〈與國家安全教育相關的教育局通告 / 通函〉，香港特區政府教育局網站，https://www.edb.gov.hk/sc/curriculum-development/4-key-tasks/moral-civic/nse/circulars.htm。

行制定本地法律以保護科學技術的研究成果、專利和發明創造。知識產權署
於 1990 年成立，接替註冊總署受理專利註冊、商標註冊等工作，向商務及經
濟發展局局長就香港保護知識產權的政策和法律等事宜提供意見。1998 年開
始，知識產權署擔任政府的知識產權民事法律顧問。1997 年 6 月，香港特區
重新出台《專利條例》，替代原有的《專利註冊條例》，作為香港特區獨立的
專利立法。《專利條例》建立了獨立的專利制度，包括標準專利和短期專利，
《專利（一般）規則》作為配套適用的規範性文件。《版權條例》也是在 1997
年 6 月生效，延續舊的版權制度的規定，並結合實際進行適當完善和補充，不
僅保護作品，也保護文學、戲劇、音樂作品已發表版本的排印編排，以及表演
者在表演中的權利等。《商標條例》在 2003 年生效，是商標註冊的重要本地立
法。香港特區的商標註冊制度具有獨立性，只有在香港特區根據《商標條例》
註冊的商標，才能在特區得到作為註冊商標的保護。與原有的商標註冊法律制
度相比，《商標條例》的保護範圍更大，允許更多標誌種類作為可註冊商標，
簡化了註冊商標轉讓和授予特許詳情的程序。商標註冊處自 1874 年已經開始
運行，也是全球歷史最悠久的商標註冊機構之一。除了這些本地立法之外，香
港也加入一系列知識產權保護的國際公約，或者中國政府簽署的公約延伸適用
於香港特區，包括《保護工業產權巴黎公約》、《保護文學和藝術作品伯爾尼
公約》、《國際版權公約》、《商標註冊用商品和國際服務國際分類尼斯協定》、
《保護錄音製品作者防止未經許可複製其錄音製品日內瓦公約》等。

　　下文將以時間線為主要脈絡，以五任行政長官發表的《施政報告》為參
考，對香港回歸 26 年以來特區政府在科技與創新發展領域出台的相關政策、
頒佈的法律文件進行回顧與梳理，進而從整體考察香港科技制度的演進歷程。

（一）董建華時期：1997—2005

　　香港回歸之後，首任行政長官董建華高瞻遠矚地提出要推動香港經濟轉

型，努力推動科技創新、發展知識經濟。[3] 在確立這一發展思路後，特區政府一改回歸前"積極不干預"的施政立場，逐漸加大對科技發展領域的政策扶持力度，[4] 強調政府在其中的推動作用。[5] 圍繞此項發展戰略，特區政府在推進機構改革、加大資金支持、建設基礎設施、重視人才培養、保護知識產權等方面相繼出台各項政策與法律文件，朝著"開拓創新，振興經濟，加快轉型"的目標持續邁進。

　　第一，在推進機構改革方面，1998 年香港特區行政長官董建華特別設立創新科技委員會並邀請田長霖教授擔任委員會主席，負責制定香港科創領域的發展規劃。在機構成立的兩年內，委員會相繼發佈兩份被譽為自回歸以來首次系統闡述香港科技政策的重要報告，[6] 提出"要令香港在 21 世紀成為創新及科技中心"的遠景目標。[7] 2000 年特區政府在原工商局（現第六屆政府改名為"創新科技及工業局"）之下新設創新科技署，具體推進香港科技政策的制定事宜。2004 年，創新科技署發佈《創新及科技發展新策略》諮詢文件，梳理了 13 個香港重點發展的產業，並對董建華在《行政長官 1997 年施政報告》中提出的"產學研"融合發展模式作了更加精細的規劃佈局。[8]

　　第二，在加大資金支持方面，董建華在《行政長官 1998 年施政報告》中

3　參見董建華《行政長官 1997 年施政報告》"百業同興"之"激勵新科技行業"與"知識產權"部分；《行政長官 1998 年施政報告》"乙、經濟"之"創新與科技"與"知識產權"部分；《行政長官 1999 年施政報告》"乙、兩年回顧"之"推動創新與科技"部分；《行政長官 2001 年施政報告》"乙、迎接經濟轉型"之"營商環境"部分；《行政長官 2003 年施政報告》"丙、開拓創新，振興經濟"之"政府角色"部分；《行政長官 2004 年施政報告》"乙、把握機遇，加快轉型"之"高新科技"部分；《行政長官 2005 年施政報告》"乙、鞏固成果，繼續前進"之"正確定位和策略"部分。

4　參見李春景、曾國屏：〈香港科技政策的演進：一種批判性回顧〉，載《第二屆中國科技政策與管理學術研討會暨科學學與科學計量學國際學術論壇 2006 年論文集》，第 132 頁。

5　參見董建華《行政長官 2003 年施政報告》丙"開拓創新，振興經濟"之"政府角色"部分："今次席捲全球的經濟轉型，有一個顯著的特點，是政府所起的獨特作用。不論是經濟全球化過程中促使貿易夥伴進一步開放市場，還是帶動知識經濟崛起的科技教育發展，各地政府都充當了推動角色……我在過去五年一直強調政府在宏觀層面要做的一些重要工作，包括大力投資於教育、加強基礎設施、推動創新科技、改善營商條件、協助商界開拓市場、積極保護生態環境和提供優質生活條件等……這些重要工作，既是經濟轉型的需要，也是政府應盡的責任和對市民的承諾。"

6　參見李春景、曾國屏：〈香港科技政策的演進：一種批判性回顧〉，載《第二屆中國科技政策與管理學術研討會暨科學學與科學計量學國際學術論壇 2006 年論文集》，第 133 頁。

7　參見香港特區創新科技委員會於 1998 年 9 月發佈的第一份報告和 1999 年 6 月發佈的第二份報告（最終報告）。

8　參見香港特區創新科技署：《創新及科技發展新策略》諮詢文件，香港特區政府網站，https://www.gov.hk/sc/residents/government/publication/consultation/2004.htm.

宣佈撥款五十億元成立創新及技術基金，以回應創新科技委員會所提出的發
展建議，為香港製造和服務業領域的創新項目提供資助；[9] 在《行政長官 1999
年施政報告》中承諾在未來十年投資超過二十億元成立專注 "中游" 研究的應
用科技研究院，並在金融領域積極推出 "創業板" 股票市場，為企業融資拓寬
渠道。[10]

第三，在建設基礎設施方面，特區政府相繼提出興建香港工業科技中
心、香港科學園、應用科技研究院和數碼港等計劃，為培育新興科技產業提供
保障。[11]

第四，在累積人力資本方面，特區政府認識到教育在實現科技創新中的
重要作用，持續推進信息科技教育策略，[12] 同時發佈吸引精英來港和留港的相
關優惠政策，為香港科創發展提供人力支撐。[13]

第五，在保護知識產權方面，香港特區工商局總結出保護知識產權的四
個環節：一是頒佈周全而有效的法例；二是實施高透明度、便於應用而又有效
率的註冊制度；三是開展嚴厲的執法行動；四是持續推行策劃周全的公眾教育
計劃。[14] 圍繞上述工作重點，香港自回歸後開啟了一系列完善立法、強化執法
的行動。

（二）曾蔭權時期：2005 — 2012

在曾蔭權施政階段，關於推動科技創新領域的政策力度有所減弱，甚至

9　參見董建華《行政長官 1998 年施政報告》"乙、經濟" 之 "創新與科技" 部分。

10　參見董建華《行政長官 1999 年施政報告》"乙、兩年回顧" 之 "推動創新與科技" 部分。

11　參見董建華《行政長官 1998 年施政報告》"乙、經濟" 之 "創新與科技" 部分；《行政長官 1999 年施
政報告》"乙、兩年回顧" 之 "推動創新與科技" 部分；《行政長官 2001 年施政報告》"乙、迎接經濟
轉型" 之 "營商環境" 部分；《行政長官 2004 年施政報告》"乙、把握機遇，加快轉型" 之 "高新科技"
部分。

12　參見董建華《行政長官 1999 年施政報告》"丁、知識為本，人才為要" 之 "基礎教育：推動信息科技
教育" 部分。

13　參見董建華《行政長官 2005 年施政報告》"丁、集中推動發展" 之 "吸引精英" 部分。

14　參見香港工商局《2000 年施政方針》"具競爭力及以知識為本的產業" 之 "保護知識產權" 部分。

呈現出放緩推進部分科創項目的趨勢。從 2005 年至 2012 年時任行政長官曾蔭權發表的《施政報告》文本來看，雖然報告依然有涉及"科技"、"創新"的部分，但與董建華時期的《施政報告》相比較，其篇幅減少，科技創新的相關政策並沒有被提到戰略發展的高度，甚至在 2007 年至 2008 年的《施政報告》中，全文並沒有出現"科技"、"創新"的字眼。盤點這七年以來特區政府推出的相關政策，主要包括發展信息產業、創新科技應用、支持文化創意產業發展、規劃河套地區土地用途、通過創新及科技基金支持科研機構發展等方面的內容。從整體上看，《施政報告》對以上政策的表述大多較為籠統，使得政策呈現出零散而不成體系的特點。由此或可推斷，科技創新並非當時特區政府施政的重點，也可能是因為各種原因，促使董建華此前提出的"數碼港"、"科學園"等項目出現了運作困難，導致特區政府放緩了前進的腳步。

（三）梁振英時期：2012—2017

在梁振英施政階段，正值中國"十二五"規劃向"十三五"規劃邁進的歷史性轉折期。順應著國家推動科技創新發展戰略的最新動向，時任行政長官梁振英"重拾"此前的發展規劃，並基於當時的現實需求，陸續推出相關改革舉措。梁振英在《行政長官 2014 年施政報告》中提出，"我決定再次啟動成立創新及科技局的工作，並與各界共同制訂香港創新及科技發展的目標和政策，我殷切希望得到立法會的支持。"[15] 隨後，在 2015 至 2017 年的《施政報告》中，他屢次強調科技創新於香港的重要性，2016 年開始將"創新與科技"獨立成章，將相關施政方針體系化、精細化，並不斷檢視政策運行的效果。

具體來看，香港特區政府主要從五個方面入手，為創新及科技發展提供強有力的政策支持：一是為企業、科研機構及大學提供世界級的科技基建；二是為產、學、研持份者提供財政支援，將研發成果商品化；三是重視培育

15　參見梁振英《行政長官 2014 年施政報告》"（二）經濟"之"創新及科技產業"部分。

人才；四是加強與內地及其他地方在科技方面的合作；五是締造充滿活力的創新文化。[16] 特區政府在 2015 年確定了以上五大政策發力點後，於隨後兩年又不斷對相關施政方針進行拓展、完善：在 2016 年成立了創新及科技局，主要負責統籌、協調、支援和配合香港創科事業的發展；[17] 高度重視 "產學研" 發展模式的運行效果，為科研院校提供二十億元的資金保障，積極推動高校科研成果轉化成產品；[18] 通過 "創科創投基金" 等形式，加大對科創企業、基礎設施建設的資金投入力度；[19] 致力於推動 "智慧城市" 建設以及積極推動 STEM（Science, Technology, Engineering and Mathematics）教育等。[20] 此外，在知識產權保護領域，香港特區政府推動成立知識產權貿易中心，為內地與海外人士提供知識產權代理和管理、顧問、法律、解決爭議，以及盡職調查等方面中介服務。[21]

（四）林鄭月娥時期：2017 — 2022

在林鄭月娥施政階段，時任行政長官林鄭月娥在上屆政府的努力成果基礎上，繼續加大對科創領域的政策扶持力度。其在《行政長官 2017 年施政報告》中以新思維和新角色全面闡述施政理念和政策要點，[22] 從推動行政機構改革到提出八大方面的創新舉措，林鄭月娥為香港科創領域的發展勾畫了完整的發展圖景。在隨後的五年中，特區政府緊緊圍繞上述施政方向，取得了一系列重大進展，彰顯了香港對於加強科技創新發展的堅定決心，亦是對國家積極推動科技創新發展戰略以及此前兩屆特區政府發展規劃的有效回應。

16　參見梁振英《行政長官 2015 年施政報告》"（三）經濟" 之 "創新及科技" 部分。

17　參見梁振英《行政長官 2016 年施政報告》"（四）創新及科技" 部分。

18　參見梁振英《行政長官 2016 年施政報告》"（四）創新及科技" 之 "向下游出發" 部分。

19　參見梁振英《行政長官 2017 年施政報告》"（四）創新及科技" 部分。

20　參見梁振英《行政長官 2016 年施政報告》"（四）創新及科技" 之 "其他配套" 部分。

21　參見梁振英《行政長官 2015 年施政報告》"（三）經濟" 之 "知識產權" 部分。

22　參見許洪彬、胡禪萌、王濤：〈香港特區政府科技創新政策研究——基於香港特首 2017 年施政報告分析〉，《全球科技經濟瞭望》2018 年第 3 期，第 5 頁。

首先，在機構改革方面，2017 年林鄭月娥在特區政府內部成立"創新及科技督導委員會"，負責審核及監督創新及科技八個方面的措施和智慧城市的項目；成立行政長官創新及策略發展顧問團，負責為香港科創政策出謀劃策；成立政策創新與統籌辦事處，負責政策研究及創新和跨部門協調工作；另將效率促進組併入創新及科技局，[23] 於 2021 年將創新及科技局擴大為創新科技及工業局。[24]

其次，林鄭月娥從增加研發資源、彙聚科技人才、提供科研基建、完善法例及法規，掃除阻礙創科發展而不合時宜的條文、開放政府數據、改變採購方法、推進 STEM 科普教育八大方面提出相應的施政政策並開展持續的探索與努力。[25] 盤點特區政府的工作亮點與施政成效，在資金支持方面，根據《行政長官 2021 年施政報告》，"本屆政府推動創科發展的力度可說是史無前例，四年間投放超過 1,300 億元。"[26] 在政府撥款和"創科創投基金"的支持下，香港科學園和數碼港獲得更多支援入駐企業的資金；落馬洲河套區"港深創新及科技園"的基建工程已於 2018 年 6 月展開，在中央政府的大力支持下，粵港澳大灣區國際科技創新中心建設項目得以順利推進。[27] 林鄭月娥更是在《行政長官 2021 年施政報告》中，提出要將香港北部建設成為宜居宜業宜遊的都會區。[28] 自 1997 年以來確立的"產學研"發展模式後，港府一直朝著這個方向不斷努力，2020 年"香港的創科發展被稱作是進入了黃金時代"，[29] 2021 年"官產學研"的良性互動大幅提升。[30] 此外，在五年之間，相關傑出人才培養與引

23　參見林鄭月娥《行政長官 2017 年施政報告》"（二）良好管治"部分。

24　參見林鄭月娥《行政長官 2021 年施政報告》"（三）新氣象，新未來"之"重組政府架構"部分。

25　參見林鄭月娥《行政長官 2017 年施政報告》"（三）多元經濟"之"創新及科技"部分。

26　參見林鄭月娥《行政長官 2021 年施政報告》"（四）經濟新動力：融入國家發展大局"之"建設國際創新科技中心"部分。

27　參見林鄭月娥《行政長官 2021 年施政報告》"（四）經濟新動力：融入國家發展大局"之"建設國際創新科技中心"部分。

28　參見林鄭月娥《行政長官 2018 年施政報告》"（四）多元經濟"之"創新及科技"部分。

29　參見林鄭月娥《行政長官 2021 年施政報告》"（三）新氣象，新未來"之"北部都會區"部分。

30　參見林鄭月娥《行政長官 2020 年施政報告》"（五）注入經濟新動力"之"發展香港成為國際創新科技中心"部分。

進政策、香港"智慧城市"建設構想亦得到穩步推進。[31]

（五）李家超上任以來的施政方針

2022 年 10 月 19 日，香港特區行政長官李家超在立法會發表任內首份施政報告。縱覽其報告內容，科技創新領域成為新一屆特區政府的施政重點，在香港邁向"由治及興"的關鍵節點，李家超提出"有為政府"的治理理念，在上一屆特區政府發佈的施政思路基礎上，更加重視對接國家發展戰略，融入國家發展大局，鞏固香港國際化優勢。同時又對原有的施政方針繼續深化、強化，通過頒佈 110 個項目指標，將施政方針具象化、精細化。[32]

聚焦科技創新領域，在機構改革方面，李家超提出成立"香港投資管理有限公司"，把近年在"未來基金"下設立的"香港增長組合"、"大灣區投資基金"和"策略性創科基金"，以及"共同投資基金"整合起來，由政府主導投資策略產業，形成資源集約效應，吸引和助力更多企業在港發展。[33] 在科創領域的施政方針方面，李家超行政長官從四大方面入手，為香港擘畫未來幾年的"創新科技發展藍圖"。[34]

首先，李家超提出完善創科生態圈，實現香港"再工業化"。第一，設立一百億元"產學研 1+ 計劃"，激勵產學研協作，促進科研成果商品化。第二，聯合 2022 年新設立的"引進重點企業辦公室"，配合五十億元"策略性創科基金"以及落馬洲河套區港深創新及科技園（港深創科園）由 2024 年起提供的創科土地和空間，吸引生命健康科技、人工智能與數據科學、金融科技、先進製造與新能源科技等領域的企業和人才落戶，促進科技產業發展。第三，通過設立負責統籌和督導工作的"工業專員"、研究在大埔創新園興建第二個先

31　參見林鄭月娥《行政長官 2020 年施政報告》"（五）注入經濟新動力"部分。

32　參見李家超《行政長官 2022 年施政報告》附件《制定項目指標》。

33　參見李家超《行政長官 2022 年施政報告》"（三）著力提高治理水平"部分。

34　參見李家超《行政長官 2022 年施政報告》"（四）不斷增強發展動能"之"國際創新科技中心"部分。

進製造業中心、啟動"再工業化資助計劃資助"項目等措施，推進香港特區"再工業化"。第四，全力落實港深創科園的建造工程，同時加快"北部都會區"新田科技城發展，並計劃由 2025 年起分階段完成科學園和數碼港的擴建工程，為香港科創發展提供更加完備的基礎設施。

其次，李家超提出要壯大創科人才庫，通過引入國際創科領軍人才、優化現有科技人才計劃、增加住宿支援、擴展"創科實習計劃"等舉措，重點吸納創科人才，為香港科創發展儲備動能。

再次，李家超繼續推進建設"智慧香港"的設想，通過實現政務電子化、積極開放政府數據、與內地探討內地數據向港流通的安排、擴展 5G 網絡等舉措，為"智慧香港"建設提供更加精細的政策支撐。

最後，李家超將"積極融入國家發展大局，鞏固香港國際化優勢"單獨羅列，作為"香港創新科技發展藍圖"的其中一個重要方面，意在強調加強與深圳的深度合作，強調實現與國家發展戰略的有效對接。具體來看，特區政府計劃在"一區兩園"的基礎上，以創新、專屬、專項方式研究試行涵蓋兩地物資、資金、數據和人員等領域的流通創科合作跨境政策；積極吸引海內外創科企業進駐港深創科園，為構建大灣區國際科技創新中心提供重要引擎；同時積極支持和配合國家在香港選拔載荷專家參與國家載人航天工程的相關工作，為國家推薦人選。

從 2023 年第二份《施政報告》來看，李家超政府在科創領域的施政方針基本得到落實。報告顯示，李家超政府於 2022 年 12 月正式推出《香港創新科技發展藍圖》，使香港發展成為國際創新科技中心，在 2023 年新興初創生態系統排名中，香港位列全球第二、亞洲第一。根據 2023 年《施政報告》，政府將成立"新型工業發展辦公室"——設於創新科技及工業局內，由"工業專員"領導，以產業導向為原則，推進"新型工業化"、支援重點企業在港發展、協助製造業利用創科升級轉型、扶植初創企業；在"產學研 1+ 計劃"的實施情況方面，政府促進大學的科研成果轉化和商品化，支援初創企業成果轉化；在"智慧香港"建設方面，為加快數字政府建設，將成立"數字政策辦公室"，把政府資訊科技總監辦公室與效率促進辦公室合併，由"數字政策專員"帶領，專責制訂數字政府、數據治理及資訊科技政策，整合政府內部資訊科技資源，推動開放數據，協調各部門推出更多數字服務；此外，政府還提出了促進微電子研發、加速建設超算中心助力人工智能發展、推動數據跨境流動等多項政策措施以促進香港科創發展，並設立百億"新型工業加速計劃"，推動下游的新型工業發展，為生命健康科技、人工智能與數據科學、先進製造與新能源科技的企業，提供更多資助。[35]

三、特別行政區的文化制度

香港是中西文化交融的大都市。在港英政府殖民統治的一百多年裏，香港居民在文化和社會意識領域受到西方文化的影響，居民的意識形態形成兼具中國傳統文化和殖民主義文化特徵的混合型意識形態。香港基本法第 140 條規定："香港特別行政區政府自行制定文化政策，以法律保護作者在文學藝術創作中所獲得的成果和合法權益。"據此，香港特區制定或沿用《圖書館條例》、《古物及古跡條例》、《環境影響評估條例》等法例，來實施文化保護政策。其中，《環境影響評估條例》規定所有涉及大型基建工程項目，動工前必須進行環境影響評估，而文物影響評估是環評不可或缺的一環。第 144 條規定，香港特區政府保持原在香港實行的對文化、藝術、康樂等方面的民間團體機構的資助政策。國家"十四五"規劃首次將香港文化地位寫入規劃，支持香港發展中外文化藝術交流中心。

香港特區政府以及民間行業都在著力打造香港的文化產業。正如香港特區政府所言，香港是亞太地區最適合發展文化產業的地區之一。香港政府從二十世紀九十年代開始重視文化創意產業的發展，目前香港文化創意產業已形

35　參見李家超《行政長官 2023 年施政報告》"（五）不斷增強發展動能"之"國際創新科技中心"部分。

成相當規模，在多個領域擁有並保持了很大優勢，以音樂、電影、電視片為代表的香港流行文化產業在區內久負盛名，建築、設計和廣告業在創意方面也較區內其他競爭對手優勝，促進了香港整體經濟向知識型經濟邁進。2021 年，時任行政長官林鄭月娥提出特區政府將制定推動文化產業發展的一系列政策，包括建立世界級的文化設施和多元文化空間、與海外著名文化機構建立更加緊密關係、持續推進香港與內地的文化交流、將藝術和創新科技融合作為藝術發展的新模式。[36]

2012 年，時任香港特區行政長官的梁振英曾提出重組政府架構，在"五司十四局"中新增包括文化局等部門，但方案未能在立法會通過。2022 年 5 月 17 日，香港特區政府行政會議審議並通過重組香港特區政府架構的建議方案，其中包括成立新的"文化體育及旅遊局"。文化體育及旅遊局接替民政事務局負責文化、藝術和體育事務等事宜，以及接替商務及經濟發展局負責電影、創意產業和旅遊事務等事宜。特區政府成立文化體育及旅遊局可以通過提升整體環境氛圍從而提升文化素質培養，與此同時，還要善用國家"十四五"規劃機遇，推動文化藝術交流。

具體而言，香港在公共文化建設方面取得較好成就，也是香港居民的一種文化福利。香港特區的設施建設比較齊全、現代化。香港的圖書館、博物館建設堪稱一流，在公休期間內，大多數免費向市民開放，香港居民可以在這裏參觀、學習、借閱、聽講座。香港文化信息化水平較高，圖書館、博物館都把現代多媒體技術和數據信息採集運用得恰到好處。非遺清單也是香港特區重要的文化資源，反映了香港本地對待非遺的態度。香港特區政府積極籌劃全港性非物質文化遺產普查，成立了非物質文化遺產諮詢委員會。自 2009 年 8 月起，歷時三年多的非物質文化遺產普查已經完成，並於 2014 年 6 月公佈了香港首份非物質文化遺產清單，包含口頭傳說和表現形式、表演藝術、社會實踐、儀式、節慶活動、傳統手工藝在內的 480 個項目，非遺辦事處在網上建立

36　〈發展香港為中外文化藝術中心〉，香港特區政府新聞網，www.news.gov.hk/chi/2021/07/20210721/2
0210721_182417_238.html（最後訪問時間：2022 年 6 月 1 日）。

"非物質文化遺產資料庫",分階段把這些項目資料數碼化。

香港居民約 98% 是華人,中華傳統文化是香港本土文化的內核,中國的傳統文化和價值觀念在香港社會中根深蒂固。但同時,港英政府通過各種途徑對香港輸入多方面的西方資本主義文化(文化輸入與教育制度、傳媒等方面關係密切),西方文化的強制輸入,英語教育體系的發展,都對香港部分精英人士的文化影響很大,部分香港居民特別是中青年的國家觀念、國家認同、對中華文化的認同都比較薄弱。為了加深香港居民對中華文化的認同,香港特區政府已經在教育領域制定相關政策。1998 年,香港特區政府推出了"母語教學"政策。香港中學教育一直都有中英之分,"母語教學"政策提議只允許保留 114 間公營中學以英文授課,其他的 300 多間都改為以中文授課。這在當年仍然"重英輕中"的傳統教育觀念下,一度引起了不小的爭議。近年來,母語教學舉措逐步受到大多數港人的支持。香港特區政府在 1997 年後實行"兩文三語"的語言政策:中文、英文書寫,粵語、英語和普通話口語,中文書寫以繁體中文為主。隨著香港與內地的交流增多,簡體字、大量源自官方及民間的中文用語也會傳至香港。香港特區政府開設中文夜校、鼓勵市民講普通話等措施起到了很好的作用。此外,如上所述,香港教育局已於 2018 年落實將中國歷史納入初中獨立必修科,要求所有學生系統學習中國歷史,瞭解中國文化。行政長官李家超在 2023 年的《施政報告》中也強調要開展愛國主義教育,將愛國主義教育納入國民教育體系,並於本學年定期提供有關國情、國史的教學資源,讓學生廣泛認識國家安全、中華文化、國家歷史、國家地理,以及國家發展和成就。[37] 特區教育局於 2024 年 1 月根據 2023 年《施政報告》制定《文明中華——國民教育及國家安全教育學與教資源》[38],供學校使用。

---

[37]　參見李家超《行政長官 2023 年施政報告》"(三)貫徹‘一國兩制’維護國家安全"之"愛國主義教育"部分。

[38]　參見《文明中華——國民教育及國家安全教育學與教資源》,香港特區教育局網站,https://www.edb.gov.hk/sc/curriculum-development/4-key-tasks/moral-civic/nse/l-and-t-resources/chinesecivilisation.html。

四、特別行政區的體育制度

自 1997 年香港回歸以來，香港體育領域的自主性發展在法律上也得到充分的保障。基本法第 143 條規定："香港特別行政區自行制定體育政策。民間體育團體可依法繼續存在和發展。"中央人民政府賦予香港特區體育政策制定的高度自主權，特區政府可以自行制定適合香港體育發展的相關制度和措施。早在 2002 年，特區政府就體育發展政策便確定"普及化、精英化、盛事化"的方向，依據社會實際情況制定政策措施，扎實推動香港體育長遠發展。自實施體育"普及化、精英化、盛事化"的政策以來，香港近年的體育事業已取得豐碩的成果。2017 年香港《施政報告》中提出，為支持體育運動普及化，特區政府將在未來五年投放二百億港元增建或改善康體項目。此舉旨在大力發展社區體育，通過地區的體育會、康文署以至學校，投放資源發現更多潛在的人才，推動體育精英化的發展。2004 年 11 月特區政府還推出了"大型體育活動'M'品牌制度及支援計劃"，以配對撥款和直接補助支援本地體育總會舉辦大型國際體育活動。該計劃於 2019 年改善，將每年籌辦的活動數由最多 13 項增至 15 項。賽事一旦被列入"M"榜單，政府機構將就該賽事的籌辦、贊助、推廣及宣傳策略提供專業意見，並統籌政府部門給予後勤、宣傳推廣等多項支持。

為助推香港盛事體育的進一步發展，2009 年 5 月，特區政府撥款一億元成立"盛事基金"。文體旅遊局擬於 2023 年內將基金申請和委員會評審程序常規化，並計劃每年透過"文化藝術盛事基金"支持大約四項活動，涉及最少十萬名參加者。在 2021 年 9 月 11 日舉辦的"制定 2030+ 體育政策及發展藍圖"圓桌會議上，時任香港特區政府民政事務局局長徐英偉指出，特區政府未來體育政策的方向是"五化"：普及化、精英化、盛事化、專業化及產業化。他認為，體育專業化的政策方向，可進一步推動體育醫療、體育科技等行業的發展，且隨著香港更多大型體育硬件設施的落成，加上粵港澳大灣區、中國內地市場的支撐，香港體育的盛事化和產業化亦十分可期。

　　如上文所述，近年來，香港特區政府對體育管理部門進行了優化重構。新的香港體育管理框架得到確定，文化體育及旅遊局接替民政事務局負責體育事務。體育委員會就香港體育發展的政策、策略及推行架構、提供撥款和資源支持香港的體育發展等事宜向政府提供意見。各部門分工明確，各司其職，形成賽事、精英、大眾體育協調發展的局面。

　　多年來，隨著香港體育節等活動的持續舉辦，全民健身的理念漸入人心。讓更多人參與運動，是特區政府投入最多的部分，有時候甚至佔所有投入的八成以上。為了推動香港大眾體育發展以及盡量實現政府公共體育服務供給的“均等化”，回歸以來，特區政府在全港各地盡量開闢新場地和體育設施供市民使用、鍛煉。據統計，截止到 2023 年 8 月，全港共有超過 2,200 個公共運動場地，其中有 25 個運動場、45 座游泳池場館、42 個刊憲泳灘、105 座體育館、83 個草地足球場、235 個硬地小型足球場、538 個籃球場、250 個網球場、291 個壁球場及 676 個康體場地設有兒童遊樂場，另外還有曲棍球場、公眾騎術學校及高爾夫球練習場等設施。[39]

　　國家支持香港體育發展，作為國際金融中心之一的香港舉辦了多項大型國際體育賽事，例如北京奧運會馬術比賽、第五屆東亞運動會、渣打香港國際馬拉松比賽、東亞足球錦標賽、香港網球精英賽等。大型國際體育賽事的舉辦，提高了香港民眾的體育參與熱情。根據 2021 年 8 月 26 日中央人民政府發佈的《國務院辦公廳關於同意廣東、香港、澳門承辦 2025 年第十五屆全國運動會的函》，表示同意廣東、香港、澳門承辦 2025 年第十五屆全國運動會。屆時大會可以對大灣區體育界甚至整個社會有正面的影響，提升社會和諧。

　　與此同時，香港專業運動員的水平飛躍提升，鼓舞了市民參與體育的信心。香港特區可以以“中國香港”的名義單獨與世界各體育組織以及與世界各國、各地區進行友好交往和體育交流，為香港體育提供了廣闊的發展空間。香港特區在 1997 年回歸祖國後，以“中國香港代表團”的名義參加國際大賽。

39　參見〈香港便覽：康樂文化〉，香港特區政府網站，https://www.gov.hk/tc/about/abouthk/factsheets/docs/leisure.pdf（最後訪問時間：2024 年 1 月 31 日）。

回歸 26 年，歷經 6 屆奧運會，總計拿到 1 金 3 銀 4 銅的好成績。從賬面上來看，香港二十多年來所取得的體育成就，已經遠超港英統治時期 99 年的總和。由此證明，香港體育一直在突破。

五、特別行政區的宗教制度

（一）香港基本法的相關規定

香港基本法堅持宗教自由的原則，允許香港各宗教團體在香港基本法和相關法律的指導下自由發展，保護宗教團體的財產和組織獨立，不受香港特區政府的干預，鼓勵各宗教團體參與和促進香港社會發展。其中，香港基本法第 32 條規定，宗教自由是香港居民重要的基本權利，香港居民有宗教信仰的自由，有公開傳教和舉行、參加宗教活動的自由。不過，對於宗教自由，香港特區法院並未採取寬泛的解讀。在 Karlo Joanani Dauz 案中，一名菲律賓籍傳教士以訪客身份進入香港後向入境處申請受聘於某教會作常駐教士，入境事務處處長認為提交材料顯示該教會規模較小，發展不足以支持聘用外國教士，拒絕申請。申請人認為這是一種歧視，違反對宗教自由的保護。原訟庭法官認為，入境事務處處長的決定沒有剝奪其信仰自由，其決定是有理據的。[40]

香港基本法第 137 條規定了香港各宗教團體保持發展的獨立性，且基本法保障學校和學生選擇宗教信仰的自由。各類院校均可保留其自主性並享有學術自由，可繼續從香港特別行政區以外招聘教職員和選用教材。宗教組織所辦的學校可繼續提供宗教教育，包括開設宗教課程。學生享有選擇院校和在香港特別行政區以外求學的自由。香港基本法第 141 條規定了香港宗教和政府的關係，即政教分離原則，保障本港宗教團體組織獨立有序發展。香港特別行政區

40　*Karlo Joanani Dauz v. Director of Immigration*, HCAL 86/2008.

政府不限制宗教信仰自由，不干預宗教組織的內部事務，不限制與香港特別行政區法律沒有抵觸的宗教活動。宗教組織依法享有財產的取得、使用、處置、繼承以及接受資助的權利。財產方面的原有權益仍予保持和保護。宗教組織可按原有辦法繼續興辦宗教院校、其他學校、醫院和福利機構以及提供其他社會服務。香港特別行政區的宗教組織和教徒可與其他地方的宗教組織和教徒保持和發展關係。在 Catholic Diocese 案中，一羅馬天主教辦學團體（資助八十所天主教學校）認為，《教育條例》的修改改變了學校管理方式，削弱了該團體對教會學校的絕對控制權，進而違反了香港基本法第 136 條第 1 款和第 141 條第 3 款的規定。終審法院認為，第 137 條第 1 款賦予的保障僅限於辦學方面；《教育條例》修訂並未阻止該法團為其營辦的每一間學校訂定與羅馬天主教有關的抱負及辦學使命，而委任校董會全部成員、校監和校長的權力，並非受到香港基本法保障的一項憲法性權利。[41]

此外，香港基本法第 148 條規定，香港特別行政區的教育、科學、技術、文化、藝術、體育、專業、醫療衛生、勞工、社會福利、社會工作等方面的民間團體和宗教組織同內地相應的團體和組織的關係，應以互不隸屬、互不干涉和互相尊重的原則為基礎。這進一步明確了香港宗教團體同內地相關宗教團體之間的獨立關係，即內地與香港的宗教團體在堅持"一國兩制"互相尊重的基礎上，充分認識彼此宗教發展的差異，不將各自的宗教制度強加給對方，實現內地與香港相關宗教團體之間健康交流發展。

同時，香港基本法第 149 條規定了香港相關宗教團體在參與有關宗教和社會活動時的團體歸屬問題。香港各宗教團體參與相關活動時必須堅持"一個中國"原則，反對任何形式的分裂活動。香港特別行政區的教育、科學、技術、文化、藝術、體育、專業、醫療衛生、勞工、社會福利、社會工作等方面的民間團體和宗教組織可同世界各國、各地區及國際的有關團體和組織保持和發展關係，各該團體和組織可根據需要冠用"中國香港"的名義，參與

---

41   *The Catholic Diocese of Hong Kong v. Secretary for Justice*, FACV 1/2011, (2011) 14 HKCFAR 754.

有關活動。

（二）香港特區宗教組織和宗教團體

作為具有多元文化的國際性大都市，香港社會有著多種不同的宗教信仰且歷史悠久，各宗教團體能夠和睦共處，美美與共。其中，佛教、道教、孔教、基督教、天主教、伊斯蘭教、印度教、錫克教和猶太教，擁有信眾較多，宗教團體頗成規模，是香港的主要宗教團體。

佛教和道教是香港歷史悠久的中國宗教，在香港擁有大批信眾。香港目前有超過一百萬佛教信徒和數百個佛教團體。其中最大的是香港佛教聯合會，於 1945 年成立，以"人間佛教"的理念作為指導思想，聯合其他宗教團體共同促進香港的繁榮發展。此外，香港現有道觀、仙館三百多處，香港道教聯合會是香港現有的聯合性道教組織。

孔教是以孔子學說為基礎形成的宗教，強調以人為本，重視中國傳統文化和禮儀。孔教學院是香港著名的孔教團體，目前共招收學生四千多名，係香港最具代表性的孔教團體。

關於天主教和基督教，香港共有天主教徒約 37.9 萬人，聖職人員計有司鐸 297 名、修士 64 名和修女 481 名。[42] 全港共有 52 個堂區和 32 個彌撒中心。香港天主教承認羅馬教宗是各地教會的最高首領，在組織上同梵蒂岡保持聯繫。香港基督教現有教堂共 924 間，其中中文教堂 900 間，英語教堂 24 間；基督教神學院校 18 間，約有 30 萬基督徒居於本港。香港基督教教派繁多，其中香港華人基督教聯合會和香港基督教協進會是兩個較大的超越教派的基督教聯合性團體。

關於回教（伊斯蘭教），香港共有回教徒約 30 萬人，其中 5 萬名為華人，15 萬名為印度尼西亞人，3 萬名為巴基斯坦人，其餘是來自世界其他各地的

42　〈香港便覽：宗教與風俗〉，香港特區政府網站，https://www.gov.hk/sc/about/abouthk/factsheets/
　　docs/religion.pdf（最後訪問時間：2023 年 6 月 22 日）。

教徒，當中包括來自中東各國的教徒。香港伊斯蘭教清真寺共有 5 座，香港中華回教博愛社、香港回教信託基金總會、香港中國回教協會是其主要的宗教組織。其中，中華回教博愛社是代表香港華人回教徒的主要團體。

關於印度教和錫克教，香港有印度教徒約 10 萬名。這些印度教徒來自印度、尼泊爾、新加坡、泰國和其他亞洲國家，其中大部分是商人。現有的一個聯合性組織是印度教協會，建於 1952 年的印度廟是香港的印度教寺廟。錫克教主要是十九世紀錫克教徒加入英軍服役，隨軍從印度北部旁遮普來到香港。目前香港約有 1.2 萬名錫克教徒，建於 1901 年的錫克廟是其主要的宗教活動場所。

關於猶太教，猶太教在香港的歷史，可追溯至十九世紀四十年代，其教徒來自世界各地。香港猶太教會堂主要有三間，分別為莉亞堂、香港聯合猶太會和 Chabad-Lubavitch。猶太社群在本港十分活躍。本港有多個猶太慈善組織和文化團體，包括猶太婦女協會、聯合以色列慈善會、以色列商會和猶太歷史學會等。

香港各宗教團體堅持"一國兩制"原則，在基本法框架下繁榮發展的同時，各宗教團體積極參與香港和祖國發展，並同內地保持長期健康友好的聯繫。自回歸以來，香港宗教事業步入歷史發展新階段。香港宗教事業穩步發展，不同教派的宗教團體之間求同存異、和諧發展。各宗教團體在中央和香港特區政府的支持下，舉辦各種大型宗教活動，增進香港市民對宗教的認識，香港各宗教信眾穩步增加，為香港宗教事業發展注入了生機和活力。同時，香港各宗教團體在遵守基本法的基礎上，積極參與社會活動，融入祖國和香港社會發展大局。2021 年 4 月 20 日，香港六宗教領袖座談會發出"互相扶持、抗疫同心"的祝福，在網上向全香港市民獻上祝禱。2022 年 7 月 5 日，香港六宗教領袖座談會慶祝香港回歸 25 週年，以"祈願香江、共創未來"為主題召開會議，共同探討香港宗教事業發展。此外，香港各宗教團體一直以來積極參與增進祖國和香港社會福祉的公益事業，包括慈善、福利、教育等公共事務。與此同時，香港各宗教團體與內地的交流日益頻繁，推動了內地與香港之間的宗教事業的共同發展。

六、特別行政區的勞工法律制度

香港基本法第 33 條規定，"香港居民有選擇職業的自由"；第 36 條規定，"香港居民依法享有社會福利的權利。勞工的福利待遇和退休保障受法律保護。"香港特區終審法院在 GA 案判決、[43] 高等法院上訴庭在 Leung Sze Ho Albert 案判決 [44] 中都指出，"選擇職業的自由"不能等同於一項一般意義上的工作權，而是指免於被強制分配或禁止從事某一種職業。香港基本法第 27 條規定，香港居民享有組織和參加工會、罷工的權利和自由。根據香港特區政府 2023 年 9 月 30 日發佈的統計數據，已登記的僱員工會共計 1398 個。[45] 這些數字顯示香港居民充分享有結社及組織和參加合法工會的權利和自由。

香港基本法第 39 條規定，"《公民權利和政治權利國際公約》、《經濟、社會與文化權利的國際公約》和國際勞工公約適用於香港的有關規定繼續有效，通過香港特別行政區的法律予以實施"。在《中英聯合聲明》以及香港基本法起草的早期文稿中都未涉及國際勞工公約，通常而言，國際勞工公約也並非國際人權公約的必然構成要件。但在香港基本法立法討論中，起草委員多次提出將國際勞工公約加入第 39 條，大多數草委對此表示支持，因此最終在 1989 年 2 月發佈的草案稿中加入了國際勞工公約。[46] 與其他兩個國際人權公約不同，國際勞工公約並非某個特定公約，而是由國際勞工組織制定的一系列公約構成。在起草過程中，起草委員曾就勞工問題進行過專題研究，該研究中指出，截至 1987 年 12 月，英國已經認可 70 多項國際勞工公約，其中 48 項適用於香

43　*GA v. Director of Immigration*, (2014) 17 HKCFAR 60.

44　*Leung Sze Ho Albert v. Bar Council of the Hong Kong Bar Association*, [2016] 5 HKLRD 542.

45　〈香港職工會統計年報〉，香港特區政府資料一線通網站，https://data.gov.hk/tc-data/dataset/hk-ld-rtu-rtu-aunnual-stats/resource/154c6f3b-5dd9-4a1b-809d-3c362eea9f37（2024 年 1 月 31 日訪問）。

46　參見徐斌：〈以基本法吸納國際人權公約──國家主權視野下的《香港特別行政區基本法》第 39 條立法爭議〉，《人權》2018 年第 3 期，第 110 頁。

港，中國則通過 18 項勞工公約。[47] 部分起草委員建議將國際勞工公約加入第 39 條中，一方面是為了在憲制層面將國際勞工保護標準納入香港立法，因為香港當時缺乏完善的勞工政策，而前兩個國際人權公約保障的勞工權利較為有限；另一方面是擔心在回歸後，中國未加入的國際勞工公約可能存在繼續適用的困難。[48] 即使香港基本法第 149 條已經就香港參加國際勞工組織作出專門規定，在此情況下，草委還是一致同意將國際勞工公約特別加入香港基本法第 39 條，這在一定程度上反映了制定基本法時勞資關係是影響香港經濟發展的主要矛盾之一。不過，國際勞工公約的特殊形式決定了香港很難通過單一或專門的立法來實施勞工公約，只能以分散形式在本地法例中加以規定。

香港基本法第 147 條規定，"香港特別行政區自行制定有關勞工的法律和政策"；第 148 條和第 149 條保障香港勞工團體和組織與內地相應的團體和組織的相對獨立性，以及與世界各國、各地區及國際有關團體和組織的關係的發展。香港特區制定了一系列勞工立法，在勞工權益及福利方面主要包括《僱員補償條例》、《僱員補償援助條例》、《肺塵埃沉著病及間皮瘤（補償）條例》、《破產欠薪保障條例》、《最低工資條例》、《僱員再培訓條例》、《職業性失聰（補償）條例》、《強制性公積金計劃條例》等，在僱傭和勞資關係方面主要包括《僱傭條例》、《勞資關係條例》、《行業委員會條例》、《往香港以外地方就業合約條例》、《職工會條例》、《小額薪酬索償仲裁處條例》等，在職業安全和健康方面包括《鍋爐及壓力容器條例》、《工廠及工業經營條例》、《職業安全及健康條例》、《輻射條例》、《職業安全健康局條例》等，在平等就業領域包括《性別歧視條例》、《家庭崗位歧視條例》、《種族歧視條例》等。香港特區政府勞工處還提供一系列促進就業的計劃和服務，如 "展翅青見計劃"、"就業展才計劃"、"中高齡就業計劃"、"大灣區青年就業計劃"、"工作試驗計劃"等，為本地社會中不同的階層、職業群體提供培訓、長短期就業、全職／兼職

47　〈中華人民共和國香港基本法（草案）徵求意見稿諮詢報告（4）——專題報告〉，載李浩然編：《香港基本法起草過程概覽（下冊）》，香港：三聯書店（香港）有限公司 2012 年版。

48　〈中華人民共和國香港基本法（草案）徵求意見稿諮詢報告（4）——專題報告〉，載李浩然編：《香港基本法起草過程概覽（下冊）》，香港：三聯書店（香港）有限公司 2012 年版。

就業機會。

七、特別行政區的社會服務制度

　　香港社會服務工作已發展近百年，完成了多個階段的發展轉化，具有鮮明的香港特色，成為香港不可或缺的一部分，因而也作為香港社會的重要組成部分被寫入香港基本法，與教育、科學、文化、體育、宗教等社會內容一起共同構成香港基本法第六章的重要內容。社會服務廣義而言既包括政府提供的社會福利，也包括私人組織和團體提供的社會服務。作為一項香港居民的基本權利，香港基本法第 36 條規定了“香港居民有依法享受社會福利的權利”，並且在第六章的第 145 條中規定，“香港特別行政區政府在原有社會福利制度的基礎上，根據經濟條件和社會需要，自行制定其發展、改進的政策”。

　　香港政府提供的最重要的社會福利制度就是綜合社會保障援助計劃（Comprehensive Social Security Assistance，以下簡稱“綜援計劃”）。這一制度源於 1948 年，最早的援助以物質救濟為主要方式，並且由慈善機構為承擔主體。1958 年起，政府開始承擔這一責任。1965 年，為進一步規範社會工作發展，減輕社會矛盾，港英政府發佈了《香港社會福利工作之目標與政策》的社會福利白皮書，確立了香港社會福利工作的發展方向和政策目標。後續又發佈了多個社會工作白皮書，不斷拓寬社會服務的工作範圍，更新社會服務理念，促使香港社會福利工作全面發展。1971 年，香港社會保障制度開始運行，“公共援助計劃”開始承擔社會救濟職能。在 1970 年的改革之後，援助由食物救濟變為現金補貼，直到 1993 年發展成現今的綜援計劃。這一制度並非由法律規定，一直以來均由政府通過政策來調整。亞洲金融危機之後，香港政府收緊了社會福利政策。2003 年香港特區政府成立了專責小組研究綜援計劃的改革。在孔允明案中，當事人認為，2004 年香港特區政府綜援計劃要求的在香港居住滿七年且在申請前一年在香港連續居住這一條件違反了香港基本法

第 36 條和第 145 條的規定。香港特區終審法院在判決指出,香港基本法第 36
條規定的"社會福利權"就綜援計劃而言,所保護的權利就是在 1997 年 7 月
1 日回歸時有效的、在 1 年居住時限要求之下獲得綜援的權利,本案中對這一
權利的限制並不符合相稱性原則。[49] 社會福利權是一種由香港基本法規定但未
在《香港人權法案》中規定的權利,而且並無本地化立法使《經濟、社會與
文化權利的國際公約》全面生效。雖然法院一直承認該公約效力非宣示性,[50]
卻又不得不面對該公約並不能與《公民權利和政治權利國際公約》一樣直接賦
予政府明確、具體的強制性義務這一事實,政府在該公約下義務的履行必須受
制於本地經濟和社會的發展。無論從哪個角度而言,社會福利均是一個非常龐
大的體系,除了綜援計劃以外,香港政府還維持非常廣泛的福利措施,包括公
屋、兒童福利院、養老服務、醫療保障服務等。[51]

　　在社會服務層面,香港基本法第 146 條規定,"香港特別行政區從事社會
服務的志願團體在不抵觸法律的情況下可自行決定其服務方式",這給予了香
港社會服務方面的高度自主權。第六章中關於社會服務的規定還散見於其他各
項內容中,如第 136 條第 2 款規定"社會團體和私人可依法在香港特別行政區
興辦各種教育事業",第 138 條規定"社會團體和私人可依法提供各種醫療衛
生服務",第 142 條規定關於專業資格的事宜,第 148 條規定民間社會組織的
組織關係、第 149 條規定民間社會組織的對外聯絡等,這些都涉及到了社會服
務工作的內容,為香港社會服務的發展開拓創造了寬裕自由的環境。十九世紀
中葉,受西方社會工作快速發展的影響,香港開始出現一些不以營利為目的的
社團類扶救活動,主要由華人同鄉會與西方慈善團體提供。第二次世界大戰
後,大批難民湧入香港,香港人口激增,教育、就業、犯罪等社會問題嚴重,
對社會服務工作的需求快速增長,但此時香港的社會服務工作仍只停留在慈善
救濟上,並無專門化、專業化可言。1958 年,香港社會福利署建立,這為社

49　*Kong Yunming v. The Director of Social Welfare*, FACV 2/2013, (2013) 16 HKCFAR 950.

50　*Kong Yunming v. The Director of Social Welfare*, FACV 2/2013, (2013) 16 HKCFAR 950.

51　參見楊曉楠:〈對孔允明案判決的解讀──兼議香港終審法院的司法態度〉,《中國法律評論》2016 年
　　第 3 期,第 74-88 頁。

會工作的開展提供了組織保證，將社會服務工作的範圍擴展到了家庭、社區、殘疾人、兒童、青少年、老年人等多方面，香港社會服務工作逐步走向正軌，並且更多地由香港政府出資支持。二十世紀六十年代後，隨著香港經濟的快速發展，社會服務工作也得到了政府和社會更多的關注和扶持。1972 年，香港宣佈實行社會工作專業化，對社會工作人員的執業資格、水平進行了專門規定，並開設社會工作專業及課程。這兩項制度成為香港社會服務工作的標誌性事件。[52] 回歸後，在香港基本法的規定與支持下，香港的社會工作進入了新的發展階段。香港特區政府大力推行"社會工作者註冊制度"，改革對社會工作的資助方式，更多地參與到社會服務工作中去，形成了以政府為主導、以民間社會工作機構為主體、由民眾廣泛參與的社會工作運作和發展機制，政府、民間組織、公眾各司其職，各盡所能，良性互動。[53]

發展至今，香港為社會服務創制了法制化的管理模式。首先是對專業社會工作者的管理。1997 年，香港通過了《社會工作者註冊條例》，成立了社會工作註冊局，開始實行社會工作者註冊制度。註冊制度下，社會工作者的權益得到保障，工作行為受到監督，香港社會服務的專業化、職業化程度快速提升。其次是社會工作人力資源管理制度，該制度形成了由政府、學校、非政府組織共同構成的工作集合，政府負責制定政策、組織監管，學校負責培養輸送社會工作者，非政府組織聘用社工進行社會服務，為社會服務提供了堅實的制度和組織保障。政府方面，社會服務政策的制定及發展方向主要由社會福利署演變而來的香港勞工及福利局、香港義務工作發展局負責；社會工作者資格認證、註冊由香港社會工作者註冊局負責；民間組織大多數都歸屬於香港社會服務聯合會管理，其作為官民互動的平台，囊括了香港四百多家民間社會服務組織，提供了香港九成以上的社會服務工作。[54] 在政府的主導和民間組織、公眾

52　參見王菲、王福山：〈香港社會工作發展的階段特徵研究〉，《西北工業大學學報（社會科學版）》2014年第 2 期，第 75-76 頁。

53　參見黃智雄主編：《香港社會工作》，北京：中國社會出版社 2013 年版，第 39 頁。

54　參見吳建平等：〈香港社會服務機構的組織架構與運行情況調查報告〉，載《勞動與發展》，北京：社會科學文獻出版社 2014 年版，第 5-8 頁。

的大力參與下，香港建立起了包含兒童服務、青少年服務、老年人服務、殘疾人服務、家庭服務、社區服務等在內的全面社會服務體系，可以幫助香港居民解決生活中的諸多困難，並且紓緩社會矛盾，解決就業、教育、犯罪等諸多社會問題，成為香港特區社會繁榮穩定的重要保障。

第九章

香港特別行政區的對外交往

姚魏

上海社會科學院法學研究所助理研究員，《政治與法律》專職編輯

　　香港特別行政區的對外交往，是指作為次國家政府的香港特區的官方對外交往權。它是公權力不是私權利，不包含民間對外交往。這種官方對外交往，既包含以"特別行政區"、"特別行政區政府"、"特別行政區各機關"（行政機關、立法機關、司法機關）等名義進行的對外交往，也包含行政長官、立法會主席、立法會議員等公職人員依據法定職權和國際慣例或經授權所從事的對外交往行為，還包含一部分融入國家人格的外交事務參與行為。其交往的對象既包括各國、各地區與國際組織，也包括外國公民及法人。

　　香港特區對外交往的權力廣泛而獨特，與香港在殖民統治時期相比，其行使範圍和保障強度有增無減；無論是與單一制國家的地方政府還是和聯邦制國家的成員單位的對外交往權相較，特別行政區享有的對外交往權都是最為優渥的，某種程度上算是"富可敵國"；與中國其他普通行政區域的外事權相比，兩者更是不可同日而語，香港特區對外交往權在性質和權限上都與中國一般地方外事權迥然相異。香港回歸以後，廣泛參與國際經貿事務，對外聯繫不斷增強，國際影響日益擴大。截至 2024 年 1 月 1 日，香港特區以中國政府代表團成員或其他適當身份參與以國家為單位參加的政府間國際組織共 39 個，包括國際貨幣基金組織、世界銀行、國際民用航空組織等；香港特區以"中國

香港"名義參加的不限主權國家參加的政府間國際組織共 69 個,包括世界貿易組織、亞太經濟合作組織、亞洲基礎設施投資銀行等;香港特區在倫敦、柏林、東京、紐約等世界主要城市設立了 14 個經濟貿易辦事處;外國在香港設立的總領事館達 62 個、名譽領事館 51 個;目前已有 172 個國家和地區給予香港特別行政區護照持有人免簽證或落地簽證安排。此外,根據 2021 年的人口普查數據,香港吸引了世界各地的人在此居住和生活,在香港的外國人約六十萬,佔香港總人口的 8%。[1] 然而,在取得巨大交往成就的同時,也面臨一些困境,需要當事各方從中吸取經驗教訓,探索"一國兩制"下特區對外交往的合法路徑。

本章將以《中華人民共和國憲法》和《香港特別行政區基本法》為主要依據,對香港特區對外交往及其相關權力運作進行法理闡釋,希望能讓讀者更加清晰地認識香港特區對外交往的規則與實踐。本章擬分為七個部分:第一部分介紹香港特區對外交往權規範在基本法中的位置;第二部分辨析香港特區對外交往權的性質;第三部分區分香港特區對外交往權的三種類型;第四部分詳細列舉香港特區實施對外交往行為的各層次法律依據;第五部分分析香港特區對外交往中的內部權力分配規則;第六部分探討中央對香港特區對外交往行為的監督機制;第七部分解析香港特區對外交往權的設定與行使原則。

一、香港特區對外交往權規範在基本法中的位置

基本法在第七章"對外事務"中詳細規定了特區對外交往的事項:第 150 條規定"特區參加外交談判";第 151 條規定"單獨對外交往的領域";第 152 條規定"參加國際組織與國際會議";第 153 條規定"簽訂國際協議";第 154 條規定"簽發特區護照證件及出入境管理";第 155 條規定"締結互免簽證協

1　參見伍俐斌、趙希:〈香港回歸 25 年來對外交往的成就與未來展望〉,《港澳研究》2022 年第 2 期。

議"；第 156 條規定"在外設立經貿機構"；第 157 條規定"外國在香港設立外交機構"。然而，本章雖名為"對外事務"，但不完全是基本法第 13 條第 3 款所稱的"特區自行處理的對外事務"，而是指"與特區有關的對外事務"。因此，該章大多數條文是在分配中央人民政府和特區政府的對外交往權力。有些條款與其説是給特區政府授予權力，毋寧説是在限制或取消特區的權力，或者説是確認和賦予中央人民政府有關權力，比如基本法第 157 條就是將外國在特區設立外交機構的決定權交予中央政府。還有一些條文，儘管行為主體被設定為特區政府，但權力行使的方式並非"單獨"或"自行"，它必須依附於並吸納入中央政府（國家）的法律人格，因而也不能算作特區自己的對外事務，基本法第 150 條所規定的特區政府的代表作為中央政府代表團成員參加與特區有關的外交談判便是適例。最初，學界幾乎沒有認識到這一點，對基本法第七章的內容未做精確區分，從而犯了將特區對外交往權與該章完全勾連的錯誤，進而使"特區對外交往權大致涵攝於基本法第七章"一度成為學界通説。

有學者敏鋭地發現，基本法第七章無法完全涵蓋特區所擁有的法定對外交往權，如基本法第 96 條規定的"作出國際司法互助安排"、第 116 條規定的"與關貿總協定的聯繫"、第 133 條與第 134 條規定的"簽訂民航協議"等權力。不過，這些"新發現"還只是特區對外交往權的"冰山一角"。還有一些學者從基本法的其他章節中搜索出更多對外交往的內容，比如，焦洪昌認為，基本法第 125 條授予特區的船舶登記權、第 129 條授予特區的飛機登記權、第 130 條規定的民航日常業務和技術管理權就屬於特區處理對外關係的權能；[2] 董立坤也認為，除了基本法第七章加上其他章節中具體領域的締約權，船舶登記與管理權當屬特區對外事務權；[3] 饒戈平同樣認為，除了第七章，基本法還在第五、第六章對保持和擴展特區經濟貿易、社會文化方面的對外交往能力，作出了相關規定。[4] 他還將特區對外交往權做了別致的分類：一是，涉及

2　焦洪昌、姚國建主編：《港澳基本法概論》，北京：中國政法大學出版社 2009 年版，第 89 頁。

3　董立坤：《中央管制權與香港特區高度自治權的關係》，北京：法律出版社 2004 年版，第 58 頁。

4　饒戈平：〈"一國兩制"下的澳門對外交往權〉，載全國人大常委會澳門基本法委員會辦公室編：《紀念澳門基本法實施 10 週年文集》，北京：中國民主法制出版社 2010 年版，第 237 頁。

對外行政性事務的自主權（對應基本法第七章）；二是，涉及對外經濟事務的自主權（對應基本法第五章）；三是，涉及對外社會發展事務的自主權（對應基本法第六章）。[5] 這種現象反映了學術界開始認識到以往的觀察視野過於狹隘。

由上可見，香港特區對外交往權是一個關係錯綜複雜的權力群，其外延與基本法第七章的內容不完全重合，既有超出的部分，也有應排除的部分（即需甄別中央的外交權和特區的外交事務參與權），其相應的規範在基本法中的位置是比較分散的，用第七章對其加以完全涵攝和對應的做法並不夠科學。學術界對通說所作的更新與發展的確很有意義，本章將予以遵從。此外，基本法第 20 條規定，香港特區可享有全國人大及其常委會及中央人民政府授予的其他權力，那麼特區還享有基本法尚未明確授予的一些對外交往權，這就使得特區的對外交往範圍具有了開放性和延展性。值得注意的是，基本法第 149 條還規定，民間團體與宗教組織可以和世界各國、各地區相關團體和組織保持關係，這屬於民間對外交往關係，是私權利不是公權力，因而不屬於本章討論的特區對外交往行為。

二、香港特區對外交往權的性質辨析

在對香港特區對外交往權作出類型劃分前，此處暫且以香港特區依據基本法第七章所單獨行使的對外交往權為論述對象，對該權力（即後文所述的"對外事務處理權"）的性質作出辨析，畢竟這部分權力是最受關注和最為顯要的特區對外交往權。在中國憲法學界，"特區對外交往權屬於一種高度自治權"是通說。例如，宋小莊認為，特區"處理對外事務的權能"屬於"特區行使高度自治範圍內的地方自治權"；王振民提出，"特別行政區自行處理有關對外事務的權力"屬於"特別行政區享有的高度自治權"；焦洪昌同樣將特區"依

---

5   參見饒戈平、李贊：《國際條約在香港的適用問題研究》，北京：中國民主法制出版社 2010 年版，第 5-8 頁。

法處理對外事務的權力"歸入"特區享有的高度自治權"。[6] 我國國際法學界和政治學界多數學者也持這種觀點。如曾華群提出："自治實體並不必然具有在對外事務方面的自治，……具有對外事務自治權的自治實體可能從一個側面表明它具有較高度的自治權。"[7] 王浦劬則認為，特區自行處理有關對外事務的權力屬於特區政府的高度自治權，其與特區行政管理權、立法權、司法權性質相同。[8]

我們認為，以上對特區對外事務處理權的定性並不準確。基本法在授予特區對外事務處理權時，採用了一種特殊的授權方法和法律語言表達方式，即第 13 條第 3 款規定："中央人民政府授權香港特別行政區依照本法自行處理有關的對外事務。"這是基本法制定者的獨具匠心之處，它精確和巧妙地表達了特區對外事務處理權的權力本源和性質，完全符合憲法對有關國家機關的權力分配。中國憲法第 89 條第 9 項規定："（國務院——引者注）管理對外事務，同外國締結條約和協定。"對國務院的此項職能，憲法僅規定了"管理"，而不是前後多項所規定的"領導和管理"，如"領導和管理經濟工作和城鄉建設"（第 6 項）、"領導和管理國防建設事業"（第 10 項）等，而且對外簽訂的條約和協定，沒有限定是以"中華人民共和國"或"中華人民共和國政府"等名義簽訂的條約和協定，言下之意是應當包括所有條約和協定（如涉港條約），這就說明憲法的原意是將國家的對外事務統一交由國務院管理，地方政府沒有對外事務管理權，也沒有簽訂國際條約和協定的職權。基本法是由全國人大制定的基本法律，雖然在港澳地區具有憲制性地位，但其本身不能違背本國憲法，因為憲法是分配法權的根本法，基本法不得授出歸屬已定之權。因此，基本法就不能對憲法已經作出的法權分配方案進行變更，即不得以"第一次授權"的方式將本屬於國務院的權力再授予特區，否則在同一項權力上就出現了兩個所

6　宋小莊：《論"一國兩制"下中央和香港特別行政區的關係》，北京：中國人民大學出版社，第 189-193 頁；王振民：《中央與特別行政區關係——一種法治結構的解析》，北京：清華大學出版社 2002 年版，第 192-195 頁；焦洪昌主編：《港澳基本法》，北京：北京大學出版社 2007 年版，第 99-104 頁；焦洪昌、姚國建主編：《港澳基本法概論》，北京：中國政法大學出版社 2009 年版，第 89 頁。

7　曾華群：〈香港特別行政區高度自治權芻議——對外事務實踐的視角〉，《比較法研究》2002 年第 1 期。

8　參見王浦劬：〈論當代中國地方政府的法律定位〉，《國家行政學院學報》2012 年第 6 期。

有者，這違背法治的基本原則。基本法採用了全新的授權方式，即它先將聯合聲明及其附件一中關於特區對外事務處理權的內容全部納入第七章和其他有關章節，然後在第 13 條第 3 款中說明這些權力都是中央人民政府授予的，最後再次強調特區行使權力要"依照本法"。這樣做表明，香港特區的對外事務處理權是承接國務院"第二次授權"而來，國務院的授權僅是權力行使權的轉移，而非權力本身的轉移，因此特區在行使相關權力時必須接受國務院的全面監督。因此就授權理論而言，香港特區的對外事務處理權並不屬於自治權的範疇。

根據公認的地方自治標準，香港特區的對外事務處理權亦不具有自治權屬性。首先，特區主要獲得的是對外交往方面的行政權而非立法權，基本法第 13 條第 3 款的表述是"中央人民政府授權特區自行處理有關的對外事務"，"處理"和"管理"的區別很明顯，前者是徹頭徹尾的行政權，後者除了行政權可能還帶有制定規範的意思。因此基本法的立法目的很明確，中央政府著重授出的是執行權。如果中央無意授出創制規則的權力，那就說明特區在這個領域沒有意思自治的能力，也就是沒有自治權。其次，香港在處理對外事務時沒有最終決定權。"自治"的內涵中有一項是在法律規定的自治範圍內享有對特定事務的最終決定權。根據"第二次授權"的特徵，授權者可以向被授權者發佈指令、監督被授權者的行為、撤銷授權決定，甚至可以直接恢復行使已授的權力。對於那些需要具體授權的對外事務，如特區對外簽訂司法合作協議、航空協議等，中央政府的意志更是起決定性作用，如果它認為簽訂這些協議有損國家主權利益，就可以不向特區發出授權文書，特區也就沒有繼續簽約的可能。就此而論，特區對對外事務的處理並沒有最終決定權。再次，中央政府對特區對外事務處理權的監督是專業監督而不是法律監督。一般來說，各國對地方自治權的監督使用的是法律監督方式，而對非自治事項須進行專業監督，蓋因它所涉及的權限本屬於國家所有，中央有權通過指示來使地方行為符合國家目的，因而它不僅要監督合法性還要確保合理性，也就是指示權要擴大到裁量權的運用，所以通常表現為事前、事中和事後的全方位監督。在基本法的語境下，特區對此種監督不可提出異議，既不存在向全國人大及其常委會的救濟，更不存在司法機關的救濟。最後，特區對外事務處理權無法達到最低的自治權標準。實行自治的最低標準是國家制定了地方自治法，給地方團體設置了自治空間，在這個空間內地方對某些事務享有自治立法權。然而，在處理對外事務方面，特區儘管可以在特定條件下制定一些法律，但那也只能是實施性立法，絕對不能與已適用於特區的全國性法律相抵觸，而且將來中央一旦專門立法並將其納入基本法附件三，也可覆蓋現有的本地立法。由此可見，目前法學界的通說認為對外事務處理權是高度自治權的一部分，這完全是一種誤解，經不起推敲。

三、香港特區對外交往權的三種類型

（一）香港特區外交事務參與權

香港特區“外交事務參與權”是學術界關注得比較少的“對外交往權”，因為涉及特區的外交事務是由中央政府直接管理的，這在基本法第 13 條第 1 款有明確的規定，而且“中央人民政府負責外交與國防事務”是自《中英聯合聲明》發表以來中國一直堅持的原則，也是中國對香港行使主權的主要表現。一般情況下，既然外交事務是由中央政府直接管理和處置的，那麼地方政府就沒有法律上作為的空間。但是，基本法第 152 條規定，特區參加以國家為單位的某些國際組織和國際會議，特區政府可派代表作為中國政府代表團成員或以中國政府和有關國際組織或會議允許的身份參加，並以“中國香港”的名義發表意見。特區由此獲得的是實實在在的對外交往的權力，但是這種權力具有特殊性，它是職能性、輔助性和事實性權力。因為特區在行使這類權力時不僅沒有獨立的人格，也沒有獨立的身份（有時有身份但不獨立），它必須依附於國家或中央政府的人格和身份，所以特區在外交活動中不能實施具有法律效力的行為，如締結條約、發表決定性的意見、實施制裁、投票表決等。而且外交事務參與權並非是當然擁有的，不屬於特區政府的法定職權。以上條款說得很清楚，是"可以"，不是"應當"和"必須"。易言之，一方面，特區是否參與外交事務要視其自身的意願，如果特區認為中央政府足以解決問題或能夠代表自己的利益，它可以不提出參加申請；另一方面，即使特區提出參加申請，但中央政府認為沒有必要，或者國際社會不認可特區單獨表達意見的權力，覺得違背國際慣例，當然也可拒絕特區的申請。然而，一旦中央批准特區的申請，並且獲得交往對象的同意或默許，則特區就可以行使外交事務參與權。

有學者認為，特區以"中國香港"名義發言時，可以有自己的獨立立場。我們認為，談判立場必須在場外由中央與特區協調好，對外只能有一個立場，即特區可以發表與中央不同但不衝突的意見，必要時還要聲援中央的觀點，任何國家都不會允許外交場合出現兩種聲音。

外交事務參與權的行使範圍非常大，機會也非常多，有時是基於中央政府的授意而為，有時是特區政府的自覺行為，因為都不會產生嚴格的國際法律責任，所以在一定限度內，可以成為特區政府的裁量行為。比如，某國希望在香港設置領事館，它可以先和香港政府磋商，達成一些初步的共識，畢竟領事館將來主要是和領區政府打交道的，但是特區政府必須及時向中央政府彙報情況，最終還是由兩國中央政府商談並簽訂正式協議。在很多場合，外國元首訪問中國也會順道訪問港澳，此時特區政府就自然加入到外交事務中來。由於外交事務是中央政府直接管理的，特區政府必須對中央的指令絕對服從，中央可以對它發佈外事紀律，以維護國家的主權和尊嚴。

（二）香港特區對外事務處理權

香港特區"對外事務處理權"是學術界討論得最多的"對外交往權"（上文已對其性質做了辨析），甚至不少人將這兩個概念加以等同。不過究其實質，兩者的內涵和外延相去甚遠，它們是屬種關係。"對外事務處理權"的核心法律依據來自於基本法第 13 條第 3 款"中央人民政府授權香港特區依照本法自行處理有關的對外事務",但具體依據又是基本法第七章的多數條款,後又被轉介於基本法其他章節的個別條款。與"外交事務參與權"不同的是,特區處理這些事務雖沒有獨立的國際法律人格,但有單獨的法律資格與身份(中央的代理人)。香港特區在國內法中獲得中央對外事務權的行使權,在國際法中是作為中央政府的代理人處理有關的對外事務,也就是特區對外行事可以以"中國香港"的名義實施"國際法律行為",並非如"外交事務參與權"那般的"事實行為"。其既可以對外締約也可以由其履約,但歸根結底是替國家或中央政府代理實施有關法律行為,最終由中央政府承擔一切國際法律責任。也就是說,在一般情況下,這些對外事務應當由中央政府或所屬部門(主要是外交部)自己處理,按照憲法第 89 條第 9 項的規定,事實就是如此。從世界範圍看,大多數國家的對外事務也是由中央政府親自處理的,包括整體性的對外事務與地區性的對外事務。然而在《中英聯合聲明》簽署前,中國政府就決定給予香港特區特殊待遇,將對外事務處理權交給特區自己行使,且在《中英聯合聲明》附件一第 1 條強調這項權力是中央政府授予的,後又將其寫入基本法,結構與表述稍有變化。

也許有人會問,既然特區是代中央政府進行對外交往,並由中央承擔國際責任,且在特區行使權力的過程中還需要得到某些具體授權、協助以及監督,那中央政府為何不自己直接處理呢?給特區的特權是不是一種虛權呢?當然不是!對外事務若交予特區自行處理,則賦予其很大的自主權,它可以按照自己的利益需求決定對外關係,只要這種關係沒有影響到國家主權利益,中央政府的監督行為是不會加以干涉和否決的。也就是說,中央是把特區的對外交往利益作為特殊利益單列的,儘管它也是國家利益的一部分,但有意將其與內地利益相區隔,它不要求特區為了國家整體利益而作出犧牲,但特區必須要照顧國家的政治利益。這其實是給特區極大的優待,因為任何國家的對外交往都是一項全局性博弈,要使得國家利益最大化必須適當時候犧牲局部利益,而特區在這個方面獲得了"只取不予"的地位。可見中央為了保持特區長期繁榮穩定，給予其多大的自主權！而且，這種做法可以更加有效地保障特區的自治權，儘管自行處理對外事務本身不是自治權的一部分。比如，特區在締結國際協定時，它可以綜合考量協定內容是否與本地利益衝突、是否與本地立法銜接，由此決定是否締結，即它自己成為國際博弈的主體。這比中央政府對外締結條約前諮商地方更有利於維護地方利益，其巨大的自主空間是不言而喻的。"對外事務處理權"尚未達到"自治權"的高度，但歸為"自主權"還是較合適的。

（三）香港特區涉外事務自治權

香港特區"涉外事務自治權"是學術界從未提及的"對外交往權"，這部分"對外交往權"就是饒戈平教授所指的基本法第五章和第六章所載的"涉及對外經濟事務的自主權"與"涉及對外社會發展事務的自主權"。我們認為，將其稱為自治權倒更為合適，因為它們屬於真正的自治權範疇。其實，規定這部分權力的最主要條文是基本法第 2 條"全國人大授權香港特區依照本法的規定實行高度自治，享有行政管理權、立法權、獨立的司法權和終審權"。基本法第二章之第 16 條、第 17 條和第 19 條又做了進一步的闡述，而基本法第五章和第六章是對特區在經濟社會領域自治範圍的具體劃定。

需要解釋的是"涉外事務"與"對外事務"有何區別。《聯合聲明》附件一第 1 條第 2 款規定："中央人民政府授權香港特別行政區自行處理本附件第十一節所規定的各項涉外事務。"但是，1990 年公佈的基本法第 13 條第 3 款規定："中央人民政府授權香港特別行政區依照本法自行處理有關的對外事務。"可見，基本法特地將"涉外事務"改為"對外事務"。這一修改是非常精準的，它有效限縮了中央政府授權特區行使相關權力的範圍，因為廣義的"涉外事務"的外延過大，與世界各國、地區以及外國公民、法人打交道的所有行為都可以稱"涉外事務"，而"對外事務"則是其中強烈關乎主權的那部分，如締結條約、發放護照、出入境管制等，處理不當會立即引起國際糾紛。

因此狹義的"涉外事務"就是那些與主權關係不大、並非可以直接導致國家權利義務變化的涉及外國的事務，這些事務按性質完全可以交由地方進行屬地化管理，否則中央政府將不堪重負。如果特區的涉外事務都需要中央政府授權才可處理，那將是對特區的歧視而不是優待，因為在中國內地，甚至普通行政區域都可以自主管理涉外事務，憲法、地方組織法、立法法等法律賦予地方的各項管理權都是包含涉外事務的，只不過在列舉時，僅指明權力作用的領域而不再區分作用的對象。我們認為，將"涉外事務自治權"納入"對外交往權"的範疇是較為合理的。

四、香港特區對外交往權的法律依據

首先要明確，香港特區參與國際社會的活動，其權力、地位、享有的權利和承擔的義務取決於其在國內法上的規定。也就是說，如果國內法沒有賦予它行使相關權力、享有相關權利和承擔相關義務的能力，即使國際法中有規定，亦無法行使。因此，香港特區能否參與國際社會的活動、能否參加國際組織、能否締結與履行國際條約等，首先需要國內法有相應的授權和規定，其次才是相關國際法依據，儘管後者有時在形成時間上要早於前者。

（一）中華人民共和國憲法

中國憲法是確定特別行政區對外交往權的最重要和最根本的國內法依據。憲法中直接規定特別行政區的條文只有三處（第 31 條、第 58 條第 1 款、第 62 條第 13 項），從這幾個條款中，我們根本看不到在特別行政區實行的制度究竟是什麼，更看不出特別行政區在對外交往方面有什麼權力，但為什麼又說它是特區對外交往權的法律依據之一，而且是最為重要的呢？

首先，憲法是設立特別行政區的依據。如果特別行政區本身沒有合法的存在依據，那麼"皮之不存，毛將焉附"，何談它有什麼對外交往權呢？1990年全國人大依據憲法第 31 條和第 62 條第 13 項的規定，作出《關於設立香港特別行政區的決定》。這個行為本身是憲法賦予全國人大以最高國家權力機關身份行使的重大事項決定權，它與憲法賦予它的以最高國家立法機關身份行使基本法制定權還是有區別的。從邏輯上講，只有先成立特別行政區，之後才有特區實行什麼樣的制度的問題，而特區對外交往權的配置也只是諸多制度中的一種。

其次，憲法可以並應當在特區獲得適用。有人認為，憲法在特區的效力是通過基本法的實施得以實現的，抑或憲法在整體上適用於特區但部分條款不能適用。照此，特別行政區對外交往權就有可能不以憲法為依據，或者只有部分對外交往權以憲法為依據。這種看法是不正確的。憲法第 31 條是憲法的特殊規定，它明確了"在特別行政區內實行的制度"由全國人大根據具體情況以法律規定，即本該由憲法加以規定的特區內的制度將由人大制定的法律另行規定。由基本法所規定的特區內實行的制度屬於資本主義的制度，與內地實行的社會主義制度有差異，那麼在特區執行基本法所規定的制度，是被一部社會主義性質的憲法所允許和包容的。如此便是憲法特殊規定得以適用的表現，也就是憲法通過基本法獲得間接適用。但我們不能說憲法是通過基本法得以在特區發生法律效力的，實際情況正好相反。

再次，憲法在特區有獲得直接適用的途徑。基本法第 11 條規定："特區的制度和政策，包括社會、經濟制度，有關保障居民的基本權利和自由的制度，行政管理、立法和司法方面的制度，以及有關政策，均以本法的規定為依據。"可見，除了上述條文中三個方面的制度和政策，還是需要直接以憲法為依據的。例如，在對外交往方面，中國憲法規定，全國人大常委會有權決定駐外全權代表的任免，決定同外國締結的條約和重要協定的批准和廢除；國家主席有權進行國事活動，接受外國使節；國務院管理對外事務，同外國締結條約和協定等。此時，憲法的直接適用可以表現為兩個方面：一是特區非經授權不得行使憲法已經授給其他主體的權力，因為所謂"法律依據"至少含有不抵觸、不違反的意思；二是已經被憲法授予權力的主體可以在法定規則下將自己的權力之行使權授給特區，既包含權力行使權的完全轉移，也包括行使權的部分轉移。

最後，基本法的制定是以憲法為依據的。特別行政區對外交往權主要是由基本法作出規定的，但是它的終極依據在於憲法。基本法的"序言"最後一段就明確表示，基本法的制定依據是中華人民共和國憲法，而不單單是憲法第 31 條。應當說，基本法的每個條文都要接受憲法的檢驗。1990 年全國人大在《關於〈中華人民共和國香港特別行政區基本法〉的決定》中指出："《香港特別行政區基本法》是根據《中華人民共和國憲法》按照香港的具體情況制定的，是符合憲法的。"這實際上是最高國家權力機關對基本法做出的一次合憲性審查，也充分展示了憲法和基本法的關係，即前者是後者的立法依據與基礎。

（二）特別行政區基本法

中國憲法對特區的具體制度完全沒有提及，只給全國人大設置了兩個授權條款，必須留待基本法為特區對外交往權提供具體的法律依據，有了基本法，特區各部門的對外交往活動才可以合法有序地展開。翻開基本法，其第二章對中央和特區關係作了總體性規定，其中有關於"中央政府管理外交事務、特區自行處理對外事務"的權力分配方案；第五章和第六章對香港的經濟與社會事務方面的自治權作了列舉，其中有不少是特區管理涉外事務的自治性權力；同時，第七章"對外事務"對香港享有的關於對外事務處理的權限做了詳盡規定，該章成為研究特區對外交往權的核心章節。如果從廣義的對外交往權角度看，上述幾章的內容都與特區的對外交往密切相關。

人們普遍認為憲法與基本法的關係是"母法"與"子法"關係，但又認為是比較特殊的"母子"關係。有不少人認為基本法是"小憲法"，這是一種比較形象的說法，但"小憲法"也是憲法，這與單一制國家只有一部憲法的特徵抵牾，可能產生"分裂國家"的嫌疑。從基本法第 22 條的規定來看，它不僅在特區有效，還規範中央和其他地方的行為，所以它是一部真正在全國有效的法律。然而，它又是一部與眾不同的全國性法律。一方面表現為它在自治領域可以與上位法憲法發生大規模的"衝突"，這似乎違背了"子法"不得違背"母法"的規定，但該現象是憲法第 31 條作為特殊規定可予以化解的，同時基本法第 11 條與之做了邏輯上的銜接。全國人大在 1990 年專門作出《關於香港基本法的決定》，宣佈基本法是合乎憲法的，其本質就是進一步明確憲法第 31 條的含義，使一個原本內涵幾乎"空白"的條文被填充了具體內容，宣告了特區內實行的制度究竟為何，並通過立法形成了特區對外交往的具體規則。另一方面，基本法雖然宣稱是按照基本法制定的，全國人大也給予了合憲性認可，但是該法中許多關於中央管理的事務以及中央和特區關係的條款，並非完全與憲法文本"吻合"，尤其是與內地實施憲法的方式迥然不同。不過，我們認為這些規定依然是合憲的，因為相關權力的行使主體並未發生根本性變化，對我國的政治體制沒有造成重大影響，只是為照顧特區的特殊性而作出了制度微調，是憲法在兩地實施的不同方式而已，這在對外交往領域表現得尤為明顯。

　　綜觀基本法，它授予香港特區在涉外事務上的自治權，不但大大超過其他國家有類似地位的地方實體，也大大超過許多聯邦制國家的成員邦或州。香港特區通過基本法所授予的對外交往權，從範圍上和程度上也大大超過香港在遭受英國殖民統治時所享有的權限。英國統治香港的近一百多年內，從未像中國政府這樣，以具有權威性的基本法的形式，明確授予香港對外交往權，特區的對外交往權獲得了高強度的保障。儘管如此，我們也不能忽視基本法上面還有國家憲法。在解釋基本法中涉及對外交往權的條款時，不能僅遵循文本主義的解釋方法，更不能採用封閉的"四角原則"，我們還要使用合憲性解釋方法，否則就會走入違憲的歧途。

（三）在特別行政區實施的全國性法律

在香港特區實施的全國性法律，也是確定香港特區對外交往權的法律依據之一。全國性法律不在香港特區實施，這是確保"一國兩制"成功實施的必要條件，但有些法律是體現"一國"原則的，需要全國統一遵守，必須通過適當途徑在特區實施。但此類必須在香港特區實施的全國性法律數量極少，到目前為止全國人大常委會共作出五次增減決定，列入附件三的全國性法律僅為14部，僅佔現行有效的全國性法律總數的 5% 左右。從內容上講，能列入附件三的法律，僅限於有關國防、外交和其他按該法規定不屬於特區自治範圍內的法律，即能列入附件三的全國性法律可以不限於國防、外交方面的法律，只要該法與其相關或是能夠反映其他的關於"一國"的內容，例如《國籍法》本身不規範國防與外交事務，但國籍問題會引發外交行為和國際義務，其中的有關規定必須在特區實行。中央一直相當克制地行使這項權力，比如嚴格說來，簽發護照和出入境管理並非自治事務，但相關規範都交由特區自行制定，並未考慮引入相關的全國性法律。從憲法上講，全國人大常委會作出全國性法律增減不僅要合乎憲法與基本法的要求，而且要符合理性謙讓的精神，否則就有可能被全國人大依據憲法第 62 條第 11 項予以撤銷。目前，已列入基本法附件三的全國性法律大部分都涉及對外事務，並對特區的對外交往產生重要影響，如《關於領海的聲明》、《國籍法》、《外交特權與豁免條例》、《領事特權與豁免條例》、《外國中央銀行財產司法強制措施豁免法》等。

列入基本法附件三的全國性法律在特區有立法實施和直接公佈兩種方式。前者於下文再作論述，後者可以分為三種情況：一是，該法律按照性質和內容必須在全國範圍內加以一體實施，特區不具有任何特殊性，其既不能變通也不能例外，如《外交特權與豁免條例》、《關於領海的聲明》；二是，某部法律按其性質應當在特區適用，但是特區基於特殊情況需要對部分條文加以變通以適應"一國兩制"的需要，例如《國籍法》若徑直適用於特區，就不能與國家給予特區居民在世界各地旅行便利的政策相銜接，因而有必要對其作出擴充性解釋，以解決回歸後新出現的情況，此時法律文本和法律解釋共同形成的整體成為在特區實施的全國性法律；三是，針對某種中央管理的事務，國家並未制定過任何基礎性法律，因而沒有在特區變通適用和作法律解釋的前提條件，回歸後中央基於管理的需要，直接制定專門針對特區情況並只在特區實施的全國性法律，如《香港駐軍法》。

　　需要說明的是，在特區實施的全國性法律只能是由全國人大及其常委會制定的法律，也就是狹義的法律，但基本法附件三首次納入的全國性法律包括了 1950 年中央人民政府委員會制定的三部廣義上的法律，但不能就此認定附件三中的法律可以是廣義的。有學者認為這是我國憲制尚不完善的情況下的非正常現象，今後不應也不會再次出現，事實上全國人大常委會首次增減附件三中的法律時就做了刪除或替換。[9] 我們發現，全國人大及其常委會曾專門為特區制定法律性文件，如《香港特別行政區選舉第十四屆全國人民代表大會代表的辦法》、《關於香港特別行政區 2007 年行政長官和 2008 年立法會產生辦法有關問題的決定》、《關於授權香港特別行政區對深圳灣口岸港方口岸區實施管轄的決定》等，國務院也專門頒佈了涉特區的規範性文件，如《香港特別行政區行政區劃圖》、《國務院關於香港特別行政區簡稱及在全國行政區中排列順序的通知》、《國務院關於在香港特別行政區同時升掛國旗區旗的規定》等。有人認為它們也是全國性法律，[10] 但為何可以不列入附件三而直接適用呢？這是因為，這些法律文件屬於中央有關國家機關根據基本法行使職權的產物，在基本法上都有直接的授權規定，所以無須再納入附件三。

9　參見張小帥：〈論全國性法律在香港特區的實施——基於對香港基本法第 18 條的分析〉，《港澳研究》2015 年第 3 期。

10　王振民教授認為，這些法律性文件和規範性文件連同憲法和基本法也都屬於全國性法律，這是他對 " 全國性法律 " 所做的最廣義的理解。參見王振民：〈論回歸後全國性法律在特別行政區的實施〉，《中國法律》2007 年第 3 期。

（四）特別行政區的本地立法

　　基本法第 8 條的規定："香港原有法律，即普通法、衡平法、條例、附屬立法和習慣法，除同本法抵觸或經香港特別行政區的立法機關作出修改者外，予以保留。"第 18 條第 1 款規定："在香港特別行政區實行的法律為本法以及本法第八條規定的香港原有法律和香港特別行政區立法機關制定的法律。"從構成上看，香港的本地法律包含香港原有法律和立法機關於回歸後新制定的法律。從形式上講，就是成文法和非成文法兩大部分。前者為立法機關新制定的條例（包含附屬條例）與修訂完成的回歸前的舊條例，可稱之為本地立法，這部分法律是規範特區對外交往行為的主要部分，屬於對外公佈的一般規範。後者是由法院經判例發展而來的非成文法，是普通法地區的特有法律現象，而且它所承載的規則本身是變動著的，蓋因普通法的體制就隱含著規則的不斷創新與發展，但它可以通過司法判決影響相關主體的對外交往活動，具有個別規範的特徵，有關規則可以被立法機關的法律所變更。因此，本部分將主要介紹香港本地立法中屬於成文法的部分。

　　根據基本法第 160 條的規定，香港原有法律中的成文法部分，於回歸前接受了香港特區籌備委員會組織的對照基本法的審查，後經全國人大常委會確認後作出處理決定。該決定用三個附件分別規定了：因抵觸基本法而不被採用為特區法律的整部原有法律、因抵觸基本法而不被採用為特區法律的原有法律的部分條款、原有法律中名稱或詞語在解釋與適用時應遵循的替換原則。該決定特別規定："規定與香港特別行政區有關的外交事務的法律，如與香港特別行政區實施的全國性法律不一致，應以全國性法律為準，並符合中央人民政府享有的國際權利和國際義務。"這就有利於在無履約性全國性法律的情況下，保證特區的本地立法與中國在國際上的權利義務不抵觸。香港原有法律經過嚴格審查，多數予以保留，但某些涉及對外交往的法律於回歸後做出了適應化修訂。

　　香港實施對外交往所依據的本地立法主要包括：關於領事關係及領事特

權和豁免的條例、為適用有關領事公約而專門制訂的條例、關於國際組織及其有關人員特權的條例。這些條例涉及國際勞工組織、國際難民組織、國際電訊組織、聯合國、世界衛生組織等國際組織。然而，上述條例僅僅是涉及特區對外交往的法律的一部分，更多的法律在於規範特區處理自治性的涉外事務，其內容未必是為了履行條約義務，這些法律從名稱上也許看不出涉外的因素，但是其條文卻在實際規範政府處理涉外事務的行為。在香港本地立法中，除了立法會制定的法律，還有行政長官會同行政會議根據法律授權制定的附屬法例。根據香港法律和制度實踐，諸如司法協助協定、移交逃犯協定和避免雙重課稅協定，需要根據有關條例的授權制定附屬條例才可實施，但民航運輸協定、投資保護協定與移交被判刑人協定只需在香港憲報上刊登就可以直接實施。

　　基本法規定，全國性法律在特區的實施既可以採取直接公佈的形式，也可以採用立法實施的方式，後者可能使得某些涉及中央事權的全國性法律轉化為本地立法，例如《國旗法》、《國徽法》因設定的處罰措施與香港法律體系不兼容，所以最終採用立法轉化的方式作出具體實施，此時本地立法實際上替代了全國性法律。為了更好地以立法方式實施全國性法律，有學者提出可以使用兩種轉化技巧：一是根據普通法系法律文化對內地法域語境下的法條進行轉化，多用專門的"釋義"條款集中闡釋該法例中涉及的法律概念；二是根據香港法制實際對具有內地法制特點的內容進行適應化修訂。[11]

（五）國際法上的依據 ——《中英聯合聲明》

　　寬泛地講，《中英聯合聲明》是香港特區對外交往權的條約依據。《中英聯合聲明》對香港回歸中華人民共和國後的政治、經濟包括對外交往權等各個方面都作出了明確的規定。香港特區的成立，源於中國政府"一國兩制"的基本國策和中國憲法第 31 條關於"國家可以在特別情況下設立特別行政區"的

11　參見馬正楠：〈論全國性法律在香港適用的權力衝突——以"香港侮辱國旗案"為例〉，《法律適用》2012 年第 11 期。

規定。然而，在具體決定香港特區法律地位的歷史性文件中，《中英聯合聲明》恰是以國際條約的形式確定香港特區法律地位的重要國際法律文件，是香港特區享有對外交往權的國際法律依據之一。《中英聯合聲明》是一個具有法律效力的國際條約，並且在聯合國秘書處作過條約登記，自然對於締約雙方均有約束力，其他非締約方亦有義務尊重締約雙方的約定。也就是說，中英兩國政府當然有義務善意履行《中英聯合聲明》的承諾，其他國家亦有對《中英聯合聲明》的規定予以尊重和不妨礙實施的義務。

　　"條約必須遵守原則的拘束力是國際習慣法所賦予的，這個以國際習慣為基礎的原則，不僅由於各國以法和必要的確信經過長時期的經常慣行而成立，而且也由於各國政府、國際組織、國際會議、國際法裁判和國際法學說的莊嚴宣告和重申而得到確認。"[12] 因此，從作為《中英聯合聲明》締約方的角度看，恪守《中英聯合聲明》，是中國政府必須承擔的條約義務，英國政府同樣應承擔將《中英聯合聲明》及其附件付諸實施的國際義務。但我們清楚，《中英聯合聲明》與其他一般條約存在差別，並非所有條款都是雙方合意的結果，存在雙方各表的情形，其中關於中英確定交接香港的時間和雙方在過渡期內合作的內容才是可執行的國際條約，只有這部分事項是由雙方共同完成的。至於單方聲明部分，尤其是承諾由全國人大制定基本法將對港基本政策納入之事務，只能由中國獨自完成，英國既不應也不能介入，這是一國主權之內的事情，所以說只有《中英聯合聲明》中的中國單方聲明部分才是基本法的立法政策來源。

　　基於上述，《中英聯合聲明》並非特區享有對外交往權的直接法律依據，特區對外交往權歸根到底是依據本國立法獲得的。這是因為中國對國際條約在國內的適用原則不同於美國等國家。美國憲法第 6 條第 2 款規定，國際條約和聯邦憲法及法律一樣，是美國的"最高法律"，由此將條約作為美國法律的一部分，並使其高於州憲法和州法律。中國則是一個只在單行法中具體規定相關國際條約效力的國家，而英國更是一個典型的必須採取"個別轉換"方式實施

12　李浩培：《條約法概論》，北京：法律出版社 1987 年版，第 346-347 頁。

條約義務的國家。而且，中方在《中英聯合聲明》中也明確表示，關於中國對香港的基本方針政策和附件一對政策的具體説明，中國將以制定基本法的形式加以規定之。這就説明，中國政府並不準備將《中英聯合聲明》中的對港政策聲明直接適用於將來的香港特區，它必須通過基本法予以轉化，英方對此也給予認可。這符合兩國國內履行條約義務的一般方式。

　　究其本質，基本法若尋找國際法上的制定依據，也僅僅只能找到中國政府在聯合聲明中對香港問題的基本政策的聲明，而不是作為國際協議的聯合聲明；如果一定要算是法律依據，也只能是間接的。易言之，中國在制定基本法之前，率先將對港政策，包括賦予香港對外交往權，主動寫入《中英聯合聲明》，從而使一項國內政策獲得了國際法上的意義，但特區的對外交往權是憲法和基本法授予的，它們才是特區一切權力運作的憲制基礎，除此別無其他。饒戈平教授的説法非常準確："顯然，中國有政策在先，有國家意志和憲法在先，然後才出現對香港回歸後法律地位的國際承諾；基本法是以中國憲法和對港政策為依據而不是僅僅出於中國在中英聯合聲明中承擔的國際義務來制定的，這才是它們之間真實的實質性的邏輯聯繫。"[13]

五、香港特區對外交往權的內部運作規則

　　特別行政區對外交往權是一種非常特殊的權力。其一，它不是按照權力所承擔的功能而劃分出的權力種類，但是它與行政權、立法權、司法權等功能性權力有交叉，因此形成對外交往管理權、對外交往立法權、涉外案件司法權；其二，它也不是完全按照權力作用對象而劃分出的權力種類，它只是截取了權力作用對象的涉外部分作為單獨施加影響的客體，因此就形成涉外税收權、對外貿易權等分支性權力；其三，它有時表現為原生性權力，即基於特

13　饒戈平：〈香港特區對外事務權的法律性質和地位〉，載饒戈平主編：《燕園論道看港澳》，北京：北京大學出版社 2014 年版，第 13 頁。

區自治權所享有的涉外事務自治權，有時又表現為派生性權力或輔助性權力，即中央人民政府授權的對外事務處理權和外交事務參與權，前者的享有主體是代表特區的法定機關，後者的行使主體一般是特區政府，但權力的最終歸屬是中央人民政府；其四，特區對外交往權的行使主體不是固定和單一的，在總體上，代表特區的行政長官和在特定事項上代表特區的機關或個人都可以行使，而且有權行使該權力的主體會形成分權制約的關係，某個針對具體事項的對外交往行為往往演變為一條權力鏈或一個權力束。雖然對外事務主要由行政機關處理，但某些情況下它還需要其他主體配合完成，甚至某些決定有被其他主體推翻的可能。本節將分別闡述特區三大公權機關在特區對外交往中的權力分配及相互影響。

（一）行政機關在特別行政區對外交往中的權力

特別行政區的政治體制是行政主導制。它主要表現為三個特徵：行政長官地位顯要；在行政與立法關係中，行政處於主導地位；行政會議角色獨特。與該體制相對應，特區對外交往權在很大程度上是由行政長官及由他領導下的特區政府行使的，這在基本法的規定中得到了充分體現。行政長官的身份具有雙重性，他既是特區的首長，代表著整個特區，成為特區的抽象人格象徵，同時他也是特區政府的最高長官，有權提請中央任命重要官員，並領導著特區政府的整體運作。特區行政長官在對外交往活動中兩種身份有時也實難分辨，不過將他視為行政機關首長行使行政權可能更為妥當。由於特區政府的各項職權都是在行政長官領導下行使的，行政長官對外交往方面的職權和特區政府的對外交往權是一致的，因此主要介紹行政長官的相關職權。

1. 出訪外國、接待外國政要和參加重大國際會議

這項權力雖然沒有在基本法中規定，但是基於特區的特殊地位和行政長官的雙重身份，它成為行政長官的當然權力，這也是特區高度自治或自主的體

現。行政長官與國際社會有著廣泛的雙向交流，不僅將外國政要請進來，同時也積極走出去，大力宣傳"一國兩制"，為本地工商界進行國際推介，並為中外交流架構橋樑。例如，2014 年 5 月 14 日，梁振英訪問布魯塞爾，與政界領袖會面，包括歐洲聯盟委員會主席巴羅佐及歐洲理事會主席范龍佩，並拜見比利時國王菲利普。因為香港可以單獨地同世界各國與國際組織保持和發展關係，可以特區的名義參加不以國家為單位參加的國際組織和國際會議，所以行政長官可以和中國國家領導人一同參加諸如 APEC 會議等重大國際會議。

2. 決定政府的對外事務政策和發佈有關行政命令

此權力是基本法第 48 條第 4 項所派生的權力。制定抽象的政策和發佈具體的行政命令是政府的基本職能，也是行政長官領導特區政府和負責執行基本法和其他法律的主要手段和重要途徑。在對外交往領域，這項職權顯得尤為重要，政策決定可以彌補法律規定之不足和法律制定之繁瑣，行政命令更加可以應急處理對外事務。不過，有關政策非行政長官獨自制定，香港基本法第 54 條規定，行政會議是協助行政長官決策的機構，它不享有行政權，唯一職能是為行政長官提供決策諮詢意見，以確保政府決策的合理性。行政命令的使用範圍很廣，有時行政長官會以行政命令的形式彌補法律空白；有時行政長官會依據本地法律的賦權條款發佈行政命令，並由立法會通過後成為附屬法例，很多國際協議就是以這種方式被轉化為本地法律加以履行的；有時行政長官會依據本地法律的規定作出命令，如在香港《逃犯條例》中行政長官有權作出各種命令，包括釋放逃犯手令。

3. 執行中央人民政府指令和處理其授權的對外事務

中央人民政府有權依照基本法的規定對特區政府發出指令，這是特區直轄於中央人民政府的法律表現，也是中央人民政府對特區實施管轄權的方式。基本法第 18 條第 4 款規定，全國人大常委會宣佈戰爭狀態或特區發生自己不能控制的動亂而決定特區進入緊急狀態，中央人民政府可發佈命令將有關全國性法律在特區實施,此時行政長官作為特區首長,負有對中央人民政府負責的義務,執行中央政府指令的責任便落於他的肩上。處理中央人民政府授權的對外事務是基本法第 48 條第 9 項的明確規定,它與基本法第 13 條第 3 項是完全對應的,也就是説,行政長官作為特區政府的首長,全面接受了中央人民政府的授權,由他對特區政府處理對外事務的行為全權負責。此外,基本法第 20 條規定,特區享有全國人大和全國人大常委會以及中央人民政府授予的其他權力。如果這些中央授權沒有明確説明具體由特區哪個機關享有,則該項授權歸屬於行政長官,當然他可以將權力的行使權再轉授特定機關。

4. 處理本地立法中規定的對外交往事項

基本法第 64 條規定,特區政府必須遵守法律,對特區立法會負責,執行立法會通過並已生效的法律。依照該條款,行政長官和特區政府在處理對外事務時要遵守和適用立法會通過的法律。這包括以下幾類法律:一是按照基本法第 18 條規定的列於附件三的全國性法律中經過本地立法實施的法律,雖然目前列入附件三的全國性法律主要是以直接公佈的方式作出實施,但是不排除將來作出本地立法實施;二是特區立法會自行制定的涉外法律,律政司編纂的"香港法例活頁版"被分為 34 類,其中有專門的"涉外事務"類別,集中了多部典型的廣義涉外法律,如《移交被判刑人士條例》就有行政長官應將有關國家的移交請求通報中央人民政府的規定;三是為履行和實施國際條約,由立法會直接制定的有關法例,或由行政長官會同行政會議制定的附屬法例,並經立法會審議通過,如《稅務條例》中就有很多附屬立法規定了香港與其他國家之間的避免雙重徵稅協定的內容,行政長官和特區政府應當予以執行。

5. 提名或建議中央任免處理對外事務部門的官員,依照法定程序任免其他相關公職人員

基本法第 48 條第 5 項規定,行政長官提名並報請或建議中央人民政府任免各司司長、副司長,各局局長,廉政專員,審計署署長,警務處處長,入

境事務處處長，海關關長；同條第 7 項規定，依照法定程序任免公職人員。可見，行政長官可以通過對涉外事務部門首長的選擇來實現對特區對外交往行為的控制，確保他們在對外政策實施方面與行政長官保持一致。基本法中所列對外事務，雖然由行政長官統一負責實施，但是並非由其直接辦理，例如簽發特區護照的法定機關是入境事務處，參加國際組織和對外締約是由負責的決策局或部門代表特區進行具體工作。細心的人會發現，憲法和基本法的措辭恰當反映了中央人民政府、行政長官、特區政府（部門）之間的法制聯繫：憲法規定國務院（中央人民政府）"管理" 對外事務，基本法第 13 條規定中央人民政府授權特區自行 "處理" 有關的對外事務（以行政長官為代表），基本法第 62 條規定特區政府 "辦理" 中央人民政府授權的對外事務（包括政府各部門），從 "管理" 到 "處理"，再到 "辦理"，體現的是逐級授權和監管的關係。

6. 特區政府專門設置職能部門處理對外交往方面的事務

目前特區政府中專門從事對外交往的部門有兩個。一是律政司下屬的國際法律科，該科的主要職能是：向政府提供有關國際公法的法律意見，負責國際協議的談判工作或派出法律專業人員在談判中提供意見，以及處理香港特區與其他司法管轄區之間的司法合作請求。二是政府總部禮賓處，該處負責與各國派駐香港特區的各國領事機構聯繫，並為這些領事機構提供東道政府服務；代表特區政府接待訪港的國際政要，並策劃和統籌外國皇室成員及政府高層領導人的訪港活動，還負責管理本地授勳及嘉獎制度，以及就特區排名次序、禮賓事宜、國旗和區旗的禮節問題提供意見。[14] 不過，與各國或各地區簽訂國際協議的事宜還是由特區政府各主管部門對外協商，以中國香港特區或中國香港特區政府的名義締結，儘管基本法要求以 "中國香港" 名義簽約，但具體身份和名義還要受制於其他締約方對締約資格的要求。香港政府沒有設立專門的外事諮詢協調機構，因此大多數涉外事務由政府各部門自行依法處理。

14　參見香港特區政府網站，http://www.gov.hk/（最後訪問時間：2023 年 4 月 15 日）。

7. 行政長官對立法部門和司法部門進行制約

針對立法會，根據基本法第 52 條第 2、3 項，行政長官可以有兩次拒絕簽署立法會法案的權力，經協商還不能取得共識，則他可以解散立法會。也就是說，如果立法會準備制定的涉外法律以及與特區有關的外交事務的法律，行政長官認為該法案不符合特區整體利益或與基本法抵觸，則有權行使否決權甚至解散議會的權力。同樣地，如果立法會拒絕通過政府提出的財政預算案和其他重要法案，行政長官與之協商不成，也可以解散立法會，以此方式行政長官可以倒逼立法會通過包含政府對外交往開支的預算案。針對司法機關，根據基本法第 88 條，行政長官根據司法人員推薦委員會的推薦任命各級法院的法官，推薦委員會一共九人，除終審法院首席法官與律政司司長是當然成員外，另外七人全由行政長官委任。同時，律政司司長和與法律執業無關的三名委員都是相對親政府的人員，而根據遴選規則，只要有兩名委員反對某一人選，便無法獲得推薦，因此行政長官至少有能力將那些不注意維護國家和特區利益的候選人員隔離於法官隊伍。此外，特區法院在審理案件中遇到涉及外交的事實問題時，必須取得行政長官發出的證明文件。

（二）立法機關在特別行政區對外交往中的權力

特別行政區對外交往權主要體現為特區政府尤其是行政長官的對外交往權，這是因為對外交往一般具有主動性、事務性、經常性的特徵，這與行政權的特性完全吻合。而立法機關作為民意機關，除了進行"議會外交"外，很少會直接實施對外交往行為，它的主要功能在於為行政機關對外交往行為設定規則，或通過各種法定手段監督行政機關的對外交往行為，包括通過財政手段支持或控制政府的對外交往活動和對外政策。

1. 立法會主席及立法會代表團對外交流

這就是通常所説的"議會外交",不過因為特區並非國家,最好稱其為"地方議會對外交往"。議會外交的目的在於"由議會行使與外交相關各項權力的直接外交活動,可以很好地遏制政府外交權力在一國涉外事務中的過分膨脹,防止政府外交活動在國際關係中無處不在,避免外交成了達官顯貴和政治精英的專利"。[15] 根據香港的有關規定,立法會或其轄下的委員會可前往香港以外的地方進行職務訪問,以達到某些目的,例如就某些議題取得第一手資料及瞭解海外地方的做法,以便議員就政府政策及廣受公眾關注的事項進行商議。立法會內務委員會還下轄議會聯絡小組委員會,其職能是,促進與各地議會機構的聯繫及與該等機構發展友好關係;研究有關與香港以外地區的立法機關成立友好組織的建議;處理與議會友好組織的活動有關的一切事宜,包括派遣代表團往香港以外地區訪問及為來港訪問的代表團安排款待活動。香港特區立法會經常組團進行對外交往活動,也時常接待外國議會來訪,通過這種形式可以向外界宣傳回歸後特區的發展及"一國兩制"的實施情況,以配合政府的對外交往。此外,立法會一般只能和外國或地區議會簽訂協議,該協議不能規定特區的國際權利義務,只能規定立法會自己的權利義務。

2. 制定關於特區對外交往的法律

因為特區只是一個地方政權,且實施的是行政主導體制,所以特區立法機關在對外交往方面沒有太多的職權和主導性權力。在多數國家或地區中,行政機關和立法機關會共同實施一些對外行為,甚至議會可以部分主導對外交往。而對於特區來説,特區立法會無法對特區政府的對外交往行為進行如此強度的控制,自己不能制定對外政策,最多只能通過立法設立與對外事務有關的法律機制;立法會也不能對政府對外締結的條約作出批准與否的監督,特區對外締約行為只受中央政府的節制。此外,中國中央政府與外國簽訂的有關外交

15　龔亮華:〈論中國的議會外交〉,外交學院碩士學位論文,2007 年,第 5 頁。

方面的條約需要特區進行立法實施。根據各國憲法，有關外交事務的法律是由中央政府或聯邦政府制定並在全國統一實施的，地方一般不進行實施性立法。但是在過渡期內，中國政府允許早前在英國同意下由港英政府制定的有關外交事務的法律可繼續適用，但必須進行適應化修改，比如《領事關係條例》、《領事協定條例》、《國際組織及外交特權條例》等，而相應的具有追溯力的修訂都是由特區立法會在回歸後完成的，也有些法律如《國際組織（特權及豁免權）條例》、《聯合國人員和有關人員安全條例》等是在回歸以後新制定的。這並非是特區立法機關對中央外交權的僭越，而是對中國承擔的國際權利與義務以及在特區實施的全國性法律在本地履行或適用的具體規範。根據特區《釋義及通則條例》的規定，其在此種情況下制定的條文不得與任何全國性法律不一致，同時必須在符合中央政府享有的國際權利和義務的前提下，予以解釋。可以說，這也是"一國兩制"對立法技術的創新。

3. 監督政府與司法機關的對外交往活動

特區立法機關通過制定法律影響政府對外政策和規範政府對外交往行為的能力較弱，但不表明立法機關無法對政府對外交往施加控制，基本法所規定的制約行政機關的手段還是很多的。首先，立法會根據政府的提案，審核通過財政預算和其他撥款申請。這是從財權上對政府加以控制，效果較為直接、明顯。立法會大多數情況下是支持政府的，當中就包含"對外事務"的專項預算。其次，聽取行政長官的施政報告並進行辯論。行政長官每年都要向立法會做年度施政報告，其中或多或少地會提及對外交往和對外政策的問題，例如 2014 年施政報告在"貿易"章節提及香港海外經貿辦事機構的設置、職能和作用。對於立法會針對施政報告的辯論結果，政府一般會有選擇地聽取意見。再次，立法會對政府工作提出質詢。政府可委派負責有關事務的主管官員回答質詢，當然行政長官也可主動回答質詢。質詢具有詢問、建議、催促、批評四大功能，對政府監督的壓力是逐級遞增的。在對外事務領域，質詢案也比較多。例如，2013 年劉慧卿議員向政府提出關於聯合國《兒童權利公約》在香港的實施情況的質詢案，指出香港在履行公約上的不足並詢問政府的相關制度安排，勞工及福利局局長對之作出了答覆。質詢雖然是一種柔性監督方式，但可促使政府有針對性地改進工作。最後，立法會可以提出彈劾案。基本法規定，一定比例的立法會議員聯合動議，指控行政長官有嚴重違法或瀆職行為而不辭職，並以全體議員三分之二多數通過調查委員會的指控報告，可提出彈劾案，報請中央人民政府決定。至今雖未發生行政長官因在處理對外事務時有違法瀆職行為而引發彈劾的情形，不過這個領域屬於"高危領域"。此外，針對行政長官對立法會的解散，立法會也有反制手段和措施，若行政長官解散立法會後，重選的立法會還堅持通過原法案或財政預算案，則前者必須辭職。

立法會對司法機關對外交往的監督主要表現在兩個方面。一是，特區終審法院和高等法院的首席法官人選需要行政長官報立法會同意才能就任，如果該人選在以往審理涉外案件的過程中出現違背國家和特區利益的情況，則立法會可以否決行政長官所提人選。二是，如果特區法院在審理涉外案件的時候確立了一種新的司法規則，而立法機關不予認同，其可以通過制定或修改法律來推翻法院確立的規則，不過新法律對生效判決沒有溯及力，這也是判例法國家立法機關制約法院的一般做法。

（三）司法機關在特別行政區對外交往中的權力

特區司法機關代表特區進行司法審判活動。在處理涉外案件時，它是以消極的方式進行特殊的對外交往活動，但也可視作特區對外交往權的行使。在有涉外因素的司法覆核案件中，法院在解決當事人主觀訴訟請求的同時，客觀上也審查了行政部門的涉外行政行為，如果上升為違反基本法審查，還涉及到對立法機關所制定法律的合憲性審查，即特區司法機關有監督行政機關和立法機關在對外交往領域行為的權力。特區司法機關與其他國家或地區司法機關相互執行司法協助協議，也是特區對外交往權的表現形式。

1. 法院審理涉外案件

香港在英國殖民統治時期建立了完整的法律體系，形成了成熟的司法體系，並成為普通法適用地區。回歸以後，特區在原有基礎上更新了司法系統，獲得了獨立的司法權和終審權，其審理的涉外案件也與日俱增。審理涉外案件就是特區法院與外國公民、法人甚至是當事國發生聯繫與交往的過程，其連接點便是司法管轄權。特區法院以審理涉外案件的方式對外交往是受到管轄權限制的。一是對國家行為無管轄權。涉外案件中特別容易出現與外交行為有關的爭議，例如與外國建交斷交、簽訂條約與協定、加入國際組織、承認外國政府等，此時法院不得行使管轄權，這既是基本法的規定，也是各國的司法慣例。但是國家行為的定義很難確定，能動性較強的法院可能會突破此原則，如香港法院在審理剛果（金）案時就發生了相關爭議，後在全國人大常委會的釋法下，明確了"決定國家豁免規則和政策"是涉及外交的國家行為，終審法院依此作出正確判決。二是對政治問題無管轄權。這屬於普通法系的政治問題迴避審查原則。在國家層面上，國家行為和政治問題是基本等同的，但是在特區，政治問題僅指特區自身的政治問題，如立法會和政府之間的爭議，它們的解決應當通過政治途徑而不是司法途徑，否則會影響司法獨立和司法權威。在涉外案件中，可能遇見的政治問題是特區對外締約等政治性較強的對外事務，如果相關問題涉訟，法院應自動放棄管轄權。[16] 三是對官方行為無管轄權。官方豁免權在普通法上就是王室豁免權，指主權者在本國法院的豁免權和特權。香港回歸之前，英國政府在香港享有官方豁免權，該權力受普通法調整。香港回歸後，中國作為香港的主權者，中國政府機構享有原英國政府享有的官方豁免權，這符合香港基本法的規定，可以維護中國在香港特區的主權地位。華天輪案就是首個涉及官方豁免權的涉外案件，中國交通部廣州打撈局因官方豁免而免受司法管轄。[17]

16　香港特別行政區仍未有關於這方面的司法判例。

17　參見董立坤、張淑鈿：〈論中國政府機構在香港特別行政區的豁免權——以華天輪案為例〉，《政治與法律》2011 年第 5 期。

2. 監督政府和立法會在對外交往領域的行為

香港法院有司法覆核的權力，其目的是為了規範及確保行政部門或行使公法職能的機關所作的決定或行為的合法性，其法律依據是基本法第 35 條第 2 款："香港居民有權對行政部門和行政人員的行為向法院提起訴訟。"在對外交往領域，政府涉訟的主要是居港權類案件，每年司法覆核案件多集中於入境管理事務上。在這類案件中，申請人都是還未取得香港居留權的人，既有中國籍人士也有外國籍人士。如果從廣義的對外交往來說，特區與他們之間形成涉外管理關係，從回歸初期的吳嘉玲案、莊豐源案到 2011 年的菲傭案，都引起了香港社會的廣泛關注。特區法院通過自我賦權發展起來的違憲審查權，不僅判決行政機關違法，而且判決《入境條例》的有關條款違背基本法。法官在審理案件時，主要採用普通法的文義解釋方法來理解基本法第 24 條的所有內容，使得《入境條例》的相關條文被解釋為違憲；儘管全國人大常委會的釋法對其加以糾正，但在後續案件中，法院將人大釋法所提及的"籌委會意見"視作"附隨意見"而不予理睬，在莊豐源案中繼續判決《入境條例》違憲，迫使政府和立法會修改《入境條例》，並最終釀成了"雙非孕婦"風波。可見，法院對政府和立法會對外交往領域行為的監督，能夠起到分權制衡和保護人權的作用，但有時也會產生負面作用，這是特區法院司法權過大且過於能動而缺少雙向監督機制造成的，今後需要檢討改進。此外，特區終審法院首席法官在彈劾行政長官的法律程序中具有重要職權，即當立法會指控行政長官有嚴重違法或瀆職行為時，立法會可以委託該首席法官擔任獨立調查委員會主席，並由其負責組成獨立調查委員會。

3. 實施與司法協助相關的行為

其一，與外國和地區直接進行司法協助。司法協助行為是以司法互助協議為基礎的，而協議是由特區政府與外國政府簽署的，屬於政府對外交往權的範疇。這類協議往往還需要進行本地立法，特區法院最終是依照本地法律加以執行。從現有的法律看，特區法院在司法協助中擔負重要職責，但是並非所有職責，行政長官和律政司司長也被賦予相關權力，這是符合有關國際公約和慣例的，畢竟司法協助不僅是司法機關的事情，它也涉及行政機關。其二，簽訂司法協助協議。雖然司法協助協議主要是由政府出面代表本司法區域對外簽訂的，但是在個別情況下，法院也對外締結有關協定（對中國內地的則稱為"安排"）。例如，1998 年 12 月 30 日，最高人民法院與香港高等法院簽署了《關於內地與香港特別行政區法院相互委託送達民商事司法文書的安排》，並規定："本安排在執行過程中遇有問題和修改，應當通過最高人民法院與香港特別行政區高等法院協商解決。"其三，設定司法規則。普通法地區的法院可以通過判例設定司法規則，這被稱為"法官造法"，但在香港，還有另一種形式的"法官造法"，它比較類似於內地最高法院的司法解釋，即終審法院首席法官通過制定附屬條例的方式制定規則，這在涉外法律中也較常見。例如《贍養令（交互強制執行）條例》第 19 條賦權終審法院首席法官可以在若干事項上訂定規則。

六、中央對香港特區對外交往權的監督

特區政權機關之間對對外交往權的制衡與監督無疑是不全面的，這與特區機關相互制約的能力和動力的不足有關。以下，將按照特區對外交往權的三項分類，逐個分析中央監督的實然與應然模式。總體看來，特區分別行使"外交事務參與權"、"對外事務處理權"、"涉外事務自治權"時，自由度與自主性逐次上升，中央的監督力度與密度逐次降低。

（一）中央對香港特區"外交事務參與權"的規範

特區"外交事務參與權"是一項職能性、輔助性和事實性的權力。因為

管理與特區有關的外交事務（即外交權）是中央政府的權力，所以"外交事務參與權"受到外交權的吸收、引導和限制。其主要控制方式除了對特區的參與申請作出明示許可外，默示同意、主動授意與行政命令都較為常見。

1. 參加外交談判

基本法第 150 條規定，特區政府的代表，可作為中華人民共和國政府代表團的成員，參加由中央人民政府進行的同特區直接有關的外交談判。本條既體現出基本法中關於外交事務屬於中央人民政府管理的原則，又指明了特別行政區的代表可以以作為中央代表團成員的形式，參與與自身利益密切相關的外交活動，協助解決有關國際問題。也就是說，在特定國際法規則和國際慣例下，特區雖然可以直接介入與自己有關的外交事務，但是需要以國家外交的形式出現，此時特區的行為被國家外交權所規範和吸收。從以上條款的規定看，其一，參加有關外交談判的必須是特別行政區政府的代表，即官方代表，而不是民間團體的代表，一般情況下要由行政長官指派；其二，特區的代表是以中華人民共和國政府代表團成員的身份參加，特區既沒有獨立的人格也沒有獨立的身份，最終須融入國家的人格；其三，這種外交談判必須是同特區直接有關的外交談判，僅僅是包含特區關切之利益的談判一般也不會參加；其四，是否批准特區派員參加由中央政府決定，中央須根據談判的內容和對方的意願作出判斷。此外，在外交談判時，特區可以有自己的座牌，但必須注明"中國香港"，並置於"中華人民共和國"座牌的次要位置，特區代表不得擔任團長，不能首先發言且不能發表決定性言論，一旦出現出格行為和言論，中國政府代表團團長可加以制止，甚至取消其成員資格。如果特區政府代表在外交活動中經常出現違背中央意志的情況，則中央政府可以考慮採取適當減少甚至暫停特區參加外交代表團的懲戒措施，迫使特區回到正確的軌道上來。

2. 參加國際組織和國際會議

基本法第 152 條規定，對以國家為單位參加的、同特區有關的、適當領域的國際組織和國際會議，特區政府可派遣代表作為中國政府代表團的成員或以中央政府和有關國際組織或國際會議允許的身份參加，並以"中國香港"的名義發表意見；對中國已參加而香港也以某種形式參加了的國際組織，中央政府採取必要的措施使特區以適當形式繼續保持在這些組織中的地位；對中國尚未參加而香港已以某種形式參加的國際組織，中央政府將根據需要使特區以適當形式繼續參加這些組織。所謂採取"必要的措施"主要就是指國家採用外交行動，即通過和國際組織或其他締約國進行協商或照會，表示中國政府同意特區參與國際活動並請國際社會給予照顧。從上述規定來看，國家通過行使外交權，極力保障特區政府在國際組織和國際會議中的相對獨立性和地位延續性，這是特區高度自治權或自主權在國際交往場合中的體現。值得注意的是，中央政府幫助特區參加國際組織和會議屬於外交行為，特區協同努力便屬於"外交事務參與權"；但特區一旦進入或保留原有地位後，特區的後續行為就屬"對外事務處理權"範疇了。不過第 152 條第 1 款所述"以中國政府代表團成員身份參加"除外，在此情形下，特區代表發言可以有不同意見，但不能有與中央政府相反的立場，即不能自行其是、為所欲為，在重大問題上必須支援中央的立場。

3. 外國在特區設立外交機構

基本法第 157 條規定，外國在特區設立領事機構或其他官方或半官方機構需中央人民政府批准；已同中國建立外交關係的國家在特區設立的領事機構和其他官方機構可予保留；尚未同中國正式建交的國家在特區設立的領事機構和其他官方機構，可根據情況允許保留或改為半官方機構；尚未為中國承認的國家，只能在特區設立民間機構。可見，外國在香港可否設立外交機構和何種類型的機構完全由中央決定，但是中央政府首先要聽取特區是否接受的意見。設立領館絕不是私相授受的事情，比如美國駐香港領事館的領區涵蓋澳門，但是美國基於自身利益考量，想在澳門再設置一個領事館，但是中央政府考慮到國家安全和兩國領館數目對等等因素，沒有作出批准。另外，在國際組織在港設立代表處問題上，根據國際法和國際慣例，設處協議應由中央政府與相應的國際組織簽署，但由於代表處是設在香港而非內地，需要特區政府承擔相應義務。因此，外交部特派員公署創新思路，建議採取由中央政府和有關國際組織簽署正式協議，同時由特區政府與對方簽署具體行政安排備忘錄的做法。此時，特區為國際組織所提供的東道服務就屬於"外交事務參與權"，它是國家外交權的派生和延續性的權力，由特區行使不會危害國家主權。

4. 參與全局性外交事務

以上論述的都是與特區利益直接相關的外交事務，特區有較強的主動性參與其中，然而，國家也有不少關涉全局性利益的外交事務，此時中央政府往往需要地方政府的支持和配合，特區也不能例外，但其參與的積極性會有所降低。此時，中央政府會採取主動授意的方式請求特區給予協助，多數情況下特區政府都會響應，比如遇到外國干涉香港政制改革時，中央政府可以在提出外交抗議的同時，要求行政長官做表態性發言，從而形成政治合力抵禦干預。當然，有的時候也可以向特區政府下達行政命令，外交是中央政府管理的事項，它完全可以以行政上級的身份要求特區作出某種配合，比如外國元首來訪時，外交部可以經授權要求特區政府進行外事接待，後者不得違抗。還有一種情況是，特區主動承擔一些外交輔助工作，中央政府作出默示同意，比如中央提出建設"一帶一路"的發展戰略，特區政府認為自己有地理和經濟優勢，便積極參與其中，儘管中央並未對港澳提出要求，但特區主動加入中央政府還是歡迎的，不提出反對便是同意。

（二）中央對香港特區"對外事務處理權"的控制

中央對特別行政區"對外事務處理權"加以控制的法律依據就是基本法第 13 條第 3 款"中央人民政府授權香港特別行政區依照本法自行處理有關對外事務"。本條中雖然出現"自行"的字樣，但"自行"不等於"自由"，也不代表權力是"自有"的，特區政府仍需接受監督。根據誰授權誰監督的原理，監督主體就是中央人民政府即國務院。

1. 通過具體性授權控制特區"對外事務處理權"

一是由基本法直接規定的一次性授權。典型的如基本法 154 條第 1 款所規定的，中央政府授權特區依照法律給持有特區永久性身份證的中國公民簽發中華人民共和國特區護照，給在特區的其他合法居留者簽發其他旅行證件，上述護照和證件，前往各國和各地都有效，並載明持有人有返回香港特區的權利。本條意味著中央人民政府必須將簽發特區護照的權力授予特區政府，特區政府成為有關權力的行使者，但中央政府有權對特區政府的發放行為作出具體的指令並行使監督權，這是授權的應有之義。需要注意的是，"一次性授權"和"第一次授權"是不同的，"由基本法直接規定的一次性授權"和下面所述的"由中央政府作出的一次性授權"都屬於"第二次授權"的性質，特區政府所獲得的權力僅僅是有關權力的行使權。

二是由中央人民政府作出的一次性授權。基本法第 155 條規定，中央政府協助或授權特區政府與各國和各地區締結互免簽證協議。從本條的表述來看，它和基本法第 154 條的敘述沒有太大區別，似可將其視作基本法直接規定的授權事項，也就是說，中央政府對是否授權沒有裁量權，這項權力依據基本法是必須授出的。但是，回歸之後，中央人民政府又作出授權文書，授權香港特區政府與其他國家（未建交國除外）談判互免簽證協議或作出行政安排。[18]其實，中央政府作出該一次性授權有幾層含義：一是，再次宣示特區政府享有的權力是中央人民政府授予的，並非特區政府自身固有的權力；二是，地方政府的對外締約權沒在國際上沒有普遍性，即使本國法律授予相關權力，但若沒有具體的授權文件，外國政府可能對特區的簽約資格和履約能力無信心；三是，互免簽證協議不像移交逃犯、移交判刑人等引渡事項那樣具有高度的政治

18　參見曾華群：〈香港特別行政區高度自治權芻議——對外事務實踐的視角〉，《比較法研究》2002 年第 1 期。

性，不是必須通過國家間的外交途徑加以解決的，給予特區一次性具體授權，不會引起國家利益的減損和中外關係的衝突，完全可以由特區與外國自主協商。需要注意的是，中央政府一次性授權的範圍只是特區政府與各國進行免簽談判，但要求在各項協定簽署之前獲得中央政府的逐項具體授權。[19]

三是由中央政府作出的單項反覆性授權。這種授權形式從條文數量來看是最多的，也就是香港政府需要在某個對外領域一事一申請，中央政府一事一授權。但香港特區政府可以在某個年度內針對某個事項，如簽訂航空合作協議，在申請文件中附上擬簽約國的清單，則中央政府的授權可以多次使用。1997 年 7 月 7 日，中國外交部駐香港特區特派員公署特派員向香港特區行政長官轉交了中國外交部長的一封授權函。該授權函通知，中央人民政府已授權香港特區在航班過境、促進和保護投資、移交逃犯、移交被判刑人和刑事司法協助等五個領域與有關國家就雙邊協定展開談判。[20] 這份授權函並不具有一次性授權的性質，它只是向行政長官傳達了特區政府可在具體授權下進行談判的範圍，而且只具有內部告知性，沒有外部宣告性，因此具體的授權函內容官方新聞機構並未發佈。中央政府對這五個領域的締約事項，今後既可以作出授權，也可以不作出授權，具有完全的自由裁量權。中央政府在雙邊條約的授權事項包括：談判授權、簽署授權和修訂授權。詳言之，特區政府與外國進行上述五類協定談判之前，首先需將談判對象國報中央政府批准，並由中央政府出具授權書或函件。之後，特區政府可按照本地法律和經中央政府商定的五類協定範本與外國開展協議談判。談判完成後，特區政府需將草簽協議文本送中央政府審查批准。在外交部長簽署授權證書後，特區才能與外國簽署相關協議。

2. 通過一般性授權控制特區 "對外事務處理權"

基本法第 151 條訂明，香港特區可在經濟、貿易、金融、航運、通訊、

19　參見馬新民：〈香港特區適用、締結和履行國際條約的法律和實踐：延續、發展與創新〉，載饒戈平主編：《燕園論道看港澳》，北京：北京大學出版社 2014 年版，第 79 頁。

20　參見〈外交部駐港特派員馬毓真拜會董建華〉，《廈門日報》1997 年 7 月 8 日，3 版。轉引自曾華群：〈香港特別行政區高度自治權芻議——對外事務實踐的視角〉，《比較法研究》2002 年第 1 期。

旅遊、文化、體育等領域以"中國香港"的名義,單獨地同世界各國、各地區及國際組織保持和發展關係,簽訂和履行有關協議。基本法第152條第2款規定,香港特區可以"中國香港"的名義參加不以國家為單位參加的國際組織及會議。這兩個條款都未出現"授權"字樣,但是從基本法第13條第3款的規定來看,特區所獲得的有關權力依然是中央人民政府授予的,只不過採用的是一般性授權的方式,即特區行使的權力無須中央人民政府通過具體授權方式授予(包括一次性授權和反覆性授權),然而其在外觀上似乎就是基本法的直接授權,使得很多學者認為這些領域的對外交往權是特區高度自治權的體現。其實這些權力都不能納入高度自治權的範疇,只要是授權,無論是具體性授權還是一般性授權,授權主體對被授權者都有絕對的控制權,只不過具體性授權的控制密度和強度更高而已。毫無疑問,一般性授權也是授權者享有最終決定權,特區的對外活動受到全程控制,"高度自治"無從談起。以下僅以第151條所規定的八個領域的締約權為例來說明中央人民政府的控制方式。

一方面,一般性授權要服從於具體性授權。基本法第151條所列的八個領域涵蓋面是非常廣泛的,有的學者更將該條中的"等"字理解為"等外等",那麼特區可單獨締約的範圍就更大了。但是,如果基本法在這八個領域中出現具體性授權規定,則需優先適用逐項授權規則,即一事一申請,一事一授權。例如,中英談判期間,英國要求中國政府把民航事務當做一般對外經濟事務,向香港民航當局作出"長期授權",然而民航權益必定涉及國家主權。《1944年芝加哥民航公約》第1條就表示:"締約國承認每一國家對其領土上空具有完全的和排他的主權。"因此,《中英聯合聲明》附件一第9條明確,對於民用航空運輸協定,"原則上都可以續簽和修改,原協定和協議規定的權利盡可能保留",但要"經中央政府具體授權"。這項規定後又被基本法第133條完全吸納。在基本法中,"民用航空"是作為第五章"經濟"中的一節,如果孤立地理解第151條,則會因其屬於"經濟"領域而得出無需具體授權的結論,但是按照特殊規定優於一般規定的原則,由中央政府作出具體授權是必須的。

另一方面,授權者可以隨時將一般性授權改變為具體性授權。這是授權者的絕對權力，被授權者無可懷疑和否定。在制定基本法時，立法者可能未考慮到某些由特區單獨訂立的國際協議會侵犯中央權力，因而未做具體授權的規定，但是這並不阻礙中央政府以協商或命令的方式增設具體性授權。例如，簽訂投資保護協定原先被認為是特區自治範圍的事項，但後來發現，該事項屬於國際的相互投資和保護，根據關於解決各國和其他國家民間投資爭端的公約和多邊投資擔保公約的規定，只有會員國才符合法定地位，因此經協商增設為具體授權事項。[21] 可以說，在一般性授權的條件下，中央人民政府對特區 "對外事務處理權" 也是完全掌控的。它與具體性授權唯一的不同就是，監督的密度會低一些，後者是逐項逐次監督，前者是選擇性監督，當需要增減監督密度時，兩者可以相互轉換（基本法規定的具體性授權除外）。

有人認為，適用於特區的國際條約，其國際權利義務以及相應的國際責任均應由中國政府承擔，儘管他們未明確反對多數人所持的特區具有獨立國際人格的觀點，但從實際效果看，堅持中央政府責任論就是站在特區無國際人格論和非國際法主體論的立場上。[22] 它非常契合中央政府與特區政府之間委託代理的法律關係，也兼容於第二次授權的性質，不過特區在締約和履約過程中確有過錯，造成中國政府承擔國際責任的，中央政府可以向特區追償損失，即中央政府承擔了類似於民法上所說的連帶責任或補充責任。

3. 通過 "代位處理" 控制特區 "對外事務處理權"

此處，筆者借用了民法學中的 "代位" 概念，意為 "代其行使"，如代位求償、代位繼承等；使用 "處理" 而不用 "管理"，是因為代行的僅是處理權。至於為何要加引號，則是由於它在本質上不是 "代位"，而是權力主體收回自己的權力所有權，即中央政府恢復行使完整的、原始的、直接的管理權。那麼，中央政府為什麼不能基於授權者的身份撤銷授權後再自己行使權力呢？因

21　參見焦洪昌主編：《港澳基本法》，北京：北京大學出版社 2007 年版，第 107 頁。

22　參見王西安：《國際條約在中國特別行政區的適用》，廣州：廣東人民出版社 2006 年版，第 79 頁；持相同觀點的還有香港律政司國際法律科法律專員陸少冰女士。轉引自李浩然、徐樹〈香港特別行政區參與國際條約的情況和特徵研究〉，《港澳研究》2011 年夏季號。

為基本法要求國務院作出的授權不屬於它的裁量權範圍，是必須授而不能不授（具體性授權可以基於裁量權逐項判斷）。然而，授權者還有一項權利就是以自己的行為覆蓋被授權者的行為，被授權者不得反對。即只要授權者實施了一項法律行為，被授權者再實施就沒有效力，或者根本就無法再實施。可以説，這是中央政府對特區對外交往權最為嚴厲的控制措施，它就是筆者所稱之"代位處理"。

舉例來説，香港在 2010 年意欲申辦 2023 年亞運會，並準備向亞奧理事會提交申辦申請，中央政府向特區政府有關部門提出該申請必須由中央授權，該部門卻認為香港屬於單獨的亞奧理事會成員而無須中央授權。中央政府只得拿出亞奧理事會章程，指出其中的"亞運會的開幕必須由國家元首宣佈"的規定，由此證明申辦亞運會必須有國家的支持和協助，中央的權力必須介入。後來，特區較不情願地執行了命令。我們認為，如果特區有關部門之後堅持不同意中央授權，中央政府可以直接與亞奧理事會聯繫並由自己遞交申辦申請，因為根據基本法第 151 條的規定，在體育領域與外國或國際組織發展關係，簽訂和履行有關協議的權力，是中央政府授權給特區的，中央政府有權作出"代位處理"。

需要回答的是，這種"代位處理"方式是否會侵犯到特區的自治權？我們認為，對基本法規定的多數對外事務作出"代位處理"，不會出現侵犯自治權的情況，比如簽發護照、出入境管制、締結互免簽證協議等等。因為這些事務本來就是中央管理的事務，而且由中央機關處理是國際慣例，所以由中央接手處理不會發生法律爭議。比如，中央政府直接通知香港入境事務處，不讓干涉香港事務的外國政客入境，從國際法和基本法的規則來看都是合法合理的。那麼，如何平衡中央締約權與特區自治權的關係呢？從締約權本來就歸屬於中央政府的法治立場看，應當盡量作出有利於中央政府的解釋，這是世界各國的通例。對特別行政區的締約實踐來説，我們既要維護中央權威，也要照顧特區自治。具體而言：第一，關於國防、外交以及其他高度政治性的條約必須由中央對外簽訂，不存在"代位"問題，這是毫無異議的，因為基本法規定國防權、外交權屬於中央政府;第二,如果基本法規定某類條約需要中央政府的具體性授權,或者某類條約因涉及中央事權而由一般性授權提升為具體性授權的,如上文所說的投資保護協定,則可以由中央政府簽訂,無須和特區協商,但締約也要考慮特區情況和需要;第三,如果是基本法規定的一般性授權的條約,如基本法第151條所規定的八個領域的國際協議,也可以由中央政府簽訂,但必須事先和特區政府協商,以知悉特區的利益和意願,中央政府在對外締結時需要加以考慮和維護,這就相當於德國基本法規定的"涉及某邦特殊情況之條約,應於締結前諮商該邦"。

(三) 中央對香港特區"涉外事務自治權"的監督

特別行政區"涉外事務自治權"的主要法律依據為基本法第2條"全國人民代表大會授權香港特別行政區依照本法的規定實行高度自治,享有行政管理權、立法權、獨立的司法權和終審權",以及對應的第16條、第17條第1款、第19條第1款,而具體規定則在基本法第五章和第六章,內涵十分豐富,特區據此在對外交往方面可以大有作為。然而,任何權力都是要受到監督的,哪怕是自治權也不例外。對特區涉外事務自治權的監督實際上就是國家對地方自治監督的一項內容,它必須在"一國兩制"的原則之下,遵循一國地方自治監督及其爭議解決機制的基本原理。

1. 對特區行政機關的監督,即對"涉外事務管理權"的監督

特區行政機關是行使對外交往權的主要主體,其"外交事務參與權"、"對外事務處理權"和"涉外事務管理權"都要受到中央人民政府的監督,不過,這三種監督從本質上講是不同的。第一種是參與者對主導者的絕對服從,對外沒有人格身份,對內沒有自主空間,監督強度和密度是最大的;第二種是授權情形下,授權者對被授權者的監督,監督的內容具有全面性和廣泛性,但被授權者有一定的自主性;第三種是由特區"直轄於中央人民政府"、行政長官"對

中央人民政府負責"所決定的,體現的是中央對地方自治權的監督,監督的內容僅限於確保特區不侵越國家的外交權,除此之外它是完全自治的。其中,"涉外事務管理權"與國家外交權之間的臨界點非常難於界定,而且中央和特區基於各自獲取的信息可能會作出相左的判斷。一旦某涉外事務被確定為外交事務,則特區可能從最具自由度的"涉外事務管理權"跌落至最受控制的"外交事務參與權",甚至連參與權也沒有。

雖然"涉外事務管理權"主要由中央人民政府加以監督,但它對特區政府的監督並不具有最終性。這是因為中央權力和特區自治權都是由基本法作出分配的,在此意義上,它們的法律地位是平等的,屬於分權的關係。在對外交往領域就表現為,中央政府負責管理與特區有關的對外事務(包括外交事務和授權特區處理的對外事務),特區自主管理自治範圍內的涉外事務。除去"對外事務處理權"部分,儘管很多時候特區對中央政府下達的外事管轄命令表示服從,但這也僅表明特區政府尊重中央政府對事務性質所作的判斷,認為凡是中央向自己下達移交或參與的指令,就說明該事務已提升為外交事務,無充分理由一般不會表示懷疑和否定。然而,中央事權與特區自治權並不總是那麼涇渭分明,發生爭議後特區也不會永遠無條件地服從,這就需要自治監督的爭議解決機制。無論在聯邦制國家還是在單一制國家,中央與地方發生權限爭議,一般是由司法機關通過審理具體案件加以裁決的。其中,既有中央政府控告地方政府越權行事,也有地方政府指責中央政府干涉自治事務。

基本法雖然沒有規定中央政府與特區之間發生自治權方面的爭議該如何處理,但是可以肯定的是,我國並不存在通過司法解決的機制和方式,較為可行的是行政長官通過適當途徑向全國人大常委會提請釋法和裁決,全國人大常委會的決定具有終局性。按照基本法第 48 條第 8 項,行政長官必須"執行中央政府就本法規定的有關事務發出的指令",此處的"有關事務"當然是指中央管理的事務,否則特區的高度自治權無從保障。然而,基本法第 43 條又規定行政長官必須向中央人民政府和特別行政區雙重負責。可以推知,行政長官在中央事權上向中央負責，[23] 在自治事務範圍內向特區負責。如果出現權限爭議，應充分尊重中央政府的決斷並遵照執行，如果特區內部尤其是民意機構有重大異議，則應代表特區按程序提請全國人大常委會釋法和作出裁決，裁決結果雙方都應認同和遵守。

2. 對特區立法機關的監督，即對"涉外事務立法權"的監督

特區立法機關雖然很少直接進行對外交往活動，但是其制定的法律是行政長官和特區政府對外交往的法律依據。基於"特區政府必須遵守法律，對特區立法會負責"的規定，行政長官和特區政府如果因執行本地法律而可能造成對中央外交權的侵越，則必須對相關法律作出處理。對特區立法機關所進行的監督主要由全國人大常委會完成，也就是中央立法機關監督地方立法機關，監督方式有以下幾種。

其一，對特區法律進行備案審查。基本法第 17 條規定，特區立法機關制定的法律須報全國人大常委會備案。備案不影響該法律的生效。全國人大在徵詢其所屬的特區基本法委員會後，如認為特區立法機關制定的任何法律不符合本法關於中央管理的事務及中央和特別行政區關係的條款，可將有關法律發回，但不作修改。經全國人大常委會發回的法律立即失效。該法律的失效，除特區法律另有規定外，無溯及力。該條款意在表明全國人民代表大會常務委員會對報送備案的法律擁有實質性的審查權。全國人大常委會之所以能作出特區立法機關制定的某一項法律不符合基本法相關規定的判斷，正是以其對該項法律的內容擁有實質性審查權為基礎的，也只有在對某一項法律作出實質性審查後才能得出其是否與基本法的相關規定不相符的結論。由此看來，基本法所規定的"備案"，不是僅僅停留於"知道了"意義上的備案，而是一種與審查不

23　根據基本法第 48 條第 2 項的規定，行政長官向中央負責的內容還應當包括準確執行基本法，故行政長官既不能與中央對抗，也不能對中央唯唯諾諾而放棄應有的自治權。前一種情形比較容易理解，後一種情況時常受到忽視，且此時中央政府也難有動力進行追究。從應然角度講，如果行政長官在特區自治範圍內的對外交往活動中，過度考慮中央政府可能的反應而不顧特區的民意和利益，中央政府也須加以制止。說到底，中央政府保障特區依法行使自治權也是中央事權之一。

可分的備案。目前該條款似乎處於"沉睡"狀態。

其二，督促特區立法會對原有法律進行適應性修訂。回歸之前，香港特區籌備委員會專門研究了香港哪些原有法律抵觸基本法的問題，但由於對香港普通法、衡平法和習慣法是否符合基本法進行審查的任務過於繁重，香港特區籌備委員會放棄了對這三種香港原有法律的審查，而僅對屬於成文法性質的條例和附屬立法進行了審查，也就是僅對立法機關制定的法律作出審查。1997年2月23日，全國人大常委會作出處理香港原有法律的決定，決定將抵觸基本法的立法和部分抵觸基本法的法律條款不作為特區法律。針對涉外法律，該決定還專門制定了兩個規則：(1)"規定與香港特區有關的外交事務的法律，如與在香港特區實施的全國性法律不一致，應以全國性法律為準，並符合中央人民政府享有的國際權利和承擔的國際義務"；(2)"任何給予英國或英聯邦其他國家或地區特權待遇的規定，不予保留，但有關香港與英國或英聯邦其他國家或地區之間的互惠性規定，不在此限"。可見，對原有法律審查規則的適用是具有延續性的，即回歸以後有關法律應做適應性修訂，即使不做修訂，也要按有關規則作出相應解釋，對此《釋義及通則條例》已有複述。根據基本法，全國人大常委會只對特區立法會新制定的法律進行備案審查，對原有法律的修訂或廢止只能由立法會依據第73條第1項的規定完成，此時全國人大常委會就應當積極督促立法會對原有法律進行具有溯及力的適應化修改。

其三，通過增減基本法附件三中全國性法律來規制特區立法。基本法第18條規定，全國性法律除列於本法附件三者外，不在特區實施。凡列於本法附件三之法律，由香港特區在當地公佈或立法實施。全國人大常委會在徵詢其所屬的特區基本法委員會和特區政府的意見後，可對列於本法附件三的法律作出增減，任何列入附件三的法律，限於有關國防、外交和其他按基本法規定不屬於特區自治範圍的法律。這種做法是中央對特區自治立法權的重要保障，同時也有利於維護國家主權的統一。對有地方立法權的中國普通行政區來說，中央立法出台後自動實施，與之抵觸的先前地方法一概無效。但對特區來說，全國性法律在本地的實施不僅有範圍的限制，還有程序上的要求，只要屬於自治事項，不管特區有無立法，全國性法律都不得侵入。有學者認為，特區內法律制度的效力等級為："基本法——香港特區立法機關制定的法律——適用於香港特區的全國性法律和香港原有法律"。[24] 這種觀點這是不正確的，全國性法律除非不在特區實施，一旦納入基本法附件三，則效力一定高於特區本地立法，因為納入基本法附件三的全國性法律涉及的都是中央事權及中央與特區關係，此時法律所體現的中央意志高於地方意志，特區法律不得與之違背，它們屬於上下位法的關係。

3. 對特區司法機關的監督，即對 "涉外案件審理權" 的監督

從基本法第 19 條第 3 款和第 158 條的規定看，對特區法院管轄權範圍的最終監督來自全國人大常委會，即它可以通過解釋基本法的方式，確定某案件是否涉及國防、外交等國家行為，從而判定法院是否有管轄權，這在剛果（金）案中表現得較為典型。不過，中央人民政府對特區法院審理涉外案件也有一定的監督作用，即中央政府對有關國防、外交的事實問題有最終的認定權，法院不得自行認定該類涉及國家行為的事實問題。本來，事實問題的認定程序應當由特區法院啟動，但法院有時會消極對待，香港回歸以來僅出現過兩次請求行政長官向中央政府申請證明文件的情況。在剛果（金）案中，法院本應就我國的國家豁免規則和政策問題作為事實問題尋求中央政府的證明文件，但前二審法院都堅持案件不涉及外交事務而不做任何行動。中央政府在剛果政府的交涉下不得不採取適當的監督方式，即中央政府授權外交部通過特派員公署向特區政府政制及內地事務局先後發出三封函件，說明中央政府關於國家豁免問題的立場，指出我國一貫堅持國家豁免原則並且統一適用於全國，包括香港特別行政區，上述函件均由律政司司長作為證據轉交特區法院。[25] 可見，中央人民政府由被動的接受證明申請轉向了主動表明立場，並在符合訴訟規則的

24　吳慧：〈香港的締約權以及條約在香港的法律地位〉，《政治與法律》2007 年第 6 期。

25　參見李飛：〈關於全國人民代表大會常務委員會關於《中華人民共和國香港特別行政區基本法》第十三條第一款和第十九條的解釋（草案）的說明——在第十一屆全國人民代表大會常務委員會第二十二次會議上〉，2011 年 8 月 24 日。

前提下給予監督。由最高行政機關確定國家豁免規則並以之約束司法機關,並非只是中國的做法,美國、英國在制定國家豁免法之前都是由行政部門確立國家豁免制度,由司法機關自行決定的國家較少,僅見新西蘭。可是,特區法院對中央政府的監督置之不理,最終不得不以人大釋法的方式解決有關爭議。

因為特區法院有獨立的司法權和終審權,所以不受最高人民法院的上訴審監督。中央對特區司法機關的監督主要依賴於全國人大常委會對關於中央人民政府管理的事務或中央和香港特區關係的條款進行解釋,然而基本法對法院提請解釋的程序並未詳細規定,於是造成終審法院一直迴避提請釋法,中央的監督無法實現。終審法院在對吳嘉玲案的審理中,從基本法第 158 條第 3 款關於提請釋法規則的規定析出了提請釋法的兩個條件:第一個條件是,基本法有關條款是關於中央人民政府管理的事務,或者是關於中央和香港特區的關係,這樣的條款可被稱為"自治範圍之外的條款",此條件被稱為"類別條件";第二個條件是,終審法院在審理具體案件時需要解釋這些"自治範圍之外的條款",並且對這些條款的解釋將會影響到案件的判決,此條件被稱為"有需要條件"。然而,終審法院自設的兩個條件並未導致應當釋法的案件進入釋法程序。吳嘉玲案後,行政長官為了應對終審判決帶來的巨大社會影響,不得不動用基本法第 43 條和第 48 條第 2 項賦予自己的職權,請求國務院向全國人大常委會申請釋法,從而以人大釋法改變了終審法院對有關條款的解釋。在審理涉外案件時,國家外交權和司法自治權發生正面衝突,特區法院最容易通過限縮"外交"的涵義來擴大自己的管轄權範圍,剛果(金)案就是適例。值得慶幸的是,終審法院最終主動提出釋法請求,全國人大常委會的釋法指出:"國家豁免規則或政策屬於國家對外事務中的外交事務範疇";"國家豁免規則或政策是一種涉及外交的國家行為。"此解釋為特區法院正確審理案件提供了依據,同時也實現了對特區法院的監督。

七、香港特區對外交往權的設定和行使原則

在當今世界中，國家對外交往能力越強大，公民的對外交往權才越有保障；若公民的對外交往需求和能力旺盛，國家的對外交往權也必定與之匹配而相輔相成。由於中國的國家理念是，"一切權力來自於人民，一切權力服務於人民"，具體到對外交往領域，就是國家對外交往權來自於人民的授權，人民將個體財產匯集並演化成以公共財產為基礎、以公共利益為目標的對外交往權，國家對外交往權便要以服務於公民對外交往權為旨歸，而其中必然包括香港居民的對外交往利益。筆者認為，若要完善特別行政區對外交往權的運行，必須在該權的設定和行使方面遵循以下三個原則，且它們必須同時滿足，不可偏廢任何一項。

（一）尊重和維護中國國家主權的原則

在國家對外交往活動中，主權被置於最顯要的地位。對一國內部來説，全體人民在法律上或事實上對國家對外交往事務享有最高決定權，同時各國家機構在憲法的基礎上統一協調地行使與對外交往有關的權力；對國際社會而言，只有國家才是原始的國際法主體，它在國際關係中必須保持獨立、自由和領土完整，一切國際法上的權利義務也必須由國家來承擔，其中央政府是國家實施對外交往行為的唯一代表。

中國歷來珍視自己的國家主權。首先，中國從不承認不平等條約的有效性和對香港主權的喪失，始終堅持"恢復對香港行使主權"的提法，也斷然拒絕了"以主權換治權"的不合理要求；其次，中國在具體處理關於香港的歷史遺留問題時，採取了兩個主權國家對等談判的方式，以簽訂國際協議的形式確定雙方在過渡期內與回歸後的責任，並避免香港以獨立的身份加入到國家的談判中來；再次，全國人民代表大會代表全體人民行使國家主權，通過修改憲法來規定特別行政區的設置標準和制度載體，並制定基本法規定中央的權力和自

治的範圍；最後，外交權與國防權（國防也是一種特殊的外交）既是國家主權的核心部分，也是維護國家主權的重要工具，中國對香港恢復行使主權的主要內容就是直接管理其外交與國防事務。

在特區對外交往過程中尊重和維護國家主權，不單是特別行政區的義務，而首先是中央政府應當遵循的原則。國務院雖然是最高行政機關，享有一部分主權權力，但它的職責是執行主權意志，其亦有可能作出與主權意志相悖的行為。尤其是，中央政府下轄諸多涉特區對外交往的機構，如國務院港澳事務辦公室、中央人民政府駐香港特區聯絡辦公室、外交部駐港特區公署、中央人民政府駐香港特別行政區維護國家安全公署等，它們都可能未按憲法和基本法辦事，侵害國家主權利益。香港回歸以來，中央政府的絕大多數設權行為是符合基本法的，在此意義上確實維護了國家主權。比如，在應該通過外交權解決涉港澳外交事務時，中央政府果斷使用外交手段處理，以排除特區使用"涉外事務自治權"的可能性，這在菲律賓人質事件的後期處理中運用得較為恰當；又如，中央政府及時將有關投資保護和有關非法移民的協定確定為須經其授權才能由特區簽訂的協定，而這兩類協定是基本法未明確規定需要具體授權的，但符合基本法第 13 條第 3 款的立法原意，即授權者可以隨時將概括性授權轉變為具體授權，是維護主權的體現。

對特區政府來說，需要關注如下事項。在"外交事務參與權"方面，特區政府若要體現對國家主權的尊重，就是要做到"不越位、不缺位、不錯位"，凡是應當由中央政府親自處理的外交事務，絕不能以獨立的身份對外交涉；當中央政府需要特區政府派員參加中央政府代表團進行外交談判時，特區政府就應當派出得力的官員參與談判；當國家需要特區利用自身的國際關係協助國家對外交往時，特區政府就應當積極牽線搭橋；特區在某些國際組織和國際會議中，儘管其可以各方允許的身份參加並以自己的名義發言，但務必要與中央政府保持原則立場上的一致。在"對外事務處理權"方面，特區政府要接受中央政府的專業監督，因為這些權力在本源上都屬於中央政府的管理權，特區處於被授權者的地位。值得重視的是，"涉外事務自治權"最有可能和外交權發生衝突，為了體現維護主權原則，特區政府應當尊重中央政府對有關事務的定性，尤其是在緊急情況下要絕對服從外交權。當然，特區內部存在重大異議時，可由全國人大常委會釋法裁決。

此外，特區不僅僅是對外交往權的行使主體，其立法機關也是對外交往權的設定主體（此處，行政長官可以視作"立法機關"的一部分，不僅因為涉及政府政策的法案必須由其同意才可提出，而且他有立法異議權），設定權的範圍僅是"涉外事務"。基本法對"涉外事務"少有直接規定，但其隱含在特區自治範圍內的條款中，一般以"自行立法規定"、"自行制定政策"等表述授權特區自行立法，這也就說明特區立法會可以制定有關涉外事務的法律，為政府行使涉外事務管理權與法院行使涉外案件審理權提供法律依據。這些本地立法當然也要遵循維護國家主權的原則。

（二）保障特區自治權和自主權的原則

在堅持"一國"的同時，我們也堅決維護"兩制"。這是國家向國際社會以及香港居民的莊嚴承諾。我們作一個假設：特區進行對外交往需要 100 個單位的權量，根據基本法的第一次授權，特區自主管理涉外事務的權力被分配了 50 個單位，又有 30 個單位分配於本屬中央政府管理但可以通過第二次授權交予特區行使的對外事務處理權（處於待定可變狀態），還剩 20 個單位就是中央處理涉港澳外交事務的權力。這個分配方案其實是基本法對中央和特區對外交往權限的"初次分配"，而基本法規定的授權制度就成為法權"再次分配"的手段。如果特區現有的對外交往權不能滿足需求，則中央政府可以對基本法所規定的概括性授權事項不作先佔，或者對需要進行具體授權的事項作出授權，便使特區的權量接近於 80 個單位；如果特區還有需要，全國人大及其常委會與國務院可根據基本法第 20 條的規定給予補充授權，使其達到 85 個單位。此外，中央政府還可以在屬於外交性質的權力上從寬把握，比如在符合原則的前提下，盡量讓特區政府代表作為成員參加與香港有關的談判，某些須中央批准的對外交往事項能批就批。

因此,國際社會和香港居民不能一看到很多對外事項都要中央授權,就認為中央干涉特區的自由,其實很多"授權"、"備案"、"批准"僅僅起宣示主權的功能,香港對外交往的空間並沒有受到實質性限制。需要指明的是,中央政府給予特區在對外交往中享有最大可能的自由度並非都是自治權的內容,對基本法第一次授權而形成的"涉外事務自治權"當然屬於自治權範疇,但是對於"外交事務參與權"和"對外事務處理權"中特區所享有的權能只能歸於自主權範疇,因為它還要受到更高意志的約束,不存在最終決定權。

那麼,保障特區自治權和自主權原則是否是對尊重和維護中國國家主權原則的否定呢?當然不是!其一,給予特區對外交往方面的自治權和自主權本身就是主權意志。全國人大代表全國人民(包括香港同胞)依據憲法制定了基本法,憲法和基本法作為特區管治的共同憲治基礎完全體現了主權意志,特區所享有的高度自治權是全國人大通過制定基本法的形式將其分配給特區的結果,由此形成特區的自治事務,由特區自我管理,不受中央非法干預。即,中央不直接進行管治也是中央對地方區域的管治形式之一,這是全體中國人民利益與意志的反映。其二,根據基本法的第一次授權,特區在自治範圍內獲得對相關事務的自治管理權,但領域還是有限的,中央依然保留對維護國家統一和領土完整極具意義的重要權力,比如我們一直強調的外交權和國防權,以及基本法中明確列舉的行政長官任免權、本地法律備案權、基本法解釋權和修改權等,當然還包括以往沒有得到正確認識的對外事務管理權。這些權力是由中央政府掌握用以維護國家主權的最低限度的權力。其三,即使是特區自治領域內的事項,中央也可以依照基本法的規定加以監督,監督並不意味著特區失去最終決定權,監督的目的在於審查特區的公權力行使是否超越了自治範圍、是否越界到達了中央管理的領域,只要特區是在自治範圍內行使權力就完全是自由的。中央的監督權是主權權力的內容,這在任何國家都是一樣的。至於對外交往方面的自主權,其自由度就要大打折扣,其自主性是相對的,不僅受到中央政府的法律監督,而且要受到其專業監督,只不過中央為了確保自治能夠實現，對某些中央管理但接受特區參與或代為處理的事務給予充分自主，以便和自治事項的管理權相銜接而已，反溯其本源還是主權權力。

　　保障特區自治權和自主權原則主要是針對中央而言的。在二十多年的實踐中，中央遵守該原則的表現良好，真正實現了"港人治港，高度自治"。一是，根據基本法第 18 條，有關國防、外交和其他按照基本法不屬於特區自治範圍的全國性法律可以列入基本法附件三，目前列入附件三的法律僅有 14 部，只佔全國人大及其常委會制定且現行有效的法律總量的 5%，即使是規範外交行為的法律也未完全納入，如《締結條約程序法》、《駐外外交人員法》等。二是，到目前為止，全國人大常委會從未根據基本法第 17 條將特區立法機關制定的法律進行備案後發回，包括立法機關授權有關機構制定的附屬法例，這就說明全國人大常委會基本認可特區法律合乎基本法中關於中央管理的事項及中央與特區關係的條款。三是，中央人民政府在處理與特區有關的外交事務時，會積極與特區政府進行溝通協商，以便在外交活動中融入特區的利益和意見；中央政府在進行與特區有關的外交談判時，一般會主動邀請特區政府官員作為代表團成員一同參加；在以國家為單位的國際組織和國際會議內，中央政府會盡可能地讓特區代表成為代表團成員或各方允許的身份參見進來，並讓其以"中國香港"的名義發言。四是，中央政府針對由自己授權給特區自行處理的對外事務，基本上是按照準自治事務加以監督控制的。五是，中央積極維護特區法院審理涉外案件的獨立司法權。在剛果（金）案發生之前，全國人大常委會從未針對外交事務或對外事務條款主動或被動地做過解釋，它視所有由特區法院受理的涉外案件都與外交事務無關，可在特區範圍內終審解決。

（三）符合國際規則和他國交往意願的原則

　　任何國家的地方實體要進行對外交往行為必須符合法律的授權。與此同時，若某國地方實體所實施的對外交往行為確實被定性為國際法行為，則該行為的有效性獲得國際法的承認，包括國際法規則和國際慣例的認可，以及符合交往對象的意願。特區的對外交往權確實具有憲法和基本法等國內法依據，也就是說，特區進行對外交往活動得到了國內法的授權，是主權者同意地方實體作出的行為和享受的權力。同時，特區對外交往權也有《中英聯合聲明》這個國際法依據，但是聯合聲明僅是雙邊條約，根據國際法中的條約相對主義原則，不對中英以外的國家產生效力，除非得到第三國的同意，所以特區的實際對外交往能力取決於各個國家與地區的接受程度。縱然中央希望給予特區高度自主的對外事務處理權，也要考慮與國際規則及慣例的匹配，做法不當會引起國際社會的反對。

特區對外交往行為為何要遵循符合國際規則和他國交往意願的原則呢？道理很簡單：若不遵守這項原則，便不能達至上述另兩項原則所指向的目標。一方面，如果我們的有關做法不符合國際通行的規則，便無法維護國家的主權利益。當今世界雖然還存在著霸權主義和強權政治，但是經過國際社會長期實踐和改進的國際法，還是對維持世界和平與發展起了重要作用。如果一國敢公然違反國際法，就必然會受到其他當事國的譴責和制裁，一個國際信譽不好的國家是很難在世界上生存的，它將被國際社會邊緣化。說到底，尊重國際規則和他國交往意願就是尊重他國的主權，做不到這一點，本國的主權利益也就得不到保障。另一方面，如果不遵守符合國際規則和他國交往意願原則，也無法保障特區在對外交往方面的自治權和自主權。中央授權給特區的對外交往權並非是越多越好，只有授予的權力能夠真正得到實現，對特區來說才是多多益善的，其中的硬性約束條件之一就是國際規則。比如，中央不把一些政治性很強的對外事務處理權授權給特區，這不僅是維護自身的主權，也是尊重別國的主權，如果允許特區行使了國際社會公認的外交權，對方國家必定強烈反彈。因此為了實現自身的自治權和自主權，特區必須時刻遵循國際規則，並盡最大可能地滿足他國交往意願。

中國採用特別行政區制度解決香港治理問題的同時，對國際法的有關規則也進行了創新和改進，但這是在維護國家主權、保障特區自治權與自治權以及尊重他國交往意願的前提下做的改變，而且並未完全否棄原有的國際規則，是對國際法發展的中國貢獻。這主要表現在以下幾個方面。第一，在中英之間進行多邊國際條約在港適用的轉換安排時，中國拒絕採用殖民地在成為獨立國家的情況下才使用的“白手規則”和“國家繼承規則”。我們既不認為英國過去適用於香港的任何條約對後者都無約束力，也不認可香港在回歸後可以任意繼承過去適用的條約，而是設計了一套全新的規則。第二，根據基本法第 153 條，中央政府根據需要授權或協助特區作出適當安排，使其他國際協議適用於特別行政區。也就是針對我國未參加且回歸前也未適用於特區的協議，中國政府按照特區和其他國家的意願，在條約允許的前提下，先由我國參加條約再由中央政府聲明只適用於特區，或者由我國政府倡議修改有關締約方資格的規定，使非主權單位也可以參加條約，然後再授權特區加入該項條約。第三，在香港回歸前後，我國對國際條約法的有關規則也做了變通。《維也納條約法公約》第 29 條規定：“除條約表示不同意思，或另經確定外，條約對每一當事國之拘束力及於其全部領土。”然而，中國政府對外簽訂的國際條約並非都遵循這條規則而無條件地適用於香港地區。1997 年中國駐聯合國代表就多邊條約適用於香港的事項曾經向聯合國秘書長發出照會，在照會附件一中明確列舉了中國是當事國且準備繼續或將要適用於香港的多邊條約，這就說明香港回歸後並非所有中國政府締結的條約都將延伸適用至香港。這就對《維也納條約法公約》做了改變，即只要不在條約中明確表示適用於香港的就視為不適用，若要適用必須明確表示。這樣香港就可以根據自身的需要，在中央政府授權的前提下與外國單獨訂立條約，以契合自己獨特的經濟社會制度。

從以上論述可知，中國在解決香港問題時，在尊重國際法規則的基礎上對某些制度作了改進和變通。從某種程度上說，正是“一國兩制”的實踐促成了國際規則本身的改變，某些具有創造性的先例在反覆使用和驗證後演變為國際慣例。不過，中國歷來是一個誠實守信的國家，不會強迫任何國家接受自己的規則，在維護國家主權和保障特區自治的前提下，我們還會充分照顧他國的利益、尊重他國的意願。

第十章

香港基本法的解釋與修改

姚國建

中國政法大學法學院副院長、教授

一、香港基本法的解釋

（一）法律解釋概述

法律解釋是法律實施中的必然行為。香港基本法作為香港特區的憲制性法律，具有類似於憲法的概括性和原則性等特徵，這就決定了基本法的解釋更具必要性和重要性。"從某種意義上講，基本法的實施，就是基本法解釋的過程，基本法能否真正起到確定'一國兩制'範疇及保證'一國兩制'的實施取決於對基本法的解釋。"[1]

法的解釋是法的實施的重要組成部分，它直接關係到對立法原意及其精神實質的理解和貫徹，從而影響立法者所預期的社會效果的實現。法的解釋可以分為兩種：法定解釋和非法定解釋。凡是依照法定職權進行的法律解釋是具有法律效力的解釋。法定解釋不僅是正確適用法律的重要條件，也是一種法的創制活動，因為通過對立法意圖的進一步說明，在事實上形成了對法的延續和

---

1   陳玉田：《香港與內地法律解釋制度之差別與基本法之解釋》；轉引自徐靜琳：《演進中的香港法》，上海：上海大學出版社 2002 年版，第 392 頁。

發展。[2]

　　法定解釋因解釋主體的不同而分為不同的解釋體制。多數國家實行司法解釋，即法律的解釋工作由法院來進行，法官在審理具體案件時，有權對案件所涉及的法律進行解釋。在英美法系國家，法官的解釋還具有"造法"的作用，不僅決定案件的結果，還有判例的約束力效應。如果立法機構認為法院的解釋偏離立法原意，可以以法律修改的方式推翻法院的解釋。也有少數大陸法系國家實行立法解釋體制，即由法律的制定者立法機關進行解釋。

　　中國總體上也實行立法解釋體制。在憲法解釋方面，憲法第 67 條規定，憲法的解釋權屬於全國人大常委會。在法律解釋方面，憲法第 67 條同樣規定，法律解釋權屬於全國人大常委會。全國人大常委會考慮到實踐中的工作需要，於 1981 年通過了《關於加強法律解釋工作的決議》，除規定了全國人大常委會的解釋外，又授予最高人民法院、最高人民檢察院和國務院在各自工作領域解釋法律的權力：(1) 凡關於法律、法令條文本身需要進一步明確界限或作補充規定的，由全國人大常委會進行解釋或用法令加以規定。(2) 凡屬法院審判工作中具體應用法律、法令的問題，由最高人民法院進行解釋。凡屬檢察院檢察工作中具體應用法律、法令的問題，由最高人民檢察院進行解釋。最高人民法院和最高人民檢察院的解釋如果有原則性的分歧，報請全國人大常委會解釋或決定。(3) 不屬於審判和檢察工作中的其他法律、法令如何具體應用的問題，由國務院及主管部門進行解釋。除全國人大常委會的決定外，2000 年通過的《立法法》進一步明確了全國人大常委會解釋的情形：(1) 法律的規定需要進一步明確具體含義的；(2) 法律制定後出現新的情況，需要明確適用法律依據的。

　　可以看出，我國的法律解釋體制原則上採用立法解釋，但根據實際工作需要，允許相關的國家機關在一定範圍內解釋法律。這一基本原則和精神同樣適用於香港基本法的解釋。

2　　徐靜琳：《演進中的香港法》，上海：上海大學出版社 2002 年版，第 387 頁。

（二）香港基本法的解釋體制

1. 解釋體制的選擇

在香港基本法的起草過程中，針對它的解釋權歸屬，主要有三種不同的觀點：第一種觀點認為，基本法的解釋權應全部授予特別行政區法院。其理由是，既然在特別行政區成立以後保留原有司法傳統並設立了終審法院，所以只要發生有關涉及基本法條款的案件，特別行政區的的法院就具有當然的解釋權。尤其是香港屬於普通法地區，依據普通法的傳統，法官在審理案件時，有權對案件所涉及的法律條文進行解釋，甚至可以就某條法律是否符合憲制性法律進行審查，這在某種意義上意味著法院具有對該憲制性法律的解釋權。所以，有人認為"如果香港特別行政區法院不能像從前那樣享有對憲法性法律行使充分解釋權，那麼'一國兩制'將變為'一國一制'，法院的終審權也就無從談起。"[3] 第二種觀點認為，全國人大常委會和特別行政區應共同擁有基本法的解釋權。其理由是，基本法作為全國人民代表大會制定的基本法律，全國人大常委會理應具有對該法的解釋權，如果由香港終審法院單方解釋這些條款的涵義，而把中央排除在外，那麼"一國兩制"也就變成了"只有兩制而沒有一國"了。同時，特區是一個享有高度自治權的區域，法律傳統也不同於內地，因此，對於基本法在特區的實施可以有特殊政策，即在具體操作上，可以按照基本法有關中央與特區關係的規定，對涉及國防、外交及其他不屬於特別行政區自治範圍內的條款由全國人大常委會行使解釋權；對特別行政區自治範圍內的條款，由特別行政區法院予以解釋。[4] 第三種觀點認為，特區法院在審理案件時，對基本法規定的有關自治範圍內的條款以及其他條款均可進行解釋，但如終審案件的判決涉及基本法條款的解釋，在作出終局判決前，必須提

3　王振民：《中央與特別行政區關係──一種法治結構的解析》，北京：清華大學出版社 2002 年版，第 154 頁。

4　強世功：〈司法主權之爭──從吳嘉玲案看"人大釋法"的憲政意涵〉，《清華法學》2009 年第 5 期。

請全國人大常委會作出權威性的解釋。[5]

　　基本法解釋權歸屬的爭議，實質是內地的立法解釋機制與特區的司法解釋機制如何相互協調的問題。最後在各方的努力下，在堅持"一國兩制"的前提下，香港基本法最後確立了一個折衷的解決方案，從而確立了現行的基本法解釋模式。[6] 這一模式是：基本法的解釋權屬於全國人大常委會，同時全國人大常委會授權特別行政區法院在兩種情況下對基本法進行解釋：(1) 全國人大常委會授權特別行政區法院在審理案件時對基本法關於特別行政區自治範圍內條款自行解釋；(2) 全國人大常委會授權特別行政區法院在審理案件時對基本法自治範圍以外的條款也可進行解釋，若該解釋影響到案件的判決，在作出不可上訴的終局判決前，特別行政區終審法院應提請全國人大常委會作出解釋，全國人大常委會作出的解釋，特別行政區法院必須遵守。當然，這種解釋不具有溯及力，特別行政區法院此前作出的判決不受影響。總體來說，香港基本法的這一特殊解釋體制兼顧了中國內地社會主義法制和香港普通法法制中可行和合理的因素，兼顧了全國人大常委會對法律的解釋權和香港特別行政區的高度自治權，既能維護國家的統一和主權，又能保持香港特區的繁榮穩定。[7]

2. 基本法的解釋體制

(1) 基本法的解釋權屬於全國人大常委會

　　香港基本法第 158 條第 1 款規定："本法的解釋權屬於全國人大常委會。"這一規定是符合我國憲法的。根據我國憲法第 67 條，全國人大常委會行使法律的解釋權。基本法既然是全國人民代表大會制定的憲制性法律，其解釋權當然應屬於全國人大常委會，所以全國人大常委會享有對基本法的解釋權的終極依據是國家憲法。全國人大常委會根據憲法獲得基本法的解釋權後，可以根據香港的實際情況，授予特別行政區法院在一定範圍內享有基本法的解釋權。所

5　　徐靜琳：《演進中的香港法》，上海：上海大學出版社 2002 年版，第 388 頁。

6　　有關香港基本法第 158 條起草過程的詳細研究，參見劉海林：〈香港基本法第 158 條：起草過程、規範含義與解釋實踐〉，《華東政法大學學報》2020 年第 5 期。

7　　蕭蔚雲：《論香港基本法》，北京：北京大學出版社 2003 年版，第 342 頁。

以，特區行政權法院的解釋權不是完整的，而全國人大常委會的解釋權是完整的；全國人大常委會的解釋權來源於憲法的規定，而特別行政區法院的解釋權來源於全國人大常委會的授權，因而二者不是一個層次的解釋權，特別行政區法院的解釋應從屬於全國人大常委會的解釋權。全國人大常委會的解釋是具有最高權威性的立法解釋，全國人大常委會一旦作出了對基本法的解釋，就是具有普遍約束力的解釋，全國範圍內的一切機關，包括特別行政區的行政、立法、司法機關，均應服從全國人大常委會對基本法的解釋。

全國人大常委會享有基本法的解釋權不會影響或限制特別行政區司法權和終審權的獨立行使。根據我國憲法和《立法法》，全國人大常委會行使的法律解釋權僅限於法律的規定需要進一步明確具體含義或法律制定後出現新情況需要明確適用法律依據這兩種情形，而且全國人常委會不是審判機關，不裁判具體個案糾紛，所以其解釋並不針對具體案件；特別行政區法院是在具體案件的審理中對基本法進行解釋，全國人大常委會不會介入任何特區案件的具體審理過程，所以全國人大常委會的解釋不影響特區法院的解釋。從實踐來看，全國人大常委會只會在基本法的理解存在重大爭議的情況下才會作出解釋。香港基本法實施 20 多年來，全國人大常委會僅對基本法進行過五次解釋，涉及的法律條文非常有限；而特區法院對香港基本法的解釋則是日常性的，只要法院審理的案件涉及基本法條款，就必定會對基本法進行解釋，所以全國人大常委會的解釋不會構成對特別行政區獨立的司法權和終審權的限制或干涉。

香港基本法第 158 條第 3 款規定了香港特區終審法院在法定情形下應提請全國人大常委會解釋基本法。但這僅是特別行政區提請全國人大常委會解釋基本法的程序性規定，並不意味著全國人大常委會只能根據這一規定行使解釋權，因為全國人大常委會解釋權的根據是基本法第 158 條的第 1 款。所以，除接受香港特區終審法院的提請解釋基本法外，還可以通過其他途徑對基本法進行解釋。實踐中，全國人大常委會解釋基本法主要有三種機制：(1) 全國人大常委會主動對基本法進行解釋。如 2016 年 11 月 7 日全國人大常委會對香港基本法第 104 條的解釋。(2) 香港特區行政長官向國務院作出報告，並由國務院提請全國人大常委會對基本法進行解釋。如全國人大常委會於 1999 年 6 月 26 日對香港基本法第 22 條第 3 款和第 24 條第 2 款所作的解釋。（3）香港特區終審法院提請全國人大常委會對基本法進行解釋。如全國人大常委會於 2011 年就剛果（金）案應終審法院的提請對基本法第 13 條第 1 款和第 19 條第 3 款所作的解釋。

（2）全國人大常委會授權特別行政區法院對自治權範圍內的條款自行解釋

香港基本法第 158 條第 2 款規定："全國人大常委會授權香港特別行政區法院在審理案件時對本法關於香港特別行政區自治範圍內的條款自行解釋。"該條款表明，香港特別行政區法院在審理案件時，如果遇到有關特別行政區自治範圍內的基本法條款的解釋時，可以自行處理並作出具有法律約束力的解釋，而不必提請全國人大常委會作出解釋。

需要提起注意的是，雖然香港特區法院在全國人大常委會的授權下可以對基本法關於特別行政區自治範圍內的有關條款自行解釋，但這種解釋權是與全國人大常委會擁有的基本法的解釋權是根本不同的。

首先，香港特別行政區法院的這種解釋權是經全國人大常委會授權許可的，而不是法定當然擁有的。根據授權原理，授權機關並不因授權行為而失去自身的權力。因此，雖然特別行政區法院在獲得授權後可以自行解釋基本法自治權範圍內的條款，但全國人大常委會仍然擁有對特別行政區自治範圍內的條款進行解釋的權力。

其次，香港特區法院只能在"審理案件時"對與案件有關的基本法條款進行解釋。這說明特別行政區法院不能在沒有具體案件發生的情況下對基本法條文作出一般性的抽象解釋，對基本法的一般性解釋只能由全國人大常委會進行。[8] 香港特區法院對基本法的解釋必須結合具體案件才能進行，這與全國人大常委會對基本法的解釋是不同的，全國人大常委會可以在自己認為有必要時主動進行解釋，不需有具體案件的存在。

8　焦洪昌：〈澳門特別行政區基本法若干問題研究〉，《政法論壇》1999 年第 1 期。

再次，特別行政區法院的這種解釋權在範圍上是有限的，即其只能"自行解釋"基本法中有關特別行政區自治範圍內的條款，對自治權範圍之外的條款則沒有"自行解釋權"，而是在必要的時候需要提請全國人大常委會解釋。同時，對於自治範圍內的條款，全國人大常委會也是有權解釋的，如果全國人大常委會作出了解釋，特區法院亦須遵循。

最後，香港基本法規定的特別行政區法院應當包括香港特別行政區的各級法院。也就是說，全國人大常委會授權香港特別行政區法院解釋基本法的有關條款，應當理解為特別行政區的各級法院在審理案件時，都有權對基本法中有關特別行政區自治範圍內的有關條款自行解釋。當然由於法院審級不同，管轄權也有大小之分，對基本法相關條款作出解釋的權威性和約束力也就不同。例如終審法院所作解釋，對特別行政區的其他法院都具有法律上的約束力。

（3）對基本法自治範圍以外條款的解釋

香港基本法第158條第3款規定："香港特別行政區法院在審理案件時對本法的其他條款也可解釋。但如香港特別行政區法院在審理案件時需要對本法關於中央人民政府管理的事務或中央和香港特別行政區關係的條款進行解釋，而該條款的解釋又影響到案件的判決，在對該案件作出不可上訴的終局判決前，應由香港特別行政區終審法院提請全國人民代表大會常委會對有關條款作出解釋。如全國人大常委會作出解釋，香港特別行政區法院在引用該條款時，應以全國人大常委會的解釋為準，但在此以前作出的判決不受影響。"這一規定包括以下內容：

首先，與特別行政區法院對基本法關於特別行政區自治範圍內條款的解釋一樣，特別行政區法院的這一解釋權是全國人民代表大會常委會授予的，並不是其本身當然具有的。而且特別行政區法院只能在"審理案件時"對與案件有關的基本法的條款進行解釋，不能進行主動解釋。

其次，相比於對基本法自治範圍內條款的解釋，特別行政區法院對基本法自治範圍以外條款並不是在任何時候都可以解釋，如符合法定條件，則應提請全國人大常委會解釋。也就是說，當特別行政區法院在審理案件時需要對基本法中關於中央管理的事務或中央與特別行政區關係的條款進行解釋,而且該解釋的作出又會影響到該案件的審理結果時,在對該案件作出終局判決前,應由特別行政區終審法院提請全國人大常委會對有關條款進行解釋。如果全國人大常委會作出了解釋,特別行政區法院在將來審理案件時如果需要引用全國人大常委會已作出解釋的基本法有關條款時,就必須以全國人大常委會的解釋為準,但特別行政區法院在該解釋前所做的判決不受該解釋的影響。

3. 與解釋體制相關的幾個爭議性問題

(1) 全國人大常委會是否可以解釋"自治範圍內"的條款?

根據基本法的規定,全國人大常委會授權特別行政區的法院對"自治範圍內"的條款可以自行解釋。必須明確,特別行政區法院獲得的"自治範圍內"條款的解釋權是來自於全國人大常委會授權,這種授權關係並不導致全國人大常委會對這一部分基本法條款解釋權的喪失,全國人大常委會仍然有權對自治範圍內的條款進行解釋。香港終審法院在"劉港榕案"中認為,若全國人大常委會對基本法某項條款作出解釋,不論是根據第 158 條第 1 款(涉及任何條款),或根據第 158 條第 3 款(涉及"範圍之外的條款"),特區法院均須以其為準。[9] 著名公法學者 Yash Ghai 也認為"人大常委會解釋基本法的權力是全面覆蓋所有基本法條文的;這項權力也可以在訴訟之外(抽象地)行使"。[10]

(2)"自治範圍內條款"和"自治範圍外條款"的判斷權歸屬?

在對基本法進行解釋的過程中,對需要解釋的條款本身是屬於"自治範圍內條款"還是屬於"自治範圍外條款"可能會產生分歧。換言之,基本法中哪些條款是自治範圍內的條款,哪些又是屬於自治範圍外的條款,中央和特別行政區可能會有不同的理解。此外,在特別行政區法院審理案件時,一個案件可能既涉及到"自治範圍內條款"也涉及到"自治範圍外條款",如果特區法

9　*Lau Kong Yung and Others v. the Director of Immigration*, [1999] 3 HKLRD 778, para. 62.

10　Yash Ghai, *Hong Kong's New Constitution Order* (Hong Kong: Hong Kong University Press, 1999), second edition, p. 198.

院認為僅僅涉及 "自治範圍內條款" 予以 "自行解釋"，而拒絕提請全國人大常委會解釋，這也會引發憲制權限爭端。

在 1999 年的吳嘉玲案中，特區終審法院認為其有權 "自行分辨何者為特區自治範圍內之事務並做出決定"，[11] 並認為本案件適用基本法第 24 條（位於基本法第三章 "居民的基本權利和義務"），因而完全是 "特區自治範圍內的事情"，所以沒有必要提請全國人大常委會解釋基本法。香港終審法院的判詞認為本案涉及的主要爭議條款是香港特別行政區基本法第 24 條，雖然該條的解釋與基本法第 22 條第 4 項（位於第二章 "中央和香港特別行政區的關係"）有關，[12] 但由於本案要處理的主要法律問題是第 24 條對於 "永久性居民" 及其享有的居留權的解釋，所以不需要提請全國人大常委會解釋。[13] 而中央認為 "終審法院在判決前沒有按照基本法第一百五十八條第三款的規定提請全國人大常委會進行解釋，而終審法院的解釋又不符合立法原意"，[14] 所以中央認為香港終審法院的認定明顯違反了香港基本法第 158 條第 3 款的明確規定。因為從該款的規定來看，完全沒有什麼主要條款或次要條款的區分，而是認為只要香港特別行政區法院審理的案件涉及了中央管理的事務或中央與香港特別行政區關係的條款，終審法院就必須在判決前提請全國人大常委會解釋，不需判定是否屬於主要條款或次要條款。我們認為，基於基本法解釋的 "授權" 與 "被授權" 關係，全國人大常委會對相關條款是否屬於自治範圍之內享有判斷權。

（3）全國人大常委會可否對 "自治範圍之外" 的條款主動進行解釋？

香港基本法第 158 條規定，特別行政區法院在審理案件時需要對本法關於中央人民政府管理的事務或中央和特別行政區關係的條款進行解釋，而該條

11　史可鑒：〈終審法院的判決說明什麼〉，香港《鏡報月刊》1999 年第 4 號。

12　香港基本法第 22 條第 4 款規定："中國其他地區的人進入香港特別行政區須辦理批准手續，其中進入香港特別行政區定居的人數由中央人民政府主管部門徵求香港特別行政區政府的意見後確定。"

13　*Ng Ka Ling and Another v. the Director of Immigration*, [1999] 1 HKLRD 315, paras. 81-106.

14　參見喬曉陽：〈對《全國人民代表大會常務委員會關於〈中華人民共和國香港特別行政區基本法〉第二十二條第四款和第二十四條第二款第（三）項的解釋（草案）》的說明〉，1999 年 6 月 22 日，中國人大網，http://www.npc.gov.cn/wxzl/gongbao/2000-12/06/content_5007129.htm（最後訪問時間：2021 年 2 月 22 日）。雖然喬曉陽沒有說明第 24 條是自治範圍之內條款還是自治範圍之外條款，但他強調："基本法第二十四條第二款第（三）項與第二十二條第四款是密不可分的"。

款的解釋又影響到案件的判決，在對該案件作出不可上訴的終局判決前，應由
特別行政區終審法院提請全國人大常委會對有關條款作出解釋。就此規定，從
字面來看，基本法明確規定解釋需要“特別行政區終審法院的提請”，似乎全
國人大常委會的解釋是被動性的。但如果終審法院不提請解釋，全國人大常委
會可否主動解釋呢？在 1999 年的“居港權案”中，香港終審法院就沒有提請
全國人大常委會進行解釋，甚至直到作出終審判決以後，仍不提請全國人大常
委會解釋。雖然全國人大常委會最後作出了解釋，但卻不是依據特區法院的提
請，而是 1999 年 5 月 20 日，香港特別行政區行政長官董建華依據基本法第
43 條和第 48 條第 2 項所賦予的職權，向國務院提交了《關於提請中央人民政
府協助解決實施〈中華人民共和國香港特別行政區基本法〉有關條款所遇問題
的報告》。[15] 國務院隨之向全國人大常委會提出《關於提請解釋〈中華人民共和
國香港特別行政區基本法〉第二十二條第四款和第二十四條第二款第（三）項
的議案》。全國人大常委會最後根據中華人民共和國憲法第 67 條第 4 項關於
全國人大常委會解釋法律的規定和香港基本法第 158 條第 1 款關於“本法的解
釋權屬於全國人大常委會”的規定，通過了《全國人民代表大會常委會關於
〈中華人民共和國香港特別行政區基本法〉第二十二條第四款和第二十四條第
二款第（三）項的解釋》。

　　這一解釋並沒有根據“特別行政區終審法院的提請”，而是根據行政長官
的報告、國務院的提請進行的。也就是說，當特別行政區終審法院認為不需提
請中央解釋而中央認為需要提請時，全國人大常委會可以不以特別行政區法院
的提請為前提，主動進行解釋。

　　我們認為，無論是否存在訴訟，也無論終審法院是否提請，全國人大常
委會都有權對基本法進行解釋。也就是說，全國人大常委會有權不以特區終審

15　香港基本法第 43 條規定：“香港特別行政區行政長官是香港特別行政區的首長，代表香港特別行政區。
　　香港特別行政區行政長官依照本法的規定對中央人民政府和香港特別行政區負責。”第 48 條規定：“香
　　港特別行政區行政長官負責執行本法。”行政長官的這一做法，招致香港一些人士的批評，認為這樣
　　會對香港的法治、自治和司法獨立造成打擊。但基於行政長官的地位和特區行政主導體制，行政長官
　　享有這一權力應是有充分法律根據的。

法院的"提請"為前提，對"自治範圍外"的條款主動進行解釋。因為，基本法只是規定特別行政區法院在"審理案件"時需要對本法關於中央人民政府管理的事務或中央和特別行政區關係的條款進行解釋，而該條款的解釋又影響到案件的判決，在對該案件作出不可上訴的終局判決前，應由特別行政區終審法院提請全國人大常委會對有關條款作出解釋。而在有些情況下，並沒有訴訟爭議發生，全國人大常委會如果認為需要解釋基本法，完全可以依據固有的立法解釋權而進行主動解釋。

（三）全國人大常委會解釋基本法的程序與效力

1. 全國大常委會解釋基本法的程序

（1）諮詢程序

香港基本法獨特的地位，要求對基本法的解釋應當更加慎重，必須確保對基本法的解釋既符合基本法的原則精神，又能實現重大利益平衡，並滿足發展的需要。為此，全國人大常委會在解釋基本法時需徵詢其所屬的香港基本法委員會的意見，而這是全國人大常委會解釋其他法律時所沒有的。

香港特別行政區基本法第 158 條第 4 款規定："全國人大常委會在對本法進行解釋前，徵詢其所屬的香港特別行政區基本法委員會的意見。"這一規定是為了充分聽取香港各界人士的意見，以便對基本法作出切合香港實際情況的正確的權威性的解釋，以確保基本法在特別行政區的順利實施，保證特別行政區的繁榮與穩定。香港特別行政區基本法委員會是全國人大常委會的工作委員會。其職能是就香港基本法第 17、18、158、159 條實施中的問題進行研究，並向全國人大常委會提供意見。其中，研究基本法解釋方案並向全國人大常委會提供基本法解釋的諮詢意見是其重要任務之一。

（2）全國人大常委會的討論表決程序

除諮詢程序外，香港基本法沒有就全國人大常委會解釋基本法作出其他程序性的規定，因為進入正式解釋程序後，全國人大常委會將遵循自身的議事規則，按釋法的一般程序對基本法進行解釋。實踐中，由於存在不同的提請機制，全國人大常委會解釋程序稍有不同。全國人大常委會 1999 年第一次解釋基本法和 2005 年第三次解釋基本法都是應香港特區政府的請求而作出的，但由於香港特區政府並不能直接向全國人大常委會提出釋法議案，所以特區政府首先向國務院提出報告，然後由國務院以自己的名義向全國人大常委會提出釋法的議案。全國人大常委會 2004 年第二次解釋基本法和 2016 年第五次解釋基本法則是主動解釋，所以直接由委員長會議提出釋法議案。而全國人大常委會 2011 年第四次解釋基本法則是應香港特區終審法院的提請，而由委員長會議提出釋法的議案。

在國務院向全國人大常委會提出要求解釋基本法的議案時，首先由全國人大常委會委員長會議決定接受國務院的議案，並對其進行審議，然後決定列入全國人大常委會的議程。如在 1999 年的解釋中，委員長會議審議了國務院的議案，認為為了保證香港基本法的實施，由全國人大常委會就香港基本法有關條款進行解釋，是必要和適當的，因此委員長會議決定將國務院的提案提交全國人大常委會全體會議討論。在由全國人大常委會主動釋法或應終審法院的請求進行釋法時，一般由委員長會議向全國人大常委會提出議案並列入議程。

基本法解釋議案列入議程後，在全國人大常委會舉行會議時，一般由全國人大常委會法制工作委員會負責人向全體會議作議案的説明。説明內容一般包括解釋基本法的背景與必要性、擬解釋的基本法條文以及如何解釋、解釋的理由等。全國人大常委會在聽取説明報告後，一般分組對議案進行討論並提出意見；全國人大常委會在根據常委會委員的意見對議案作必要修改後進行投票表決。

2. 全國大常委會解釋基本法的效力

香港基本法解釋議案經全國人大常委會投票表決通過後即生效。與全國人大常委會通過的修改法律議案不同，法律解釋一般不規定實施的時間，而法律修改議案會規定實施的時間，如 2020 年 12 月 26 日通過的《刑法修正案（十一）》規定："本修正案自 2021 年 3 月 1 日起施行。"法律修正是設立新的法律規則，因而需要明確這些新的規則開始施行的時間。但法律解釋一般認為是明確法律條文原本蘊含的含義，不是新設置的規則，因而理論上應是與法律同時生效，對法律生效後法律解釋案通過前的案件也是有效的。但是，考慮到特區法院同樣有法律解釋權和司法裁判的既判力，在全國人大常委會通過解釋前特區法院已經作出的判決不受影響。

在普通法系下，法院對法律解釋的效力一般會低於法律，立法機關可以通過修改法律推翻法院對法律的解釋，這在憲法領域同樣如此。如美國可以以憲法修正案的方式推翻聯邦最高法院的憲法判例。但全國人大常委會對香港基本法的解釋與香港基本法的效力是一樣的，且高於特別行政區法院的解釋。《立法法》第 50 條規定："全國人民代表大會常務委員會的法律解釋同法律具有同等效力。"這一規定同樣適用於全國人大常委會對香港基本法的解釋。同時，全國人大常委會的解釋高於香港特區法院包括特區終審法院解釋的效力。香港基本法第 158 條明確規定："如全國人民代表大會常務委員會作出解釋，香港特別行政區法院在引用該條款時，應以全國人民代表大會常務委員會的解釋為準。"

（四）基本法解釋的實踐

香港基本法實施以來總體平穩順利。但由於基本法的獨特性，各方對基本法條文含義與精神的理解難免會產生分歧，因而在實施過程中必然會存在這樣那樣的問題和爭論。由於基本法在特區的重要地位，這些分歧與爭論如不能及時化解，將有可能影響特區政府的正常運作和特區的繁榮穩定。所以，為了完整、準確地理解"一國兩制"，確保"一國兩制"不變形、不走樣，確保基本法的有效實施，維護香港的繁榮與穩定，根據香港社會的實際發展對基本法做出相應的解釋就是必要的。尤其是全國人大常委會的解釋，作為主權者意志的體現，其意義不僅在於明晰某個具體的基本法條文的含義，還在於化解特區憲制發展的重大爭議，對基本法實施中的爭議起到定分止爭的作用，指明特區發展的前進方向。

自香港特別行政區成立以來，全國人大常委會也因此對基本法進行了五次解釋，分別是（1）1999 年 6 月 26 日九屆全國人大常委會對基本法第 22 條第 4 款和第 24 條第 2 款第 3 項的解釋；（2）2004 年 4 月 6 日十屆全國人大常委會對基本法附件一第 7 條和附件二第 3 條的解釋；（3）2005 年 4 月 27 日十屆全國人大常委會對基本法第 53 條第 2 款的解釋；（4）2011 年 8 月 26 日十一屆全國人大常委會對基本法第 13 條第 1 款和第 19 條的解釋；（5）2016 年 11 月 7 日十二屆全國人大常委會對基本法第 104 條的解釋。

同時，特別行政區法院也在審理案件的過程中對基本法進行著常態化的解釋。香港特別行政區成立以來，特區各級法院審理了大量案件，其中相當部分案件涉及到對基本法的理解與適用，因而需要特區法院對基本法進行解釋，由此產生了一大批有影響的基本法案件，形成了眾多與基本法有關的判例。據統計，香港基本法有超過 100 個條文已經被特區法院解釋過了。

下文簡要對全國人大常委會的五次釋法內容作逐一介紹。

1. 關於基本法第 22 條第 4 款和第 24 條第 2 款第 3 項的解釋

1999 年香港特區終審法院在"吳嘉玲案"中裁決，只要符合基本法第 24 條第 2 款規定的條件的人均可獲得香港特區永久性居民身份，並可獲得香港特區的居留權。這一裁判實際上廢除了港人在內地所生子女赴港定居的"單程證"制度。據特區政府 1999 年 4 月統計，這一裁決可能導致 167 萬人主張居留權。這將導致香港社會嚴重的人口壓力和社會後果。在社會主流民意強烈希望扭轉這個局面的動力和壓力下，特區政府於是求諸全國人大常委會釋法。[16]

1999 年 5 月 20 日，時任香港特別行政區行政長官董建華依據基本法第

16　有關案件背景材料，可參見李樹忠主編：《憲法學案例教程》，北京：知識產權出版社 2002 年版，第 312-315 頁。

43 條和第 48 條第 2 項所賦予的職權，向國務院提交了《關於提請中央人民政府協助解決實施〈中華人民共和國香港特別行政區基本法〉有關條款所遇問題的報告》。國務院隨之向全國人大常委會提出《關於提請解釋〈中華人民共和國香港特別行政區基本法〉第二十二條第四款和第二十四條第二款第（三）項的議案》。全國人大常委會最後根據憲法第 67 條第 4 項關於全國人大常委會解釋法律的規定和香港基本法第 158 條第 1 款關於"本法的解釋權屬於全國人大常委會"的規定，[17] 通過了《全國人民代表大會常委會關於〈中華人民共和國香港特別行政區基本法〉第二十二條第四款和第二十四條第二款第（三）項的解釋》，其主要內容如下：

（1）香港基本法第 22 條第 4 款關於"中國其他地區的人進入香港特別行政區須辦理批准手續"的規定，是指各省、自治區、直轄市的人，包括香港永久性居民在內地所生的中國籍子女，不論以何種事由要求進入香港特別行政區，均須依照國家有關法律、行政法規的規定，向其所在地區的有關機關申請辦理批准手續，並須持有有關機關制發的有效證件方能進入香港特別行政區。各省、自治區、直轄市的人，包括香港永久性居民在內地所生的中國籍子女，進入香港特別行政區，如未按國家有關法律、行政法規的規定辦理相應的批准手續，是不合法的。

（2）香港基本法第 24 條第 2 款第（3）項關於"第（一）、（二）兩項所列居民在香港以外所生的中國籍子女"的規定，是指無論本人是在香港特別行政區成立以前或以後出生，在其出生時，其父母雙方或一方須是符合香港基本法第 24 條第 2 款第 1 項或第 2 項規定條件的人。本解釋所闡明的立法原意以及香港基本法第 24 條第 2 款其他各項的立法原意，已體現在 1996 年 8 月 10 日全國人民代表大會香港特別行政區籌備委員會第四次全體會議通過的《關於實施〈中華人民共和國香港特別行政區基本法〉第二十四條第二款的意見》中。

（3）全國人大常委會的解釋指出，本解釋公佈之後，香港特別行政區法

17　儘管解釋的條款屬於全國人大常委會認為的"自治範圍之外"，但由於缺乏特別行政區終審法院的提請，所以全國人大常委會的釋法依據沒有"158 條第 3 款"。

院在引用《中華人民共和國香港特別行政區基本法》有關條款時，應以本解釋為準。本解釋不影響香港特別行政區終審法院 1999 年 1 月 29 日對有關案件判決的有關訴訟當事人所獲得的香港特別行政區居留權。

2. 關於香港基本法附件一第 7 條和附件二第 3 條的解釋

自 2003 年下半年以來，香港社會圍繞 2007 年以後政治體制發展問題，對基本法有關規定存在不同的理解和認識，即對基本法附件一和附件二關於行政長官和立法會兩個產生辦法的規定，在 2007 年以後是否需要修改的問題產生了不同的理解和認識，出現了激烈的爭論。這一爭論已經影響了香港社會的穩定和經濟的發展，導致人心浮動。因此，為了促進香港政治體制的健康發展，保證"一國兩制"方針和基本法在香港的貫徹實施，切實維護香港的繁榮與穩定，全國人大常委會根據憲法第 67 條關於全國人大常委會行使解釋法律的職權的規定和香港基本法第 158 條第 1 款"本法的解釋權屬於全國人大常委會"的規定，於 2004 年 4 月 6 日通過了《全國人大常委會關於〈中華人民共和國香港特別行政區基本法〉附件一第七條和附件二第三條的解釋》。這是全國人大常委會繼 1999 年就香港基本法第 24 條關於"香港永久性居民所生子女也是永久性居民"的規定進行解釋之後對香港基本法的第二次解釋。其內容如下：

（1）兩個附件中規定的"二〇〇七年以後"，含二〇〇七年。

（2）兩個附件中規定的二〇〇七年以後各任行政長官的產生辦法、立法會的產生辦法和法案、議案的表決程序"如需"修改，是指可以進行修改，也可以不進行修改。

（3）兩個附件中規定的須經立法會全體議員三分之二多數通過，行政長官同意，並報全國人大常委會批准或者備案，是指行政長官的產生辦法和立法會的產生辦法及立法會法案、議案的表決程序修改時必經的法律程序。只有經過上述程序，包括最後全國人大常委會依法批准或者備案，該修改方可生效。是否需要進行修改，香港特別行政區行政長官應向全國人大常委會提出報告，由全國人大常委會依照《中華人民共和國香港特別行政區基本法》第45條和第68條規定，根據香港特別行政區的實際情況和循序漸進的原則確定。修改行政長官產生辦法和立法會產生辦法及立法會法案、議案表決程序的法案及其修正案，應由香港特別行政區政府向立法會提出。

（4）兩個附件中規定的行政長官的產生辦法、立法會的產生辦法和法案、議案的表決程序如果不作修改，行政長官的產生辦法仍適用附件一關於行政長官產生辦法的規定；立法會的產生辦法和法案、議案的表決程序仍適用附件二關於第三屆立法會產生辦法的規定和附件二關於法案、議案的表決程序的規定。

3. 對香港基本法第53條第2款的解釋

2005年3月，香港特區行政長官董建華在其第二屆任期未滿時提出辭職。根據基本法，香港特區應在6個月內補選出新的行政長官。問題是，新補選的行政長官的任期是五年還是前任行政長官任期餘下的部分，香港基本法對此未作明確規定，因而在香港產生了較大疑問。為化解這一重大憲制爭議，特區政府向國務院提交了請求全國人大常委會解釋法律的報告，國務院及時向全國人大常委會提交了《關於提請解釋〈中華人民共和國香港特別行政區基本法〉第五十三條第二款的議案》。第十屆全國人大常委會根據憲法第67條和基本法第158條第1款的規定，對基本法第53條第2款的規定作如下解釋：

（1）基本法第53條第2款的規定，既指新的行政長官的產生辦法應依據基本法第45條規定，也指新的行政長官的任期也應依據基本法第45條規定的產生辦法確定。

（2）根據基本法第45條第3款規定："行政長官產生的具體辦法由附件一《香港特別行政區行政長官的產生辦法》規定。"附件一第一條規定："行政長官由一個具有廣泛代表性的選舉委員會根據本法選出，由中央人民政府任命。"第二條規定："選舉委員會每屆任期五年。"因此，在二〇〇七年以前，在行政長官由任期五年的選舉委員會選出的制度安排下，如出現行政長官未任滿基本法第 46 條規定的五年任期導致行政長官缺位的情況，新的行政長官的任期應為原行政長官的剩餘任期。

（3）根據基本法附件一第七條規定：“二〇〇七年以後各任行政長官的產生辦法如需修改，須經立法會全體議員三分之二多數通過，行政長官同意，並報全國人大常委會批准。”二〇〇七年以後，如果對行政長官產生辦法作出修改，屆時出現行政長官缺位的情況，新的行政長官的任期應根據修改後的行政長官具體產生辦法確定。

4. 對香港基本法第 13 條第 1 款和第 19 條的解釋

2011 年，香港特別行政區終審法院在審理一起與剛果民主共和國有關的案件時，涉及香港特別行政區是否應適用中央人民政府決定採取的國家豁免規則或政策的問題。[18] 為此，香港特別行政區終審法院依據基本法第 158 條第 3 款的規定，提請全國人大常委會解釋如下問題：“（1）根據第十三條第一款的真正解釋，中央人民政府是否有權力決定中華人民共和國的國家豁免規則或政策；（2）如有此權力的話，根據第十三條第一款和第十九條的真正解釋，香港特別行政區（包括香港特區的法院）是否：①有責任援用或實施中央人民政府根據第十三條第一款所決定的國家豁免規則或政策；或②反之，可隨意偏離中央人民政府根據第十三條第一款所決定的國家豁免規則或政策，並採取一項不同的規則；（3）中央人民政府決定國家豁免規則或政策是否屬基本法第十九條第三款第一句中所說的‘國防、外交等國家行為’；以及（4）香港特區成立後，第十三條第一款、第十九條和香港作為中華人民共和國的特別行政區的地位，對香港原有（即 1997 年 7 月 1 日之前）的有關國家豁免的普通法（如果這些法律與中央人民政府根據第十三條第一款所決定的國家豁免規則或政策有抵觸）所帶來的影響，是否令到這些普通法法律，須按照基本法第八條和第一百六十條及於 1997 年 2 月 23 日根據第一百六十條作出的《全國人民代表大

18　*Democratic Republic of the Congo and Others v. Fg Hemisphere Associates LLC*, (2011) 14 HKCFAR 95.

會常務委員會關於根據〈中華人民共和國香港特別行政區基本法〉第一百六十條處理香港原有法律的決定》的規定，在適用時作出必要的變更、適應、限制或例外，以確保關於這方面的普通法符合中央人民政府所決定的國家豁免規則或政策。"

終審法院上述提請解釋的做法符合香港基本法第 158 條第 3 款的規定。

全國人大常委會根據憲法第 67 條和香港基本法第 158 條的規定，並徵詢全國人大常委會香港基本法委員會的意見，就香港特區終審法院提請解釋的香港基本法第 13 條第 1 款和第 19 條的規定以及相關問題，作如下解釋：

（1）關於第（1）個問題。依照憲法第 89 條第 9 項的規定，國務院即中央人民政府行使管理國家對外事務的職權，國家豁免規則或政策屬於國家對外事務中的外交事務範疇，中央人民政府有權決定國家豁免規則或政策，在國家領域內統一實施。基於上述，根據香港基本法第 13 條第 1 款的規定，管理與香港特區有關的外交事務屬於中央人民政府的權力，中央人民政府有權決定在香港特區適用的國家豁免規則或政策。

（2）關於第（2）個問題。依照香港基本法第 13 條第 1 款和本解釋第 1 條的規定，中央人民政府有權決定在香港特區適用的國家豁免規則或政策；依照香港基本法第 19 條和本解釋第 3 條的規定，香港特區法院對中央人民政府決定國家豁免規則或政策的行為無管轄權，在審理案件時遇有外國國家及其財產管轄豁免和執行豁免問題，須適用和實施中央人民政府決定適用於香港特區的國家豁免規則或政策。基於上述，香港特區，包括香港特區法院，有責任適用或實施中央人民政府決定採取的國家豁免規則或政策，不得偏離上述規則或政策，也不得採取與上述規則或政策不同的規則。

（3）關於第（3）個問題。國家豁免涉及一國法院對外國國家及其財產是否擁有管轄權，外國國家及其財產在一國法院是否享有豁免，直接關係到該國的對外關係和國際權利與義務。因此，決定國家豁免規則或政策是一種涉及外交的國家行為。基於上述，香港基本法第 19 條第 3 款規定的"國防、外交等國家行為"包括中央人民政府決定國家豁免規則或政策的行為。

（4）關於第（4）個問題。依照香港基本法第8條和第160條的規定，香港原有法律只有在不抵觸基本法的情況下才予以保留。香港特區直轄於中央人民政府，必須執行中央人民政府決定的國家豁免規則或政策。香港原有法律中有關國家豁免的規則必須符合上述規定才能在1997年7月1日後繼續適用。基於上述，根據基本法第13條第1款和第19條的規定，採用為香港特區法律的原有法律中有關國家豁免的規則，從1997年7月1日起，在適用時，須作出必要的變更、適應、限制或例外，以符合中央人民政府決定採取的國家豁免規則或政策。

5. 對香港基本法第104條的解釋

2016年以來，在香港第六屆立法會選舉和議員宣誓過程中，一些參選人以及候任議員公然煽動"港獨"以及具有"港獨"性質的主張，公開聲稱要利用立法會平台推動"港獨"活動，其中有個別候任議員在宣誓儀式上公然侮辱國家和民族，嚴重破壞宣誓儀式，嚴重干擾立法會的正常運作。[19] 為了有效打擊和遏制"港獨"活動，維護國家主權和領土完整，維護香港居民的根本利益和香港特別行政區的繁榮穩定，全國人大常委會決定對香港基本法第104條進行解釋。2016年11月7日，全國人大常委會以全票通過了解釋。解釋內容包括以下幾個方面：

（1）香港基本法第104條規定的"擁護中華人民共和國香港特別行政區基本法，效忠中華人民共和國香港特別行政區"，既是該條規定的宣誓必須包含的法定內容，也是參選或者出任該條所列公職的法定要求和條件。

（2）香港基本法第104條規定相關公職人員"就職時必須依法宣誓"，具有以下含義：

①宣誓是該條所列公職人員就職的法定條件和必經程序。未進行合法有效宣誓或者拒絕宣誓，不得就任相應公職，不得行使相應職權和享受相應

19　*The Chief Executive of the HKSAR and Another v. Yau Wai Ching and Others*, HCMP 2819/2016 (15 November 2016).

待遇。

②宣誓必須符合法定的形式和內容要求。宣誓人必須真誠、莊重地進行宣誓，必須準確、完整、莊重地宣讀包括"擁護中華人民共和國香港特別行政區基本法，效忠中華人民共和國香港特別行政區"內容的法定誓言。

③宣誓人拒絕宣誓，即喪失就任該條所列相應公職的資格。宣誓人故意宣讀與法定誓言不一致的誓言或者以任何不真誠、不莊重的方式宣誓，也屬於拒絕宣誓，所作宣誓無效，宣誓人即喪失就任該條所列相應公職的資格。

④宣誓必須在法律規定的監誓人面前進行。監誓人負有確保宣誓合法進行的責任，對符合本解釋和香港特別行政區法律規定的宣誓，應確定為有效宣誓；對不符合本解釋和香港特別行政區法律規定的宣誓，應確定為無效宣誓，並不得重新安排宣誓。

（3）香港基本法第 104 條所規定的宣誓，是該條所列公職人員對中華人民共和國及其香港特別行政區作出的法律承諾，具有法律約束力。宣誓人必須真誠信奉並嚴格遵守法定誓言。宣誓人作虛假宣誓或者在宣誓之後從事違反誓言行為的，依法承擔法律責任。

二、香港基本法的修改

（一）概述

香港基本法的修改是指基本法在實施過程中，由於基本法的有些規定不適當或不適應社會實際情況，由有權機關依照法定程序對其內容進行調整，使基本法更加完善和適應社會實際需要的活動，其目的在於提高和保持基本法規範的現實適應性，發揮基本法調整社會生活的基本功能。從全國範圍而言，基本法是全國人民代表大會通過的基本法律；對於香港特別行政區而言，基本法是特區的憲制性法律。所以，基本法的修改具有自己的特殊性。

　　雖然到目前為止，香港基本法尚未被修改過，[20] 但在理論上基本法是可以被修改的。法律一經立法機關通過，其文本形式和內容即已固定，但法律所欲規範的社會關係總是發展的，所以在一定時候總會發生法律文本不適應社會關係的情況，並且通過法律解釋難以化解二者之間的矛盾，此時修改法律就成為必要。所以，雖然也有理論認為一些法律，尤其是憲法不應被修改，但在實踐中，任何法律都是可以修改的。

　　香港基本法制定於三十多年前，是將"一國兩制"理論法律化。"一國兩制"理論是創造性的，沒有任何理論經驗可資借鑒；另一方面，當時香港還沒有回歸祖國，特區尚未成立，沒有任何實踐經驗可資總結。所以，立法者無法在制定時能夠預見未來特區成立和發展過程中的一切問題。有學者指出，憲法"是在調整社會生活的過程中得到不斷發展和完善的，社會的變化不斷向憲法規範提出新的課題，要求憲法適應社會生活的變化，憲法的修改一方面反映了社會的需求，同時，修改後的憲法又為社會的發展提供了更合理的法律基礎。"[21] 這一論述對香港基本法同樣適用。香港特別行政區成立二十多年來，其社會、政治、經濟、文化等各項制度一直處於發展變化之中，基本法中的一些不完善之處通過全國人大常委會和香港特區法院的解釋得到一定的彌補，但法律解釋只能在法律條文內涵所能容納的範圍內展開，當社會發展已經超出法律條文所能容納的範圍時，基本法的修改就有必要了。

　　當然，香港基本法可以修改並不意味著可以輕易修改。事實上，由於基本法在國家法律體系中的重要地位，尤其是基本法作為特別行政區的憲制性法律這一特殊地位，香港基本法的修改應盡量保持穩定性，確有必要修改時也要遵循嚴格的程序。

　　作為特區的憲制性法律，香港基本法體現和貫徹"一國兩制"方針，是調整中央與特別行政區關係、規範特區權力結構、保障特區居民基本權利的法律規範，是特別行政區政府和全體居民共同的行為準則，具有很高的權威性。

20　這裏指的是基本法的正文。基本法的三個附件都有修改過。

21　韓大元、林來梵、鄭賢君：《憲法學專題研究》，北京：中國人民大學出版社 2004 年版，第 194 頁。

維護法律權威性的一個重要基礎是法律的穩定性，也就是要不輕易修改法律。作為特區憲制性法律，香港基本法的任何修改都將會對特區在國家中的地位、特區治理、居民權利產生重大影響，因而其修改應慎之又慎。正是基於這樣的原因，香港基本法從修改權、修改提案權以及修改提案程序、審議程序等方面作了相比其他法律更為嚴格的規定，從而為維護基本法的權威性和穩定性提供了可靠的保證。

（二）香港基本法的修改權屬於全國人民代表大會

香港基本法是全國人大制定的憲法性法律，在中國的法律體系中是僅次於憲法的重要法律之一。因此，在修改權的歸屬問題上，基本法規定了比其他法律修改更為嚴格的修改主體條件。

中國憲法第 62 條規定，全國人民代表大會修改憲法、制定和修改基本法律；憲法第 67 條規定，在全國人民代表大會閉會期間，全國人大常委會可對基本法律作部分修改和補充，但不得同該法的基本原則相抵觸。從上可以看出，全國人民代表大會擁有修改憲法和基本法律的權力，全國人大常委會在一定條件下也擁有基本法律的部分修改權，但不得違背相關基本法律的原則精神。

香港基本法和中國的《刑法》、《民法典》、《刑事訴訟法》、《立法法》、《民族區域自治法》等法律一樣都是全國人大制定的"基本法律"，所以如果按憲法的上述規定，全國人大常委會也對其進行部分修改和補充。但事實並非如此。香港基本法第 159 條明確規定："本法的修改權屬於全國人民代表大會。"這與憲法修改權的規定是一樣的，其目的顯然是為了使基本法不能輕易被修改，彰顯了香港基本法相較於其他"基本法律"的特殊性，表明中央恪守在香港實行"一國兩制"承諾的堅定決心。

（三）香港基本法修改的程序

1. 提出基本法修改的議案

香港基本法第 159 條規定，基本法修改提案權屬於全國人大常委會、國務院、特別行政區。對基本法的修改議案，只能分別由上述三個法定機構提出，其他部門和機構均無權提出修改基本法的議案。這一規定與我國對其他法律的修改相比有著明顯的不同。按照我國《全國人民代表大會組織法》的規定，在全國人民代表大會舉行會議期間，全國人大主席團、全國人大常委會、全國人大各專門委員會、國務院、中央軍事委員會、最高人民法院、最高人民檢察院、各代表團或 30 名以上的全國人大代表，均可向全國人民代表大會提出屬於其職權範圍內的議案，包括修改基本法律的議案。但對於香港基本法的修改，基本法卻規定只有全國人大常委會、國務院、香港特別行政區三個主體可以提出修改議案。限縮基本法修改提案主體範圍表明了中央對基本法修改的慎重，避免修改基本法上的隨意性，有利於維護作為憲制性法律的基本法的權威性和相對穩定性。

基本法對三個提案主體的要求是不同的。全國人大常委會和國務院可以單獨提出修改基本法的議案，無需特別行政區的同意，這主要是由於全國人大常委會和國務院等中央國家機關對“一國兩制”和香港基本法的實施承擔根本和最終責任。而賦予特別行政區提案權表明中央對特別行政區的尊重以及對遵守“一國兩制”的決心。值得注意的是，特別行政區的提案權並非是指特別行政區政府或行政長官的提案權。根據香港基本法，特別行政區的提案須經香港特別行政區的全國人民代表大會代表三分之二多數，特別行政區立法會全體議員三分之二多數和行政長官同意後，交由香港特別行政區出席全國人民代表大會的代表團向全國人民代表大會提出。也就是說，特別行政區的提案需要經過香港特別行政區的全國人民代表大會代表、立法會議員和行政長官三方同意後才能提出。要達到這一要求，需要特別行政區內部各方對修改議案的內容形成高度共識，這對於慎重修改基本法是有利的。

2. 向全國人大常委會香港基本法委員會徵詢意見

基本法修改議案在提交全國人民代表大會後，與其他議案一樣，全國人民代表大會將按自己的議事規則進行處理；但與其他議案不一樣的是，在將議案正式列入議程前還須徵詢全國人大常委會香港基本法委員會的意見。香港基本法第 159 條第 3 款規定："本法的修改議案在列入全國人民代表大會的議程前，先由香港特別行政區基本法委員會研究並提出意見。"

香港特別行政區基本法委員會由內地和香港地區人士各 6 人，共 12 人組成，任期 5 年，是全國人大常委會下設的工作機構，其意見對全國人民代表大會具有參考價值，沒有約束力。當然，這並不意味著這一諮詢沒有價值。全國人大代表多來自於內地，其職業具有多樣性，大多數對香港特別行政區的情況不甚瞭解，大多數對香港基本法可能也不熟悉。基本法委員會構成的特點，決定了基本法委員會既具有代表性，也具有專業性，由它對基本法修改議案提出意見，有利於全國人民代表大會廣泛聽取各方面意見，尤其是來自於特別行政區的意見，從而有助於全國人大代表投票時的正確判斷。

3. 修改議案的審議和表決

根據《立法法》和《全國人民代表大會議事規則》，基本法修改議案一經列入全國人民代表大會的議程後，便正式進入審議程序。具體程序如下：(1) 全國人民代表大會全體會議聽取提案人的報告。報告的內容包括修改議案的背景、內容、意義、起草該修改議案的過程等。通過提案人對修改議案的說明，全體代表對該修改議案會有一個基本瞭解，以便今後進一步的審議。(2) 代表團審議修改議案。大會全體會議在聽取提案人的說明之後，由各代表團對修改議案進行審議。根據《立法法》，在審議修改議案的過程中，提案人應當派人到代表團聽取意見，並回答代表們就修改議案提出的相關問題。(3) 全國人大憲法和法律委員會審議修正議案。全國人大憲法和法律委員會是協助全國人民

代表大會進行立法的專門委員會,根據《立法法》,所有法律議案均須經憲法
和法律委員會統一審議後再向主席團提出審議意見,並將審議意見印發會議。
(4) 主席團召開代表團團長會議,就修改議案中的重大問題聽取各代表團的審
議意見。(5) 修改議案經各代表團審議後,由憲法和法律委員會根據各代表團
的審議意見進行修改,提出修改議案表決稿,由主席團提請大會會議表決,由
全體代表過半數通過。(6) 基本法修改案通過後應由國家主席簽署主席令予以
公佈實施,同時在全國人大常委會公報和在全國範圍內發行的報紙上刊登。

4. 基本法修改的內容限制

香港基本法第 159 條第 4 款規定:"本法的任何修改,均不得同中華人民
共和國對香港既定的基本方針政策相抵觸。"這是基本法對其自身修改所作的
限制。憲法或憲制性法律修改有無限制是有爭議的問題,有些國家的憲法規定
憲法中的某些內容不得修改,如法國憲法,但中國憲法並未規定修改的界限。
除兩部基本法外,在全國人民代表大會制定的其他基本法律中,亦未有修改限
制的規定。所以,香港基本法的這一規定極具特殊性,實際是全國人民代表大
會為未來修改基本法所施加的約束,其目的是為了保障基本法的指導思想和主
要內容不發生變化。

香港基本法的指導思想是"一國兩制"理論。"一國兩制"是中國政府為
完成祖國統一大業,解決歷史遺留的香港、澳門問題所奉行的基本方針,是
我國的基本國策,是制定基本法的指導方針。香港基本法的各項內容都是根據
"一國兩制"理論制定的,如強調香港特區是國家不可分離的部分,規定特區
實行高度自治,實行"港人治港",保障居民基本權利,保持原有資本主義制
度和生活方式五十年不變等。這些內容是基本法的核心內容,是基本法修改的
時候所不能改變的。

編者及作者簡介 *

陳弘毅　香港大學法律學院鄭陳蘭如基金憲法學講座教授，第十四屆全國政協委員。畢業於香港大學法律系，其後往哈佛大學深造，1984 年起任教於港大法律系。曾任港大法律系主任（1993—1996）及港大法律學院院長（1996—2002）；曾任香港法律改革委員會委員，香港特別行政區政府策略發展委員會委員，全國人大常委會香港特別行政區基本法委員會委員。著有《法治、啓蒙與現代法的精神》、《法理學的世界》、《憲法學的世界》、《一國兩制下香港的法治探索》、*An Introduction to the Legal System of the People's Republic of China*、*The Changing Legal Orders in Hong Kong and Mainland China*、*The Constitutional System of the Hong Kong SAR*（與葉保仁合著）等書，與他人合編《香港法概論》、*Constitutionalism in Asia in the Early Twenty-First Century*、*Constitutional Courts in Asia*、*Law and Social Policy in the Global South* 等書。

羅沛然　英格蘭及香港大律師，倫敦大學政治經濟學院法律學士，香港大學哲學博士（法律），香港大學法律系兼任講師，中國法學會香港基本法澳

＊　按所著章節順序排列。

門基本法研究會會員，國際憲法學會會員，國際公法學會會員，Hong Kong Cases 案例彙編總編輯；參與 *Hong Kong Civil Court Practice* 及 *Archbold Hong Kong* 編纂工作。曾在 *Hong Kong Law Journal*、*Hong Kong Lawyer*、*Global Arbitration Review*、*Journal of International and Comparative Law*、《港澳研究》、《中國法律評論》及《浙江社會科學》等期刊發表文章。近著有 *The Hong Kong Basic Law (2011)*、*The Judicial Construction of Hong Kong's Basic Law (2014)*、*Hong Kong District Court Practice (5th ed., 2022)*。

黃明濤　法學博士。現任武漢大學法學院教授；兼任中國法學會憲法學研究會常務理事及秘書處副秘書長、香港基本法澳門基本法研究會理事及秘書處副秘書長、香港城市大學法律學院公法與人權中心聯席研究員。曾為香港大學法律學院黃乾亨中國法研究中心訪問學者、香港城市大學法律學院訪問教授。主要研究領域為中國憲法、比較憲法、一國兩制及港澳基本法。代表作包括《憲制的成長：香港基本法研究》（香港三聯，2019）、《香港國家安全法：法理與實踐》（香港三聯，2021）等，曾榮獲教育部高等學校人文社會科學研究優秀成果獎、錢端升法學研究成果獎、湖北省社會科學研究優秀成果獎。

陳秀慧　香港大學法律學院教授。持有牛津大學法學碩士和法學博士學位，以及香港大學法學學士和政治學雙學位。曾是大學教育資助委員會 2020 年研究評估工作（RAE）的法律學評估小組成員以及 International Society of Public Law 的理事會成員，現為 *Public Law*、*Asian Journal of Comparative Law*、*Hong Kong Law Journal* 和 *Asia-Pacific Journal on Human Rights* 的編輯委員會成員，以及 *International Journal of Constitutional Law* 的諮詢委員會成員。曾獲得多項研究獎項，包括 2012 年度 Society of Legal Scholars Best Paper Prize、2013 年度香港研究資助局青年學者獎、2017 年度香港大學傑出青年研究員獎，以及 2021 年度首屆 Rosie Young 90 傑出女性學者獎章。研究範圍包括憲法法律和理論。

楊曉楠　2009 年獲香港大學法律學院法學博士學位。現任中山大學法學院、中山大學粵港澳發展研究院雙聘教授、博士生導師。主要研究領域為比較憲法、港澳基本法、普通法司法制度、粵港澳大灣區立法等。曾擔任國家社科基金重大項目首席專家，主持完成國家社科、教育部、司法部等十餘項人文社科研究項目。曾在中英文期刊發表相關學術論文四十餘篇；曾在《人民日報》等主流媒體發表評論文章。

曹旭東　法學博士。2013 年畢業於北京大學法學院憲法與行政法專業港澳基本法方向。現為國家首批高端智庫試點單位——中山大學粵港澳發展研究院教授、博士生導師、副院長，中山大學法學院雙聘教授，中山大學社會科學學部學術委員會委員、辦公室主任，中山大學港澳基本法研究中心副主任；兼任中國法學會憲法學研究會理事，中國法學會香港基本法澳門基本法研究會常務理事、副秘書長。曾在加州大學伯克利分校、香港大學、香港科技大學訪學；2020 年在香港參加 "粵港澳大灣區建設交流計畫"，2021 年借調國務院港澳辦法律司。研究領域為港澳基本法、憲法與行政法、粵港澳大灣區。

姚魏　法學博士。現任上海社會科學院法學研究所助理研究員，法學核心期刊《政治與法律》專職編輯；中國法學會香港基本法澳門基本法研究會理事，全國港澳研究會會員，現擔任上海市法學會立法學研究會秘書長。主要從事憲法學、港澳基本法、立法學以及地方法治等領域的研究工作。在《行政法學研究》、《政治與法律》、《地方立法研究》等學術期刊發表論文二十餘篇（多篇獲轉載）。曾主持全國人大常委會港澳基本法委員會 "論香港特別行政區立法會的質詢權" 等研究課題。出版個人專著《特別行政區對外交往權研究》，並與他人合著《新中國憲法行政法六十年》、《澳門居民國家認同感問題研究》、《地方立法後評估的理論與實踐》等。

姚國建　法學博士。中國政法大學法學院副院長、教授、博士生導師，中國憲法學研究會常務理事，全國港澳基本法研究會常務理事。先後在美國加州大學戴維斯分校、加州大學伯克利分校、英國諾丁漢大學、香港城市大學訪學。主要研究方向為憲法學、港澳基本法。在《法學研究》、《政法論壇》、《法學評論》、《法商研究》、《比較法研究》、《國家行政學院學報》等各類學術期刊上發表論文三十餘篇，主持全國人大常委會、國家社科基金、教育部、司法部等各項研究課題二十餘項。